2024年受験用 鹿児島県
高校入試問題集 公立編

2024

公立高校入試 3年分
実 戦 問 題 2 回 分

解答用紙集

目次

※令和３年度，令和４年度の国語・理科・英語・社会の解答用紙はＢ４に，数学の解答用紙はＡ３に拡大コピーしていただきますと，実物大になります。

※令和５年度の解答用紙は全てＡ３に拡大コピーしていただきますと，実物大になります。

※「令和４年度　鹿児島県公立高校入試　英語」と「令和５年度　鹿児島県公立高校入試　英語」ならびに「令和６年度　公立高校入試実戦問題第１・２回　英語」の語数指定のある問題については，次の指示に従って解答してください。

※　一つの下線に１語書くこと。

※　短縮形（I'm や don't など）は１語として数え，符号（，や？など）は語数に含めない。

（例１）　No,　I'm　not.　【３語】

（例２）　It's　June　30　today.　【４語】

令和５年度　鹿児島県公立高校入試

令和五年度　鹿児島県公立高校入試問題

国　語　解　答　用　紙

1

1　(1) びる　(2)　(3)
(4)　(5) る　(6)
2

2

1
2
3　Ⅰ　Ⅱ　Ⅲ
4

3

1
2
3　Ⅰ　Ⅱ　Ⅲ

4

1
2　Ⅰ　Ⅱ　Ⅲ
3　X　Y

5

資料番号
見出し　A
B
1
2
3
4
5
6
7
8

受検番号

合計得点

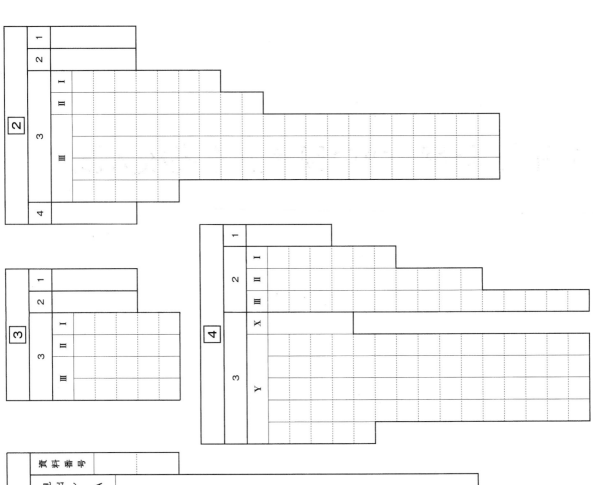

令和５年度　鹿児島県公立高校入試問題

理　科　解　答　用　紙

1

1			N
2		CH_4 ＋ $2O_2$ →	
3			
4			
5	(1)		Pa
	(2)	C　　D　　E	
	(3)		秒
	(4)		

2

Ⅰ	1		
	2	**傾斜がゆるやかな形**の火山は**ドーム状の形**の火山に比べて，	
	3		
	4	b	c
Ⅱ	1	黒点はまわりに比べて，	
	2		
	3	a	b
	4		倍

3

Ⅰ	1	－極	電流の向き	
	2			
	3	(1)	a	b
		(2)		
Ⅱ	1			
	2	a		b
	3			g

4

Ⅰ	1	〈受けとる刺激〉 光　・ におい　・ 音　・		〈感覚〉 ・　聴覚 ・　視覚 ・　嗅覚
	2	(1)		
		(2)		
		(3)	①	②
Ⅱ	1			
	2	A		D
	3	②		③
	4	動物名		
		理由		

5

Ⅰ	1		
	2		cm
	3	①	②
	4	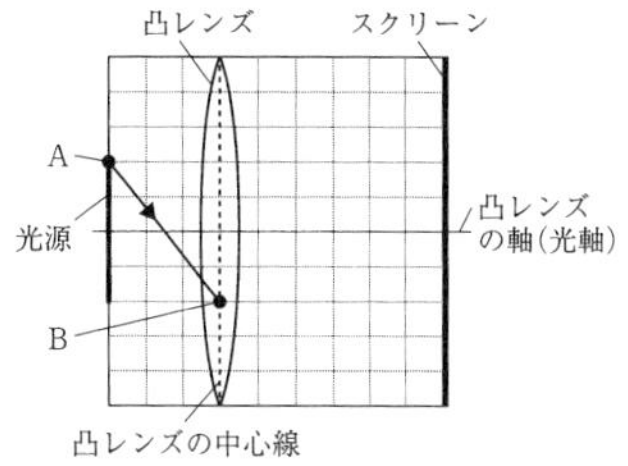	
Ⅱ	1		
	2	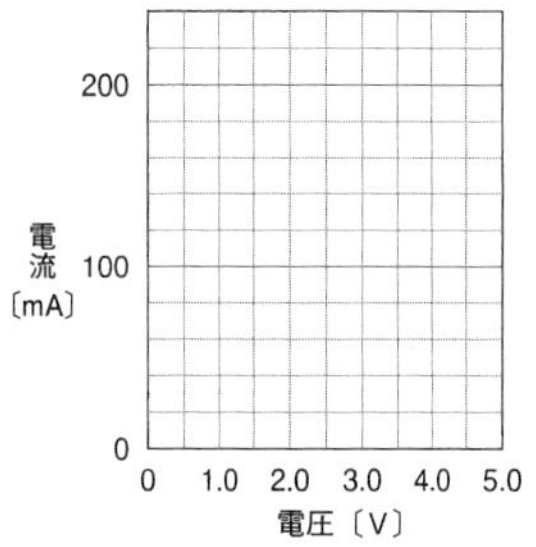	
	3		A
	4	→　　→　　→	

受検番号		合計得点	

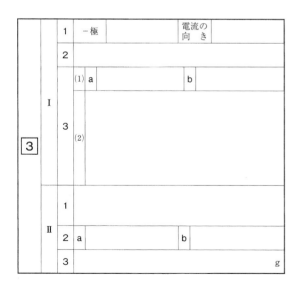

令和５年度　鹿児島県公立高校入試問題

英　語　解　答　用　紙

1

- 1
- 2
- 3
- 4
- 5
- 6
- 7 She learned that she should (　　　).
- 8

2

- 1 ①　　②
- 2 ①　　②　　③
- 3
  - (1) (　　　) yesterday.
  - (2) I hear that it (　　　) tomorrow.
  - (3) No, but our father knows (　　　) it.
- 4 On my way home yesterday, ＿＿＿＿ 25 ＿＿＿＿ 35

3

- Ⅰ
  - 1
  - 2
  - 3
- Ⅱ 1　　2
- Ⅲ

4

- 1 (A)　　(B)　　(C)
- 2
- 3
- 4
- 5 ＿＿＿＿ 20 ＿＿＿＿ 25 ＿＿＿＿ 30
- 6 ＿＿＿＿ 15

受検番号	

合計得点	

令和５年度　鹿児島県公立高校入試問題

社　会　解　答　用　紙

1	Ⅰ	1	
		2	
		3	
		4	①　③
		5	(多くの EU 加盟国では,)
		6	
	Ⅱ	1	
		2	
		3	
		4	
		5	
	Ⅲ	1	
		2	記号
			(ⓑとは異なりⓐは,)

2	Ⅰ	1	①
			②
		2	
		3	
		4	→　→　→
		5	
		6	

2	Ⅱ	1	①
			②
		2	
		3	
		4	
		5	
	Ⅲ		

3	Ⅰ	1	
		2	
		3	
		4	
		5	
	Ⅱ	1	
		2	
		3	
		4	
		5	
	Ⅲ		50

受検番号	

合計得点	

令和５年度　鹿児島県公立高校入試問題

数　学　解　答　用　紙

1	1	(1)		(2)		(3)		(4)	個	(5)	
	2	$x=$	，$y=$			3	通り	4		5	

2	1	(1)		(2)		(3)	度
	2	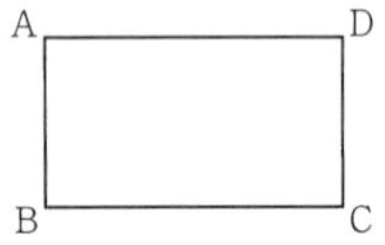		3	（方程式と計算過程） 答　　　　cm		

3	1		2	(1)	%	(2)				
	3	①		②		③		④		⑤

4	1		3 (1)	（求め方や計算過程） 答　B（　　　，　　　）
	2			
	3 (2)			

5	1	cm	2	（証明）
	3	cm		
	4	cm^2		

受検番号	

合計得点	

令和４年度　鹿児島県公立高校入試

令和四年度　鹿児島県公立高校入試問題

国語解答用紙

1

1		2
(1)	(4)	画
(2)　く	(5)	
(3)	(6)　る	

2

1	2		3	4	5
	Ⅰ	Ⅱ		自分がどう生きるのかを問わなければ、	

3

1	2	3	4		
			Ⅰ	Ⅱ	Ⅲ

4

1	2	3		4	5
		Ⅰ	Ⅱ		

5

1	2	3	4	5	6	7	8

受検番号	

合計得点	

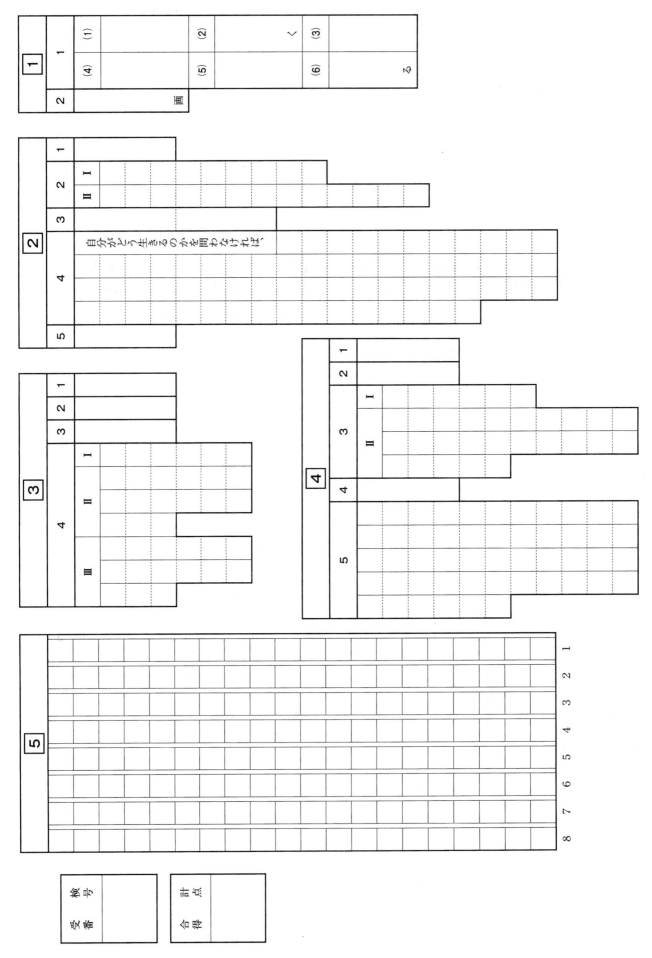

令和４年度　鹿児島県公立高校入試問題

理　科　解　答　用　紙

1	1	①		②	
	2				
	3				
	4	①		②	
	5	(1)			
		(2)			
		(3)			
		(4)	Ω		

2	Ⅰ	2についてはⅡのみ掲載。	
	Ⅱ	1	
		2	
		3	
		4	

3	Ⅰ	1	(1)				
			(2)	a		b	
		2	(1)	ア	本	イ	本
				ウ	本		
			(2)				
	Ⅱ	1	a		b		
		2	記号		名称		
		3	(1)				
			(2)	試験管（　　　）と比べることで，			

4	Ⅰ	1		
		2	(1)	
			(2)	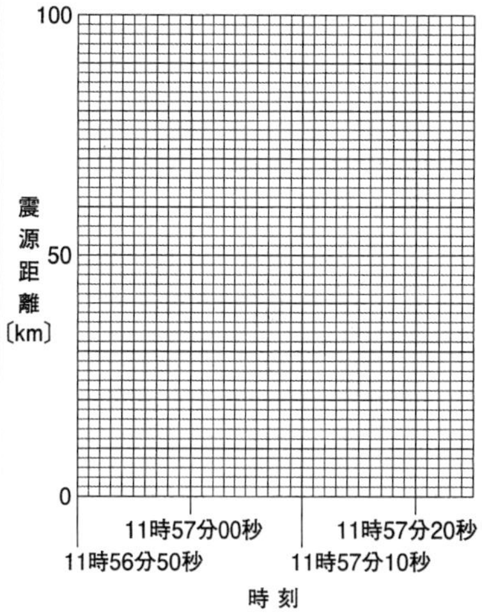
			(3)	秒
	Ⅱ	1		
		2		
		3		
		4		

5	Ⅰ	1	
		2	
		3	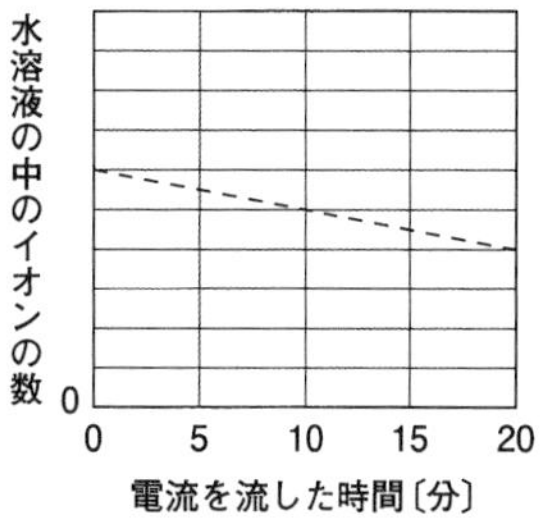
		4	
	Ⅱ	1	
		2	
		3	g/cm³
		4	

受検番号	

合計得点	

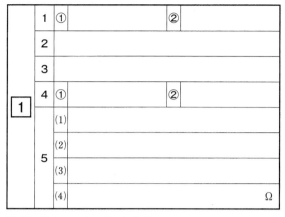

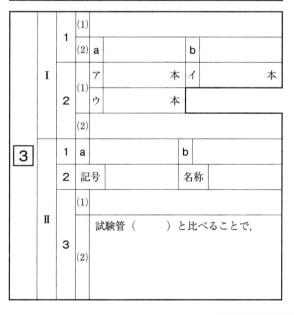

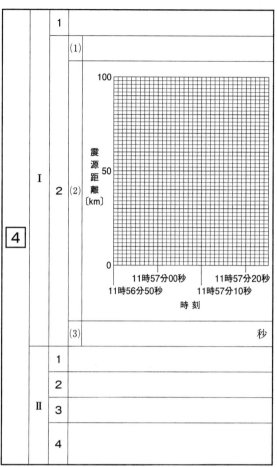

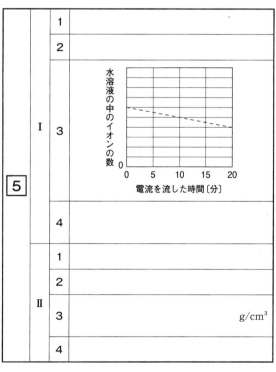

英　語　解　答　用　紙

1

- 1
- 2
- 3
- 4　→　→
- 5
- 6　(1)　(2)
- 7

2

- 1　①　②
- 2　①　②　③
- 3　①　②　③
- 4　You should buy (　X　・　Y　) because
  - 25
  - 35

3

- Ⅰ　1　2
- Ⅱ　1　2　②　③　④
- Ⅲ

4

- 1
- 2
- 3
- 4　40
- 5　15
- 6

受検番号	

合計得点	

令和４年度　鹿児島県公立高校入試問題

社　会　解　答　用　紙

1	Ⅰ	1	（山脈）
		2	
		3	
		4	
		5	
		6	(1)（１番目）
			(1)（２番目）
			(2)
	Ⅱ	1	
		2	
		3	
		4	(1)（漁業）
			(2)
		5	
	Ⅲ		（記号）
			（理由）

2	Ⅰ	1	
		2	
		3	
		4	
		5	
		6	（　　）→（　　）→（　　）→（　　）
	Ⅱ	1	①
			②
		2	
		3	
		4	
		5	
		6	（　　）→（　　）→（　　）
	Ⅲ		

3	Ⅰ	1	
		2	
		3	
		4	
		5	
		6	
	Ⅱ	1	
		2	
		3	X
			Y
		4	
		5	ドル
	Ⅲ		スーパーマーケットは, （40）（50）

受検番号	

合計得点	

令和４年度　鹿児島県公立高校入試問題

数　学　解　答　用　紙

1	1	(1)		(2)		(3)		(4)	個	(5)	倍
	2	b =		3		4	度	5			

2	1		2		3
	4	(1)	約　　　　　人		
		(2)	(方程式と計算過程) 答　x = 　　　　, y =		

3	1			2	(3)	(求め方や計算過程) 答　a =
	2	(1)				
		(2)	Q(　　　,　　　)			

4	1	度	3	(証明)
	2	EG : GD =		
	4	cm		
	5	倍		

5	1		色,　　　cm			2	(2)	(求め方や計算過程) 答　　　　cm
	2	(1)	ア		イ				
			ウ		エ				

受検番号	

合計得点	

令和３年度　鹿児島県公立高校入試

令和三年度　鹿児島県公立高校入試問題

国語解答用紙

1

1　(1)　(2)　すす　(3)　(4)　(5)　(6)　ぐ

2　画

2

1　2　3　Ⅰ　Ⅱ　4　5

3

1　2　3　4　Ⅰ　Ⅱ　Ⅲ

4

1　2　Ⅰ　Ⅱ　3　4　5

5

選択した特徴

1　2　3　4　5　6　7　8

受検番号

合計得点

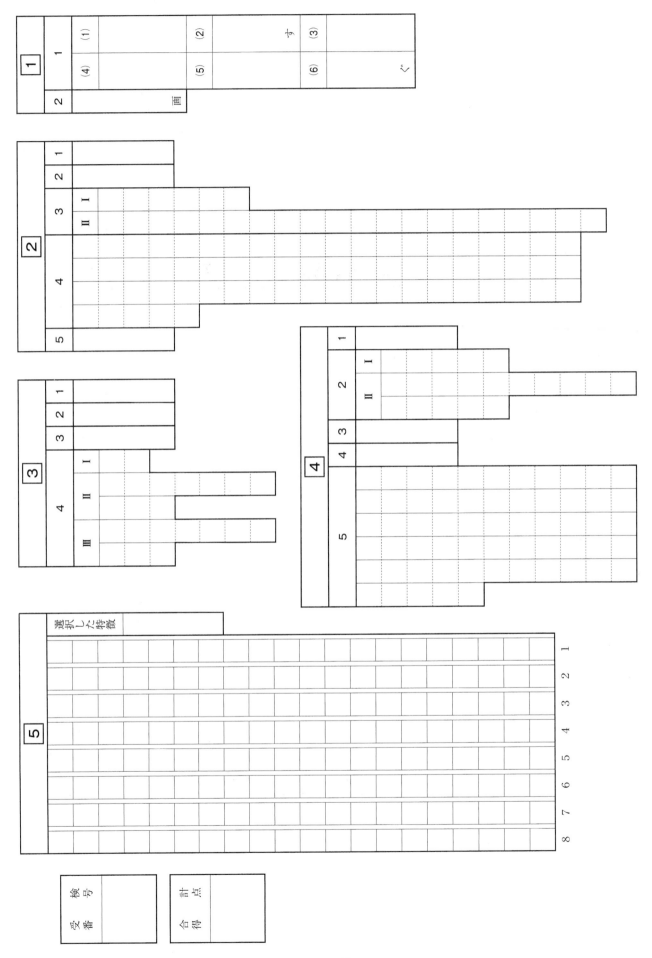

令和３年度　鹿児島県公立高校入試問題

理　科　解　答　用　紙

1	1		
	2		
	3	a　　b　　c	
	4		
	5		
	6		
	7	①　　②	
	8	力の大きさ　　N	距離　　cm

2	Ⅰ	1		
		2	X ＋ ● → Y ＋ Z	
		3		
		4	質量	g
			物質	
	Ⅱ	1		
		2		
		3		
		4	a　　b	

3	Ⅰ	1		
		2		
		3	①　　②	
		4		
	Ⅱ	1		
		2	(1)	
			(2)	a
				b
				c
		3		

4	Ⅰ	1	
		2	
		3	
		4	
	Ⅱ	1	
		2	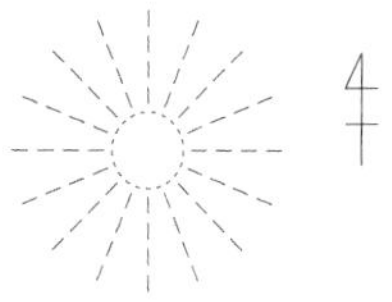
		3	a　　b
		4	

5	Ⅰ	1		g/cm^3
		2		N
		3	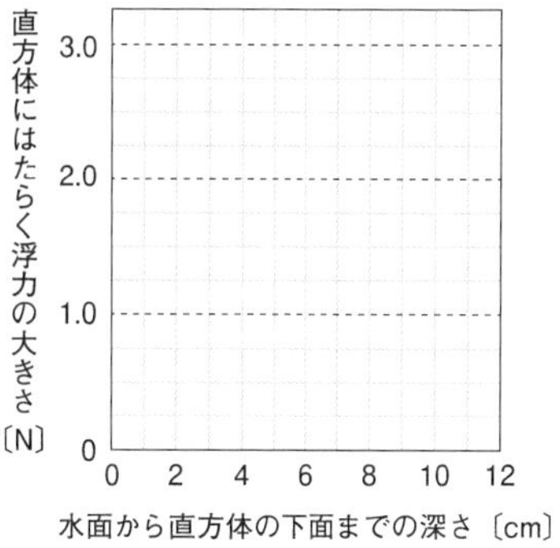	
		4	記号	
			理由	
	Ⅱ	1		
		2		
		3	電圧　　V	電力　　W
		4		

受検番号		合計得点	

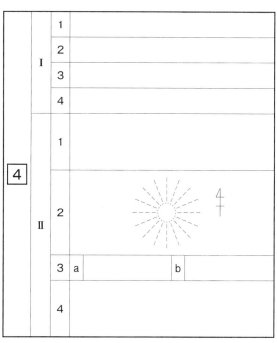

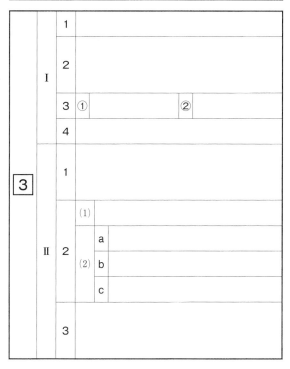

令和３年度　鹿児島県公立高校入試問題

英　語　解　答　用　紙

1	1	
	2	
	3	
	4	→ →
	5	
	6	(1) (2) He has learned it is important to .
	7	
2	1	① ②
	2	① ② ③
		④ But at Minato Station by eight forty.
	3	do you have in a week ?
	4	20
3	Ⅰ	1 2
	Ⅱ	1 (1)
		1 (2)
		2
	Ⅲ	１番目 ２番目
4	1	→ →
	2	
	3	・ ・
	4	
	5	
	6	
	7	15

受検番号		合計得点	

令和３年度　鹿児島県公立高校入試問題

社　会　解　答　用　紙

1

Ⅰ	1	
	2	
	3	
	4	
	5	
	6	Y
		Z
Ⅱ	1	市
	2	
	3	（果実）
		（県）
	4	
	5	
Ⅲ		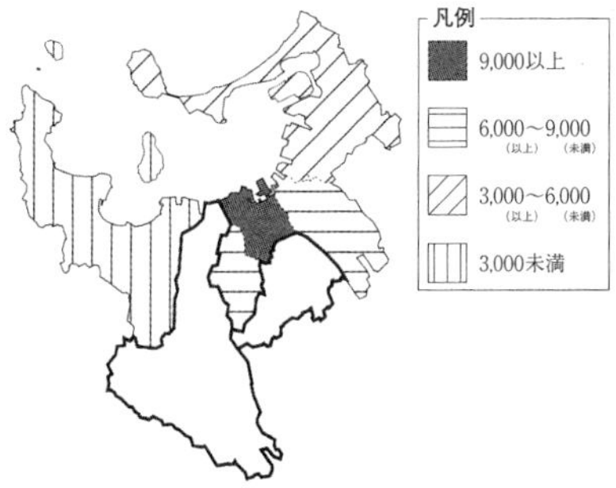

2

Ⅰ	1	
	2	
	3	→ → →
	4	
	5	
	6	
	7	
Ⅱ	1	①
		②
	2	
	3	
	4	→ →
	5	
	6	
Ⅲ		

3

Ⅰ	1	
	2	→ →
	3	核兵器を
	4	内閣総理大臣は
	5	
Ⅱ	1	
	2	
	3	
	4	
	5	失業した労働者に対して
Ⅲ		40

受検番号	

合計得点	

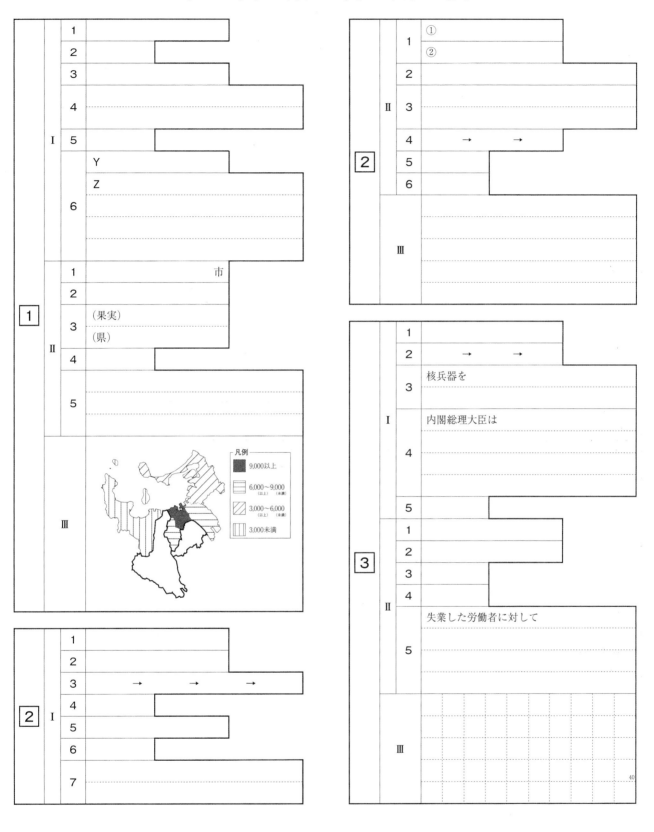

令和３年度　鹿児島県公立高校入試問題

数　学　解　答　用　紙

1	1	(1)		(2)		(3)		(4)	時速　km	(5)	本
	2	$a=$	3	cm^3	4	$n=$	5		

2	1	度	2		3	
	4	（証明）	5	（式と計算） 答　Mサイズのレジ袋　枚， Lサイズのレジ袋　枚		

3	1	a	b	2	冊	3	(1)	(2)	

4	1	ア		3	(2)	（求め方や計算） 答 同じ面積になる　・　同じ面積にならない
	2	イ	（　，　）			
		ウ	（　，　）			
	3	(1)				

5	1		3	(1)	cm	(2) cm^2
	2			(3)	（式と計算） 答　秒後	

受検番号	

合計得点	

令和６年度　公立高校入試実戦問題
第１回

令和六年度　公立高校入試実戦問題　第一回

国語解答用紙

1
- 1　(1)　(2)　い　(3)　(4)　(5)　る　(6)
- 2

2
- 1
- 2
- 3　Ⅰ　Ⅱ
- 4
- 5

3
- 1　為リテ士師ト
- 2
- 3　Ⅰ　Ⅱ
- 4

4
- 1　10
- 2
- 3　Ⅰ　Ⅱ　10
- 4
- 5

5

1　2　3　4　5　6　7　8

受検番号

合計得点

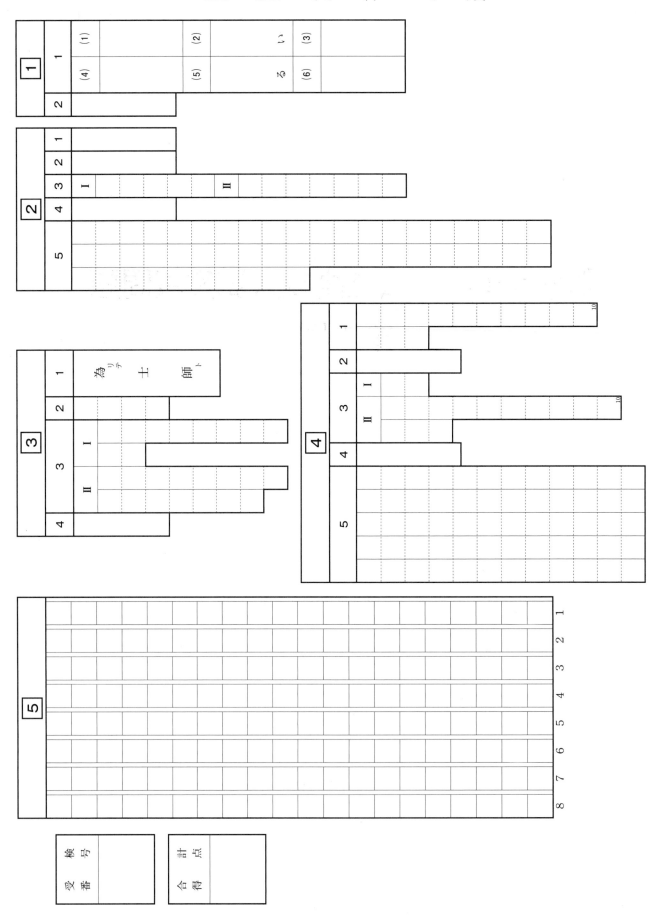

令和６年度　公立高校入試実戦問題　第１回

理　科　解　答　用　紙

1	1		
	2		
	3		
	4		
	5	①	②
	6		
	7		
	8		

2	Ⅰ	1		
		2		
		3		%
		4		
	Ⅱ	1		
		2		m
		3		

3	Ⅰ	1			
		2	(1) ①	②	
			(2)		
		3			Ω
	Ⅱ	1			
		2			回
		3			

4	Ⅰ	1		
		2	a	
			b	
		3		
		4		
	Ⅱ	1		
		2	と	
		3		cm^3
		4		

5	Ⅰ	1		
		2		
		3		
		4	記号	
			名称	
	Ⅱ	1	色から　　色	
		2		
		3	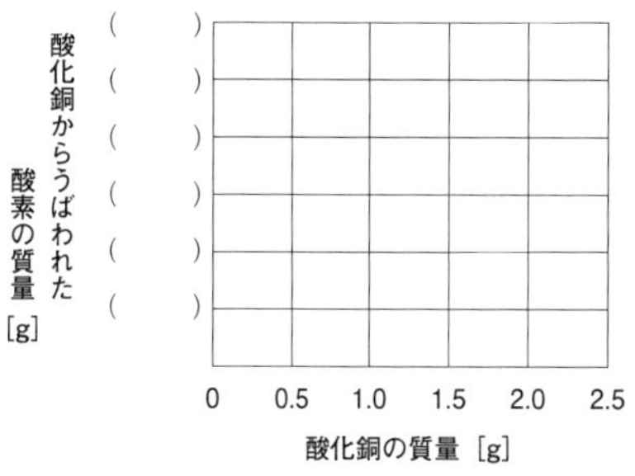	
		4		g

受検番号	

合計得点	

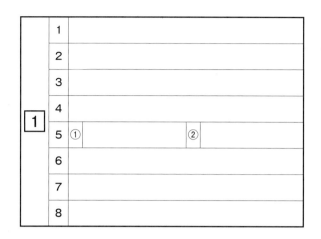

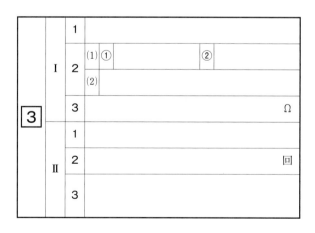

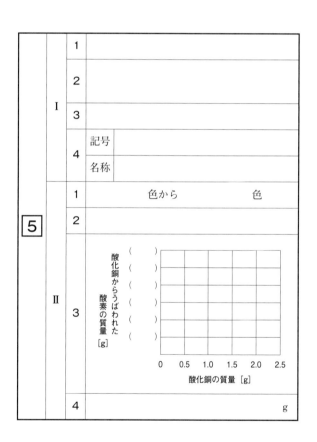

令和６年度　公立高校入試実戦問題　第１回

英　語　解　答　用　紙

1

1

2

3

4

5

6 (　　　　) at a school.

7

2

1 ①　②

2 ①　②　③

3 ① What (　　　　) here?

3 ② (　　　　) me?

3 ③ If you (　　　　), ～

4 ① He

4 ②

3

Ⅰ 1

Ⅰ 2

Ⅱ 1 ①　③　④

Ⅱ 2

Ⅲ

4

1 (A)　(B)　(C)

2

3

4

5

6

受検番号	

合計得点	

令和６年度　公立高校入試実戦問題　第１回

社　会　解　答　用　紙

1	Ⅰ	1	
		2	時間
		3	
		4	
		5	
		6	
	Ⅱ	1	
		2	
		3	(中部)　(東北)
		4	(千葉県)
			(埼玉県)
		5	
	Ⅲ		

2	Ⅰ	1	
		2	
		3	
		4	
		5	→　→　→
		6	
		7	

2	Ⅱ	1	
		2	(記号)　(正しい語)
		3	(1)
			(2)
		4	
		5	30
	Ⅲ		

3	Ⅰ	1	
		2	
		3	
		4	
		5	
		6	
	Ⅱ	1	(1)
			(2)
		2	
		3	
	Ⅲ		

受検番号	

合計得点	

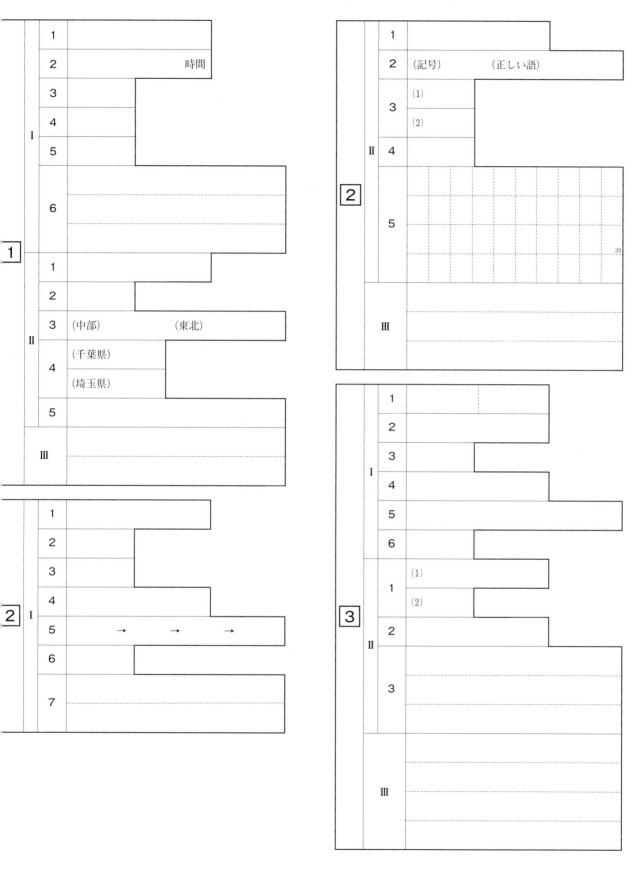

令和６年度　公立高校入試実戦問題　第１回

数　学　解　答　用　紙

1	1	(1)		(2)		(3)		(4)		(5)	
	2	$x =$ 　　　　, $y =$		3		4	度	5	cm²	

2	1	g	2		3	
	4	(証明)	5	(式と証明)		

3	1	℃	2	℃	3						
	4	①		②		③		④		⑤	

4	1	C（　　　　,　　　　）	3 (2)	(求め方や計算過程)
	2			
	3 (1)	$a =$		答　　　$\leqq a \leqq$

5	1	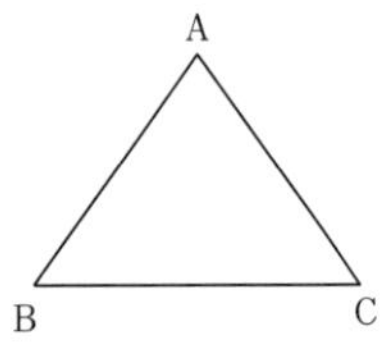	2 (1)	度
			2 (2)	cm²
			3	cm²

受検番号	

合計得点	

令和６年度　公立高校入試実戦問題
第２回

令和六年度　公立高校入試実戦問題　第二回

国語解答用紙

1

1	(1)		(2)	らす	(3)	
	(4)		(5)	る	(6)	
2						

2

1	
2	
3	
4	
5	
6	

3

1		
2		
3	I	
	II	
4		

4

1		
2		
3	I	
	II	
	III	
	IV	

5

受検番号	

合計得点	

令和6年度　公立高校入試実戦問題　第2回

理　科　解　答　用　紙

1		1		
		2	記号	
			名称	
		3		
		4		
		5	①	
			②	
		6		
		7		
		8		

2	Ⅰ	1		秒
		2		
		3		
		4	a	
			b	
	Ⅱ	1	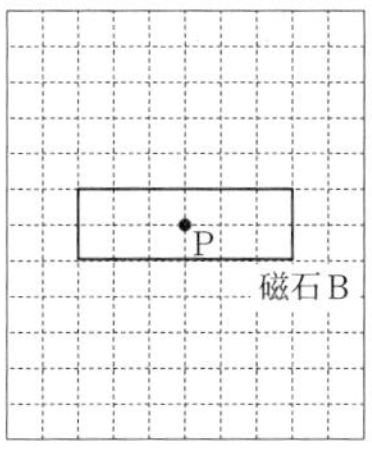	
		2		N
		3		
		4		

3	Ⅰ	1		
		2		
		3		
		4		個

3	Ⅱ	1	名称			
			理由			
		2	①		②	
		3	a		b	

4	Ⅰ	1	①		②	
		2				
		3				
		4	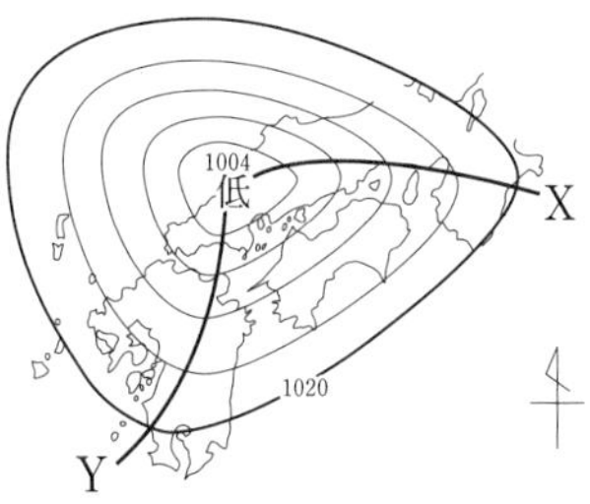			
	Ⅱ	1				
		2	(1)			
			(2)			
		3				

5	Ⅰ	1	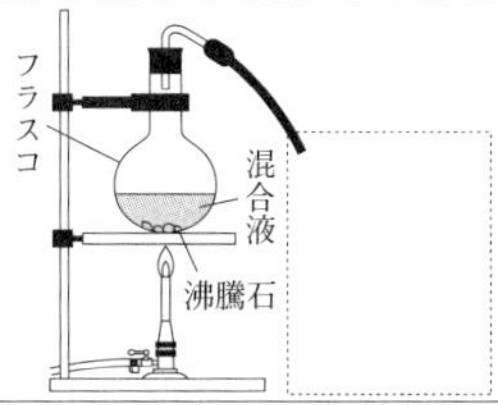
		2	
		3	
	Ⅱ	1	
		2	
		3	と
		4	

受　検 番　号	

合　計 得　点	

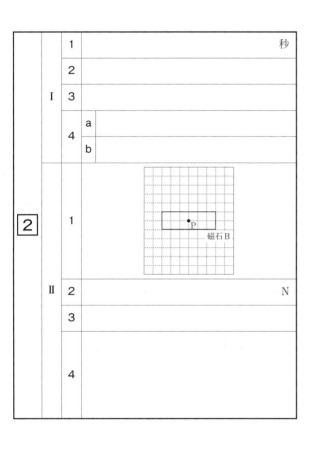

英　語　解　答　用　紙

1

1　　2　　3

4　　5　　6

7　We can talk with (　　　　　　　　　　).

8

2

1　①　　②

2　①　　②　　③

3　(1)　I (　　　　　　　　　　) with you nest weekend .

(2)　(　　　　　　　　　　) are there in your school .

(3)　Can you tell me (　　　　　　　　　　) ?

4

25

35

3

I　1　　2

3

II　1　　2

III

4

1　　2　(A)　　(B)　　(C)

3

4

40

5

6

20

受検番号	

合計得点	

令和６年度　公立高校入試実戦問題　第２回

社　会　解　答　用　紙

1

Ⅰ	1	州
	2	
	3	(1)
		(2)
	4	
	5	
	6	
Ⅱ	1	
	2	
	3	
	4	(記号)
		(理由)
	5	
Ⅲ	1	漁業
	2	

2

Ⅰ	1	
	2	
	3	
	4	
	5	
	6	
	7	→　→　→
Ⅱ	1	①
		②
	2	
	3	X
		Y
	4	
Ⅲ	1	
	2	

3

Ⅰ	1	(1)
		(2)
	2	(記号)　(③)
	3	
	4	
	5	
Ⅱ	1	
	2	
	3	
	4	
	5	(記号)
		(理由)
Ⅲ		

受　検 番　号	

合　計 得　点	

令和6年度　公立高校入試実戦問題　第2回

数　学　解　答　用　紙

1

1	(1)		(2)		(3)		(4)	$b=$	(5)
2		3		4	%	5			

2

1 (1) 回

1 (2) (説明)

2 (1)

2 (2) $x=$

3

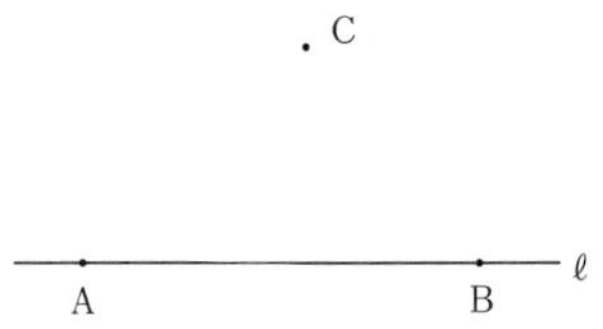

3

1	$a=$	2 (1)	C (,)	(2)		(3)	cm^2

4

1 (1)

ア	イ

2 (1)

ウ	エ

2 (2)

1 (2) (証明)

5

1 度

3 (1) cm

3 (2) EG：BG＝ ：

2 (証明)

受検番号	

合計得点	

KYOUSHIN

中学校　3年　組　番
氏名

高校入試問題集　公立編

はじめに

「本格的に受験勉強を始めたいけれど,何から手を付ければいいのかわからない」と思っていませんか？あなたは自分がこれから挑戦する「入試」をきちんとわかっていますか？毎年どんな問題構成でどんな問題が出ているのか，それをしっかり知っておくことで，自分が何を勉強していくべきなのかもわかってくるはずです！さあ，高校入試問題集で入試をマスターしましょう！

いろいろな疑問と本書の使い方

今年の入試についていろいろ知りたい！傾向と対策はどうすればいいの？

まずは５教科の入試の細かい分析を見て！

それぞれの教科の出題傾向への対策や，過去５年間の出題内容の細かな分析表がわかりやすくまとめられているので，これからの勉強に役立つこと間違いなし！

県下の公立高校入試状況をチェック！

前年度の鹿児島県の公立高校の定員や実際の受験者数など，細かな数値を表にして載せているため一目瞭然。自分が志望する高校の入試状況をしっかり確認できます。

公立高校の入試　てどこも同じなの？毎年どんな問題が出ているの？

挑んでみよう、公立高校入試問題を過去３年分！

過去３年分の入試問題５教科を実物大で掲載。実際の入試をよく知り，慣れるために，何度も繰り返し使ってたっぷり練習して自信をつけましょう。

さ・ら・に，入試を予想した「入試実戦問題」を２回分掲載

鹿児島県の入試を徹底的に分析して作られた「入試実戦問題」。しかも，高校入試問題集の**入試実戦問題の第１回は，中学３年１学期修了範囲**で作られています。だ・か・ら，夏以降からすぐ入試問題の練習に取り組むことができるんです！

聞き取りテストの練習もしたい！

聞き取りテストの音源付き！

「聞き取りテストは何言っているのか全然わからなーいっ！」…と言っていても始まりません。聞き取りテストの練習は，実際に英語を聞くしかありません。高校入試問題集は，**掲載問題すべての聞き取りテストを二次元コードをスマートフォン等で読み取って再生することが可能**！本格的に練習しましょう！

答え合わせも自分でできるの？

丁寧で見やすい解答解説で安心！

「あ～，解き終わった～！」で終わっていませんか？問題は解いた後が肝心。大切なのは復習です。**各教科の詳しく丁寧な解答解説はあなたの強い味方**。毎回の復習をサポートします。解答用紙は使いやすい別冊仕様で，答え合わせも簡単です。

過去問でしょ？過去問だから来年は出ないんでしょ？

実際の入試問題を解いてみることに意味があります！

単元別や分野別などの問題集だけでは入試に向けてバランスの良い勉強はできません。**実際の入試問題を解いてみて，自分はどこが苦手なのか，何を勉強する必要があるのかを確認することはとても大切なんです**。そこから入試の傾向に合わせた対策をとりましょう！

2024年受験用

鹿児島県高校入試問題集　公立編

目　次

問題・正答例と解説

※全ての聞き取りテストは，英語のページにある二次元コードをスマートフォン等で読み取って再生することも可能です。

・**英語聞き取りテスト音声ファイルダウンロードページ**
https://www.kakyoushin.co.jp/2024kouritu/

※「問題」や「正答例と解説」に関するお知らせは，こちらの二次元コードをご確認ください。

鹿児島県公立高校入試問題の出題傾向と対策　国　語

令和５年度の出題の傾向と対策

大問1は漢字の問題です。小中学校で学んだ日常よく使う漢字から出題されます。**特に漢字の書き取りは小学校学習漢字1026字からしか出題されません。**漢字の学習は日ごろの積み重ねです。しっかり復習しましょう。また，書写では「茶」の行書体に見られる特徴を問う問題が出題されました。**書写の行書体の特徴もしっかりおさえておきましょう。**

大問2は，教育哲学者ジョン・デューイの議論をもとに「学校の知の意義」についてまとめられた説明的な文章です。例年同様，接続詞や内容理解の選択問題が出題されたほか，今年度は「内容を整理したノート」の穴埋め形式で，内容理解に関する抜き出し問題と記述問題が出題されました。記述問題では，「学校で学ぶ意義」を65字以内で書く問題が出題され，提示されたノートをもとに，２つの「学校の知の意義」に触れた箇所を探し，そこで述べられている内容をまとめる力が求められました。**提示された資料を手がかりに，本文のどの部分を重点的に読み取ればよいのかを捉える練習をしましょう。**

大問3は古文です。「十訓抄」を素材に，主語の判別や本文の内容をとらえる問題が出題されました。その中には，例年通り，授業の一場面を想定し，先生と生徒の会話の中から本文の内容を理解させる問題も出題されました。古文では会話主，動作主が省略されることが多いので，**常にこの言葉は誰が言っているのか，誰がこの動作を行っているのかということを考えながら読む癖をつけましょう**。また，先生と生徒の会話の内容は読解の手がかりになるので，**本文中のどこで述べられている内容と対応するのかを意識して読むようにしましょう**。

大問4は，新しい感染症が流行する中，思い切り活動ができない中学３年生が登場人物である文学的な文章です。美術部員の主人公の気持ちが，描きかけの絵をバレー部員の友人にうっかり墨で汚されたことをきっかけに変化した場面について，主に登場人物の心情や様子が出題されました。大問2と同様，ワークシートの穴埋め形式の問題が出題され，ワークシートに書かれている内容を手がかりに本文のどこに着目すべきかを考える力が求められました。**登場人物の心情を考えたり，書かれていない部分について想像したりして，さらにその想像を自分の言葉で説明する練習**に加え，**手がかりとなる言葉を本文中から短時間で見つける練習**をすることが大切です。

大問5は条件作文です。「総文祭の紹介記事の下書き」を書く問題で，「３つの資料のうち２つを選ぶこと」や「記事の見出しを書くこと」など例年より条件が多く提示されました。資料が提示されている作文ではまず，**資料からわかることは何かを把握することが必要です。次に，読み取った内容の中から自分の意見と関連づけられる点を見つけ，それを自分の言葉でまとめることが大切です。**

過去５年間の出題内容

出題内容 ＼ 年度		31	2	3	4	5
説明的文章	適語補充	○	○	○	○	○
	内容理解	○	○	○	○	○
	内容の説明	○	○	○	○	○
	内容吟味	○	○	○		
文学的文章	内容理解	○	○	○	○	○
	内容の説明	○	○	○	○	○
	心情理解	○	○	○	○	○
	心情の説明	○	○	○	○	○
漢字・書写	漢字の書き取り・読み	○	○	○	○	○
	書写	○	○	○	○	○
	筆順・画数		○	○	○	

出題内容 ＼ 年度		31	2	3	4	5
古典	仮名遣い	○	○	○	○	○
	動作主・会話主		○	○	○	○
	解釈	○			○	
	内容理解	○	○	○	○	○
文法	自立語	○	○	○		○
	付属語		○	○	○	
	熟語					○
表現	資料を見て書く作文	○	○			○
	会話文を参考にして自分の考えを書く作文			○	○	

鹿児島県公立高校入試問題の出題傾向と対策　理　科

令和５年度の出題の傾向と対策

例年同様，物理・化学・生物・地学から１題ずつと，４分野総合問題１題の計５題の出題で，点数配分は４分野がほぼ均等に出題されていました。出題範囲は，中学１～３年生までのほぼすべての単元で，主体的に観察や実験に取り組むことで科学的な知識を身につけているかが問われました。問題形式は，昨年同様完答問題が多く見られ，作図問題が３問出題され，記述問題や計算問題も増加しており，問題の難易度は，昨年よりやや難しいように感じました。

1は４分野総合問題で，例年通り，小問集合形式で４分野から２題ずつ出題され，**5**では，今回も一つの設定に沿って，４分野についての問題が出題する形式がとられていました。例年に比べ計算問題が多く出題され，難易度が高くなっていました。**5**(2)では，生物の数量のつりあいについての問題も出題され，思考力が問われていました。

2は地学分野で，Ⅰは火山の噴火，Ⅱは太陽の観察についての出題でした。Ⅰ**4**では，桜島の降灰予報を題材に，風向や火山灰の移動にかかる時間の計算が問われ，日常生活の中に見られる情報を正しく読み取れているかが問われました。Ⅱ**4**では，地球の直径に対する太陽の黒点の大きさを求める計算が出題されました。先に太陽の直径と黒点の大きさを比較する必要があり，正しく式が立てられるかがポイントとなりました。

3は化学分野で，Ⅰはダニエル電池，Ⅱは質量保存の法則についての出題でした。Ⅰ**3**では，セロハンチューブがない場合の反応について問われ，水溶液の中の物質のようすをイメージできているかが試されました。Ⅱ**3**では，ベーキングパウダーにふくまれる炭酸水素ナトリウムの質量について問われ，実験結果から読みとれる情報と問われている内容を結び付けることができるかが問われました。

4は生物分野で，Ⅰは刺激と反応，Ⅱは生物の分類についての出題でした。Ⅰ**2**(1)では，実験結果の計算，Ⅱでは，図を使った生物の分類といった基本的な問題が出題されました。

5は物理分野で，Ⅰは凸レンズのはたらき，Ⅱは電流と電圧の関係についての出題でした。Ⅰ**4**では，凸レンズを通過する光の道すじの作図が出題され，焦点がわからない凸レンズで，どこに光が集まるのかに気づけるかがポイントとなりました。Ⅱ**3**では，異なる回路の抵抗器の消費電力を比べる問題が出題され，それぞれの抵抗器について正しく計算できるかが問われました。

過去５年間の出題内容

	出題内容　　年度	31	2	3	4	5
生物	植物のからだのつくり				○	○
	植物の分類			○		○
	動物の分類		○			○
	生物の細胞のつくり			○		
	植物のはたらき（光合成・呼吸・蒸散）	○			○	
	動物のからだのはたらき		○	○	○	
	動物のからだのつくり	○				○
	生物の成長と生殖		○	○		
	遺伝の規則性と遺伝子	○		○	○	
	動物の変遷と進化				○	
	自然と人間		○		○	○
地学	火山とマグマ・火成岩	○		○	○	○
	地震とプレート				○	○
	大地の変化・堆積岩・化石	○	○	○		
	気象情報と気象観測			○		○
	前線と天気の変化			○		
	日本の天気	○	○		○	
	空気中の水蒸気の変化	○		○		
	太陽系の天体					
	天体の１日の動き		○		○	
	天体の１年の動き					
	太陽と月・惑星の見え方	○		○		○
化学	身のまわりの物質とその性質	○				

	出題内容　　年度	31	2	3	4	5
化学	いろいろな気体とその性質	○				
	水溶液の性質・溶解度		○	○		
	物質の姿と状態変化		○		○	
	物質の成り立ち（分解・原子・分子）		○			
	物質どうしの化学変化（化合）					○
	酸素がかかわる化学変化（酸化・還元）			○	○	
	化学変化と物質の質量	○				○
	化学変化と熱の出入り					
	水溶液とイオン	○	○	○	○	
	化学変化と電池					○
	酸・アルカリとイオン	○	○	○	○	
物理	光の世界		○	○	○	○
	音の世界	○				
	力の世界			○		
	電流の性質	○	○	○	○	○
	電流と磁界	○			○	
	静電気と電流					
	物体の運動					
	力の規則性	○		○		○
	仕事とエネルギー		○			○
	いろいろなエネルギー	○				
	科学技術と人間					○
	小学校で習う内容から		○	○		

鹿児島県公立高校入試問題の出題傾向と対策　英　語

令和５年度の出題の傾向と対策

1は放送による聞き取りテスト。実施時間は約 11 分と，昨年より約 33 秒短くなりましたが，今年度は小問が１つ増え，**１～５**までが１回のみの放送でした。放送内容を一度で把握する集中力が求められます。今年度も**４**で，月を書く問題が出されました。月や曜日は例年よく問われるため，つづりや発音をしっかり習得しておきましょう。**聞き取りテストでは，聞いた英文を，問われている内容に対して適切な表現に書きかえる力や話の内容の要点をつかむ力を身につけておきましょう**。対策としては，英文を聞く習慣を持ち，要点を書き取るなどして英文の流れや状況を１回でできるだけ正確につかむ力をつけておくとよいでしょう。

2は英語表現力をみる問題。**2**は，対話の流れと，答えとなる単語の意味を英語で説明したものをもとに，対話文にあてはまる単語を書く問題でした。英語を英語で説明しているため，高い語い力が求められます。**3**は，与えられた単語と対話の内容をもとに適切な英文を作る問題で，基礎的な文法力が求められました。**4**では英作文の出題がありました。今年度は，４コマのイラストの一連の流れを英語で説明するもので，自分の書ける英語でいかに的確に場面の説明ができるかということが問われました。より多くの語彙や熟語，文法事項を身につけ，**相手に伝えるために使う英語**を意識して勉強する必要があります。**4**のような英作文を書く問題に備え，**様々な話題に関して自分なりに英語で表現できるように日頃から練習することが大切です**。

3は英文読解問題と英語の資料を使った対話文読解問題。鹿児島の話題を取り入れた英文がよく出されています。Ⅱは，英語の資料とそれに関する対話文を読み，適切な英語を選ぶ問題でした。対話文に当てはめる内容を導き出すために，資料の内容を正しく理解し，的確に情報を処理する必要があります。Ⅲは，英字新聞の記事というまとまりのある英文を読み，英文の論点や要点を選ぶ問題でした。紛らわしい選択肢の中から正しいものを選ぶためには，英文の内容を細かいところまで理解し，最も伝えたいことを読み取る必要がありました。**日頃からさまざまな種類の英文や対話文をたくさん読んで，スピードと全体の内容を捉えてまとめられる読解力をつけておきましょう**。

4は長文総合問題。毎年，物語文でしたが，今年度は社会的話題についてのプレゼンテーション形式の英文となりました。英文の内容に関する資料を絡ませた問題もいくつかあり，正確に英文と対応させて解答する必要がありました。身の回りの社会問題や環境問題などについて，**自分の考えや意見を英文で表現をする**問題が出題されています。最後の英作文では資料を参考にした 15 語程度の英文を書く必要があり，読解力に加えて英語での高い表現力が必要とされました。**日頃から様々なことに関心を持ち，それに対する自分の考えを持つこと，さらにその考えを簡単な英語で表現する力を鍛える勉強をしていきましょう。**

過去５年間の出題内容

出題内容	年度	31	2	3	4	5
聞き取りテスト	英文・対話文に合う絵の選択	○	○	○	○	○
	対話の場面・意図を選択	○	○	○	○	○
	絵の並びかえによる放送内容の把握		○	○	○	
	英文で述べられていないものの選択			○	○	○
	英文に関する質問の答え	○	○	○	○	○
	要約文完成 (英語記述)	○	○	○	○	
	質問に自分の立場で答える	○	○	○	○	○
対話文完成	対話の流れに合う英文の選択	○	○			
	英文の当てはまる場所の選択	○	○	○	○	○
適語補充	出題形式					
	日本語の資料をもとに適語補充	○	○	○		
	対話と単語の説明をもとに適語補充				○	○
	出題された単語の品詞					
	名詞	○	○	○	○	○
	動詞	○	○	○	○	○
	形容詞		○			
	接続詞					

出題内容	年度	31	2	3	4	5
英作文	条件に合う英文を自分の考えで書く	○	○	○	○	
	絵の状況に合う英文の完成	○	○			○
	文脈に合う英文の完成・並べかえ	○	○	○	○	
対話文・英文読解	英語の資料の読み取り		○	○	○	○
	内容について英文記述	○	○	○	○	
	適切な語句の抜き出し	○	○	○		○
	適文選択	○	○	○	○	○
	内容に合う文の選択	○	○	○	○	
	英文の表題（要点）選択	○	○		○	○
	絵の並べかえによる流れの把握	○	○	○	○	
	本文の内容に合わない絵の選択				○	
	心情の把握	○	○	○	○	
	適語・適文の選択		○	○	○	○
	流れに合う英語の記述	○	○	○	○	
	内容について日本語で記述	○	○	○	○	○
	内容に関わる英作文	○	○	○	○	○
	本文の内容に合う資料の選択			○	○	○

鹿児島県公立高校入試問題の出題傾向と対策　社　会

令和５年度の出題の傾向と対策

昨年と同様の大問３つで構成されていました。設問数は昨年より２問少ない38問，点数配分は昨年同様，地理が31点・歴史が31点・公民が28点となっていました。記述式の出題は，昨年より３問多い11問となっていました。指定語句が３つである問題や，字数指定のある問題など，さまざまなパターンの記述問題がバランスよく出題されていました。

[1]は地理。Ⅰは世界地理で，距離と方位，南アフリカ共和国の特徴，世界の宗教，EU，モノカルチャー経済を問う出題でした。Ⅱは日本地理で，各県の人口と産業，扇状地，宮崎県の促成栽培などの出題が見られました。Ⅲは地形図を用いて，地図記号や縮尺，地形から読み取れる避難場所についての出題が見られました。地理に関して，**日頃から教科書に載っている，世界地理や日本地理における基本的事項をおさえるとともに，問題文中の資料の内容をしっかりと読み取ることが大切です。**

[2]は歴史。Ⅰは略年表から，古代から近世までのそれぞれの時代に関連する日本や世界に関するできごとや文化を問う出題でした。小問**4**では，古代から近世までにおこったできごとを時代の古い順に並べる問題が出題されました。Ⅱは近代以降をまとめた表から，明治時代から昭和時代までの歴史について，各時代の日本と世界のできごとについて問う出題が見られました。Ⅲは，米騒動がおこった理由について，３つの資料から読み取り解答をつくる記述問題でした。歴史に関して，**各時代の重要なできごと・人物と日本と海外との関わりなどを理解し，主なできごととその原因や影響，古代から近代までの時代のつながりをおさえることが大切です。**

[3]は公民。Ⅰは日本国憲法・新しい人権・国会・選挙などに関する出題，Ⅱは経済分野であり，消費生活・金融・財政・株式会社などの出題が見られました。Ⅲは近年増加している外国人観光客に対して，資料からどのような工夫がなされているかを問う出題でした。公民に関して，**政治・経済・国際情勢などメディアで取り上げられていることに興味や関心を持ち，教科書の内容と関連させて理解を深めることが大切です。**

今後は，教科書の基本的な内容をしっかりおさえ，その知識を活用することと，資料に書かれている情報を読み取る読解力が必要となってきます。入試に向けて一つずつ練習していきましょう。

過去５年間の出題内容

分野	出題内容＼年度	31	2	3	4	5
地理的分野	世界の国々と人々の生活	○	○	○	○	○
	アジア	○	○	○	○	○
	アフリカ	○	○	○		○
	ヨーロッパ・ロシア	○	○	○	○	○
	南北アメリカ	○	○	○	○	○
	オセアニア（オーストラリア）	○	○	○	○	○
	日本のすがた・世界の中の日本	○	○	○	○	○
	地形図		○			○
	九州地方	○	○	○	○	○
	中国・四国地方		○	○	○	
	近畿地方	○	○	○	○	
	中部地方	○	○	○	○	○
	関東地方	○	○		○	○
	東北・北海道地方		○		○	○
歴史的分野	文明のおこりと日本の始まり	○			○	
	古墳・飛鳥時代と東アジア	○	○	○		○
	奈良時代	○	○	○	○	○
	平安時代	○	○	○	○	○
	鎌倉時代		○	○	○	○
	室町時代	○	○	○	○	○
	世界の動きと天下統一	○	○	○	○	
	江戸時代	○	○	○	○	○
	近代ヨーロッパとアジア			○		
	明治維新～国会の開設	○	○	○	○	
	日清・日露戦争	○	○	○	○	○
	第一次世界大戦	○	○	○	○	○
	世界恐慌～第二次世界大戦	○	○		○	○
	戦後の日本～国際社会への復帰	○	○	○	○	○
	現代の日本と世界	○	○	○		○
公民的分野	現代の社会（家族や情報化）	○			○	○
	人権思想の発達			○		
	日本国憲法	○		○	○	○
	基本的人権	○	○	○	○	○
	地方自治		○	○		
	選挙	○		○	○	○
	国会・内閣・裁判所	○	○		○	○
	家計・消費者の権利と保護	○	○	○	○	○
	流通・価格・物価			○	○	○
	企業			○		○
	国家財政・税金		○		○	○
	景気と政府・日本銀行の政策	○	○	○	○	○
	福祉	○	○			
	世界経済と貿易		○		○	
	国際社会と日本	○	○		○	

鹿児島県公立高校入試問題の出題傾向と対策　数　学

令和５年度の出題の傾向と対策

[1] は基本的な計算・小問集合。**1**は基本的な計算や各単元の基本事項に関する内容です。計算問題に関しては，**ミスをしないことはもちろん，スピードにもこだわりましょう。2**以降も，各分野の基本的な内容。確実に得点できるように，しっかりと問題文を読みましょう。正答を求めるだけでなく，正答までの解法をしっかり理解することが大事です。解説等をしっかり読んで解法のパターンを増やしていきましょう。**1つの知識の漏れや単純な計算ミスが，そのまま点数につながる内容です。**日頃から**正確，かつ素早い計算ができるように練習を積み重ねること，教科書に出てくる用語や公式はしっかり理解しておくことが大事**です。

[2] は数学的な見方や考え方，表現力をみる小問集合。**1**は会話形式における平面図形。**2**は作図。**3**は二次方程式の文章題。**1**の会話形式についてですが，**毎年いずれかの大問で必ず会話形式の問題が出題されています。日頃から会話形式の問題に触れて，「何が問われているのか」「ヒントがどこにあるのか」など会話の流れをしっかりとおさえましょう。2**は複数の条件を組み合わせた作図の問題。**作図は毎年出題されています。**基本的な作図方法をおさえておくのはもちろんのこと，**問題文から必要な条件を読み取り，どんな作図をすればよいのか，日頃からイメージする練習をしておきましょう。3**の二次方程式の文章題は，空間図形との融合問題です。**図形をかいて考える癖を身につけておきましょう。**

[1]，[2]**を短時間で仕上げられるかが高得点へのカギです。日頃から時間を意識して問題に取り組みましょう。**

[3]はデータの活用からの出題。与えられた資料を読み取り，正確に分析できるかが問われました。また，新しい教科書に変わってから初めて「箱ひげ図」の出題が見られました。令和6年度は「累積度数」「累積相対度数」が出題される可能性が高いです。まずは，**データの活用の単元に関して，基本的な用語とその求め方をしっかりおさえましょう。**

[4] は放物線と直線からの出題。**2**は条件の変化を図にかきこんでイメージできるかが問われていました。関数の問題では，**3**(1)のように，求め方や計算過程を記述させる問題がしばしば見られます。**日頃から意識して，求め方や計算過程をしっかり書くようにしましょう。**

[5] は平面図形からの出題。基本的な図形の知識事項をおさえておくのはもちろんのこと，それらをどう活用すればよいかは実際に多くの問題にふれることで身についていきます。問題中の条件を図形の中に反映させていくことで，より多くのヒントに気づくことがあります。**まずはしっかりと問題文を読み，条件を正確に表した図をかくことを心がけましょう。**

毎年，設問の構成や順番に違いはありますが，**教科書で学んだことから出題されるという点では違いはありません。**教科書に出てくる基本的な語句や公式・定理をしっかりおぼえ，それらを活用する演習問題に取り組みましょう。

「基本的な語句・定理の理解」「正確な計算力の定着」「数学的表現力の向上」

いずれも地道な努力で身に付くもので，それに勝るものはありません。入試に向けて，日々努力しましょう。

過去５年間の出題内容

出題内容		31	2	3	4	5
数の計算	四則混合計算	○	○	○	○	○
	割合の計算	○	○	○	○	
式の計算	乗法・除法	○		○	○	○
	式の展開				○	○
	因数分解			○		
平方根	計算問題	○	○	○	○	○
	基本事項		○			○
	素数			○		
文字式	文字式の利用	○			○	
	等式変形				○	
	式による証明	○				
	規則の活用	○	○		○	○
方程式	不等式	○				
	方程式	○		○		○
	方程式の文章題	○	○	○	○	○
	比の利用		○			
	解の公式	○	○	○	○	
関数	比例・反比例		○			
	関数とグラフ				○	○
	１次関数	○	○	○	○	○
	２乗に比例する関数	○	○	○	○	○
	放物線と直線の交点	○	○			○
	関数と動点・図形	○				
	関数と面積・体積		○	○	○	○

出題内容		31	2	3	4	5
図形の基礎	線対称・点対称	○	○	○	○	○
	平面図形	○	○	○	○	○
	空間図形	○	○	○	○	○
	展開図・投影図	○	○			
	平行線と角	○	○			○
図形と合同	図形の合同	○			○	
	二等辺三角形・正三角形	○	○		○	○
図形の相似	図形の相似	○		○	○	○
	平行線と線分の比					
	中点連結定理				○	
円	円周角と弧	○	○	○	○	○
	円と接線					
図形の計量	図形と三平方の定理	○	○	○	○	○
	特別な直角三角形	○	○	○	○	
	おうぎ形					
	その他の面積・体積	○	○	○	○	○
データの活用	度数の分布	○	○	○	○	○
	代表値	○	○	○	○	○
	相対度数			○		○
	箱ひげ図					○
	標本調査・有効数字				○	
確率	確率	○	○	○	○	○
	場合の数					○

公立高校入試の実施について

令和５年度入試日程

令和５年度の入試は下記の日程で行われました。

① 一般入試

願書提出	２月７日(火)から２月13日(月)正午(必着)まで			
出願変更	２月15日(水)から２月21日(火)正午(必着)まで			
学力検査	３月２日(木)	9：20	集合（志願先高等学校)	
		10：00～10：50	(50分間)	国語
		11：10～12：00	(50分間)	理科
		13：00～13：50	(50分間)	英語
			(聞き取りテスト12分間程度を含む。)	
	３月３日(金)	9：20	集合	
		9：40～10：30	(50分間)	社会
		10：50～11：40	(50分間)	数学
合格発表	３月15日(水) 午前11時以後			

② 推薦入試

面接・作文等実施　２月３日(金)　場所　志願先高等学校
合格者内定　２月９日(木)

③ 二次募集

願書提出　３月20日(月) から３月22日(水) 正午(必着) まで
面接・作文等実施　３月23日(木)　場所　志願先高等学校
合格者発表　３月24日(金) 午後２時以後

高校入試 Q & A

令和６年度公立高校入試日程

○推薦入試	２月２日(金)	面接・作文等
○一般入試	３月５日(火)	国・理・英
	３月６日(水)	社・数
	３月13日(水)	合格者発表
○二次募集	３月21日(木)	面接・作文等
	３月22日(金)	合格者発表

Q1 推薦入試はどのようなものですか。

A　学力検査を実施せず，中学校３年間の学習や活動状況，面接，作文等を総合して評価する制度です。部活動や生徒会活動など学力検査でははかれない中学時代の取り組みを積極的に評価します。各高校が定めた枠内（８％～ 80％）で実施します。

Q2 学科併願はどんな制度ですか。

A　二つ以上の学科がある高校で学科に志願順位（第１志望，第２志望等）をつけて出願できる制度です。合格の可能性が広がります。

Q3 くくり募集はどんな制度ですか。

A　二つ以上の学科をまとめて募集し，１年生では共通の学習をして，２年生から各学科に分かれて学習する制度です。高校に入って学びながら自分の進む学科を決めていきます。

Q4 第二次入学者選抜とはどんな制度ですか。

A　第一次入学者選抜（推薦入試，一般入試等）の合格者が募集定員に満たない学校・学科で実施する入試で，公立高校で学びたい意志をもつ人に再度受検の機会を提供するものです。再度の学力検査は行わず，面接，作文等で合格者を決定します。

Q5 自己申告書とはどんなものですか。

A　志願者のうち，特別な理由等で年間30日以上欠席のある者が志願の動機・理由等を書いて，中学校長を経て，志願先高等学校長に提出できる書類のことです。

令和５年度公立高校入試状況１

【全　日　制】

高校名	学科名	併願	定員		推薦入試		実質定員	出願者数		出願倍率		受検者数		2次募集
			全体	一定枠	枠	出願者数（一定枠）		全体	一定枠	5年度	4年度	全体	一定枠	全体（一定枠）
鶴丸	普通		320	32	32	23（3）	301	372	43	1.24	1.45	366	42	
甲南	普通		320	32	32	54（9）	288	426	44	1.48	1.33	411	41	
鹿児島中央	普通		320	32	32	35（5）	290	403	30	1.39	1.44	382	25	
錦江湾	普通		160	16	16	6（5）	154	115	2	0.75	0.88	106	2	48
	理数	普通	80		24	5	75	43		0.57	0.58	42		33
武岡台	普通		240	24	24	22（1）	218	274	2	1.26	1.33	265	2	
	情報科学		80		24	2	78	100		1.28	1.48	98		
開陽	普通	福祉	78		(注1) 18	13	66	74		1.12	1.21	69		
	福祉	普通	38		(注1) 6	2	36	27		0.75	0.65	24		
明桜館	文理科学	商業	120		36	4	115	101		0.88	0.87	98		17
	商業	文理科学	80		24	2	78	84		1.08	1.06	82		
松陽	普通	音楽か美術	240	24	(注2) 72	31（5）	209	238	5	1.14	1.19	234	5	
	音楽	普通	40		20	21	20	14		0.70	0.26	13		6
	美術	普通	40		30	25	15	19		1.27	0.65	16		
鹿児島東	普通		80		8	0	80	55		0.69	0.51	46		36
鹿児島工業	工業Ⅰ類		240		60	34	206	191		0.93	1.33	178		28
	工業Ⅱ類		120		30	15	105	93		0.89	1.37	84		22
鹿児島南	普通		160	16	16	13（4）	147	164	8	1.12	1.19	155	8	
	商業	情報処理	80		20	13	67	71		1.06	1.49	69		
	情報処理	商業	40		8	4	36	45		1.25	1.36	45		
	体育		40		32	35	8	11		1.38	0.77	10		
吹上	電気	第３志望まで	40		12	0	40	29		0.73	0.05	27		14
	電子機械		40		12	1	39	33		0.85	0.75	33		7
	情報処理		40		12	0	40	27		0.68	0.63	26		14
伊集院	普通		240	24	24	9（0）	231	166	1	0.72	0.72	157	0	73
市来農芸	農業	第２志望まで	40		12	0	40	20		0.50	0.33	20		21
	畜産		40		12	0	40	18		0.45	0.55	17		24
	環境園芸		40		12	0	40	15		0.38	0.68	15		29
串木野	普通		80		8	0	80	38		0.48	0.28	35		45
鹿児島玉龍	普通		125	12	13	21（3）	110	162	13	1.47	1.36	153	12	
鹿児島商業	商業	第３志望まで	160		64	9	151	64		0.42	0.47	60		91
	情報処理		80		32	10	70	55		0.79	0.74	52		18
	国際経済		40		16	1	39	5		0.13	0.43	5		34
鹿児島女子	商業	第2志望は情報会計 第3志望は生活科学	80		32	5	75	49		0.65	0.67	48		27
	情報会計	第2志望は商業 第3志望は生活科学	80		32	12	68	49		0.72	0.43	48		19
	生活科学	第2～3志望は 商業か情報会計	160		64	20	140	134		0.96	0.88	131		9
指宿	普通		120		12	1	119	73		0.61	0.72	73		46
山川	園芸工学・農業経済		40		12	0	40	10		0.25	0.18	10		30
	生活情報		40		12	0	40	12		0.30	0.73	12		28
頴娃	普通	機械電気	40		4	0	40	28		0.70	0.18	27		13
	機械電気	普通	40		12	0	40	31		0.78	0.98	31		10
枕崎	総合学科		80		24	2	78	32		0.41	0.46	31		48

(注1) 自己推薦（普通科10%，福祉科10%）を含む。　(注2) 体育，書道，英語コース合わせて20%，一般は10%とする。

令和５年度公立高校入試状況２
【全　日　制】

高校名	学科名	併願	定員		推薦入試		実質定員	出願者数		出願倍率		受検者数		2次募集
			全体	一定枠	枠	出願者数（一定枠）		全体	一定枠	5年度	4年度	全体	一定枠	全体（一定枠）
鹿児島水産	海洋	第3志望まで	40		8	1	39	49		1.26	1.45	49		
	情報通信		40		8	0	40	33		0.83	1.13	33		6
	食品工学		40		8	1	39	23		0.59	0.38	23		11
加世田	普通		120		12	3	117	82		0.70	0.82	79		38
加世田常潤	食農プロデュース	生活福祉	40		12	0	40	12		0.30	0.80	12		28
	生活福祉	食農プロデュース	40		12	0	40	9		0.23	0.35	9		32
川辺	普通		80		8	0	80	35		0.44	0.85	35		45
薩南工業	機械	第4志望まで	40		12	0	40	19		0.48	0.35	19		21
	建築		40		12	0	40	23		0.58	0.63	21		19
	情報技術		40		12	0	40	22		0.55	0.68	22		18
	生活科学		40		12	0	40	27		0.68	0.93	27		13
指宿商業	商業マネジメント	第3志望まで	120		36	4	116	108		0.93	0.81	106		10
	会計マネジメント		40		12	0	40	10		0.25	0.49	10		30
	情報マネジメント		40		12	1	39	38		0.97	1.10	37		2
川内	普通		280	28	28	7（4）	273	280	23	1.03	0.75	274	22	
川内商工	機械	第3志望まで	120		30	2	118	98		0.83	0.77	94		23
	電気		80		20	1	79	72		0.91	0.86	69		10
	インテリア		40		10	0	40	34		0.85	1.00	33		7
	商業		80		20	0	80	61		0.76	0.99	60		20
川薩清修館	ビジネス会計	総合学科	40		12	0	40	7		0.18	0.38	7		33
	総合学科	ビジネス会計	80		24	4	76	52		0.68	0.55	48		27
薩摩中央	普通	第2志望まで	40	4	4	3（2）	37	18	3	0.49	0.28	16	3	21
	生物生産		40		12	0	40	15		0.38	0.50	13		27
	農業工学		40		12	0	40	18		0.45	0.30	17		23
	福祉		40		12	1	39	12		0.31	0.33	12		27
鶴翔	農業科学	第3志望まで	40		8	0	40	12		0.30	0.45	12		28
	食品技術		40		8	0	40	17		0.43	0.50	17		23
	総合学科		80		16	3	77	43		0.56	0.51	43		34
野田女子	食物	生活文化	40		12	0	40	21		0.53	0.80	21		19
	生活文化	食物	40		12	0	40	21		0.53	0.69	21		19
	衛生看護		40		12	0	40	14		0.35	0.29	13		27
出水	普通		160	16	16	9（0）	151	82	0	0.54	0.76	82	0	69
出水工業	機械電気		80		24	0	80	72		0.90	0.60	72		11
	建築		40		12	0	40	17		0.43	0.58	17		23
出水商業	商業	情報処理	80		24	0	80	76		0.95	0.85	76		
	情報処理	商業	80		24	1	79	91		1.15	0.91	91		
大口	普通		80		8	1	79	48		0.61	0.39	48		31
伊佐農林	農林技術		40		12	0	40	15		0.38	0.48	14		27
	生活情報		40		12	0	40	27		0.68	0.80	27		13
霧島	機械	総合学科	40		12	0	40	22		0.55	0.30	22		20
	総合学科	機械	40		12	0	40	27		0.68	0.55	24		18
蒲生	普通	情報処理	80		8	0	79	38		0.48	0.40	37		37
	情報処理	普通	40		12	1	39	40		1.03	0.53	39		7
加治木	普通		320	32	32	10（0）	310	333	1	1.07	1.11	302	1	8

令和５年度公立高校入試状況３
【全　　日　　制】

高校名	学科名	併願	定員		推薦入試		実質定員	出願者数		出願倍率		受検者数		2次募集
			全体	一定枠	枠	出願者数(一定枠)		全体	一定枠	5年度	4年度	全体	一定枠	全体（一定枠）
加治木工業	機械	第6志望まで	80		20	6	74	76		1.03	0.96	74		
	電気		40		10	1	39	39		1.00	0.55	38		
	電子		40		10	3	37	50		1.35	0.87	42		
	工業化学		40		10	0	40	19		0.48	0.58	19		10
	建築		40		10	1	39	50		1.28	0.97	50		
	土木		40		10	2	38	39		1.03	0.97	39		
隼人工業	インテリア	第3志望まで	40		12	2	38	38		1.00	1.00	37		1
	電子機械		80		24	5	75	63		0.84	0.78	62		15
	情報技術		40		12	4	36	35		0.97	0.68	35		1
国分	普通	理数	280	28	28	4（0）	276	203	5	0.74	0.78	197	5	79
	理数	普通	40		12	1	39	32		0.82	1.13	27		12
福山	普通		40		4	0	40	9		0.23	0.28	7		33
	商業		40		12	0	40	25		0.63	0.45	25		16
国分中央	園芸工学	第2志望まで	40		8	1	39	24		0.62	1.23	24		13
	生活文化		80		16	8	72	86		1.19	1.03	86		
	ビジネス情報		120		36	3	117	100		0.85	0.75	98		7
	スポーツ健康		40		24	22	18	17		0.94	1.05	16		2
曽於	文理	第3志望まで	40		8	0	40	14		0.35	0.48	11		29
	普通		40	4	4	0（0）	40	22	0	0.55	0.65	22	0	18
	畜産食農		40		8	1	39	28		0.72	0.51	28		13
	機械電子		40		8	0	40	40		1.00	0.88	38		2
	商業		40		8	2	38	43		1.13	0.85	39		
志布志	普通		120		12	0	120	109		0.91	0.78	108		13
串良商業	情報処理	総合ビジネス	80		24	1	79	49		0.62	0.45	48		33
	総合ビジネス	情報処理	40		12	0	40	27		0.68	0.44	26		12
鹿屋	普通		240	24	24	9（0）	231	189	2	0.82	0.81	181	2	50
鹿屋農業	農業	第2志望まで	40		12	1	39	12		0.31	0.32	12		28
	園芸		40		12	0	40	4		0.10	0.41	4		37
	畜産		40		12	2	40	27		0.68	0.85	27		18
	農業機械		40		12	4	36	42		1.17	1.08	41		
	農林環境		40		12	3	37	38		1.03	0.81	36		2
	食と生活		40		12	1	39	39		1.00	1.03	37		1
鹿屋工業	機械	第3志望まで	80		16	2	78	57		0.73	0.88	56		14
	電気		40		8	3	37	48		1.30	0.97	46		
	電子		40		8	2	38	36		0.95	1.10	34		3
	建築		40		8	1	39	31		0.79	0.83	29		10
	土木		40		8	0	40	31		0.78	0.43	31		9
垂水	普通	生活デザイン	40		4	0	40	10		0.25	0.43	10		30
	生活デザイン	普通	40		8	0	40	27		0.68	0.48	25		20
南大隅	商業		80		24	0	80	36		0.45	0.21	36		44

令和５年度公立高校入試状況４

【全　日　制】

高校名	学科名	併願	定員		推薦入試		実質定員	出願者数		出願倍率		受検者数		2次募集
			全体	一定枠	枠	出願者数（一定枠）		全体	一定枠	5年度	4年度	全体	一定枠	全体（一定枠）
鹿屋女子	普通	第３志望まで	40	4	4	3（0）	37	43	0	1.16	0.76	41	0	
	情報ビジネス		80		24	5	75	77		1.03	0.84	75		
	生活科学		80		24	6	74	56		0.76	0.91	54		16
種子島	普通	第２志望まで	80		8	0	80	50		0.63	0.73	48		32
	生物生産		40		12	0	40	10		0.25	0.40	9		30
	電気		40		12	0	40	31		0.78	0.58	29		11
種子島中央	普通	情報処理	80		8	1	79	38		0.48	0.41	38		41
	情報処理	普通	40		8	4	36	36		1.00	0.75	35		1
屋久島	普通	情報ビジネス	80		8	0	80	42		0.53	0.45	42		38
	情報ビジネス	普通	40		12	0	40	29		0.73	0.72	29		11
大島	普通		280		28	0	280	211		0.75	0.83	210		70
奄美	機械電気		80		24	0	80	36		0.45	0.30	36		46
	商業	情報処理	40		12	0	40	15		0.38	0.65	14		26
	情報処理	商業	40		12	0	40	41		1.03	1.18	40		
	家政		40		12	0	40	28		0.70	0.85	27		13
	衛生看護		40		12	0	40	11		0.28	0.43	11		29
大島北	普通	情報処理	40		4	0	40	30		0.75	0.68	29		11
	情報処理	普通	40		12	0	40	25		0.63	0.68	24		16
古仁屋	普通		80		8	0	80	36		0.45	0.25	36		46
喜界	普通	商業	40		（注３）		16	7		0.44		7		9
	商業	普通	40		（注３）		22	0						22
徳之島	普通	総合学科	80		8	1	79	42		0.53	0.67	41		38
	総合学科	普通	40		12	0	40	40		1.00	1.03	40		
沖永良部	普通	商業	80		8	0	80	49		0.61	0.66	49		31
	商業	普通	40		12	0	40	33		0.83	0.75	33		7
与論	普通		80		（注4）8	0	31	1		0.03	0.03	1		30

（注３）喜界高等学校は連携型中高一貫教育校入学者選抜を実施する。　（注４）与論高等学校は推薦入学者選抜及び連携型中高一貫教育校入学者選抜を実施する

高校名	学科名	併願	定員		推薦入試		実質定員	出願者数		出願倍率		受検者数	
			5年度	4年度	枠	出願者数（一定枠）		5年度	4年度	5年度	4年度	5年度	4年度
楠隼	普通（注5）		41	43			41	7	7	0.16	0.28		

（注５）楠隼高等学校の入学試験内容は国語，数学，英語の独自問題と面接。

【定　時　制】

高校名	学科名	併願	定員		自己推薦		実質定員	出願者数		出願倍率		受検者数		2次募集
			全体	一定枠	枠	出願者数（一定枠）		全体	一定枠	5年度	4年度	全体	一定枠	全体（一定枠）
開陽	普通	オフィス情報	40		4	3	17	17		1.00	1.06	15		
	オフィス情報	普通	40		4	3	21	10		0.48	0.55	9		
奄美	商業		40		12	0	40	7		0.18	0.18	5		35

【全　体　計】

全・定別	設置者	募集定員	実質定員	出願者数（一定枠）	出願倍率	
					5年度	4年度
全日制	県立	10,197	9,655	7,781（169）	0.81	0.82
	市立	1,563	1,439	1,244（13）	0.86	0.82
	計	11,760	11,094	9,025（182）	0.81	0.82
定時制	県立	84	78	34	0.44	0.46
合計		11,844	11,172	9,059（182）	0.81	0.82

令和5年度　鹿児島県公立高校入試問題　理　科

（解答…205P）

1　次の各問いに答えなさい。答えを選ぶ問いについては記号で答えなさい。

1　**図1**の力A，力Bの合力の大きさは何Nか。
ただし，**図1**の方眼の1目盛りを1Nとする。

図1

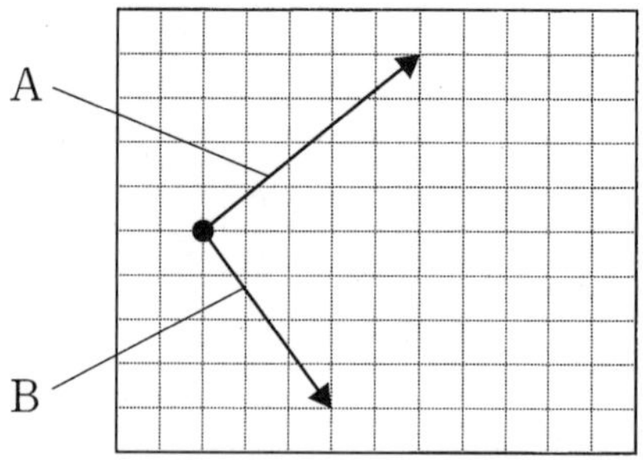

2　メタン（CH_4）を燃焼させると，二酸化炭素と水ができる。この化学変化を表す次の化学反応式を完成せよ。

CH_4　＋　$2O_2$　→

3　顕微鏡を使って小さな生物などを観察するとき，はじめに視野が最も広くなるようにする。次の**ア**～**エ**のうち，最も広い視野で観察できる接眼レンズと対物レンズの組み合わせはどれか。

ア　10倍の接眼レンズと4倍の対物レンズ
イ　10倍の接眼レンズと10倍の対物レンズ
ウ　15倍の接眼レンズと4倍の対物レンズ
エ　15倍の接眼レンズと10倍の対物レンズ

4　震度について，次の文中の□にあてはまる数値を書け。

ある地点での地震によるゆれの大きさは震度で表され，現在，日本では，気象庁が定めた震度階級によって震度0から震度□までの10階級に分けられている。

5　ある日，動物園に行ったみずきさんは，いろいろな動物を見たり，乗馬体験をしたりした。

(1)　動物のエサやり体験コーナーに行くと，エサの入った箱が水平な机の上に置かれていた。エサと箱を合わせた質量を 10 kg，エサの入った箱が机と接している部分の面積を $0.2\ \mathrm{m}^2$ とするとき，机が箱から受ける圧力の大きさは何 Pa か。ただし，質量 100 g の物体にはたらく重力の大きさを１Nとする。

(2)　シマウマやライオンを見た後，展示館に行くと，**図２**のような展示があった。これは，何らかの原因で，植物がふえたとしても，長い時間をかけてもとのつり合いのとれた状態にもどることを示した模式図である。生物の数量の関係の変化を表したものになるように，C～Eにあてはまるものを**ア**～**ウ**から一つずつ選べ。なお，**図２**のAはつり合いのとれた状態を示しており，**図２**及び**ア**～**ウ**の破線（┆）はAの状態と同じ数量を表している。

図２

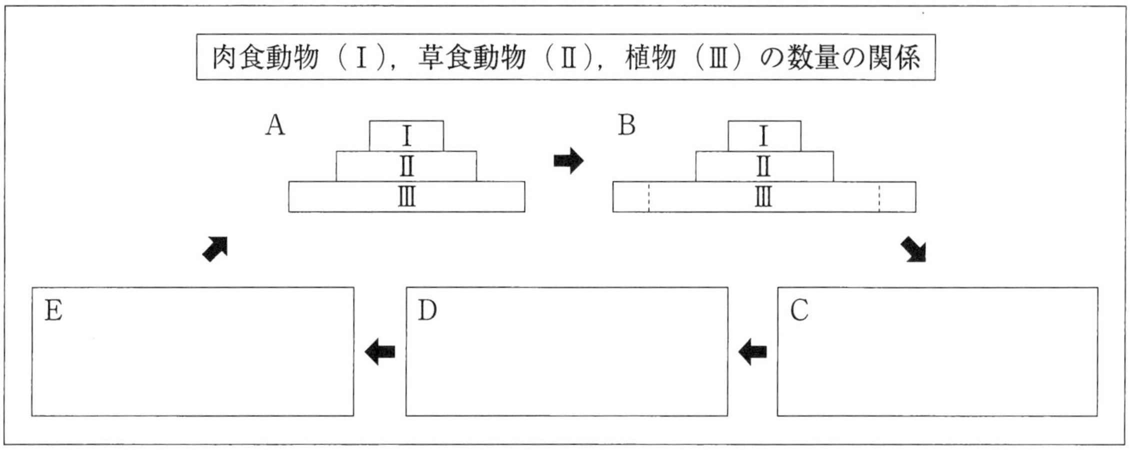

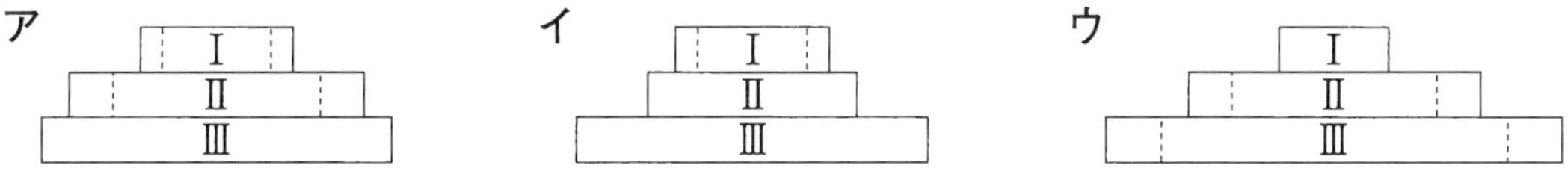

(3)　乗馬体験コーナーで,「以前は仕事率の単位に馬力が使われ，１馬力は約 735 W であった。」という話を聞いた。735 W の仕事率で 44100 J の仕事をするとき，かかる時間は何秒か。

(4)　売店に，「廃棄プラスチック削減に取り組んでいます。」という張り紙があった。みずきさんは，人間の生活を豊かで便利にしている科学技術の利用と自然環境の保全について関心をもち，家でプラスチックについて調べた。プラスチックについて述べたものとして，**誤っているもの**はどれか。

ア　水にしずむものもある。

イ　有機物である。

ウ　人工的に合成されたものはない。

エ　薬品による変化が少ない。

2 次のⅠ，Ⅱの各問いに答えなさい。答えを選ぶ問いについては記号で答えなさい。

Ⅰ　ある日，桜島に行ったゆうさんが，気づいたことや，桜島に関してタブレット端末や本を使って調べたり考えたりしたことを，**図**のようにまとめた。

図

桜島について　　○年△月□日

桜島

〈気づいたこと〉

・ゴツゴツした岩がたくさんあった。
・道のあちらこちらに火山灰が見られた。

〈火山の形〉

傾斜がゆるやかな形	**円すい状の形**（桜島）	**ドーム状の形**

弱い ←	マグマのねばりけ	→ 強い

〈火山灰の観察〉

目的：火山灰にふくまれる一つ一つの粒の色や形を調べる。
方法：少量の火山灰を［ a ］。
その後，適切な操作を行い，双眼実体顕微鏡で粒をくわしく観察する。

〈火山灰の広がり〉

桜島の降灰予報から火山灰の広がりについて考えた。右の桜島の降灰予報から，桜島上空の風向は［ b ］であることがわかる。もし，桜島上空に上がった火山灰が，この風によって 10 m/s の速さで 30 km 離れた地点Pの上空に到達したとすると，そのときにかかる時間は，［ c ］分であると考えられる。

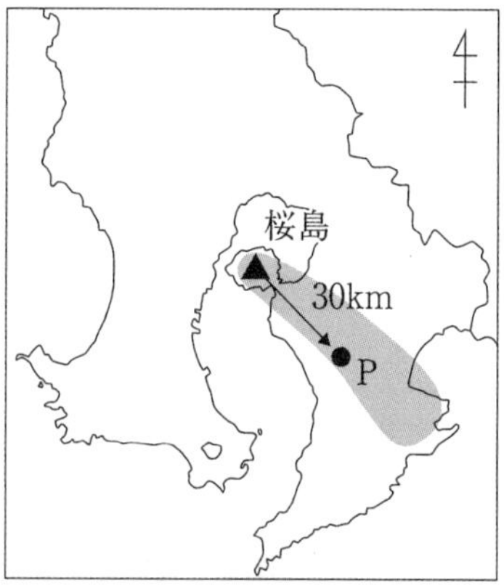

桜島の降灰予報

1　地下にあるマグマが地表に流れ出たものを何というか。

2　**図**の〈火山の形〉について，噴火のようすと火山噴出物の色の特徴を解答欄の書き出しのことばに続けて書け。

3　**図**の〈火山灰の観察〉について，［ a ］にあてはまる操作として最も適当なものはどれか。

ア　蒸発皿に入れて水を加え，指でおして洗う　　イ　スライドガラスにのせ染色液をたらす
ウ　ビーカーに入れてガスバーナーで加熱する　　エ　乳鉢に入れて乳棒を使ってすりつぶす

4　**図**の〈火山灰の広がり〉について，［ b ］と［ c ］にあてはまるものとして最も適当なものはそれぞれどれか。

［ b ］　ア　北東　　イ　南東　　ウ　南西　　エ　北西

［ c ］　ア　3　　イ　10　　ウ　50　　エ　300

Ⅱ　たかしさんとひろみさんは，太陽の黒点について調べるため，**図１**のような天体望遠鏡を使って太陽の表面を数日間観察した。そのとき太陽の像を記録用紙の円の大きさに合わせて投影し，黒点の位置や形をスケッチした。その後，記録用紙に方位を記入した。**図２**は，スケッチしたもののうち２日分の記録である。

図１

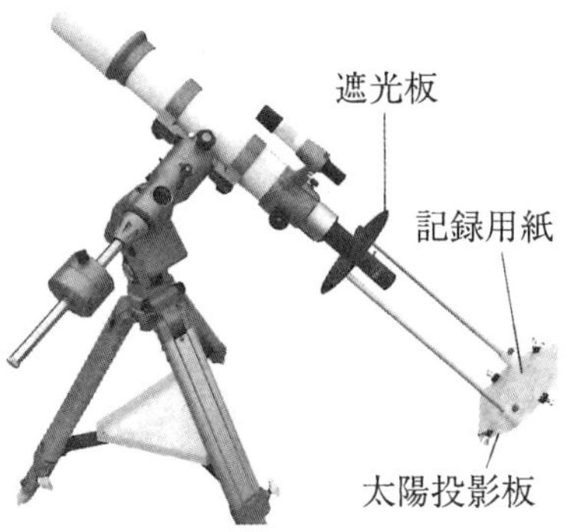

図２

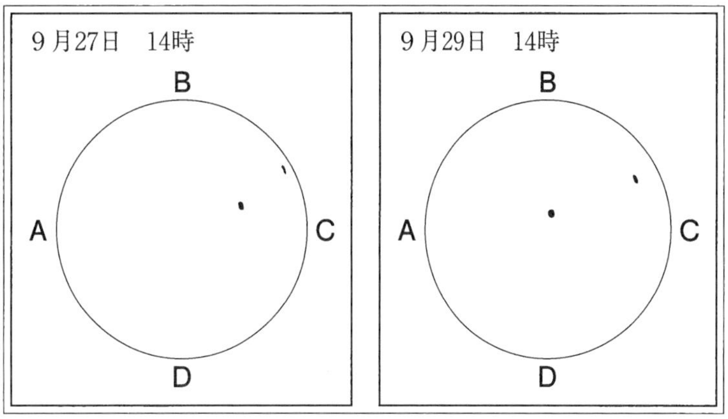

１　黒点が黒く見える理由を，解答欄の書き出しのことばに続けて書け。

２　図２のＡ～Ｄには記入した方位が書かれている。天体望遠鏡を固定して観察していたとき，記録用紙の円からＡの方向へ太陽の像がずれ動いていた。Ａはどれか。

ア　東　　イ　西　　ウ　南　　エ　北

次は，観察の後の２人と先生の会話である。

たかし：数日分の記録を見ると，黒点の位置が変化していることから，太陽は［ a ］していることがわかるね。

ひろみ：周辺部では細長い形に見えていた黒点が，数日後，中央部では円形に見えたことから，太陽は［ b ］であることもわかるね。

先　生：そのとおりですね。

たかし：ところで，<u>黒点はどれくらいの大きさなのかな</u>。

ひろみ：地球の大きさと比べて考えてみようよ。

３　この観察からわかったことについて，会話文中の［ a ］と［ b ］にあてはまることばを書け。

４　下線部について，記録用紙の上で太陽の像は直径 10 cm，ある黒点はほぼ円形をしていて直径が２mm であったとする。この黒点の直径は地球の直径の何倍か。小数第２位を四捨五入して小数第１位まで答えよ。ただし，太陽の直径は地球の直径の109倍とする。

3 次のⅠ，Ⅱの各問いに答えなさい。答えを選ぶ問いについては記号で答えなさい。

Ⅰ あいさんはダニエル電池をつくり，電極の表面の変化を調べて，電流をとり出すしくみを考えるため，次の**実験**を行った。

実験

① ビーカーに硫酸亜鉛水溶液と亜鉛板を入れた。

② セロハンチューブの中に硫酸銅水溶液と銅板を入れ，これをビーカーの中の硫酸亜鉛水溶液に入れた。

③ **図**のように，亜鉛板と銅板に光電池用モーターを接続すると光電池用モーターが回転した。

④ しばらく光電池用モーターを回転させると，亜鉛板，銅板ともに表面が変化し，亜鉛板は表面がでこぼこになっていることが確認できた。

図

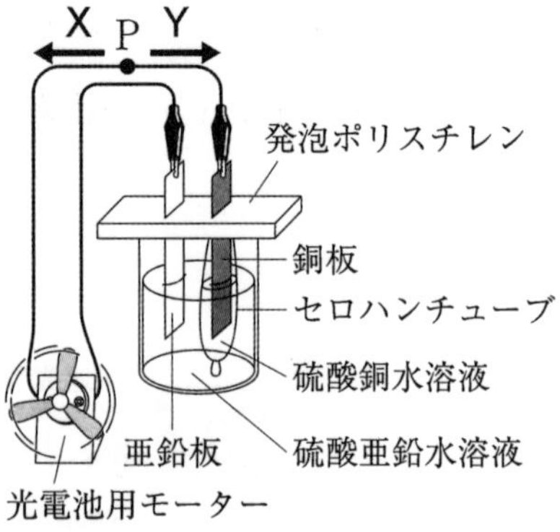

1 ダニエル電池の－極は，亜鉛板と銅板のどちらか。また，**図**の点Pを流れる電流の向きは，**図**のX，Yのどちらか。

2 水溶液中の銅板の表面で起こる化学変化のようすを模式的に表しているものとして，最も適当なものはどれか。ただし，㊀は電子を表している。

ア

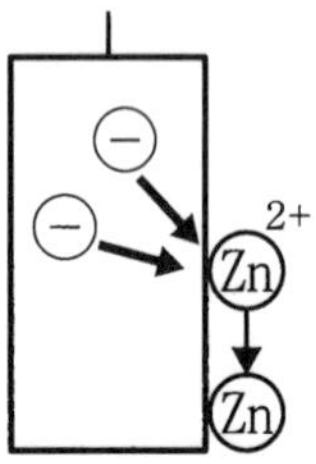

イ

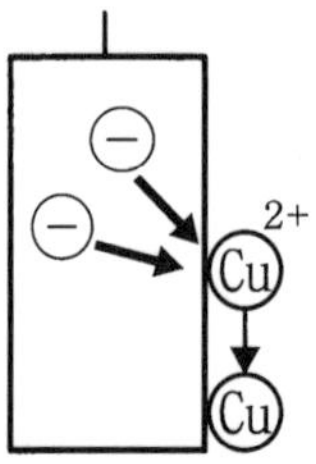

ウ

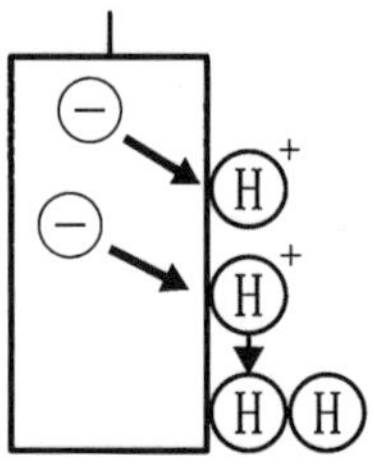

エ

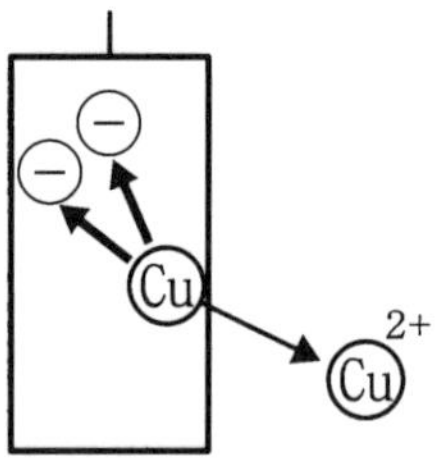

3 次は，**実験**の後のあいさんと先生の会話である。

あい：この実験を通して，ダニエル電池では，物質のもつ［ a ］エネルギーが［ b ］エネルギーに変換されているということが理解できました。

先生：ところで，セロハンチューブにはどのような役割があると思いますか。

あい：セロハンチューブには，硫酸亜鉛水溶液と硫酸銅水溶液が簡単に混ざらないようにする役割があると思います。

先生：そのとおりです。セロハンチューブがなく，この二つの水溶液が混ざると，亜鉛板と硫酸銅水溶液が直接反応して亜鉛板の表面には金属が付着し，電池のはたらきをしなくなります。このとき，亜鉛板の表面ではどのような反応が起きていますか。

あい：亜鉛板の表面では，［ c ］という反応が起きています。

(1) 会話文中の［ a ］，［ b ］にあてはまることばを書け。

(2) 会話文中の［ c ］について，「亜鉛イオン」，「銅イオン」，「電子」ということばを使って正しい内容となるように書け。

Ⅱ　図1は，鹿児島県の郷土菓子のふくれ菓子である。その材料は，小麦粉，黒糖，重そうなどである。重そうは炭酸水素ナトリウムの別名であり，ホットケーキの材料として知られるベーキングパウダーにも炭酸水素ナトリウムがふくまれている。ベーキングパウダーにふくまれている炭酸水素ナトリウムの質量を調べるため，次の**実験1，2**を行った。

図1

実験1　ある濃度のうすい塩酸40.00 gが入ったビーカーを5個用意し，それぞれ異なる質量の炭酸水素ナトリウムを**図2**のように加えた。ガラス棒でかき混ぜて十分に反応させ，二酸化炭素を発生させた。その後，ビーカー内の質量を記録した。**表**はその結果である。なお，発生した二酸化炭素のうち，水にとけている質量については無視できるものとする。

図2

表

反応前のビーカー内の質量〔g〕	40.00	40.00	40.00	40.00	40.00
加えた炭酸水素ナトリウムの質量〔g〕	2.00	4.00	6.00	8.00	10.00
反応後のビーカー内の質量〔g〕	40.96	41.92	43.40	45.40	47.40

1　二酸化炭素について，次の文中の［　　］にあてはまる内容を「密度」ということばを使って書け。

> 二酸化炭素は，水に少ししかとけないので，水上置換法で集めることができる。また，［　　　　　　　］ので，下方置換法でも集めることができる。

2　次の文は，**実験1**について述べたものである。［ a ］にあてはまるものを**ア**～**エ**から選べ。また，［ b ］にあてはまる数値を書け。

> うすい塩酸40.00 gと反応する炭酸水素ナトリウムの最大の質量は，**表**から［ a ］の範囲にあることがわかる。また，その質量は［ b ］gである。

ア　2.00 g～4.00 g　　**イ**　4.00 g～6.00 g
ウ　6.00 g～8.00 g　　**エ**　8.00 g～10.00 g

実験2　**実験1**と同じ濃度のうすい塩酸40.00 gに，ベーキングパウダー12.00 gを加え，ガラス棒でかき混ぜて十分に反応させたところ，二酸化炭素が1.56 g発生した。

3　**実験2**で用いたものと同じベーキングパウダー100.00 gにふくまれている炭酸水素ナトリウムは何gか。ただし，**実験2**では塩酸とベーキングパウダーにふくまれている炭酸水素ナトリウムの反応のみ起こるものとする。

4 次のⅠ，Ⅱの各問いに答えなさい。答えを選ぶ問いについては記号で答えなさい。

Ⅰ 動物は外界のさまざまな情報を刺激として受けとっている。

1 **図1**のヒトの〈受けとる刺激〉と〈感覚〉の組み合わせが正しくなるように，**図1**の「・」と「・」を実線（──）でつなげ。

図1

〈受けとる刺激〉			〈感覚〉
光	・	・	聴覚
におい	・	・	視覚
音	・	・	嗅覚

2 刺激に対するヒトの反応を調べるため，意識して起こる反応にかかる時間を計測する実験を次の**手順1～4**で行った。

手順1 図2のように，5人がそれぞれの間で棒を持ち，輪になる。

手順2 Aさんは，右手でストップウォッチをスタートさせると同時に，右手で棒を引く。左手の棒を引かれたBさんは，すぐに右手で棒を引く。Cさん，Dさん，Eさんも，Bさんと同じ動作を次々に続ける。

手順3 Aさんは左手の棒を引かれたらすぐにストップウォッチを止め，かかった時間を記録する。

手順4 手順1～3を3回くり返す。

図2

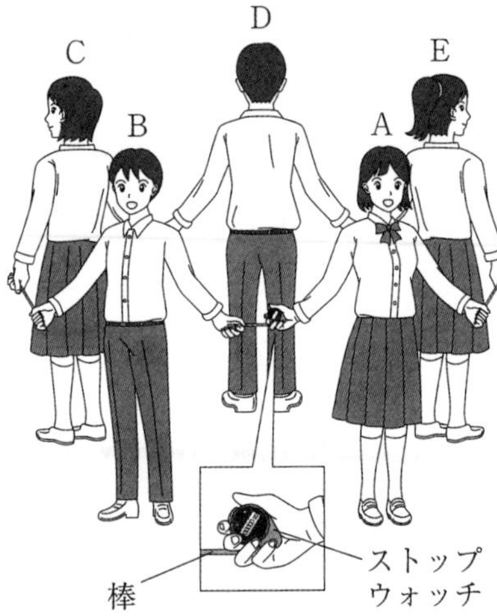

表は，実験の結果をまとめたものである。ただし，**表**には結果から求められる値を示していない。

表

回数	結果〔秒〕	1人あたりの時間〔秒〕
1回目	1.46	
2回目	1.39	
3回目	1.41	
平均		X

(1) **表**の X にあてはまる値はいくらか。小数第3位を四捨五入して小数第2位まで答えよ。

(2) 中枢神経から枝分かれして全身に広がる感覚神経や運動神経などの神経を何というか。

(3) 実験の「意識して起こる反応」とは異なり，意識とは無関係に起こる反応もある。次の文中の①，②について，それぞれ正しいものはどれか。

> 手で熱いものにさわってしまったとき，とっさに手を引っ込める反応が起こる。このとき，命令の信号が①（ア 脳 イ せきずい）から筋肉に伝わり，反応が起こっている。また，熱いという感覚が生じるのは，②（ア 脳 イ せきずい ウ 手の皮ふ）に刺激の信号が伝わったときである。

Ⅱ　ゆきさんとりんさんは，**図1**の生物をさまざまな特徴の共通点や相違点をもとに分類している。次は，そのときの2人と先生の会話の一部である。

> ゆき：動物について，動き方の観点で分類すると，**カブトムシ**と**スズメ**は，はねや翼をもち，飛ぶことができるから同じグループになるね。
> りん：ほかに体の表面の観点で分類すると，**トカゲ**と**メダカ**にだけ［　　　］があるから，同じグループになるね。
> 先生：そのとおりですね。
> ゆき：植物と動物について，それぞれ観点を変えて分類してみようよ。

図1

1　会話文中の［　　　］にあてはまることばを書け。

2　2人は**図1**の植物について，**表1**の観点で**図2**のように分類した。**図2**のA～Fは，**表1**の基準の**ア**～**カ**のいずれかである。AとDはそれぞれ**ア**～**カ**のどれか。

表1

観点	基　準
胚珠	**ア**　胚珠がむきだしである **イ**　胚珠が子房に包まれている
子葉	**ウ**　子葉は1枚 **エ**　子葉は2枚
種子	**オ**　種子をつくる **カ**　種子をつくらない

図2

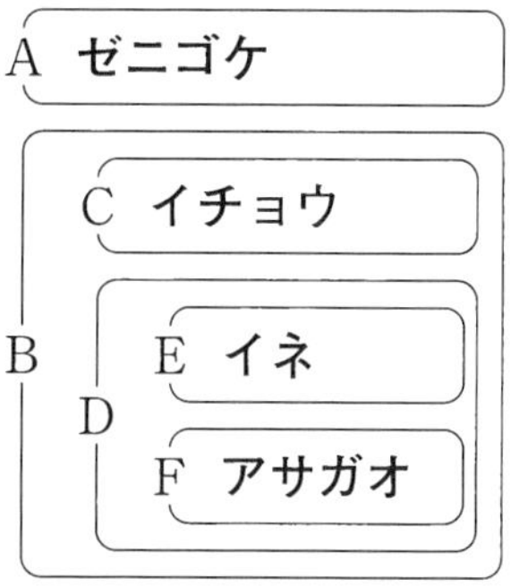

3　2人は**図1**の動物について，**表2**の観点で**図3**のように分類した。**図3**の②，③にあてはまる動物はそれぞれ何か。なお，**図3**のG～Jは**表2**の基準の**キ**～**コ**のいずれかであり，**図3**の①～③は，**イカ**，**スズメ**，**ネズミ**のいずれかである。

表2

観　点	基　準
子の生まれ方	**キ**　卵生 **ク**　胎生
背骨の有無	**ケ**　背骨がある **コ**　背骨がない

図3

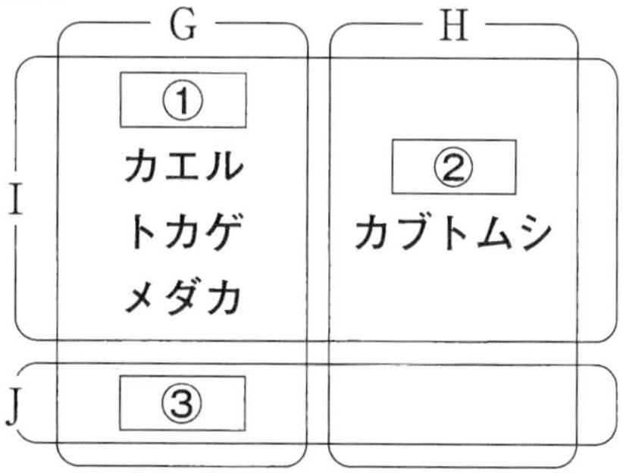

4　2人は**図1**の動物について，「生活場所」を観点にして，「陸上」，「水中」という基準で分類しようとしたが，一つの動物だけはっきりと分類することができなかった。その動物は何か。また，その理由を生活場所に着目して，「幼生」，「成体」ということばを使って書け。

5 次のⅠ，Ⅱの各問いに答えなさい。答えを選ぶ問いについては記号で答えなさい。

Ⅰ　凸レンズのはたらきを調べるため，**図1**のように，光源，焦点距離 10 cm の凸レンズ，スクリーン，光学台を使って実験装置を組み立て，次の**実験1**～**3**を行った。このとき，凸レンズは光学台に固定した。

図1

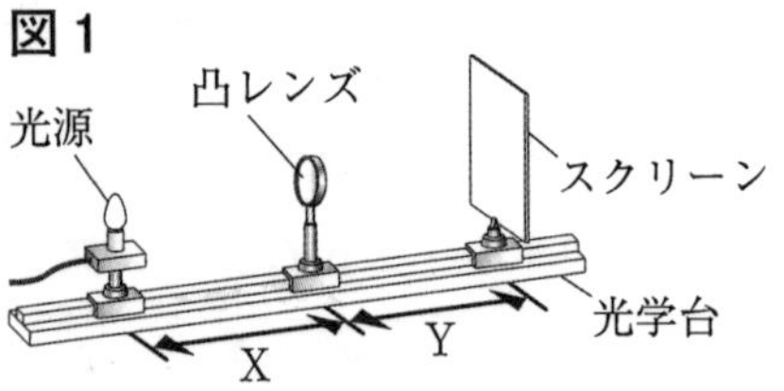

実験1　光源を動かして，光源から凸レンズまでの距離Xを 30 cm から 5 cm まで 5 cm ずつ短くした。そのたびに，はっきりとした像がうつるようにスクリーンを動かして，そのときの凸レンズからスクリーンまでの距離Yをそれぞれ記録した。**表**はその結果であり，「－」はスクリーンに像がうつらなかったことを示す。

表

X〔cm〕	30	25	20	15	10	5
Y〔cm〕	15	17	20	30	－	－

実験2　**図1**の装置でスクリーンにはっきりとした像がうつったとき，**図2**のように，凸レンズの下半分を光を通さない厚紙でかくした。このとき，スクリーンにうつった像を観察した。

図2

実験3　**図1**と焦点距離の異なる凸レンズを使って，スクリーンにはっきりとした像がうつるようにした。**図3**は，このときの光源，凸レンズ，スクリーンを真横から見た位置関係と，点Aから凸レンズの点Bに向かって進んだ光の道すじを模式的に表したものである。

図3

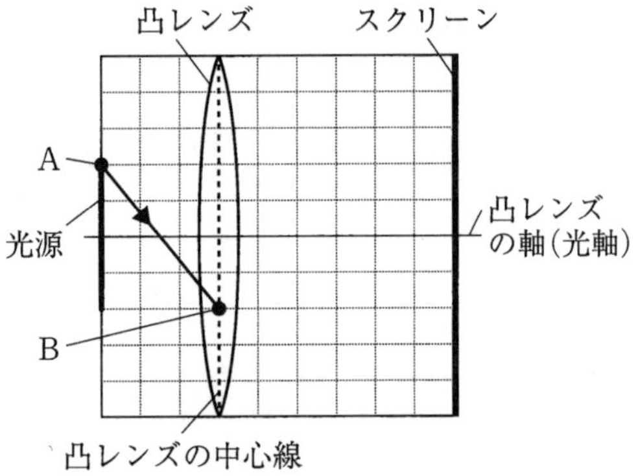

1　凸レンズのような透明な物体の境界面に，ななめに入射した光が境界面で曲がる現象を光の何というか。

2　**実験1**で，スクリーンに光源と同じ大きさの像がうつった。このときのXは何 cm か。

3　**実験2**について述べた次の文中の①，②について，それぞれ正しいものはどれか。

> 凸レンズの下半分を厚紙でかくしたとき，かくす前と比べて，観察した像の明るさや形は次のようになる。
> ・観察した像の明るさは①（**ア**　変わらない　　**イ**　暗くなる）。
> ・観察した像の形は②（**ア**　変わらない　　**イ**　半分の形になる）。

4　**実験3**で，点Bを通った後の光の道すじを解答欄の図中に実線（――）でかけ。ただし，作図に用いる補助線は破線（----）でかき，消さずに残すこと。また，光が曲がって進む場合は，凸レンズの中心線で曲がるものとする。

Ⅱ 電流と電圧の関係を調べるために，**図1**のように電源装置，スイッチ，電流計，電圧計，端子P，端子Qを接続して，端子P，Q間に抵抗器を取り付けてスイッチを入れたところ，抵抗器に電流が流れた。

次に，端子P，Q間の抵抗器をはずし，抵抗の大きさが15Ωの抵抗器aと抵抗の大きさが10Ωの抵抗器bを用いて，**実験1**，**2**を行った。ただし，抵抗器以外の抵抗は考えないものとする。

図1

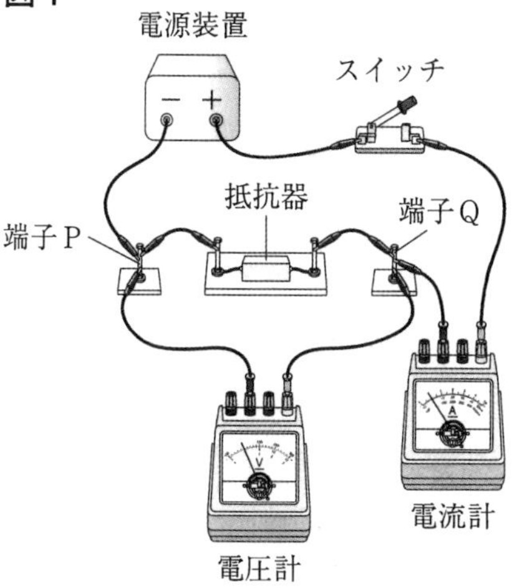

実験1 **図2**のように抵抗器aと抵抗器bを接続したものを端子P，Q間につないで，電源装置の電圧調節つまみを動かし，電圧計の値を見ながら電圧を0V，1.0V，2.0V，3.0V，4.0V，5.0Vと変化させたときの，電流の大きさをそれぞれ測定した。**表**はその結果である。

図2

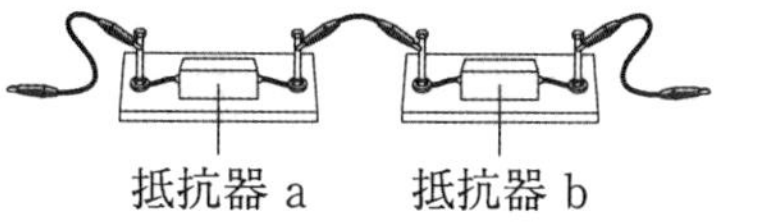

表

電圧 〔V〕	0	1.0	2.0	3.0	4.0	5.0
電流〔mA〕	0	40	80	120	160	200

実験2 **図3**のように，抵抗器aと抵抗器bを接続したものを端子P，Q間につないで，電源装置の電圧調節つまみを調節し，電圧計が5.0Vを示すようにした。

図3

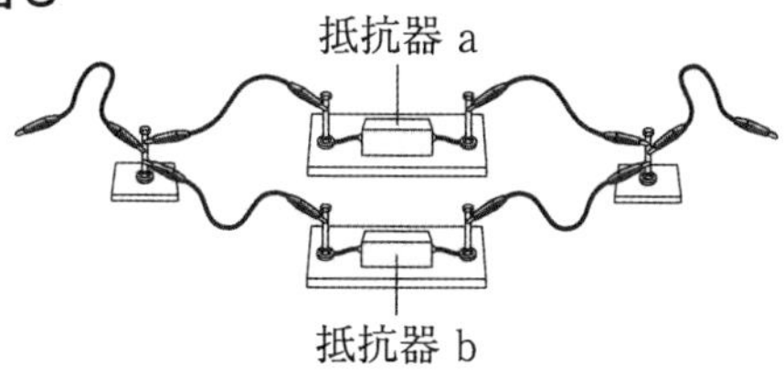

1 **図1**のように電流が流れる道すじのことを何というか。

2 **実験1**について，端子P，Q間の電圧と電流の関係をグラフにかけ。ただし，**表**から得られる値を「•」で示すこと。

3 **実験2**で，抵抗器bに流れる電流は何Aか。

4 **実験1**，**2**で，電圧計が5.0Vを示しているとき，消費する電力が大きい順に**ア**～**エ**を並べよ。

ア **実験1**の抵抗器a　　**イ** **実験1**の抵抗器b

ウ **実験2**の抵抗器a　　**エ** **実験2**の抵抗器b

資料1

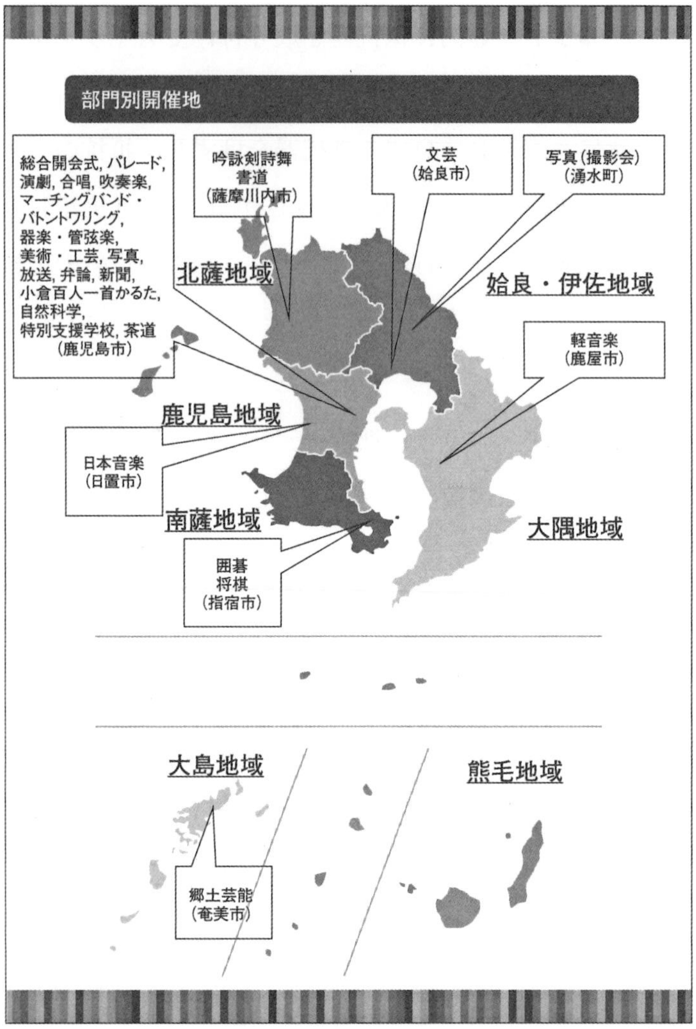

（「鹿児島県教育委員会ホームページ」をもとに作成）

資料2

大会概要

大会について
第47回大会で，全都道府県開催の一巡目を締めくくる記念すべき大会

大会テーマ
47の結晶　桜島の気噴《いぶき》にのせ紬《つむ》げ文化の１ページ

目的
芸術文化活動を通じて，全国的，国際的規模での生徒相互の交流を図る

参加者など
参加校は約３千校
参加者は約２万人
（海外からはニュージーランド，ベトナム，韓国の３カ国）
観覧者は約10万人

（「第47回全国高等学校総合文化祭ホームページ」をもとに作成）

資料3

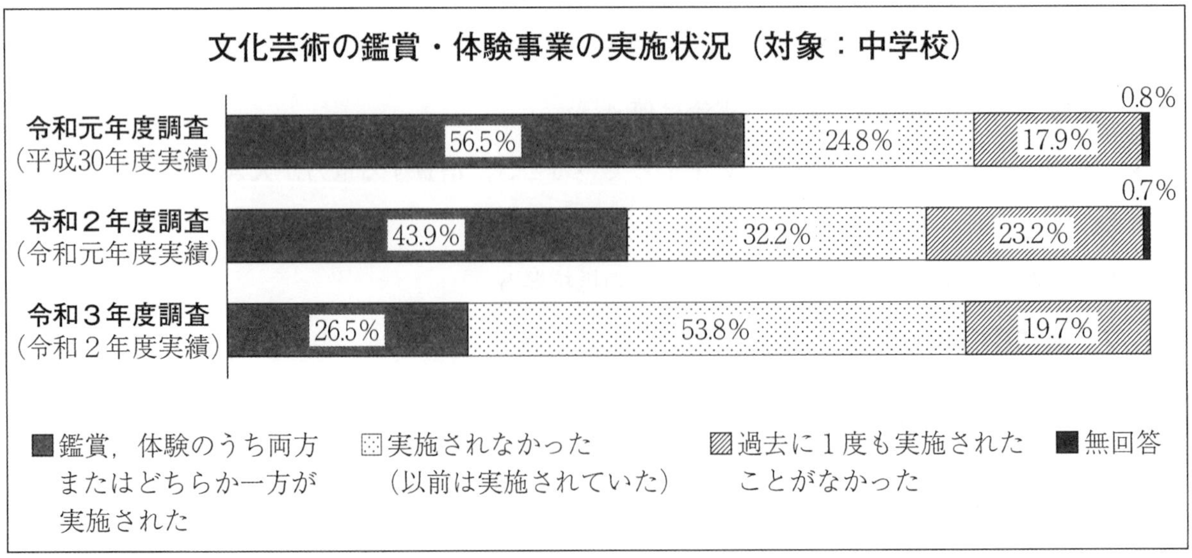

（文化庁　令和元～３年度「文化芸術による子供育成総合事業に関する調査研究」をもとに作成）

5　中学校の生徒会役員であるあなたは、学校で配られた広報紙を読み、鹿児島県で二〇二三年七月二十九日から八月四日にかけて第47回全国高等学校総合文化祭（以下、総文祭）が開催されることを知りました。興味をもったあなたは、来年度、高校生になる中学三年生に向けて総文祭を紹介したいと考え、生徒会新聞に来場を呼びかける記事を掲載することにしました。記事を書くために準備した、**資料１～３**の中から参考にする資料を二つ選び、あとの(1)～(4)の**条件**に従って、**記事の下書き**を完成させなさい。選んだ二つの資料については、解答用紙に１～３の番号を記入すること。

条件

(1)　［A］には適当な見出しを書くこと。

(2)　［B］は二段落で構成し、六行以上八行以下で書くこと。

・第一段落には、資料から分かることを書くこと。

・第二段落では、第一段落を踏まえて、あなたが考える総文祭の魅力を書くこと。

(3)　選択した資料を示す場合や、資料中の数値を使用する場合は、次の例にならって書くこと。

例　資料→［資｜料｜1］　数値→［30.5｜%］

(4)　原稿用紙の正しい使い方に従って、文字、仮名遣いも正確に書くこと。

記事の下書き

○○中学校

生徒会新聞

□月△日発行

A

みなさん！総文祭をご存じですか？総文祭は、芸術文化活動を行っている高校生が目指す「全国大会」です。

B

来年度、本県で開催される総文祭。ぜひ、会場で体感してみてください。

選んだ２つの資料を提示する場所

2　次の文章は――線部②における千暁の心情を説明したものである。[Ⅰ]～[Ⅲ]に適当な言葉を補え。ただし、[Ⅰ]には、本文中から最も適当な六字の言葉を抜き出して書き、[Ⅱ]には、十字以内、[Ⅲ]には、十五字以内の言葉を考えて答えること。

> 描きかけの絵を鈴音が墨でうっかり汚してしまったことを機に、千暁は自らの意志で絵を黒く塗り、ここ数年[Ⅰ]で塗った嘘の絵を描いていたことに気づいた。このことは千暁にとって[Ⅱ]きっかけとなっただけでなく、これからは[Ⅲ]絵を描くことができそうだ、と思えるきっかけともなり、満ち足りた気持ちになっている。

3　佐藤さんは、国語の時間に――線部③における千暁の心情について、発表することになった。発表原稿を作成するためにグループで話し合いながら、鈴音が部室に現れた後の千暁と鈴音の心情に関連した描写を付箋に記入し、〈ワークシート〉に貼り付けた。〈ワークシート〉の[X]には、**語群**から最も適当なものを選び記号で答え、**発表原稿**の[Y]には、六十五字以内の言葉を考えて答えよ。

語群
ア　怒りに任せて行動する千暁のことが恐ろしい
イ　千暁の絵を台無しにしてしまって申し訳ない
ウ　絵を黒く塗ることを知らせてもらえず悲しい
エ　千暁が絵を黒く塗ったことに納得がいかない

〈ワークシート〉

【鈴音の心情に関連した描写】

- ひどく青ざめた顔
- 少し震えているよう
- 凍りついたような顔
- 視線の先には真っ黒なキャンバス。
- 大声で泣き出した。
- 激しく泣き出した。

→ 理由：[X]と思ったから。

話の流れ →

【千暁の心情に関連した描写】

- あわてた。
- 困って頭をかいた。
- 泣いている姿が、きれいだと思った。
- イーゼルの後ろに立たせた。
- 毛穴がぶわっと一気に開いた
- 黒を削り出していく。
- これが僕だ。今の僕らだ。
- 心臓はどきどきしてくる。
- 体温が上がる。

発表原稿

> 私たちは――線部③における千暁の心情について[Y]とまとめました。

「絵っ、……絵、汚して、だか、……だからそんなっ、」

まっくろぉおおお!!

と、また鈴音が激しく泣き出した。

まっくろ……真っ黒？　いや。いやいやいや、違う。そうじゃない。

確かにきっかけはあの汚れだけど。そうじゃない。

僕は自分の意志で、この絵を黒く塗った。

そしてそれは、②僕を少し救いもしたんだ。

どう説明すればいい？　僕は困って頭をかいた。それからふと、大声で泣いている鈴音の涙や鼻水が、西日できらきらしていることに気づいた。わんわん泣いている姿が、きれいだと思った。思ってしまった。悲しみや衝撃に無になるんじゃない。もうまっすぐに、感情を爆発させている姿だ。

「……ちょっとここに立って」

僕は鈴音の腕を引いて、(注)イーゼルの後ろに立たせた。鈴音は言われるままに立って、泣き続けた。

僕は絵の具セットから、パレットナイフを取り出す。

黒のキャンバスに手を置く。もう乾いている。大丈夫。

僕の毛穴がぶわっと一気に開いたような感覚になった。

……いける！

そっと慎重に、それから静かに力をこめて、僕は黒を削り出していく。

パレットナイフを短く持った指先に伝わる、下絵の凹凸に少しずつ引っかかる感覚。

足元にガリガリと薄く削られて落ちる黒のアクリルガッシュの細い破片。

――スクラッチ技法。

黒い絵の具の中から、僕が描いていたあざやかな色合いが、虹色が、細く細く顔をのぞかせる。

削れ。削れ。削りだせ。

これが僕だ。今の僕らだ。

塗りつぶされて、憤《いきどお》って、うまくいかなくて、失敗して、大声で泣いてわめいて、かすかな抵抗をする。

僕の心臓はどきどきしてくる。体温が上がる。いいぞ。慎重につかみ取れ。決して逃すな。対象を捉えろ、この鈴音の爆発を捉えろ、削り出し、描け。描け描け描け描け!!!

③これは狩猟だ。獲物を捕まえろ。生け捕れ。

こんな好戦的な気持ちで絵を描いたのは生まれて初めてだ。

（歌代朔《さく》「スクラッチ」による）

(注)　アクリルガッシュ＝絵の具の一種。
五年前のタンポポ＝洪水被害で避難所生活を送っているときに、クレヨンの汚れをすべて拭き取って千暁が描いた絵。
慟哭＝大声をあげて激しく泣くこと。
イーゼル＝画板やキャンバスを固定するもの。

1　――線部①とあるが、この場面における千暁の様子を説明したものとして最も適当なものを次から選び、記号で答えよ。

ア　描いていた絵を汚されてしまい、鈴音に対するいらだちを隠せずにいる。

イ　描いていた絵を汚されてしまい、賞が取れないだろうとうなだれている。

ウ　力を試す場がなくなってしまい、気落ちして絵を描くことに集中できないでいる。

エ　力を試す場がなくなってしまい、今まで絵を描き続けてきたことを後悔している。

そうだよな。
と、僕は思った。
そうだ、なんかこの絵は嘘《うそ》っぽいって心のどこかでずっと思っていたんだ。
だったらいっそ真っ黒に塗りつぶせ。
そんな嘘なんて。嘘の塊なんて。
『暗闇の牛』ならぬ、暗闇の運動部員たち。
審査も体育祭での展示もないんなら、誰にも遠慮することはないだろう。嘘をついてきれいな絵を描く必要だってないはずだ。
考えてみたら、僕はもう何年も嘘の絵ばかり描いていた気がする。
きっとそれは、あの(注)五年前のタンポポからだ。
……あのとき僕が本当に描きたかったのは、どんな絵だったんだろう。
もしもあのとき、あの汚れをなかったことにして絵を描き直したりせず、汚れたクレヨンのまま、何もかも引き受けて、タンポポを描ききっていたら……。
あれからずっと、僕があざやかな色で塗りつぶしてふさいできたその内側には、一体どんな色たちがうごめいていたんだろう。
鈴音に汚されたこの絵を全部黒く塗ったとき、僕は満ち足りていた。
ああ。
アクリルガッシュが乾くまで、しばらくこの黒さを眺めていたい。
これは真っ黒じゃない。僕は知っている。
この黒の下にたくさんの色彩が詰まっている。
どのくらいそうしていただろう。
窓からの日差しは傾いて、西日特有の、蜂蜜のようにまろやかな光が、薄汚れたシンクに差しこんでいる。

がたん、と部室のドアが開いた。
部活が終わったばかりなんだろう。バレー部のネイビーブルーのユニフォームを着たままの鈴音がひどく青ざめた顔をして僕を見た。マスクを持ったこぶしを固く握りしめて、真夏なのに少し震えているようにも見えた。そして大股で、一直線に僕に近づいてきて、何かを言いかけて、急に凍りついたような顔になった。
視線の先には真っ黒なキャンバス。
「……!!」
息を吸いこむ音と同時に、鈴音は、破裂したように大声で泣き出した。
うわぁああああああ
って、それこそ幼稚園くらいの子どもがギャン泣きするみたいな勢いで。顔を真っ赤にして、ぼろぼろと、どこからそんな水分が出てくるんだろうっていう勢いで、大粒の涙も、いや、粒なんてもんじゃなくて滝みたいな涙も、鼻水も、大声も、のどの奥から、絞り出すように、叫ぶように。
「ごめっ…ごめん、…ごめんなざっ、…」
しゃくりあげながら鈴音が(注)慟哭《どうこく》の合間にごめんなさいをくり返そうとする。
息が詰まって死んでしまうんじゃないかと僕はあわてた。
何より、こんな勢いで泣くなんて。鈴音が泣くなんて。
「いや、何。どうしたの?」
立ち上がって鈴音を落ち着かせようとするけれど、どうすればいいんだ?　あの猛獣鈴音といえど女子だぞ。一応女子相手だぞ。じいちゃんばあちゃんや子ども相手じゃないから、背中トントンとか、違うだろう。僕は行き場を失った手を空中で、無様に右往左往させた。

4 次の文章を読んで、あとの1～3の問いに答えなさい。

> 新しい感染症が流行する中、ともに中学三年生で美術部の千暁《かずあき》とバレー部の鈴音《すずね》は思い切り活動ができない学校生活を送っている。ある日、鈴音がうっかり墨をつけて汚してしまった描きかけの絵を前に、千暁は思案していた。

この絵をどうしよう。

昔みたいに新しく描き直す、なんてことは、今までの労力的にもできないし、そもそも気軽なスケッチブックじゃなくて大きなキャンバスだから、取り替えもきかない。

汚れの部分だけをパレットナイフか何かで削り取って、目立たないように上からもう少し明度の低いオイルパステルで塗り直す？

それとも、いっそ(注)アクリルガッシュで汚れ以外の部分も塗り足してみて、質感のアクセントにする？

まだなんとかなる。

でも、……なぜだかやる気がまったく起きない。

とりあえずアクリルガッシュの箱を開けたけれど、明度と彩度の高いあざやかないつもの絵の具を、手に取る気が起こってこない。

バーガンディ、クリムゾン、ブラウン、オーク、レモンイエロー、イエロー、……一本一本、絵の具をゆっくり指さしながらぼんやり考えていると、吹奏楽部の部員の一人がヤケでも起こしたんだろう。最近ものすごい勢いで流行りだしたアニメの主題歌を倍速で吹き出して、サビのところで変な音が出て止まった。

ぎゃはは、と吹奏楽部の部員たちの笑い声が聞こえた。

これじゃ進めない。『僕を連れて進め』ない。

僕はちょっと噴き出して、それから自分の指がたまたま止まった絵の具を見た。

黒。

僕がめったに使うことのない、黒だ。

この絵を描くにあたっては、一度も、一ミリだって使っていない、色。

あざやかで躍動感あふれる選手たち。

……実際のところ彼らは、大会がなくなって、ふてくされて練習に身が入らなくなっている。

①僕だってそうだ。

市郡展の審査がないっていうことが、思いのほか響いていて、うまく絵が描けなくなっていた。

なんだかイライラして、それをモデルのせいにして、体育館で鈴音に言いがかりをつけた。無様でかっこ悪くて。

……この墨で汚されたのは、今の僕らそのものじゃないか。

僕はもう一度、練りこまれた墨をなぞる。

……あぁ、そうか。

僕の頭に詰まっていた、垂れこめたもやのようなものの中に、色あざやかな何かが差しこんだ。

それは細い細い線のようで、かぼそくて、……それでも。

僕は黒のアクリルガッシュを取り出した。箱入りのセットとは別の、一度も使っていなかった特大の黒チューブを金属製のトレーに乗せて、版画で使うローラーにべったりとつけた。

はじめから慎重に、しっかりと。

あざやかだった絵の上に転がしていく。黒く、黒く、黒く。

全部、全部、黒く。

不思議なことに、少しずつ、少しずつ、僕の気持ちは落ち着いていった。

3 次の文章を読んで、あとの1～3の問いに答えなさい。

> 平安時代の音楽家であった和邇部用光《わにべのもちみつ》が、土佐の国（現在の高知県）の祭りに出かけた後、都に向かう船旅の途中で海賊に襲われた。本文はそれに続く場面である。

（用光は）弓矢の行方知らねば、（弓矢を扱うことができないので、）防ぎ戦ふに力なくて、今は疑ひなく殺されなむずと思ひて、㈱篳篥《ひちりき》を取り出でて、㈱屋形の上に①ゐて、「あの党や。（そこの者たちよ。）今は沙汰《さた》に及ばず。（今はとやかく言っても始まらない。）とくなにものをも取りたまへ。（早くなんでも好きなものをお取りください。）ただし、年ごろ、思ひしめたる（心に深く思ってきた）篳篥の、小調子《こてうし》といふ曲、吹きて聞かせ申さむ。さることこそありしかと、（そのようなことがあったと、）のちの物語にもしたまへ（話の種とされるがよい）」と②いひければ、㈱宗《むね》との大きなる声にて、「主たち、（お前たち、）しばし待ちたまへ。かくいふことなり。もの聞け」と③いひければ、船を押さへて、（船をその場にとどめて、）おのおの静まりたるに、用光、今はかぎりとおぼえければ、涙を流して、めでたき音を吹き出でて、吹きすましたりけり。（心をすまして吹き続けた。）海賊、静まりて、いふことなし。よくよく聞きて、曲終はりて、先の声にて、「君が船に心をかけて、（ねらいをつけて、）寄せたりつれども、曲の声に涙落ちて、かたさりぬ（去ってしまおう）」とて、漕《こ》ぎ去りぬ。

（「十訓抄」による）

㈱　篳篥＝雅楽の管楽器。
屋形＝船の屋根。
宗と＝海賊の中心となっている者。

1　――線部①「ゐて」を現代仮名遣いに直して書け。

2　――線部②「いひければ」、③「いひければ」の主語は誰か。その組み合わせとして正しいものを次から選び、記号で答えよ。

ア（②　宗と　③　海賊）　イ（②　海賊　③　あの党）
ウ（②　あの党　③　用光）　エ（②　用光　③　宗と）

3　次は、本文の内容をもとに先生と生徒が話し合っている場面である。[Ⅰ]～[Ⅲ]に適当な言葉を補って会話を完成させよ。ただし、[Ⅰ]・[Ⅱ]には、本文中から最も適当な言葉を五字で抜き出し、[Ⅲ]には、十字以内でふさわしい内容を考えて現代語で答えること。

先　生　「この話では、最終的に海賊は用光から何も奪わずに去っています。海賊はなぜ去ったのか考えてみましょう。」
生徒A　「用光の演奏が素晴らしかったからだと思います。」
生徒B　「どうして素晴らしいということがわかるの。」
生徒A　「用光の演奏について本文に『[Ⅰ]』という表現があるよ。」
生徒C　「なるほど。どんな思いで演奏していたんだろう。」
生徒A　「用光が海賊と出会った場面で『今は疑ひなく殺されなむず』とあるように、死を覚悟していたんだと思うよ。」
生徒B　「たしかに演奏をする場面で用光は『[Ⅱ]』と思っているね。」
生徒A　「きっと演奏には万感の思いが込もっていたんだろうね。」
生徒B　「だから、その演奏を聞いた宗とは、『曲の声に涙落ちて』と言って、何も奪わずに去っているんだね。」
生徒C　「そうか、音楽には[Ⅲ]力《ちから》があるのかもしれないね。」
先　生　「そうですね。いい話し合いができましたね。ちなみに作者は本文の続きで、この話を『管弦の徳』という言葉でまとめています。」

3 次は、ある生徒が授業で本文について学び、内容を整理したノートの一部である。これを読んで、あとの問いに答えよ。

形式段落[1]〜[9] 学校の知の意義①

・自分の経験だけでは対応できない問題
　例：商店街の再開発計画

●日々の経験を超えた知が必要になる。
●個人の経験は偶然的かつ特殊的で狭く偏っていることもある。
●経験の幅を拡げるには時間がかかる。
○[Ⅰ]から他人の成功、失敗、経験を学ぶことができる。
◎学校で学ぶ知識が役に立つ。

形式段落[10]〜[14] 学校の知の意義②

・知識が多ければ、それだけ[Ⅱ]ができる。
　例：同じ夜の星を見る少年と天文学者
・未経験のことに対応するために、既存の知識が大切だ。
　例：目の前の患者を診る医者

○知識があることで経験の質は向上する。
◎学校で学ぶ知識が役に立つ。

〈まとめ〉学校で学ぶ意義＝[Ⅲ]ことにある。

[Ⅰ]・[Ⅱ]に入る最も適当な言葉を、[Ⅰ]には七字、[Ⅱ]には九字で本文中から抜き出して書き、[Ⅲ]には六十五字以内でふさわしい内容を考えて答えよ。

4 次は、四人の中学生が発言したものである。——線部②「知識の活用の本質」について、筆者の考えに最も近いものを選び、記号で答えよ。

ア 英語について興味があるので、英字新聞の記事を読むことに挑戦しようと思います。そのために、たくさんの英単語を暗記して知識をより増やせるように、自分専用の単語帳を作りたいです。

イ 県外へ修学旅行に行き、私たちの住む地域の良さを改めて感じました。総合的な学習の時間に、伝統文化や産業、郷土料理などに関する話を聞いて、地域の魅力について理解を深めたいです。

ウ 自然災害の被害が毎年大きくなってきているそうです。社会科や理科の学習内容を生かして通学路の危険な箇所を把握し、災害時に的確な行動をとれるようハザードマップを作成したいです。

エ 少子高齢化が進むと街に活気がなくなるのではないかと思っています。これからは、中学校の生徒会活動だけでなく、地域の子ども会活動やボランティア活動などにも参加していきたいです。

むしろ、文字による情報を通して、ほかの人の成功や失敗がどうだったのかとか、ほかの人の経験がどうなのかということを学ぶのが、てっとり早く「自分の経験」の狭さを脱する道です。そこでは、単に文字の読み書きができるというだけでなく、学校で学ぶ社会科や理科、外国語や数学の知識などが役に立つはずです。何せ、学校の知は「世界の縮図」なのですから。［9］

二つ目に話したいのは、知識があるかないかで経験の質は違うということです。「知識か経験か」という二項対立ではなくて、そもそも経験の質は、知識があるかないかで異なっているのです。［10］

ここでも再びデューイの議論を紹介します。一つ目は、十分な知識があれば、深い意味を持つ経験ができる、ということです。デューイは、同じように望遠鏡で夜の星を見ている天文学者と小さな少年との違いを例に挙げて論じています（前掲書下巻、一二六頁）。望遠鏡で見えている星は同じです。だけれども、そこから読み取るものは全然違うということです。望遠鏡を覗《のぞ》いている小さな少年は、「赤く光る星がきれいだなあ」と思うかもしれません。しかし、同じ星を同じような望遠鏡で見ている天文学者は、「この光の色は、星の温度や現在の状況を伝えている。この星の色をどう考えればいいんだ」ということを考えながら星を見たりするでしょう。そこから、宇宙の謎が解明できるかもしれません。「単なる物質的なものとしての活動と、その同じ活動がもつことのできる意味の豊かさとの間の相違ほど著しいものはない」とデューイは述べています。［11］

（中略）

デューイが言っている知識と経験の話でもう一つなるほどと思うのは、まだ経験していないもの、これから何が起きるかといったことを考えるために、既存の知識が必要だ、と述べているくだりです。［12］

（中略）

デューイが挙げている例は医者の例です。目の前の患者の症状、頭が痛いとか喉が痛いとか、(注)既往症が何かとか、こういうのを全部総合して考えると、これはこういう病気でこれからこうなるから、そうすると投与すべき薬はこれだとか、そういうふうに考えます。そのことをデューイは、「直面する未知の事物を解釈し、部分的に明らかな事実をそれと関連して思い当たる諸現象で補充し、それらの事実の起こり得る未来を予見し、それによって計画を立てる」と述べています。十分な知識があってこそ、「目の前の患者を診る」という新しい経験に、適切に対応できるわけです。［13］

同じように、われわれは、世の中のあれこれについての知識を持っていて、それを使って、現状を認識し、未来に向けた判断をするのです。知識は常に過去のものです。過去についての知識を組み合わせて現状を分析し、未来に向けていろいろなことをする。これが②知識の活用の本質です。そうすると、学校の知というのは、そういう意味で意義がとてもよく分かるわけです。無味乾燥に見えるけれども、世界がどうなっているかという知識をみんなが勉強して、それを使って目の前の現実を解釈して、新しい事態への対応（新たな経験）に活《い》かしていけるわけです。［14］

（広田照幸「学校はなぜ退屈でなぜ大切なのか」による）

(注) ノウハウ＝技術的知識・情報。物事のやり方、こつ。
既往症＝現在は治っているが、過去にかかったことのある病気。

1 本文中の［a］・［b］にあてはまる語の組み合わせとして、最も適当なものを次から選び、記号で答えよ。

ア（a しかし b つまり）　イ（a だが b むしろ）
ウ（a すると b だから）　エ（a また b 例えば）

2 ――線部①「不要」とあるが、この熟語と同じ構成の熟語として、最も適当なものを次から選び、記号で答えよ。

ア 失敗　イ 信念　ウ 過去　エ 未知

令和五年度 鹿児島県公立高校入試問題 国語

（解答…203P）

[1] 次の1・2の問いに答えなさい。

1 次の――線部のカタカナは漢字に直し、漢字は仮名に直して書け。

(1) 光をアびる。　(2) 危険をケイコクする信号。
(3) 社会のフウチョウを反映する。　(4) 映画の世界に陶酔する。
(5) トレーニングを怠る。　(6) 小冊子を頒布する。

2 次の行書で書かれた漢字の特徴を説明したものとして、最も適当なものを次から選び、記号で答えよ。

ア 全ての点画の筆の運びが直線的である。
イ 点画が一部連続し、筆順が変化している。
ウ 点画の省略がなく、線の太さが均一である。

[2] 次の文章を読んで、あとの1～4の問いに答えなさい。（[1]～[14]は形式段落を表している。）

少し違う角度から学校の知の意義を話しましょう。一つ目は、経験は狭いし、経験し続けるだけでこの世の中のいろいろなことを学べるほど人生は長くない、ということです。[1]

十九世紀ドイツの「鉄血宰相」と言われたオットー・フォン・ビスマルクが、「愚者は経験から学ぶ、賢者は歴史から学ぶ」と言ったと言われています。正確には少し違うようですが、なかなか味わいのある言葉です。[2]

愚かな人は自分が経験したところから学ぶ。賢者はほかの人の経験、すなわち、歴史の中の誰かの成功や誰かの失敗、そういうものから学んで、自分の目の前のことに生かしていく。そういう意味の言葉です。[3]

身近な問題を日常的にこなすためには、多くの場合、自分の経験だけで大丈夫かもしれません。[a]、身近で経験できる範囲の外側にある問題や、全く新しい事態にある問題について、考えたり、それに取り組んだりしようとすると、身近なこれまでの自分の経験だけではどうにもなりません。[4]

たとえば、何年も商売をやっていくと、商売のこつを覚えたりお客さんとの関係ができたりします。難しい言葉も文字式も、社会も理科も、そこには①不要です。しかし、ある日、「今、自分たちの市で起きている再開発計画について、商店街のみんなで対応を考えましょう」という話になったら、商売の経験だけでは対応できません。再開発計画の書類を手に入れて目を通したり、法令を調べたり、みんなで議論をしたりすることが必要になります。それには、経験で身につけた日日の商売の知識や(注)ノウハウとは異なる種類の知が必要になるのです。日々の経験を超えた知、です。[5]

（中略）

ジョン・デューイという非常に有名な教育哲学者が『民主主義と教育』（岩波文庫、松野安男訳）という本の中で、次のように書いています。「経験の材料は、本来、変わりやすく、当てにならない。それは、不安定であるから、無秩序なのである。経験を信頼する人は、自分が何に頼っているのかを知らない。なぜなら、それは、人ごとに、また、日ごとに変わり、そして言うまでもなく国ごとにも変わるからである」（前掲書下巻、一一〇頁《ページ》）。ある人が経験するものは、たまたまそれであって、偶然的で特殊的なものなのです。[6]

それどころか、個人の経験というのは、狭く偏っていたりもします。デューイは、次のように述べています。「経験からは、信念の基準は出てこない。なぜなら、多種多様な地方的慣習からもわかるように、あらゆる相容《あいい》れない信念を誘発するのが、まさに経験の本性そのものだからである」（同右）。[7]

[b]、経験は大事だけれども、それはどうしても狭い限定されたものでしかありません。しかも、経験から学ぶというときに、経験の幅を少しずつ拡《ひろ》げていくのには結構時間がかかります。少しずつ経験を拡げたり、何度も失敗したりするためには、人の人生はあまりにも時間が限られています。[8]

令和５年度　鹿児島県公立高校入試問題　英　語

（解答…207Ｐ）

1　**聞き取りテスト**　放送の指示に従って，次の１～８の問いに答えなさい。英語は１から５は１回だけ放送します。６以降は２回ずつ放送します。メモをとってもかまいません。

1　これから，Kenta と Lucy との対話を放送します。Lucy が昨日買ったものとして最も適当なものを下のア～エの中から一つ選び，その記号を書きなさい。

ア

イ

ウ

エ

2　これから，Mark と Yumi との対話を放送します。二人が最も好きな季節を下のア～エの中から一つ選び，その記号を書きなさい。

ア　spring　　**イ**　summer　　**ウ**　autumn　　**エ**　winter

3　これから，Becky と Tomoya との対話を放送します。Tomoya が英語のテスト勉強のために読まなければならないページは全部で何ページか，最も適当なものを下のア～エの中から一つ選び，その記号を書きなさい。

ア　14ページ　　**イ**　26ページ　　**ウ**　40ページ　　**エ**　56ページ

4　これから，Saki と Bob との対話を放送します。対話の後に，その内容について英語で質問します。下の英文がその質問の答えになるよう，（　　　　）に入る適切な英語１語を書きなさい。

He is going back to Australia in (　　　　).

5　これから，White 先生が下の表を使って授業中に行った説明の一部を放送します。下の表を参考にしながら White 先生の説明を聞き，その内容として最も適当なものを下の**ア～エ**の中から一つ選び，その記号を書きなさい。

	 beef	 chicken	 pork
Japan	1,295,000 t	2,757,000 t	2,732,000 t
The U.S.	12,531,000 t	16,994,000 t	10,034,000 t

※単位は t（トン）　　（「米国農務省のウェブサイト」をもとに作成）

ア　日本とアメリカにおける食肉の消費について
イ　日本とアメリカにおける食肉の生産について
ウ　日本とアメリカにおける食肉の輸入について
エ　日本とアメリカにおける食肉の輸出について

6　あなたは，あるコンサート会場に来ています。これから放送されるアナウンスを聞いて，このコンサートホール内で禁止されていることを下の**ア～エ**の中から一つ選び，その記号を書きなさい。

ア　水やお茶を飲むこと　　**イ**　写真を撮ること
ウ　音楽に合わせて踊ること　　**エ**　電話で話すこと

7　これから，英語の授業での Tomoko の発表を放送します。発表の後に，その内容について英語で質問します。下の英文がその質問の答えになるように，（　　）に適切な英語を補って英文を完成させなさい。

She learned that she should (　　　　　　　　　　).

8　これから，中学生の Naoko と ALT の Paul 先生との対話を放送します。その中で，Paul 先生が Naoko に質問をしています。Naoko に代わって，その答えを英文で書きなさい。２文以上になってもかまいません。書く時間は１分間です。

2 次の１～４の問いに答えなさい。

1　次は，Kohei と ALT の Ella 先生との，休み時間における対話である。下の①，②の表現が入る最も適当な場所を対話文中の〈 ア 〉～〈 エ 〉の中からそれぞれ一つ選び，その記号を書け。

① How long will you talk?	② Can you help me?

Kohei : Hi, can I talk to you now?
Ella : Sure. What's up, Kohei? 〈 ア 〉
Kohei : I have to make a speech in my English class next week. Before the class, I want you to check my English speech. 〈 イ 〉
Ella : Yes, of course. What will you talk about in your speech?
Kohei : I'm going to talk about my family.
Ella : All right. 〈 ウ 〉
Kohei : For three minutes.
Ella : I see. Do you have time after school?
Kohei : Yes, I do. 〈 エ 〉 I will come to the teachers' room. Is it OK?
Ella : Sure. See you then.

2　次は，John と父の Oliver との自宅での対話である。（ ① ）～（ ③ ）に，下の　　　内の［説明］が示す英語１語をそれぞれ書け。

John : Good morning, Dad.
Oliver : Good morning, John. Oh, you will have a party here tonight with your friends, right?
John : Yes. I'm very happy. Ben and Ron will come.
Oliver : What time will they come?
John : They will (①) at the station at 5:30 p.m. So, maybe they will come here at 5:45 p.m. or 5:50 p.m.
Oliver : I see.
John : Can we use the (②)? We will cook pizza together.
Oliver : That's good. You can use all the (③) on the table.
John : Thank you. We will use the potatoes and onions.

［説明］ ① to get to the place
② the room that is used for cooking
③ plants that you eat, for example, potatoes, carrots, and onions

3 (1)〜(3)について，下の［例］を参考にしながら，(　　　) 内の語を含めて３語以上使用して，英文を完成させよ。ただし，(　　　) 内の語は必要に応じて形を変えてもよい。また，文頭に来る語は，最初の文字を大文字にすること。

［例］

< 教室で > *A* : What were you doing when I called you yesterday? *B* : (study) in my room.　　　　　(答)　I was studying

(1) < 教室で >

A : When did you see the movie?

B : (see) yesterday.

(2) < 教室で >

A : It's rainy today.　How about tomorrow?

B : I hear that it (sunny) tomorrow.

(3) < 家で >

A : Can you use this old camera?

B : No, but our father knows (use) it.

4　次は，中学生の Hikari が昨日の下校中に体験した出来事を描いたイラストである。Hikari になったつもりで，イラストに合うように，一連の出来事を解答欄の書き出しに続けて25～35語の英語で書け。英文の数は問わない。

3 次のⅠ～Ⅲの問いに答えなさい。

Ⅰ 次は，中学生の Koji が，英語の授業で発表した“My Experiences Here”というタイトルのスピーチである。英文を読み，あとの問いに答えよ。

Hello, everyone! Do you remember that I came here from Yokohama about one year ago? Today, I want to talk about my experiences.

When I was 13 years old, I read a newspaper and learned about studying on this island. I was very interested. I liked nature, especially the sea and its animals. I said to my parents, “Can I study on the island in Kagoshima?” After I talked with my parents many times, they finally let me live and study here for one year. I came here last April.

At first, I was very (①), so I enjoyed everything. For example, studying with my new friends, living with my host family* and fishing on a boat. But in June, I lost my confidence*. I tried to wash the dishes, but I broke many. When I made *onigiri*, I used too much salt*. I made so many mistakes. I couldn’t do anything well. When I felt sad, I talked about my feelings to my host family and my friends. Then, they understood and supported me. They said to me, “You can do anything if you try. Don’t worry about making mistakes. It is important to learn from your mistakes.”

Now, I am happy and try to do many things. Before I came here, I didn’t wash the dishes after dinner, but now I do it every day. Before I came here, I didn’t enjoy talking with others, but now I enjoy talking with my friends on this island. I often asked for help from others*, but now I don’t do that. [②]

I have to leave here soon. I have learned a lot from my experiences here. I think I am independent* now. Thank you, everyone. I’ll never forget the life on this island.

注 host family ホストファミリー（滞在先の家族） confidence 自信 salt 塩
asked for help from others 他人に助けを求めた independent 精神的に自立している

1 (①) に入る最も適当なものを下のア～エの中から一つ選び，その記号を書け。

ア angry イ excited ウ sick エ sleepy

2 次の質問に対する答えを，本文の内容に合うように英文で書け。

Who supported Koji when he was sad?

3 [②] に入る最も適当なものを下のア～ウの中から一つ選び，その記号を書け。

ア I wish I had friends on this island.
イ I didn’t learn anything on this island.
ウ I have changed a lot on this island.

Ⅱ 次は，鹿児島ミュージックホール（Kagoshima Music Hall）のウェブサイトの一部と，それを見ている Maki と留学生の Alex との対話である。二人の対話を読み，あとの問いに答えよ。

Kagoshima Music Hall

Enjoy the best music!

March

This is our schedule* from March 1 to March 18. You can enjoy a piano concert and a family concert! Usually our concerts start at 2:00 p.m. But on the day with the picture ★, the concert starts at 6:00 p.m. and you can enjoy music at night.

Sun.	Mon.	Tue.	Wed.	Thu.	Fri.	Sat.
			1	2 ☺	3	4
5 🎹	6 ⊗	7 🎹	8	9	10 ☺	11 ☺
12 ★🎹	13 ⊗	14 ★🎹	15	16	17	18 ☺

🎹 = piano concert ☺ = family concert ⊗ = closed

Opening Hours

9:00 a.m. — 9:00 p.m.

Our Halls

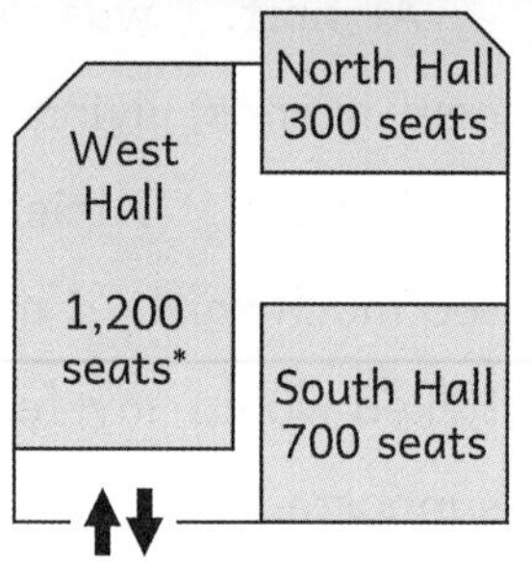

注 schedule スケジュール seat(s) 座席

Maki : Alex, please look at this. We can enjoy a concert at Kagoshima Music Hall.

Alex : That's nice. I like music. What kind of concerts can we enjoy?

Maki : They have two kinds of concerts, a piano concert and a family concert.

Alex : What is the family concert?

Maki : I have been to a family concert before. You can listen to some popular songs and sing songs with musicians. It's fun. They always have the family concerts in (①) Hall. A lot of families come to the concerts, so the biggest hall is used for the family concert.

Alex : How about the other one?

Maki : You can enjoy the wonderful piano performance by a famous musician.

Alex : I like playing the piano, so I want to go to the piano concert. Shall we go?

Maki : Well, I can't go to the concert in the second week because I will have tests on March 6 and 8. And I will have my sister's birthday party on the evening of March 12. How about (②)?

Alex : OK! I can't wait!

1 （ ① ）に入る最も適当なものを下のア～ウの中から一つ選び，その記号を書け。

ア West　イ North　ウ South

2 （ ② ）に入る最も適当なものを下のア～エの中から一つ選び，その記号を書け。

ア March 7　イ March 11　ウ March 12　エ March 14

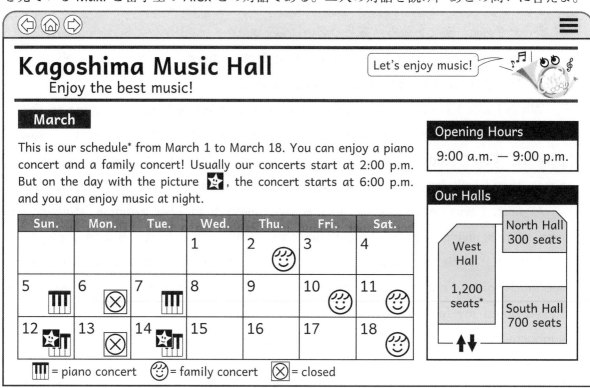

Ⅲ　次は，ある英字新聞の記事（article）と，それを読んだ直後の Ted 先生と Mone との対話である。英文と対話文を読み，（　　　）内に入る最も適当なものを下のア～エの中から一つ選び，その記号を書け。

"I love my high school life," said Jiro. Jiro is a student at an agricultural* high school in Kagoshima. He and his classmates are very busy. They go to school every day, even on summer and winter holidays, to take care of* their cows*. They clean the cow house and give food to their cows. One of them is *Shizuka*. Now they have a big dream. They want to make *Shizuka* the best cow in Japan.

What is the most important thing when we raise* cows? "The answer is to keep them healthy*," Jiro's teacher said. "No one wants sick cows. So, we take care of the cows every day. We can use computer technology* to keep them healthy. It is very useful."

Jiro answered the same question, "I agree with my teacher. It's not easy to keep them healthy. Cows must eat and sleep well. So, we give them good food. We also walk* them every day. We make beds for cows. Many people think love is important to raise good cows. That's true, but it is not enough for their health."

Now, Jiro and his classmates are working hard to keep their cows healthy. "We will do our best," Jiro and his classmates said.

注　agricultural　農業の　　take care of ～　～の世話をする　　cow(s)　牛　　raise ～　～を育てる
healthy　健康に　　technology　技術　　walk ～　～を歩かせる

Ted : What is the most important point in this article?
Mone : (　　　　　　　　　　　　　　　　　　　　　　　)
Ted : Good! That's right! That is the main point.

ア　To raise good cows, the students don't have to use computer technology.
イ　To raise good cows, the students must be careful to keep them healthy.
ウ　The students must give cows a lot of love when they are sick.
エ　The students have to eat a lot of beef if they want to be healthy.

4 次は，中学生の Ken が英語の授業で発表した鳥と湿地（wetlands）についてのプレゼンテーションである。英文を読み，あとの問いに答えなさい。

Hello everyone. Do you like birds? I love birds so much. Today, I'd like to talk about birds and their favorite places, wetlands.

①Today, I will talk about four points. First, I want to talk about birds in Japan. Second, I will explain favorite places of birds. Third, I will tell you ②the problem about their favorite places, and then, I will explain why wetlands are important for us, too.

Do you know how many kinds of birds there are in Japan? Bird lovers in Japan work together to learn about birds every year. From 2016 to 2020, 379 kinds of birds were found. ③Please look at this graph*. The three birds seen often in Japan are *Hiyodori*, *Uguisu*, and *Suzume*. We have seen *Hiyodori* the most often. From 1997 to 2002, we could see *Suzume* more often than *Uguisu*, but *Suzume* became the third from 2016 to 2020.

Second, I will talk about birds' favorite places, "wetlands." Have you ever heard about wetlands? Wetlands are areas* of land* which are covered with water. Why do birds love wetlands?

Wetlands can give the best environment for many kinds of living things. There is a lot of water in wetlands. So, many kinds of plants live there. These plants are home and food for many insects* and fish. Birds eat those plants, insects, and fish. Wetlands are the best environment for birds because there is a lot of（　④　）for birds.

Wetlands are now getting smaller and that's a big problem. You can find information on the website of the United Nations*. It says, "In just 50 years — since 1970 — 35% of the world's wetlands have been lost." Why are they getting smaller? Each wetland has different reasons for this. People are using too much（　⑤　）. For example, they use it for drinking, agriculture* and industry*. Global warming* is hurting wetlands, too. Wetlands are lost faster than forests because of these reasons. This is very serious for birds.

Do we have to solve this? Yes, we do. Those birds' favorite places are very important for humans, too. They support both our lives and environment. I'll tell you ⑥two things that wetlands do for us. First, wetlands make water clean. After the rain, water stays in wetlands. Then, dirt* in the water goes down, and the clean water goes into the river. We use that clean water in our comfortable lives. Second, wetlands can hold CO_2. Plants there keep CO_2 in their bodies even after they die. Actually, wetlands are better at holding CO_2 than forests. They are very useful to stop global warming.

Why don't you do something together to protect birds and wetlands? Thank you for listening.

注　graph　グラフ　　area(s)　地域　　land　陸地　　insect(s)　昆虫
the United Nations　国際連合　　agriculture　農業　　industry　産業
global warming　地球温暖化　　dirt　泥

1　次は，下線部①で Ken が見せたスライドである。Ken が発表した順になるようにスライドの（　A　）～（　C　）に入る最も適当なものを下のア～ウの中からそれぞれ一つずつ選び，その記号を書け。

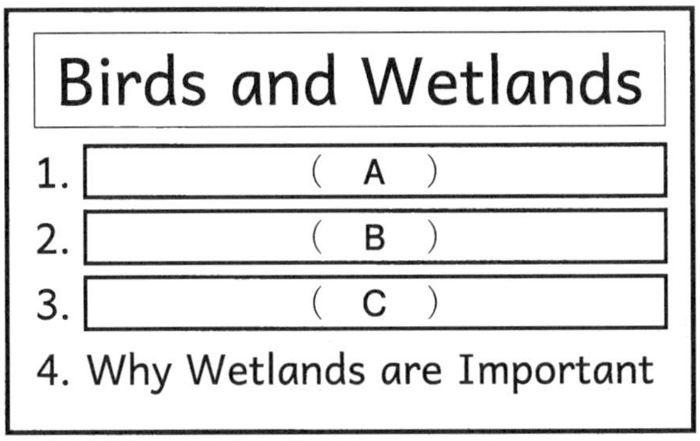

ア　The Problem about Wetlands
イ　Birds' Favorite Places
ウ　Birds in Japan

2　下線部②の内容を最もよく表している英語５語を，本文中から抜き出して書け。

3　下線部③で Ken が見せたグラフとして最も適当なものを下のア～ウの中から一つ選び，その記号を書け。

ア

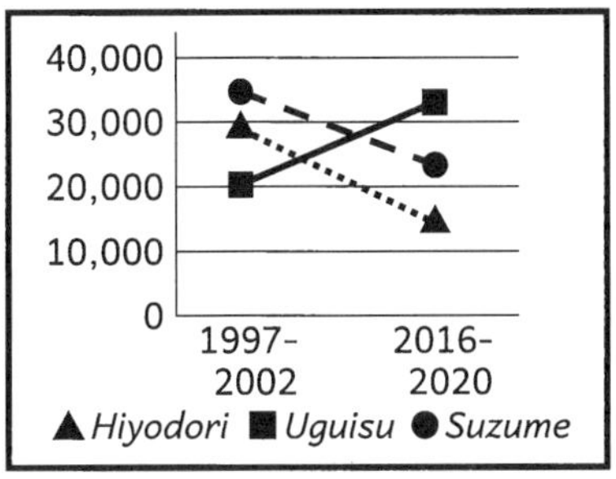

イ

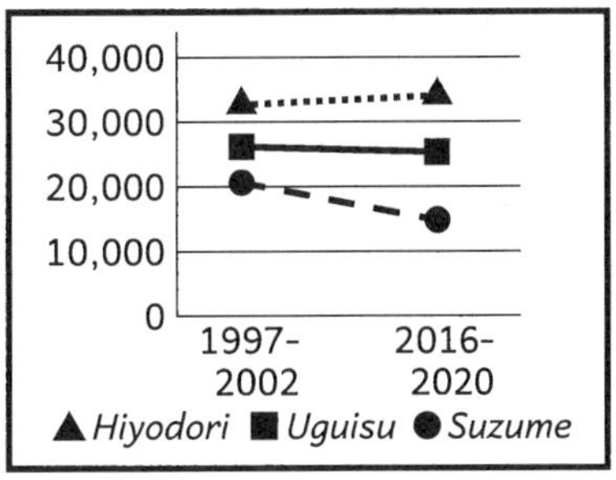

ウ

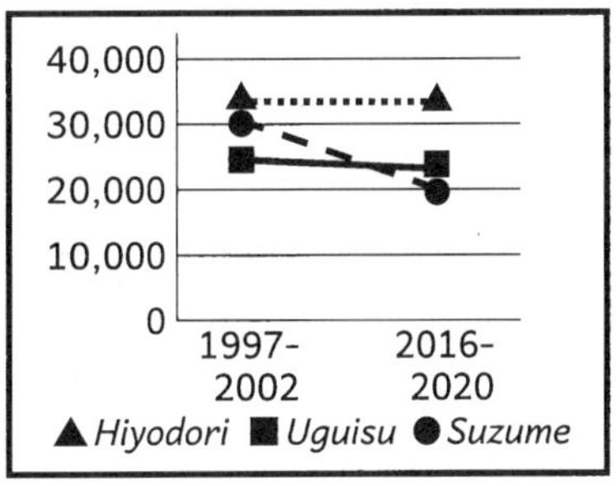

※各グラフの縦軸は鳥の数を，横軸は調査期間を示す。　（「全国鳥類繁殖分布調査」をもとに作成）

4　（　④　），（　⑤　）に入る語の組み合わせとして，最も適当なものを下のア～エから一つ選び，その記号を書け。

	④	⑤
ア	money	water
イ	money	air
ウ	food	air
エ	food	water

5　下線部⑥の内容を具体的に25字程度の日本語で書け。

6　次は，Ann が自分の発表で使うグラフと，それを見ながら話している Ann と Ken との対話である。Ann に代わって，対話中の□に15語程度の英文を書け。２文以上になってもかまわない。

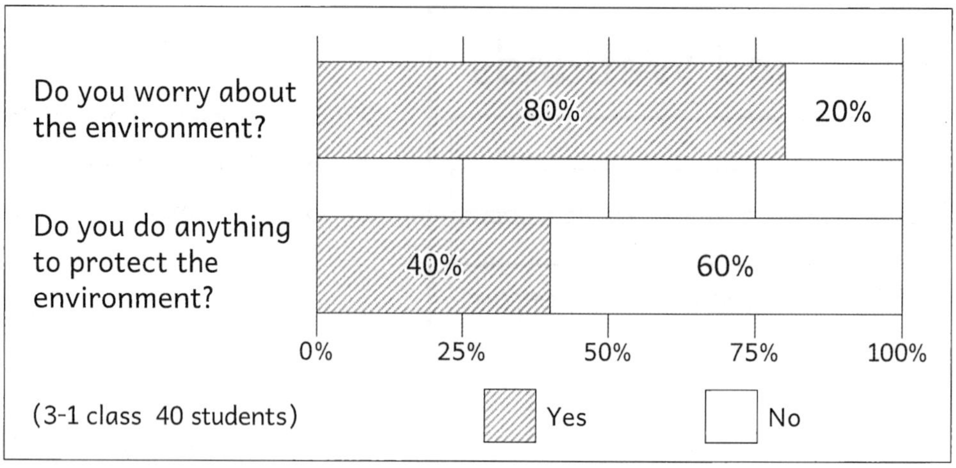

Ann : Your presentation was good. I'll speak in the next class. Please look at this. 80% of our classmates worry about the environment, but more than half of them don't do anything to save the environment. I don't think it is good. We should do something to change this.

Ken : What can we do?

Ann : □

Ken : That's a good idea.

令和５年度　鹿児島県公立高校入試問題　社　会

（解答…211Ｐ）

1 次のⅠ～Ⅲの問いに答えなさい。答えを選ぶ問いについては一つ選び，その記号を書きなさい。

Ⅰ　次の**略地図１**，**略地図２**を見て，１～６の問いに答えよ。

略地図１

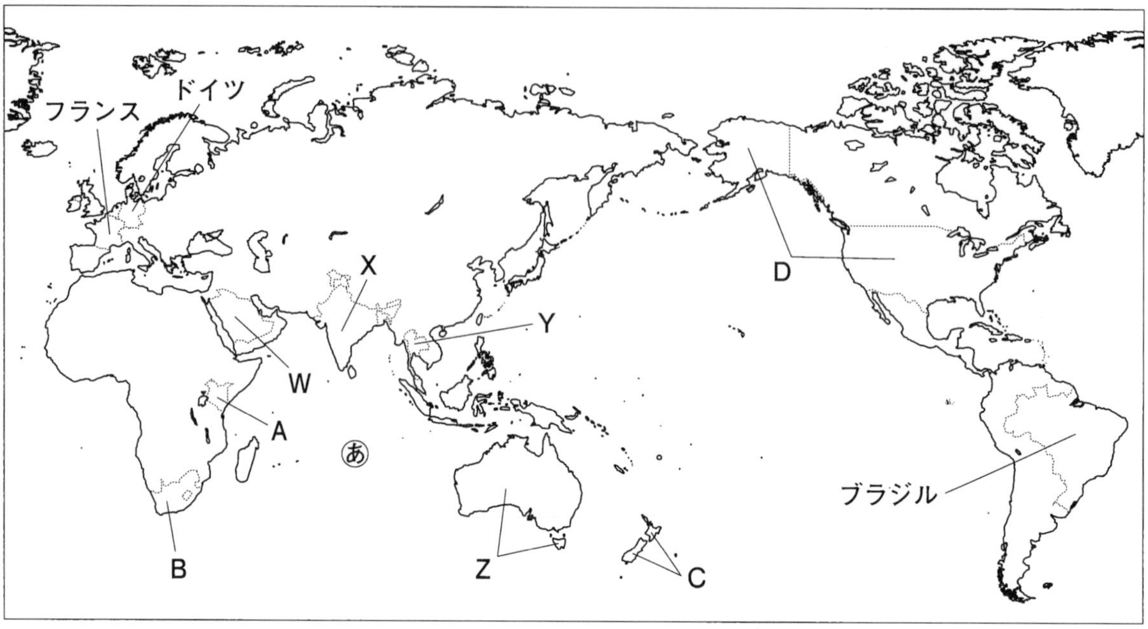

１　**略地図１**中のあは，三大洋の一つである。この海洋の名称を答えよ。

２　**略地図２**は，図の中心の**東京**からの距離と方位を正しく表した地図である。**略地図２**中の**ア**～**エ**のうち，**東京**から北東の方位，約 8000 km に位置している場所として，最も適当なものはどれか。

略地図２

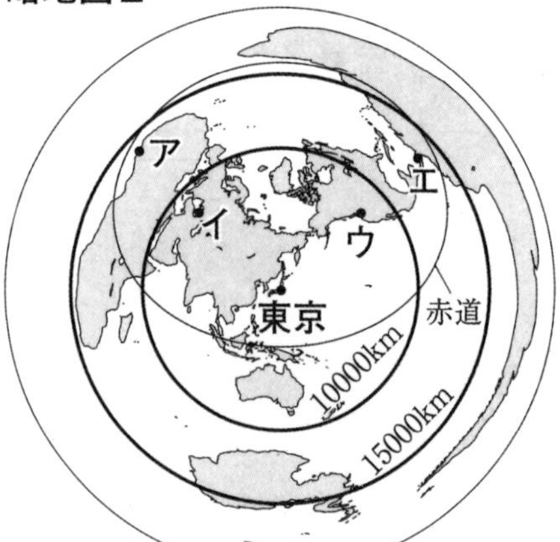

３　**略地図１**中の**Ａ**～**Ｄ**国の特徴について述べた次の**ア**～**エ**のうち，**Ｂ**国について述べた文として最も適当なものはどれか。

ア　牧草がよく育つことから牧畜が盛んであり，特に羊の飼育頭数は人口よりも多いことで知られている。

イ　サバナが広く分布し，内陸の高地では，茶や切り花の生産が盛んである。

ウ　サンベルトとよばれる地域では，先端技術産業が発達している。

エ　過去にはアパルトヘイトとよばれる政策が行われていた国であり，鉱産資源に恵まれている。

４　**表**は，**略地図１**中の**Ｗ**～**Ｚ**国で信仰されている宗教についてまとめたものであり，**表**中の①～④には，**語群**の宗教のいずれかが入る。**表**中の①，③の宗教として適当なものをそれぞれ答えよ。なお，同じ番号には同じ宗教が入るものとする。

表

	主な宗教別の人口割合（%）
W	①(94)，④(4)，②(1)
X	②(80)，①(14)，④(2)
Y	③(83)，①(9)
Z	④(64)，③(2)，①(2)

（「データブックオブ・ザ・ワールド2023」から作成）

語群

仏教　　キリスト教　　ヒンドゥー教　　イスラム教

5　**略地図1**中の**フランス**や**ドイツ**などの多くのEU加盟国では，**資料1**のように，国境を自由に行き来し，買い物などの経済活動を行う人々が多い。この理由について，解答欄の書き出しのことばに続けて書け。ただし，**パスポート**と**ユーロ**ということばを使うこと。

資料1

6　**資料2**は，**略地図1**中の**ブラジル**の1963年と2020年における輸出総額と主な輸出品の割合を示しており，**資料3**は近年における**ブラジル**の主な輸出品の輸出量と世界における割合及び順位を示している。**ブラジル**の主な輸出品の変化と特徴について，**資料2**，**資料3**をもとに書け。ただし，**モノカルチャー経済**ということばを使うこと。

資料2　ブラジルの輸出総額と主な輸出品の割合

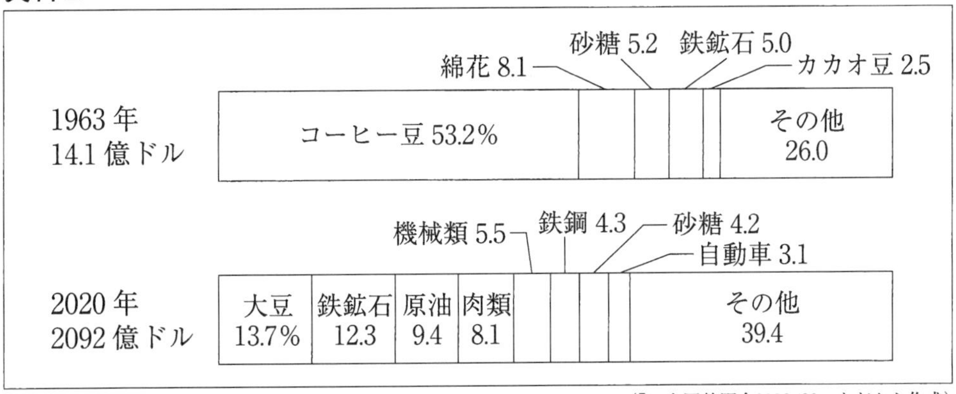

（「日本国勢図会2022/23」などから作成）

資料3　ブラジルの主な輸出品の輸出量と世界における割合及び順位

品　目	輸出量	割　合	順　位
大　豆	8297万トン	47.9%	1位
鉄鉱石	343百万トン	20.7%	2位
原　油	6226万トン	2.8%	11位
肉　類	772万トン	14.7%	2位

※大豆と鉄鉱石は2020年，原油と肉類は2019年の統計　　（「世界国勢図会2022/23」などから作成）

Ⅱ　次の**略地図**を見て，**1**～**5**の問いに答えよ。

略地図

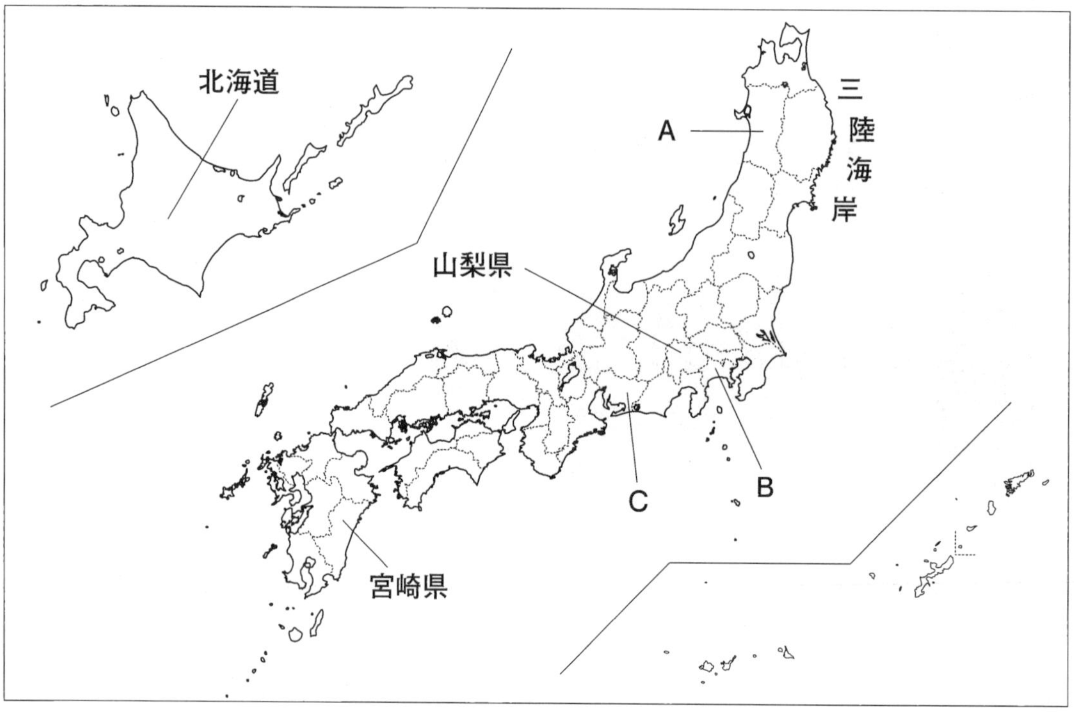

1　**略地図**中の**北海道**では，乳牛を飼育し，生乳やバター，チーズなどの乳製品を生産する農業が盛んである。このような農業を何というか。

2　**略地図**中の**三陸海岸**の沖合は，日本でも有数の漁場となっている。その理由の一つとして，この海域が暖流と寒流のぶつかる潮目（潮境）となっていることが挙げられる。**三陸海岸**の沖合などの東日本の太平洋上で，暖流である日本海流とぶつかる寒流の名称を答えよ。

3　**資料1**は**略地図**中の**A**～**C**県の人口に関する統計をまとめたものであり，**ア**～**ウ**は**A**～**C**県のいずれかである。**B**県は**ア**～**ウ**のどれか。

資料1

	人口増減率（%）	年齢別人口割合（%）			産業別人口割合（%）		
		0～14歳	15～64歳	65歳以上	第1次産業	第2次産業	第3次産業
ア	1.22	11.8	62.7	25.6	0.8	21.1	78.1
イ	−6.22	9.7	52.8	37.5	7.8	25.5	66.6
ウ	0.79	13.0	61.7	25.3	2.1	32.7	65.3
全国	−0.75	11.9	59.5	28.6	3.4	24.1	72.5

※四捨五入しているため，割合の合計が100%にならないところがある。
※人口増減率は，2015年から2020年の人口増減率であり，
（2020年人口－2015年人口）÷2015年人口×100で求められる。
（「日本国勢図会2022/23」などから作成）

4　**略地図**中の**山梨県**では，**写真1**のような扇状地が見られる。扇状地の特色とそれをいかして行われている農業について述べた次の文の［　　　　］に適することばを補い，これを完成させよ。

扇状地の中央部は粒の大きい砂や石からできているため［　　　　］。そのため，水田には適さないが，ぶどうなどの果樹の栽培に利用されている。

写真1

5　**略地図**中の**宮崎県**では，**写真２**のようなビニールハウスなどを用いたピーマンの栽培が盛んである。**宮崎県**でこのような農業が盛んであるのはなぜか。**資料２**～**資料４**をもとに書け。ただし，**気候**，**出荷量**，**価格**ということばを使うこと。

写真２

資料２　各地の月別平均気温

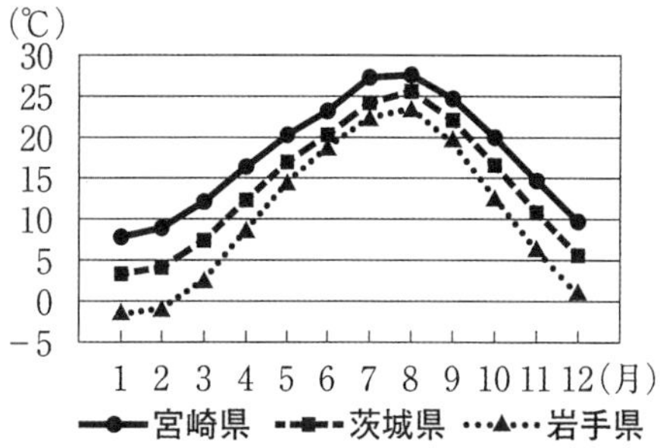

※各地の気温は各県の県庁所在地のもの

（気象庁統計から作成）

資料３　東京都中央卸売市場へのピーマンの月別出荷量（2021年）

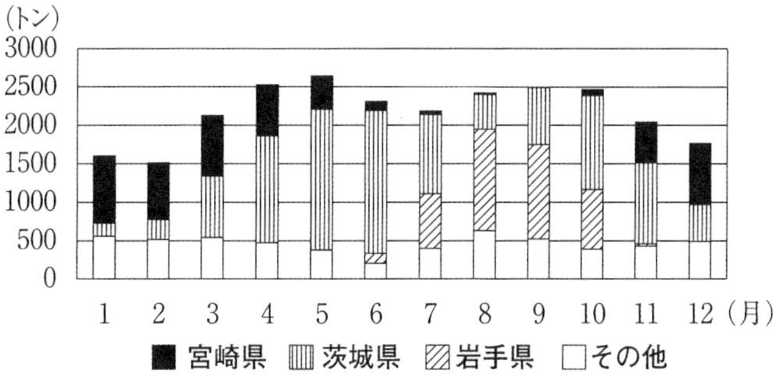

（東京都中央卸売市場統計から作成）

資料４　ピーマンの月別平均価格（2002年～2021年平均）

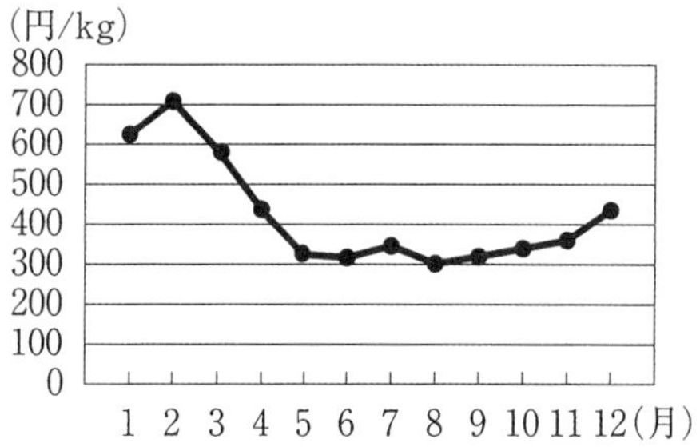

（東京都中央卸売市場統計から作成）

Ⅲ　縮尺が２万５千分の１である次の**地形図**を見て，１，２の問いに答えよ。

1　**地形図**の読み取りに関する次のA，Bの文について，下線部の正誤の組み合わせとして最も適当なものはどれか。

A：□で囲まれた①の範囲には，<u>消防署はみられない</u>。

B：●━●で示した②，③間の**地形図**上での長さは３cmなので，<u>実際の距離は750ｍである</u>。

ア（A 正　B 正）　イ（A 正　B 誤）
ウ（A 誤　B 正）　エ（A 誤　B 誤）

2　次の**表**は，高知市の指定緊急避難場所一覧の一部を示したものであり，**表**中の**ア**，**イ**は**地形図**中にⓐ，ⓑで示した避難場所のいずれかである。ⓐは**ア**，**イ**のどちらか。また，そのように考えた理由を，ⓐ周辺の地形の特徴をふまえ，解答欄の書き出しのことばに続けて書け。

地形図

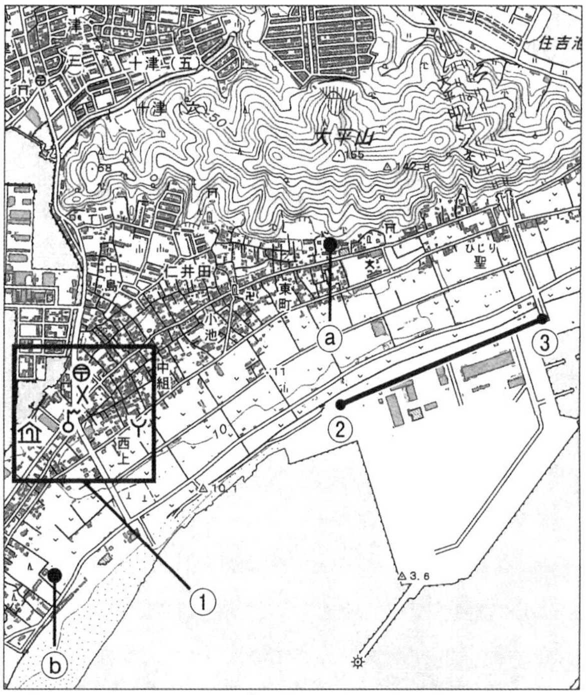

※読み取りやすくするため，①の範囲の地図記号の表記の大きさを一部変更している。

（令和元年国土地理院発行２万５千分の１地形図「高知」から作成）

表

	洪　水	土砂災害
ア	○	○
イ	○	×

（高知市資料から作成）

○：避難可
×：避難不可

2 次のⅠ～Ⅲの問いに答えなさい。答えを選ぶ問いについては一つ選び，その記号を書きなさい。

Ⅰ 次の略年表を見て，1～6の問いに答えよ。

世紀	主なできごと	
5	大和政権の大王たちが，たびたび中国に使いを送った ――――――	A
8	平城京を中心に，仏教や唐の文化の影響を受けた ⓐ天平文化が栄えた	
11	[①] 政治は，藤原道長・頼通のときに最も栄えた	
13	北条泰時が，武士独自の法である [②] を制定した ――――――	B
16	ⓑ商業や手工業，流通の発達にともない，京都などの都市が発展した	
18	貨幣経済が広まったことで，ⓒ自給自足に近かった農村社会に変化が生じた	

1 [①]，[②] にあてはまる最も適当なことばを書け。

2 Aのころ，主に朝鮮半島などから日本列島へ移住し，須恵器とよばれる土器を作る技術や漢字などを伝えた人々を何というか。

3 ⓐについて，**資料1**は天平文化を代表する正倉院宝物の「螺鈿紫檀五絃琵琶《らでんしたんのごげんびわ》」と「瑠璃坏《るりのつき》」である。**資料1**から読み取れる天平文化の特色を書け。ただし，**遣唐使**ということばを使うこと。

資料1

螺鈿紫檀五絃琵琶	瑠璃坏
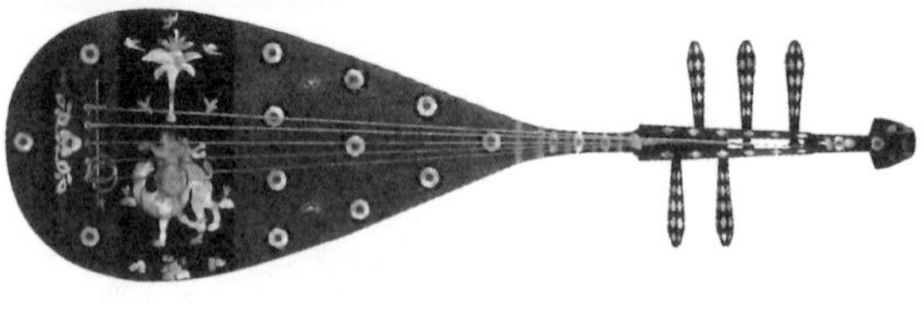	
・5弦の琵琶はインドが起源といわれている。 ・中国で作られたと考えられている。	・西アジアで作られたガラスに，中国で銀の脚を付けたと考えられている。

4 AとBの間の時期におこった次の**ア**～**エ**のできごとを，年代の古い順に並べよ。

ア 桓武天皇が長岡京，ついで平安京へ都を移し，政治を立て直そうとした。

イ 白河天皇が位を息子にゆずり，上皇となったのちも政治を行う院政をはじめた。

ウ 聖徳太子が蘇我馬子と協力し，中国や朝鮮半島の国々にならった新しい政治を行った。

エ 関東地方で平将門，瀬戸内地方で藤原純友がそれぞれ反乱を起こした。

5 ⓑについて述べた次の文の [X]，[Y] にあてはまることばの組み合わせとして最も適当なものはどれか。

> **資料2**は，『洛中洛外図屏風《らくちゅうらくがいずびょうぶ》』の中に描かれている16世紀後半の祇園祭のようすである。平安時代から行われているこの祭は，1467年に始まった [X] で中断したが，京の有力な商工業者である [Y] によって再興され，現在まで続いている。

ア （X 応仁の乱　Y 惣）

イ （X 応仁の乱　Y 町衆）

ウ （X 壬申の乱　Y 惣）

エ （X 壬申の乱　Y 町衆）

資料2 洛中洛外図屏風
（米沢市上杉博物館蔵）

6　ⓒに関する次の文の［　　　　］に適することばを補い，これを完成させよ。

商品作物の栽培や農具・肥料の購入などで，農村でも貨幣を使う機会が増えた。その結果，土地を集めて地主となる農民が出る一方，土地を手放して小作人になる者や，都市に出かせぎに行く者が出るなど，農民の間で［　　　　］という変化が生じた。

Ⅱ　次は，中学生が「近代以降の日本の歴史」について調べ学習をしたときにまとめた〔あ〕～〔え〕の４枚のカードと，先生と生徒の会話の一部である。１～５の問いに答えよ。

〔あ〕近代産業の発展
ⓐ日清戦争前後に軽工業部門を中心に産業革命が進展した。ⓑ日露戦争前後には重工業部門が発達し，近代産業が発展した。

〔い〕国際協調と国際平和
第一次世界大戦後に，世界平和と国際協調を目的とする［①］が設立された。また軍備縮小をめざすワシントン会議が開かれた。

〔う〕軍部の台頭
ⓒ五・一五事件や二・二六事件が発生し，軍部が政治的な発言力を強め，軍備の増強を進めていった。

〔え〕民主化と国際社会への復帰
戦後，GHQの占領下で，政治・経済面の民主化がはかられた。またⓓサンフランシスコ平和条約を結び，独立を回復した。

先　生：複数のカードに戦争や軍備ということばが出てきますが，〔い〕のカードのころには，第一次世界大戦に参加した国や新たな独立国で民主主義が拡大していきました。
生徒Ａ：日本でも，民主主義的な思想の普及やさまざまな社会運動が展開されていったのですね。
先　生：そうです。大正時代を中心として政治や社会に広まった民主主義の風潮や動きを［②］とよびます。
生徒Ｂ：でもその後の流れは，〔う〕のカードのように，軍部が台頭して戦争への道を歩んでいったのですね。
生徒Ａ：なぜ，第一次世界大戦の反省はいかされなかったのかな。どうして，その後の戦争を防ぐことができなかったのだろう。
先　生：そのことについて，当時の世界や日本の政治・経済の情勢から考えてみましょう。

1　［①］，［②］にあてはまる最も適当なことばを書け。ただし，［①］は**漢字４字**で書け。

2　ⓐに関して，日清戦争前後のできごとについて述べた次の文の［X］，［Y］にあてはまることばの組み合わせとして最も適当なものはどれか。

明治政府は，日清戦争直前の1894年，陸奥宗光外相のときにイギリスとの交渉で［X］に成功した。また，日清戦争後の1895年に下関条約を結んだが，［Y］により遼東半島を返還した。

	X	Y
ア	関税自主権の回復	日比谷焼き打ち事件
イ	関税自主権の回復	三国干渉
ウ	領事裁判権（治外法権）の撤廃	日比谷焼き打ち事件
エ	領事裁判権（治外法権）の撤廃	三国干渉

資料１

3　ⓑに関して，**資料１**の人物は，この戦争に出兵した弟を思って「君死にたまふことなかれ」という詩をよんだことで知られている。この人物は誰か。

4　ⓒに関する次の文の［　　　］にあてはまることばを，**資料２**を参考に答えよ。ただし，［　　　］には同じことばが入る。

> 犬養毅首相が暗殺されたこの事件によって，［　　　］の党首が首相となっていた［　　　］内閣の時代が終わり，終戦まで軍人出身者が首相になることが多くなった。

資料２　第27代から第31代首相と所属・出身

代	首　相	所属・出身
27	浜口　雄幸	立憲民政党
28	若槻礼次郎	立憲民政党
29	**犬養　　毅**	**立憲政友会**
30	斎藤　　実	海　　軍
31	岡田　啓介	海　　軍

5　ⓓに関して，この条約が結ばれた以前のできごととして，最も適当なものはどれか。

ア　朝鮮戦争がはじまった。　　**イ**　沖縄が日本に復帰した。

ウ　東海道新幹線が開通した。　**エ**　バブル経済が崩壊した。

Ⅲ　**資料１**は米騒動のようすを描いたものである。米騒動がおこった理由を，**資料２**，**資料３**を参考にして書け。ただし，**シベリア出兵**と**価格**ということばを使うこと。

資料１　米騒動のようす（1918年）

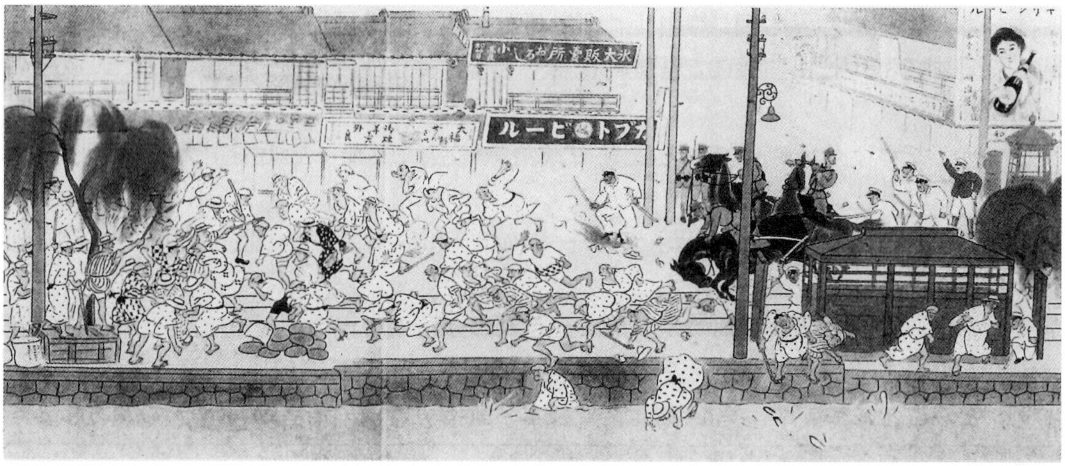

資料２　シベリア出兵のようす（1918年）

資料３　東京の米１石（約150 kg）あたりの年平均取引価格

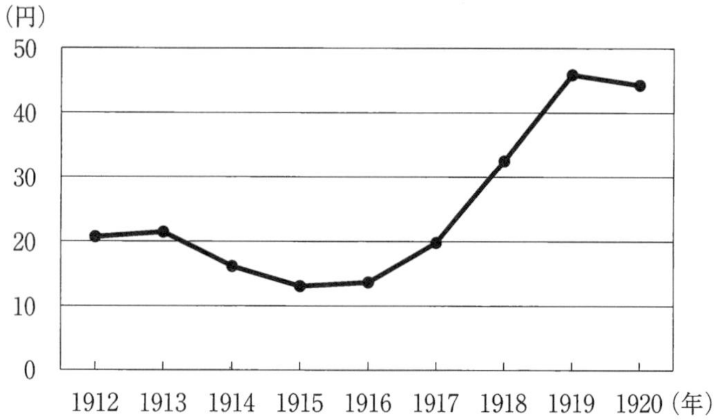

（「日本近代史辞典」から作成）

3 次のⅠ～Ⅲの問いに答えなさい。答えを選ぶ問いについては一つ選び，その記号を書きなさい。

Ⅰ 次は，ある中学生が「よりよい社会をつくるために」というテーマで，公民的分野の学習を振り返ってまとめたものの一部である。１～５の問いに答えよ。

よりよい社会をつくるために

◇ 人権の保障と日本国憲法
基本的人権は，ⓐ個人の尊重の考え方に基づいて日本国憲法で保障されている。
社会の変化にともない，ⓑ「新しい人権」が主張されるようになった。

◇ 持続可能な社会の形成
世代間や地域間の公平，男女間の平等，貧困削減，ⓒ環境の保全，経済の開発，社会の発展等を調和の下に進めていく必要がある。

◇ 国民の自由や権利を守る民主政治
国の権力を立法権，行政権，司法権の三つに分け，それぞれⓓ国会，内閣，裁判所に担当させることで権力の集中を防ぎ，国民の自由と権利を守ろうとしている。

◇ 民主政治の発展
民主政治を推進するために，国民一人一人が政治に対する関心を高め，ⓔ選挙などを通じて，政治に参加することが重要である。

⇩

よりよい社会の実現を目指し，現代社会に見られる課題の解決に向けて主体的に社会に関わろうとすることが大切である。

１ 次の文は，ⓐに関する日本国憲法の条文である。［　　］にあてはまることばを**漢字２字**で書け。

> 第13条　すべて国民は，個人として尊重される。生命，自由及び［　　］追求に対する国民の権利については，公共の福祉に反しない限り，立法その他の国政の上で，最大の尊重を必要とする。

２ ⓑに関して，「新しい人権」に含まれる権利として最も適当なものはどれか。
　ア 自由に職業を選択して働き，お金や土地などの財産を持つ権利
　イ 個人の私的な生活や情報を他人の干渉などから守る権利
　ウ 国や地方の公務員の不法行為で受けた損害に対して賠償を求める権利
　エ 労働組合が賃金などの労働条件を改善するために使用者と交渉する権利

３ ⓒに関して，ダムや高速道路など，大規模な開発事業を行う際に，事前に周辺の環境にどのような影響があるか調査・予測・評価することを何というか。

4　ⓓに関して，予算の議決における衆議院の優越について述べた次の文の X ， Y にあてはまることばの組み合わせとして最も適当なものはどれか。

> 予算について，参議院で衆議院と異なった議決をした場合に X を開いても意見が一致しないときや，参議院が，衆議院の可決した予算を受け取ったあと Y 日以内に議決しないときは，衆議院の議決が国会の議決となる。

ア（X　両院協議会　　Y　30）　　イ（X　両院協議会　　Y　10）
ウ（X　公聴会　　Y　30）　　エ（X　公聴会　　Y　10）

5　中学生のゆきさんは，ⓔに関して調べ，**資料1**，**資料2**の取り組みがあることを知った。**資料1**，**資料2**の取り組みのねらいとして考えられることは何か。**資料3**，**資料4**をもとにして書け。

資料1　期日前投票所の大学への設置

資料2　高校生を対象としたある市の期日前投票所の取り組み

- 高校生を対象にした独自の選挙チラシを配布し，情報提供・啓発を実施
- 生徒が昼休みや放課後に投票できるよう，各学校ごとに開設時間を配慮

（総務省資料から作成）

資料3　年齢別投票率
（第49回衆議院議員総選挙［2021年実施］）

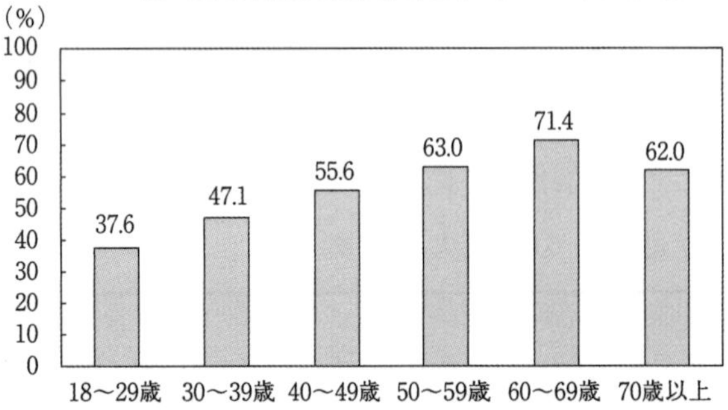

※年齢別投票率は全国から抽出して調査したものである。
（総務省資料から作成）

資料4　年齢別棄権理由とその割合
（第49回衆議院議員総選挙［2021年実施］）

理　由	18～29歳	30～49歳	50～69歳	70歳以上
選挙にあまり関心がなかったから	46.7%	31.4%	30.7%	15.6%
仕事があったから	37.8%	24.8%	14.9%	3.1%
重要な用事(仕事を除く)があったから	22.2%	9.1%	8.9%	3.1%

※調査では，17の選択肢からあてはまるものをすべて選ぶようになっている。
※18～29歳の棄権理由の上位三位を示している。
（第49回衆議院議員総選挙全国意識調査から作成）

Ⅱ　次は，ある中学校の生徒たちが「私たちと経済」について班ごとに行った調べ学習のテーマと調べたことの一覧である。1～5の問いに答えよ。

班	テ　ー　マ	調　べ　た　こ　と
1	政府の経済活動	ⓐ租税の意義と役割，財政の役割と課題
2	消費生活と経済	消費者の権利と責任，消費者問題，ⓑ消費者を守る制度
3	市場のしくみと金融	ⓒ景気の変動と物価，ⓓ日本銀行の役割
4	生産と労働	企業の種類，ⓔ株式会社のしくみ，労働者の権利と労働問題

1　ⓐに関して，消費税や酒税など税を納める人と負担する人が異なる税を何というか。

2　ⓑに関して，訪問販売や電話勧誘などで商品を購入した場合，一定期間内であれば**資料**のような通知書を売り手に送付することで契約を解除することができる。この制度を何というか。

資料

通知書
次の契約を解除します。
契約年月日　〇〇年〇月〇日
商品名　〇〇〇〇〇
契約金額　〇〇〇〇〇円
販売会社　株式会社×××　□□営業所
担当者　△△△△△
支払った代金〇〇〇〇〇円を返金し、商品を引き取ってください。
〇〇年〇月〇日
〇〇県〇市〇町〇丁目〇番〇号
氏名　〇〇〇〇〇〇

3　ⓒに関して述べた次の文の [X]，[Y] にあてはまることばの組み合わせとして最も適当なものはどれか。

一般的に，[X] のときには消費が増え，商品の需要が供給を上回ると，価格が高くても購入される状態が続くため，物価が上がり続ける [Y] がおこる。

ア　（X　好況　　Y　デフレーション）　　イ　（X　不況　　Y　デフレーション）
ウ　（X　好況　　Y　インフレーション）　エ　（X　不況　　Y　インフレーション）

4　ⓓについて述べた文として**誤っているもの**はどれか。

ア　政府資金の取り扱いを行う。
イ　日本銀行券とよばれる紙幣を発行する。
ウ　一般の銀行に対して資金の貸し出しや，預金の受け入れを行う。
エ　家計や企業からお金を預金として預かる。

5　ⓔについて述べた次の文の [　　　　　　] に適することばを補い，これを完成させよ。ただし，**負担**ということばを使うこと。

株主には，株式会社が倒産した場合であっても，[　　　　　　] という有限責任が認められている。

Ⅲ　**資料1**は，鹿児島中央駅に設置されているエレベーターの場所を案内している標識の一部である。この標識にみられる表記の工夫について，**資料2**をもとに**50字以上60字以内**で書け。

資料1

資料2　**鹿児島県における外国人宿泊者数の推移**

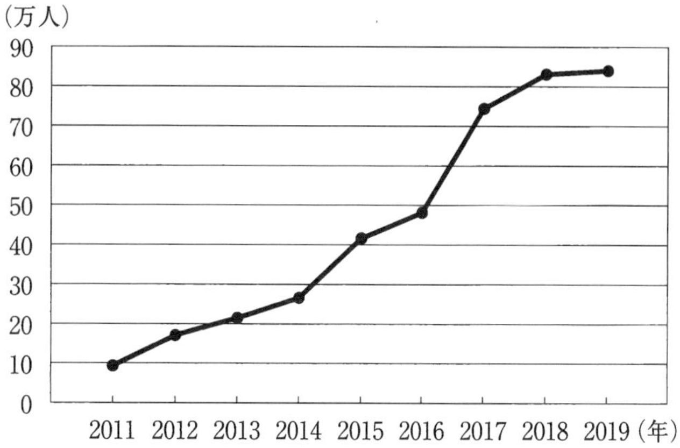

※宿泊者数は延べ人数である。　　（鹿児島県観光統計から作成）

令和５年度　鹿児島県公立高校入試問題　数　学

（解答…214Ｐ）

1　次の１～５の問いに答えなさい。

１　次の(1)～(5)の問いに答えよ。

(1)　$63 \div 9 - 2$ を計算せよ。

(2)　$\left(\frac{1}{2} - \frac{1}{5}\right) \times \frac{1}{3}$ を計算せよ。

(3)　$(x+y)^2 - x(x+2y)$ を計算せよ。

(4)　絶対値が７より小さい整数は全部で何個あるか求めよ。

(5)　３つの数 $3\sqrt{2}$，$2\sqrt{3}$，４について，最も大きい数と最も小さい数の組み合わせとして正しいものを下の**ア**～**カ**の中から１つ選び，記号で答えよ。

	最も大きい数	最も小さい数
ア	$3\sqrt{2}$	$2\sqrt{3}$
イ	$3\sqrt{2}$	4
ウ	$2\sqrt{3}$	$3\sqrt{2}$
エ	$2\sqrt{3}$	4
オ	4	$3\sqrt{2}$
カ	4	$2\sqrt{3}$

2 連立方程式 $\begin{cases} 3x + y = 8 \\ x - 2y = 5 \end{cases}$ を解け。

3 10 円硬貨が 2 枚，50 円硬貨が 1 枚，100 円硬貨が 1 枚ある。この 4 枚のうち，2 枚を組み合わせてできる金額は何通りあるか求めよ。

4 $\dfrac{9}{11}$ を小数で表すとき，小数第 20 位を求めよ。

5 下の 2 つの表は，A 中学校の生徒 20 人と B 中学校の生徒 25 人の立ち幅跳びの記録を，相対度数で表したものである。この A 中学校の生徒 20 人と B 中学校の生徒 25 人を合わせた 45 人の記録について，200 cm 以上 220 cm 未満の階級の相対度数を求めよ。

A 中学校

階級（cm）	相対度数
160以上 ～ 180未満	0.05
180 ～ 200	0.20
200 ～ 220	0.35
220 ～ 240	0.30
240 ～ 260	0.10
計	1.00

B 中学校

階級（cm）	相対度数
160以上 ～ 180未満	0.04
180 ～ 200	0.12
200 ～ 220	0.44
220 ～ 240	0.28
240 ～ 260	0.12
計	1.00

2 次の**1**～**3**の問いに答えなさい。

1 次は，先生と生徒の授業中の会話である。次の(1)～(3)の問いに答えよ。

図

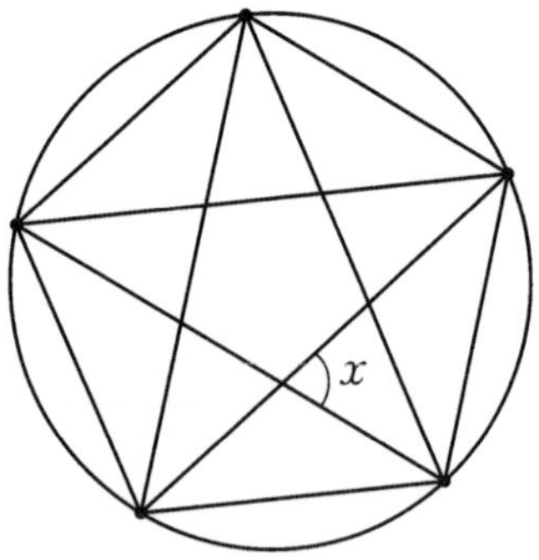

先　生：円周を5等分している5つの点をそれぞれ結ぶと，**図**のようになります。**図**を見て，何か気づいたことはありますか。

生徒A：先生，私は正五角形と星形の図形を見つけました。

先　生：正五角形と星形の図形を見つけたんですね。
それでは，正五角形の内角の和は何度でしたか。

生徒A：正五角形の内角の和は □ 度です。

先　生：そうですね。

生徒B：先生，私は大きさや形の異なる二等辺三角形がたくさんあることに気づきました。

先　生：いろいろな図形がありますね。
他の図形を見つけた人はいませんか。

生徒C：はい，①ひし形や台形もあると思います。

先　生：たくさんの図形を見つけましたね。
図形に注目すると，②**図**の $\angle x$ の大きさもいろいろな方法で求めることができそうですね。

(1) □ にあてはまる数を書け。

(2) 下線部①について，ひし形の定義を下の**ア**～**エ**の中から1つ選び，記号で答えよ。

ア 4つの角がすべて等しい四角形

イ 4つの辺がすべて等しい四角形

ウ 2組の対辺がそれぞれ平行である四角形

エ 対角線が垂直に交わる四角形

(3) 下線部②について，$\angle x$ の大きさを求めよ。

2　右の図のような長方形ABCDがある。次の**【条件】**をすべて満たす点Eを，定規とコンパスを用いて作図せよ。ただし，点Eの位置を示す文字Eを書き入れ，作図に用いた線も残しておくこと。

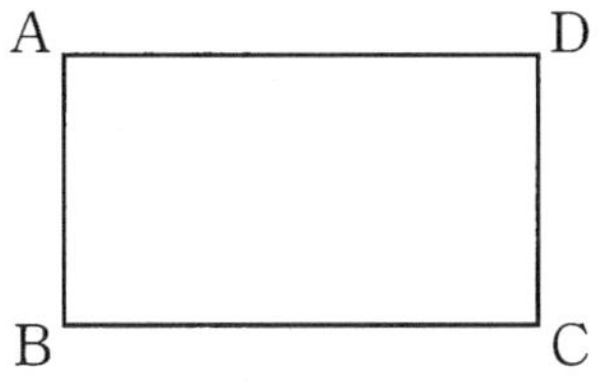

【条件】

- 線分BEと線分CEの長さは等しい。
- △BCEと長方形ABCDの面積は等しい。
- 線分AEの長さは，線分BEの長さより短い。

3　底面が正方形で，高さが3 cmの直方体がある。この直方体の表面積が$80\ \text{cm}^2$であるとき，底面の正方形の一辺の長さを求めよ。ただし，底面の正方形の一辺の長さをx cmとして，xについての方程式と計算過程も書くこと。

3 国勢調査（1950年～2020年）の結果をもとに表や図を作成した。次の**1**～**3**の問いに答えなさい。

1 **表**は，鹿児島県の人口総数を表したものである。**表**をもとに，横軸を年，縦軸を人口総数として，その推移を折れ線グラフに表したとき，折れ線グラフの形として最も適当なものを下の**ア**～**エ**の中から1つ選び，記号で答えよ。

表

	1950年	1955年	1960年	1965年	1970年	1975年	1980年	1985年
人口総数(人)	1804118	2044112	1963104	1853541	1729150	1723902	1784623	1819270

	1990年	1995年	2000年	2005年	2010年	2015年	2020年
人口総数(人)	1797824	1794224	1786194	1753179	1706242	1648177	1588256

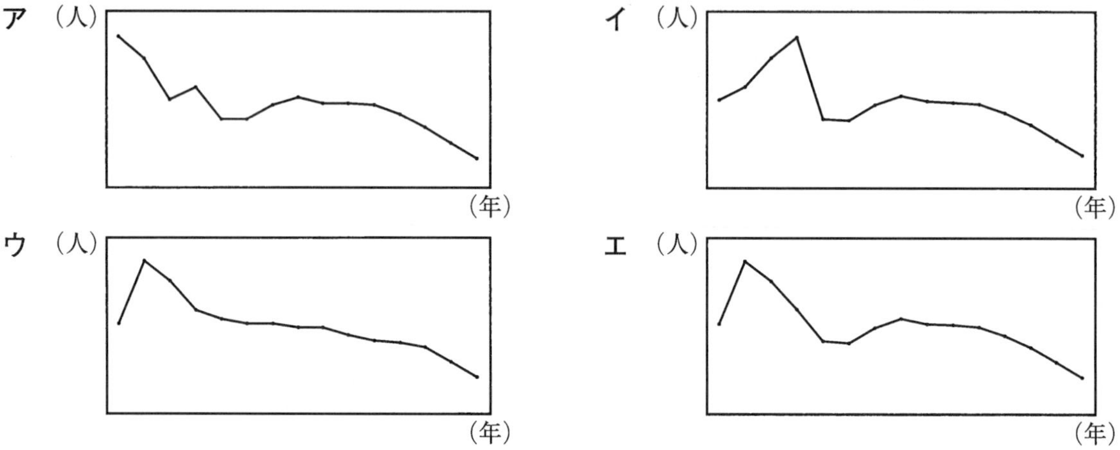

2 **図1**は，2020年における都道府県別の人口に占める15歳未満の人口の割合を階級の幅を1%にして，ヒストグラムに表したものである。鹿児島県は約13.3%であった。次の(1)，(2)の問いに答えよ。

図1

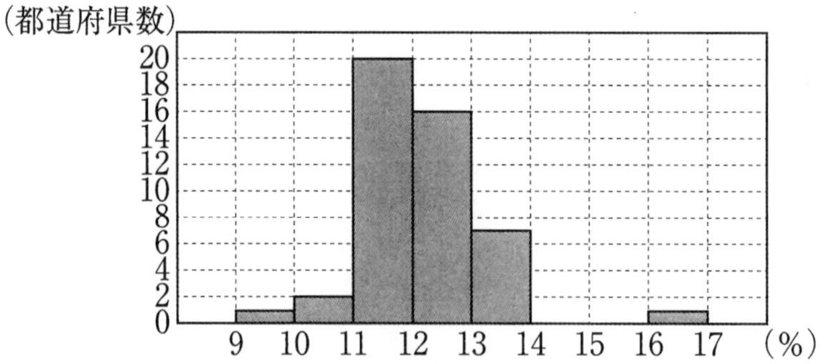

(1) 鹿児島県が含まれる階級の階級値を求めよ。

(2) 2020年における都道府県別の人口に占める15歳未満の人口の割合を箱ひげ図に表したものとして，最も適当なものを下の**ア**～**エ**の中から1つ選び，記号で答えよ。

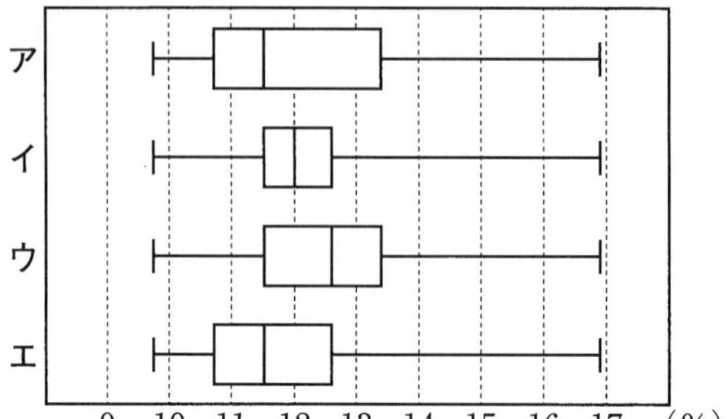

3　1960年から2020年まで10年ごとの鹿児島県の市町村別の人口に占める割合について，**図2**は15歳未満の人口の割合を，**図3**は65歳以上の人口の割合を箱ひげ図に表したものである。ただし，データについては，現在の43市町村のデータに組み替えたものである。

図2

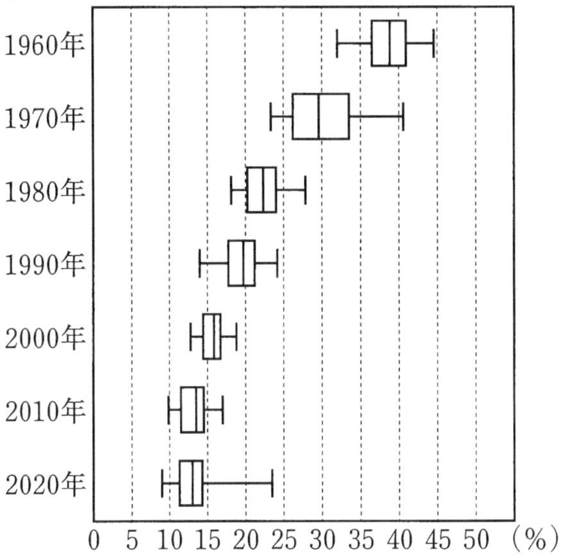

図3

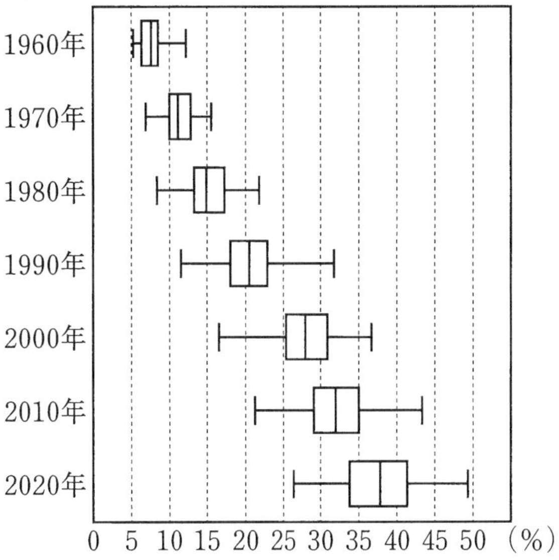

図2や**図3**から読みとれることとして，次の①～⑤は，「正しい」，「正しくない」，「**図2**や**図3**からはわからない」のどれか。最も適当なものを下の**ア**～**ウ**の中からそれぞれ1つ選び，記号で答えよ。

①　**図2**において，範囲が最も小さいのは1990年である。

②　**図3**において，1980年の第3四分位数は15%よりも大きい。

③　**図2**において，15%を超えている市町村の数は，2010年よりも2020年の方が多い。

④　**図3**において，2000年は30以上の市町村が25%を超えている。

⑤　**図2**の1990年の平均値よりも，**図3**の1990年の平均値の方が大きい。

ア　正しい　　　**イ**　正しくない　　　**ウ**　**図2**や**図3**からはわからない

4 下の図で，放物線は関数 $y=\dfrac{1}{4}x^2$ のグラフであり，点Oは原点である。点Aは放物線上の点で，その x 座標は4である。点Bは x 軸上を動く点で，その x 座標は負の数である。2点A，Bを通る直線と放物線との交点のうちAと異なる点をCとする。次の**1**～**3**の問いに答えなさい。

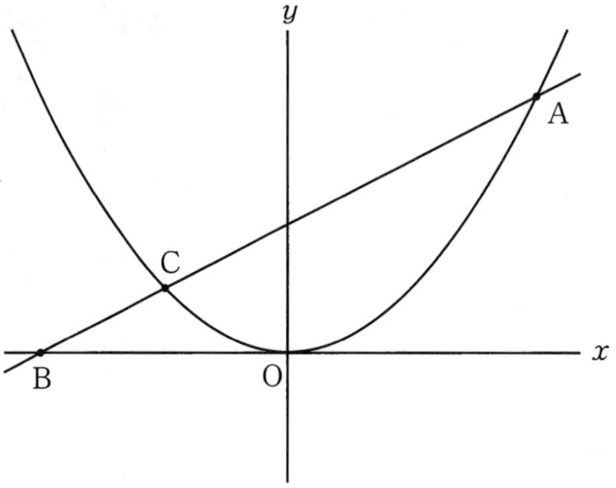

1　点Aの y 座標を求めよ。

2　点Bの x 座標が小さくなると，それにともなって小さくなるものを下の**ア**～**エ**の中からすべて選び，記号で答えよ。

ア　直線ABの傾き　　**イ**　直線ABの切片　　**ウ**　点Cの x 座標　　**エ**　△OACの面積

3 点Cの x 座標が -2 であるとき，次の(1)，(2)の問いに答えよ。

(1) 点Bの座標を求めよ。ただし，求め方や計算過程も書くこと。

(2) 大小2個のさいころを同時に投げ，大きいさいころの出た目の数を a，小さいさいころの出た目の数を b とするとき，座標が（$a-2$，$b-1$）である点をPとする。点Pが3点O，A，Bを頂点とする△OABの辺上にある確率を求めよ。ただし，大小2個のさいころはともに，1から6までのどの目が出ることも同様に確からしいものとする。

5 **図1**のような AB = 6 cm，BC = 3 cm である長方形ABCDがある。

図1

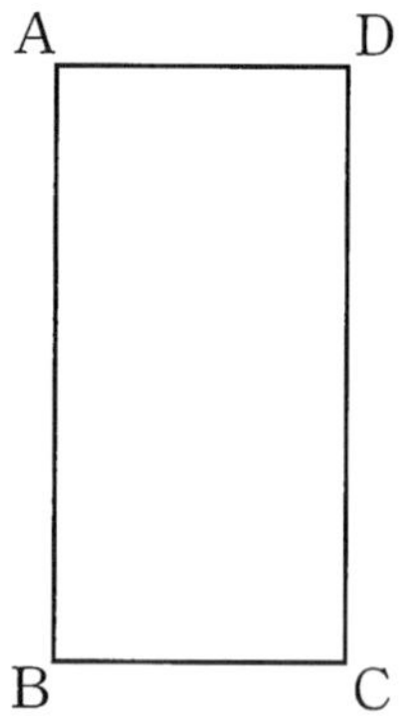

図2は，**図1**の長方形ABCDを対角線ACを折り目として折り返したとき，点Bの移った点をEとし，線分AEと辺DCの交点をFとしたものである。

図2

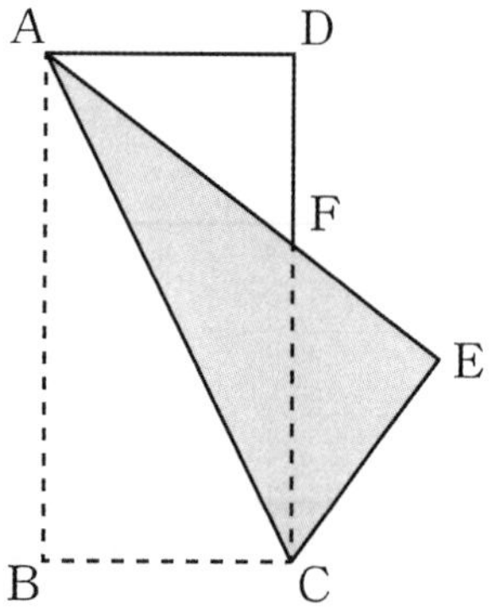

図3は，**図2**の折り返した部分をもとに戻し，長方形ABCDを対角線DBを折り目として折り返したとき，点Cの移った点をGとし，線分DGと辺ABの交点をHとしたものである。

図3

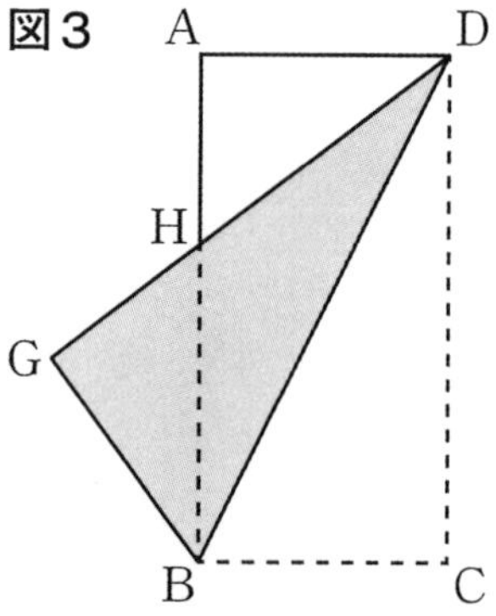

図4は，**図3**の折り返した部分をもとに戻し，線分DHと対角線AC，線分AFの交点をそれぞれI，Jとしたものである。

図4

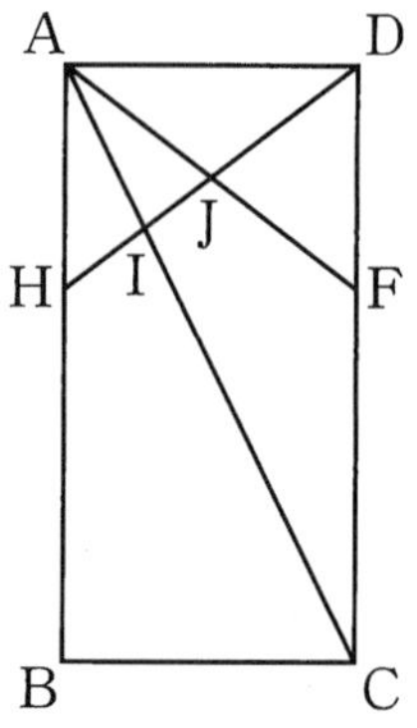

次の**1**～**4**の問いに答えなさい。

1　長方形ABCDの対角線ACの長さを求めよ。

2　**図2**において，△ACFが二等辺三角形であることを証明せよ。

3　線分DFの長さを求めよ。

4　△AIJの面積を求めよ。

令和４年度　鹿児島県公立高校入試問題　理　科

（解答…219Ｐ）

１　次の各問いに答えなさい。答えを選ぶ問いについては記号で答えなさい。

１　虫めがねを使って物体を観察する。次の文中の①，②について，それぞれ正しいものはどれか。

> 虫めがねには凸レンズが使われている。物体が凸レンズとその焦点の間にあるとき，凸レンズを通して見える像は，物体の大きさよりも ①（ア　大きく　　イ　小さく）なる。このような像を ②（ア　実像　　イ　虚像）という。

２　木や草などを燃やした後の灰を水に入れてかき混ぜた灰汁（あく）には，衣類などのよごれを落とす作用がある。ある灰汁にフェノールフタレイン溶液を加えると赤色になった。このことから，この灰汁の pH の値についてわかることはどれか。

ア　7より小さい。　　イ　7である。　　ウ　7より大きい。

３　両生類は魚類から進化したと考えられている。その証拠とされているハイギョの特徴として，最も適当なものはどれか。

ア　後ろあしがなく，その部分に痕跡的に骨が残っている。
イ　体表がうろこでおおわれていて，殻のある卵をうむ。
ウ　つめや歯をもち，羽毛が生えている。
エ　肺とえらをもっている。

４　地球の自転に関する次の文中の①，②について，それぞれ正しいものはどれか。

> 地球の自転は，１時間あたり ①（ア　約15°　　イ　約20°　　ウ　約30°）で，北極点の真上から見ると，自転の向きは ②（ア　時計回り　　イ　反時計回り）である。

５　ひろみさんは，授業でインターネットを使って桜島について調べた。調べてみると，桜島は，大正時代に大きな噴火をしてから100年以上がたっていることがわかった。また，そのときの溶岩は大正溶岩とよばれ①安山岩でできていること，大正溶岩でおおわれたところには，現在では，②土壌が形成されてさまざまな生物が生息していることがわかった。ひろみさんは，この授業を通して自然災害について考え，日頃から災害に備えて準備しておくことの大切さを学んだ。ひろみさんは家に帰り，災害への備えとして用意しているものを確認したところ，水や非常食，③化学かいろ，④懐中電灯やラジオなどがあった。

図

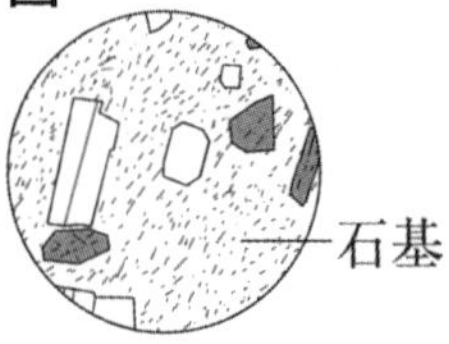

(1)　下線部①について，安山岩を観察すると，図のように石基の間に比較的大きな鉱物が散らばって見える。このようなつくりの組織を何というか。

(2)　下線部②について，土壌中には菌類や細菌類などが生息している。次の文中の［　　］にあてはまることばを書け。

> 有機物を最終的に無機物に変えるはたらきをする菌類や細菌類などの微生物は，［　　］とよばれ，生産者，消費者とともに生態系の中で重要な役割をになっている。

(3)　下線部③について，化学かいろは，使用するときに鉄粉が酸化されて温度が上がる。このように，化学変化がおこるときに温度が上がる反応を何というか。

(4)　下線部④について，この懐中電灯は，電圧が 1.5 V の乾電池を２個直列につなぎ，電球に 0.5 A の電流が流れるように回路がつくられている。この懐中電灯内の回路全体の抵抗は何 Ω か。

2 次のⅠ，Ⅱの各問いに答えなさい。答えを選ぶ問いについては記号で答えなさい。

Ⅰ 鹿児島県教育委員会により削除。

Ⅱ　たかしさんは，家庭のコンセントに＋極，－極の区別がないことに興味をもった。家庭のコンセントに供給されている電流について調べたところ，家庭のコンセントの電流の多くは，電磁誘導を利用して発電所の発電機でつくり出されていることがわかった。そこで電磁誘導について，**図**のようにオシロスコープ，コイル，糸につないだ棒磁石を用いて**実験１**，**実験２**を行った。

図

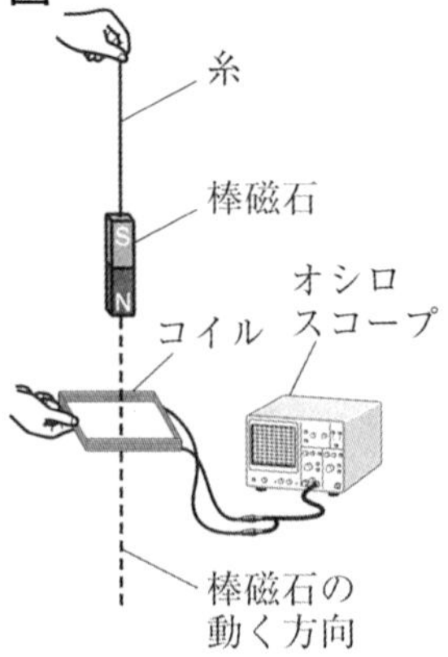

実験１　棒磁石を上下に動かして，手で固定したコイルに近づけたり遠ざけたりすると，誘導電流が生じた。

実験２　棒磁石を下向きに動かして，手で固定したコイルの内部を通過させると，誘導電流が生じた。

1　家庭のコンセントの電流の多くは，流れる向きが周期的に変化している。このように向きが周期的に変化する電流を何というか。

2　電磁誘導とはどのような現象か。「コイルの内部」ということばを使って書け。

3　**実験１**で，流れる誘導電流の大きさを，より大きくする方法を一つ書け。ただし，**図**の実験器具は，そのまま使うものとする。

4　**実験２**の結果をオシロスコープで確認した。このときの時間とコイルに流れる電流との関係を表す図として最も適当なものはどれか。

ア

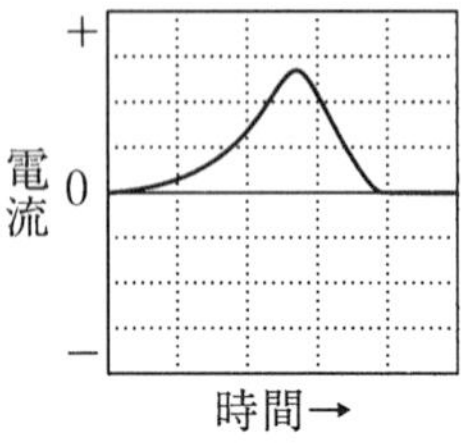

イ

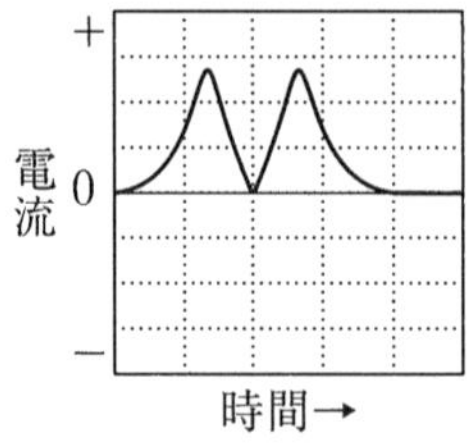

ウ

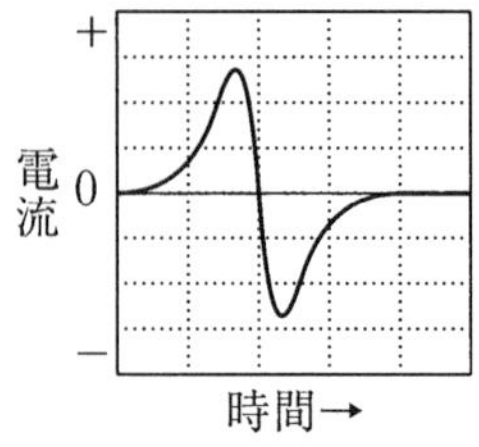

エ

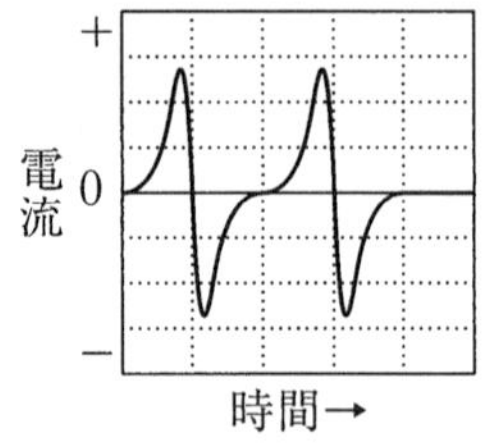

3　次のⅠ，Ⅱの各問いに答えなさい。答えを選ぶ問いについては記号で答えなさい。

Ⅰ　ひろみさんは，授業で血液の流れるようすを見るために，学校で飼育されているメダカを少量の水とともにポリエチレンぶくろに入れ，顕微鏡で尾びれを観察した。また，別の日に，水田で見つけたカエルの卵に興味をもち，カエルの受精と発生について図書館で調べた。

1　**図１**は，観察した尾びれの模式図である。(1)，(2)の問いに答えよ。

(1)　**図１**のXは，酸素を全身に運ぶはたらきをしている。Xの名称を書け。

図１

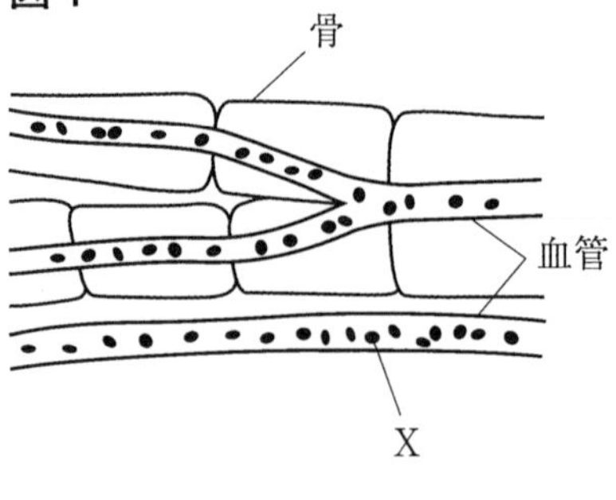

(2)　Xは，血管の中にあり，血管の外では確認できなかった。ひろみさんは，このことが，ヒトでも同じであることがわかった。そこで，ヒトでは酸素がどのようにして細胞に届けられるのかを調べて，次のようにまとめた。次の文中の［ａ］，［ｂ］にあてはまることばを書け。

> 血液の成分である［ａ］の一部は毛細血管からしみ出て［ｂ］となり，細胞のまわりを満たしている。Xによって運ばれた酸素は［ｂ］をなかだちとして細胞に届けられる。

2　**図2**は，カエルの受精と発生について模式的に示したものである。(1)，(2)の問いに答えよ。

(1)　**図2**の親のからだをつくる細胞の染色体の数が26本であるとすると，**図2**のア，イ，ウの各細胞の染色体の数は，それぞれ何本か。

(2)　**図2**で，カエルに現れるある形質について，顕性形質（優性形質）の遺伝子をＡ，潜性形質（劣性形質）の遺伝子をａとする。**図2**の受精卵の遺伝子の組み合わせをＡＡとしたとき，親（雌）の遺伝子の組み合わせとして可能性があるものをすべて書け。ただし，Ａとａの遺伝子は，遺伝の規則性にもとづいて受けつがれるものとする。

図2

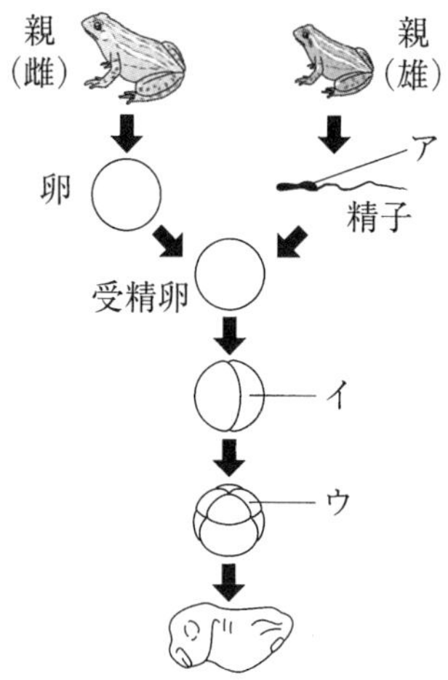

Ⅱ　たかしさんは，校庭でモンシロチョウとタンポポを見つけた。

1　モンシロチョウは昆虫に分類される。昆虫のからだのつくりについて述べた次の文中の [a] にあてはまることばを書け。また，[b] にあてはまる数を書け。

> 昆虫の成虫のからだは，頭部，[a]，腹部からできており，足は [b] 本ある。

2　タンポポの花は，たくさんの小さい花が集まってできている。**図1**は，タンポポの一つの花のスケッチであり，**ア〜エ**は，**おしべ**，**めしべ**，**がく**，**花弁**のいずれかである。これらのうち，花のつくりとして，外側から2番目にあたるものはどれか。その記号と名称を書け。

図1

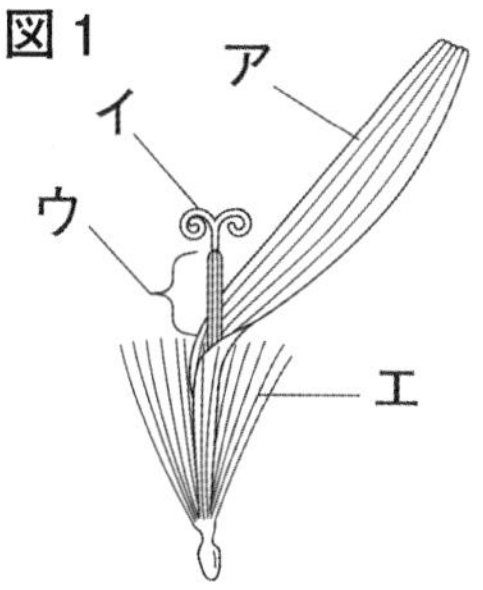

3　植物が行う光合成に興味をもっていたたかしさんは，見つけたタンポポの葉を用いて，光合成によって二酸化炭素が使われるかどうかを調べるために，次の**実験**を行った。(1)，(2)の問いに答えよ。

実験

①　3本の試験管**Ａ〜Ｃ**を用意して，**Ａ**と**Ｂ**それぞれにタンポポの葉を入れた。

②　**Ａ〜Ｃ**それぞれにストローで息をふきこみ，ゴムせんでふたをした。

③　**図2**のように，**Ｂ**のみアルミニウムはくで包み，中に光が当たらないようにし，**Ａ〜Ｃ**に30分間光を当てた。

④　**Ａ〜Ｃ**に石灰水を少し入れ，ゴムせんをしてよく振ったところ，石灰水が白くにごった試験管とにごらなかった試験管があった。

図2

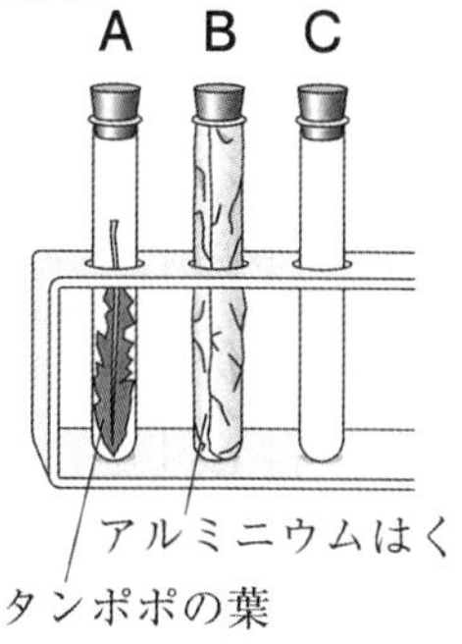

(1)　**実験**の④で石灰水が白くにごった試験管の記号をすべて書け。

(2)　試験管**Ｃ**を準備したのはなぜか。解答欄のことばに続けて書け。ただし，解答欄の書き出しのことばの中の（　　）に対照実験となる試験管が**Ａ**，**Ｂ**のどちらであるかを示すこと。

4 次のⅠ，Ⅱの各問いに答えなさい。答えを選ぶ問いについては記号で答えなさい。

Ⅰ　ある日，たかしさんは地震のゆれを感じた。そのゆれは，はじめは小さくこきざみなゆれだったが，その後，大きなゆれになった。後日，たかしさんはインターネットで調べたところ，この地震の発生した時刻は11時56分52秒であることがわかった。

1　下線部のゆれを伝えた地震の波は，何という波か。

2　**表**は，たかしさんがこの地震について，ある地点**A**～**C**の観測記録を調べてまとめたものである。(1)～(3)の問いに答えよ。ただし，この地震の震源は比較的浅く，地震の波は均一な地盤を一定の速さで伝わったものとする。

表

地点	震源距離	小さくこきざみなゆれが始まった時刻	大きなゆれが始まった時刻
A	36 km	11時56分58秒	11時57分04秒
B	72 km	11時57分04秒	11時57分16秒
C	90 km	11時57分07秒	11時57分22秒

(1)　**表**の地点**A**～**C**のうち，震度が最も小さい地点として最も適当なものはどれか。

(2)　「小さくこきざみなゆれ」と「大きなゆれ」を伝えた二つの地震の波について，ゆれが始まった時刻と震源距離との関係を表したグラフをそれぞれかけ。ただし，**表**から得られる値を「•」で示すこと。

(3)　震源距離 126 km の地点における，初期微動継続時間は何秒か。

Ⅱ　鹿児島県に住んでいるひろみさんは，授業で学んだ日本の天気の特徴に興味をもち，毎日気づいたことやインターネットでその日の天気図を調べてわかったことについてまとめた。内容については先生に確認してもらった。**図**は，ひろみさんがまとめたものの一部であり，**A**と**B**の天気図は，それぞれの時期の季節の特徴がよく表れている。

図

	A	B
天気図と気づいたこと	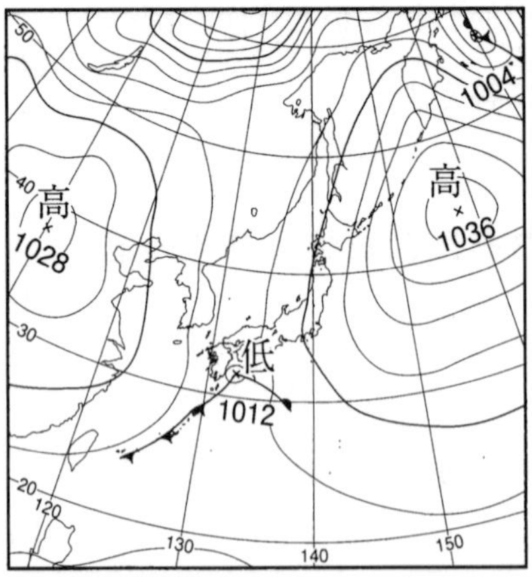 今日は雨が降っていた。最近，3～4日おきに天気がかわり，同じ天気が続かない。数日間の天気図を比べると，今の時期は，東西に並んだ高気圧と低気圧が一定方向に動いていることがわかった。	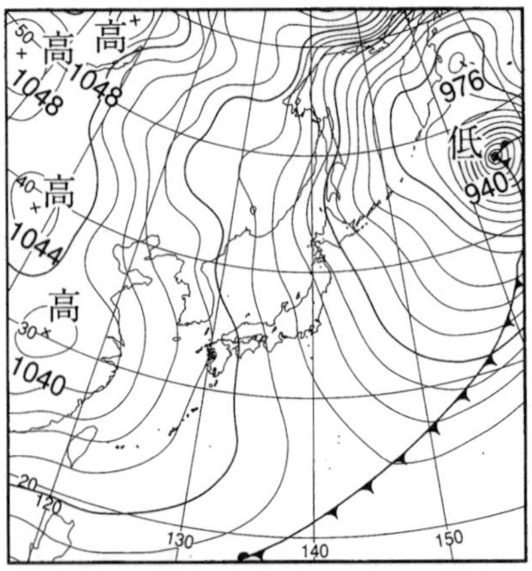 今日はこの時期特有の季節風がふいた。ここ2日間の天気図を見ると，低気圧が急速に発達してこの時期に特徴的な気圧配置になった。日本列島付近に多くの等圧線がせまい間隔で並んでいることがわかった。

（天気図は気象庁の資料により作成）

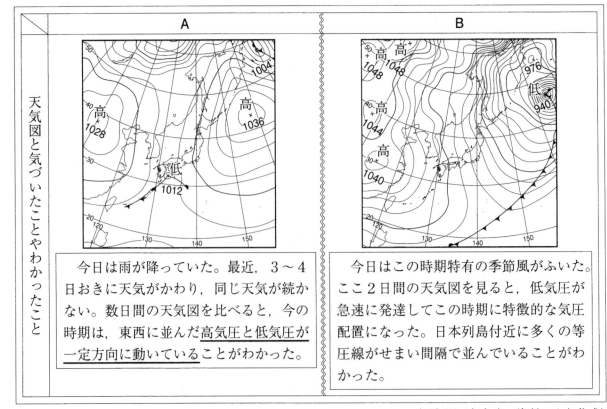

1　下線部の高気圧を特に何というか。

2　下線部について，高気圧や低気圧の動きとして最も適当なものはどれか。

ア　北から南へ動く。　**イ**　南から北へ動く。　**ウ**　東から西へ動く。　**エ**　西から東へ動く。

3　日本列島付近で見られる低気圧について，その中心付近の空気が移動する方向を模式的に表したものとして最も適当なものを，次の**ア**～**エ**から選べ。ただし，**ア**～**エ**の太い矢印は上昇気流または下降気流を，細い矢印は地上付近の風を表している。

ア　**イ**　**ウ**　**エ**

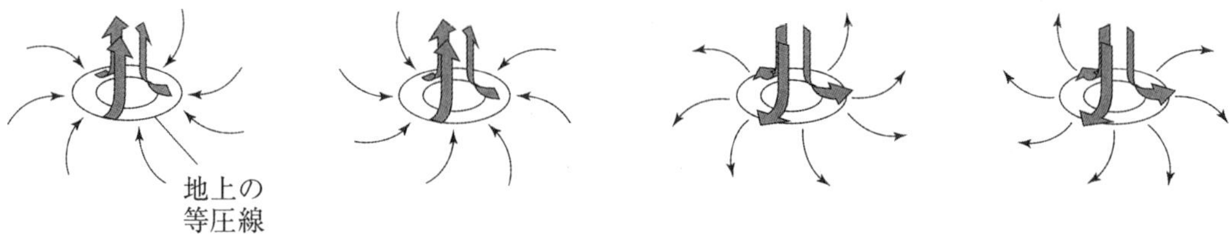

4　**B**の天気図には，ある季節の特徴が見られる。この季節には大陸上で，ある気団が発達するために日本に季節風がふく。この気団の性質を書け。

5　次のⅠ，Ⅱの各問いに答えなさい。答えを選ぶ問いについては記号で答えなさい。

Ⅰ　塩化銅水溶液の電気分解について，次の**実験**を行った。なお，塩化銅の電離は，次のように表すことができる。

$CuCl_2 \rightarrow Cu^{2+} + 2Cl^-$

実験　**図1**のような装置をつくり，ある濃度の塩化銅水溶液に，2本の炭素棒を電極として一定の電流を流した。その結果，陰極では銅が付着し，陽極では塩素が発生していることが確認された。このときの化学変化は，次の化学反応式で表すことができる。

$CuCl_2 \rightarrow Cu + Cl_2$

図1

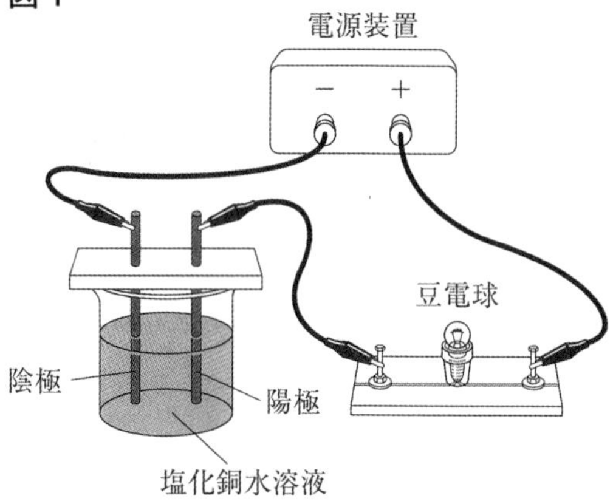

1　塩化銅のように，水にとかしたときに電流が流れる物質を何というか。名称を答えよ。

2　塩素の性質について正しく述べているものはどれか。

ア　無色，無臭である。　**イ**　殺菌作用や漂白作用がある。

ウ　気体の中で最も密度が小さい。　**エ**　物質を燃やすはたらきがある。

3　**実験**において，電流を流した時間と水溶液の中の塩化物イオンの数の関係を**図2**の破線（- - -）で表したとき，電流を流した時間と水溶液の中の銅イオンの数の関係はどのようになるか。解答欄の図に実線（──）でかけ。

4　**実験**の塩化銅水溶液を塩酸（塩化水素の水溶液）にかえて電流を流すと，陰極，陽極の両方で気体が発生した。この化学変化を化学反応式で表せ。

図2

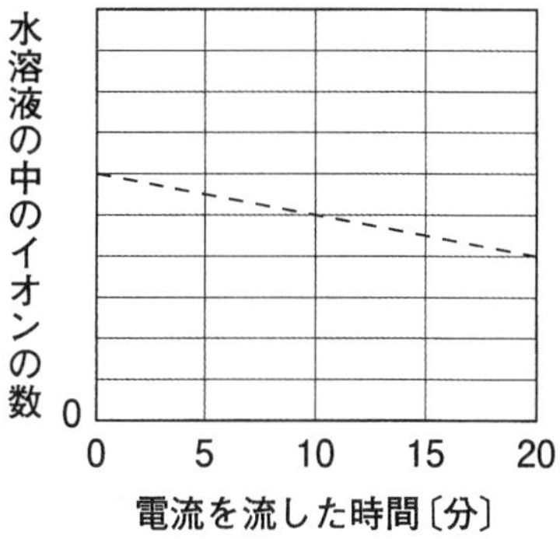

Ⅱ　エタノールの性質を調べるために**実験１**，**実験２**を行った。

実験１　**図１**のように，少量のエタノールを入れたポリエチレンぶくろの口を閉じ，熱い湯をかけたところ，ふくろがふくらんだ。

実験２　水28.0 cm^3 とエタノール7.0 cm^3 を混ぜ合わせた混合物を蒸留するために，**図２**のような装置を組み立てた。この装置の枝つきフラスコに温度計を正しく取りつけてから，水とエタノールの混合物を蒸留した。ガラス管から出てくる気体を冷やして液体にし，４分ごとに５本の試験管に集め，順にA，B，C，D，Eとした。

次に，それぞれの試験管の液体の温度を25℃にして，質量と体積をはかった後，集めた液体の一部を脱脂綿にふくませ，火をつけたときのようすを調べた。**表**は，その結果を示したものである。

図１

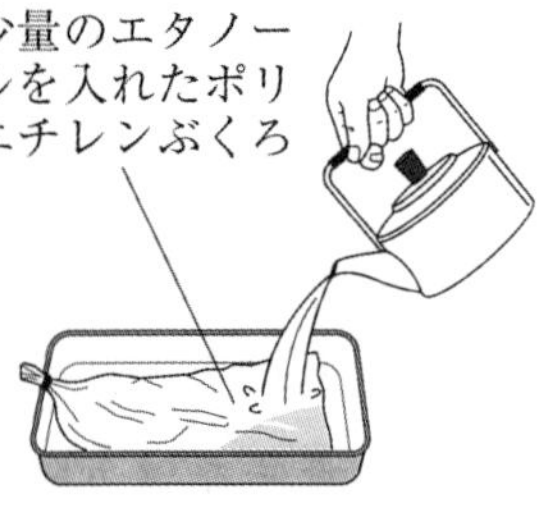

図２

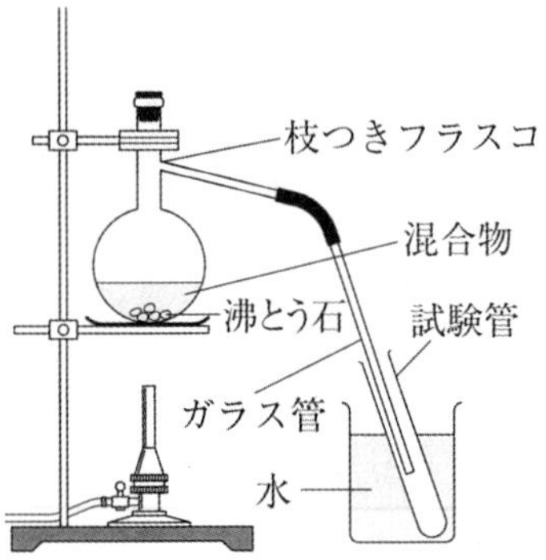

表

試験管	A	B	C	D	E
質量　〔g〕	1.2	2.7	3.3	2.4	2.4
体積　〔cm^3〕	1.5	3.2	3.6	2.4	2.4
火をつけたときのようす	燃えた	燃えた	燃えた	燃えなかった	燃えなかった

1　**実験１**で，ふくろがふくらんだ理由として，最も適当なものはどれか。

ア　エタノール分子の質量が大きくなった。

イ　エタノール分子の大きさが大きくなった。

ウ　エタノール分子どうしの間隔が広くなった。

エ　エタノール分子が別の物質の分子に変化した。

2　**実験２**の下線部について，枝つきフラスコに温度計を正しく取りつけた図はどれか。

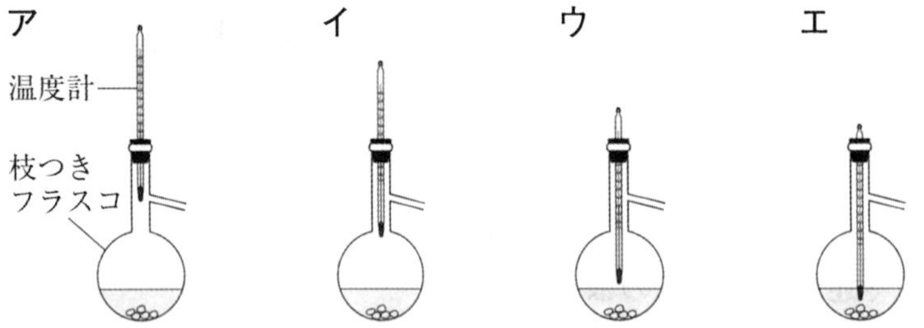

3　**実験２**で，蒸留する前の水とエタノールの混合物の質量を W〔g〕，水の密度を1.0 g/cm^3 とするとき，エタノールの密度は何g/cm^3か。Wを用いて答えよ。ただし，混合物の質量は，水の質量とエタノールの質量の合計であり，液体の蒸発はないものとする。

4　エタノールは消毒液として用いられるが，燃えやすいため，エタノールの質量パーセント濃度が60％以上になると，危険物として扱われる。**図３**は，25℃における水とエタノールの混合物にふくまれるエタノールの質量パーセント濃度とその混合物の密度との関係を表したグラフである。試験管A～Eのうち，エタノールの質量パーセント濃度が60％以上のものをすべて選べ。

図３

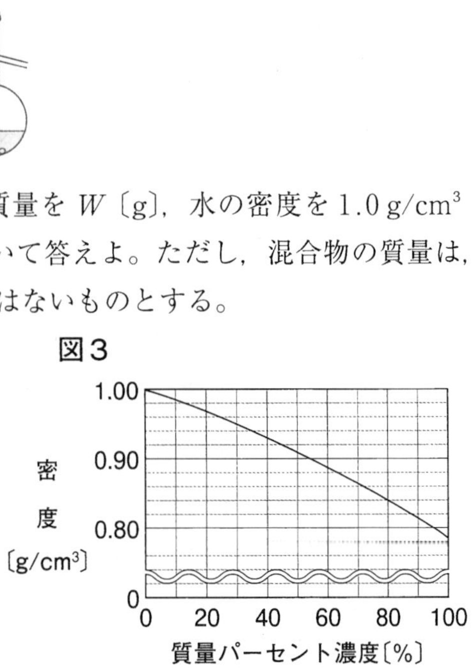

5　令和三年七月、「奄美大島、徳之島、沖縄島北部及び西表島《いりおもてじま》」が世界自然遺産に登録されました。また、薩摩藩が行った集成館事業は平成二十七年に「明治日本の産業革命遺産　製鉄・製鋼、造船、石炭産業」として世界文化遺産に登録されています。このことを受けて、「自然や文化など先人が残してくれたものを引き継ぐために私たちは何をするべきか」をテーマに、国語の授業で話し合いをしました。次は、話し合いで出された三人の意見です。あとの(1)～(6)の条件に従って、作文を書きなさい。

Aさん　鹿児島県は屋久島も世界自然遺産に登録されています。私たちは、先人が残してくれたこれらの遺産を大切に守っていく必要があると思います。

Bさん　屋久島では、世界遺産に登録されたことで、自然・歴史・文化を守るために新たな問題が出てきていると聞いたことがあります。

Cさん　私たちが住む地域には過去から現在へと引き継がれてきたすばらしい自然・歴史・文化がたくさんあります。それらの財産を未来に残していくために、私たちができることを考えていきましょう。

条件

(1)　Cさんの提案を踏まえて書くこと。
(2)　二段落で構成すること。
(3)　第一段落には、あなたが未来に残したいと思う具体的なものをあげ、それを引き継いでいく際に想定される問題を書くこと。
(4)　第二段落には、第一段落であげた問題を解決するためにあなたが取り組みたいことを具体的に書くこと。
(5)　六行以上八行以下で書くこと。
(6)　原稿用紙の正しい使い方に従って、文字、仮名遣いも正確に書くこと。

なのに、篤が叩いていた音とは違った。軽やかで、何の引っかかりもなく聞こえる。

耳元でその音を聞きながら、明日からいよいよ土俵上の戦いが幕を開けるのだと実感した。最後に力強くトトン、と音が鳴り、土俵祭が終わった。

土俵祭の帰り、名古屋城の石垣をバックに赤や緑、橙《だいだい》と色とりどりの力士幟《のぼり》がはためいているのが見えた。その幟に囲まれるようにして、呼出が太鼓を叩くための櫓《やぐら》が組まれている。

去年、篤が初めて呼出として土俵に上がったのも、この名古屋場所だった。研修の期間があったとはいえ、当時は相撲のことは何もわかっていなかった。わかっていなかったけれど、青空に鮮やかな彩《いろど》りを添える幟や、空に向かってそびえる櫓は粋で気高く、美しかった。

そして今、一年が経《た》って同じ景色を見ている。

来年この景色を見るとき、俺はどうなっているのだろう。新しく入ってきた呼出に対して、ちゃんと「兄弟子」らしくエいられるだろうか。できる仕事は増えているだろうか。朝霧部屋からは、関取が誕生しているだろうか。

一年後はまだわからないことだらけだ。

④それでも、もう不安に思わなかった。

（鈴村ふみ「櫓太鼓がきこえる」による）

(注) 土俵築＝土俵づくり。
進さん＝ベテランの呼出で、若手呼出の憧れの的でもある。篤が入門した際の指導役。
土俵祭＝場所中の安全を祈願する儀式。
触れ太鼓＝本場所の前日に、翌日から相撲が始まることを知らせる太鼓。

1 ══線部ア～エの中から、働きと意味が他と異なるものを一つ選び、記号で答えよ。

2 ――線部①における達樹の様子を説明したものとして、最も適当なものを次から選び、記号で答えよ。

ア 新弟子が入門してくることに納得がいかない様子。
イ 自分の話を疑ってくる篤に不満を抱いている様子。
ウ 自分への礼儀を欠いた篤の口調に怒っている様子。
エ 場所前の準備作業の疲れと空腹で機嫌が悪い様子。

3 次の文は、――線部②における篤の「異変」について説明したものである。［Ⅰ］には、本文中から最も適当な六字の言葉を抜き出して書き、［Ⅱ］には、二十五字以内の言葉を考えて補い、文を完成させよ。

［Ⅰ］が入門してくると聞いた篤は、これから先、仕事をしていくうちに［Ⅱ］を感じて、冷静ではいられなくなっている。

4 ――線部③について、直之さんの気持ちを説明したものとして、最も適当なものを次から選び、記号で答えよ。

ア 感謝の言葉に照れくささを感じつつも、篤を励ますことができてうれしく思っている。
イ 自分の元から巣立つことに寂しさを感じつつも、篤が兄弟子になることを喜んでいる。
ウ 仕事の様子に多少の不安を感じつつも、篤に後輩ができることを誇らしく思っている。
エ 思わず本音を話したことに恥ずかしさを感じつつも、篤の素直な態度に感動している。

5 ――線部④とあるが、それはなぜか。五十字以内で説明せよ。

とひと休みしてから帰らねえ?」と今度はお茶に誘ってきた。篤もすっかり喉が渇いていたので、誘われるがまま、隣の駅近くにある喫茶店に入った。

ところが注文したアイスコーヒーが運ばれてくるやいなや、「達樹が言ってた話だけど。お前、新弟子が入ってくるのが不安なんだろ」と言いア当てられ、ぎくりとした。

どうやらその話をするつもりで、お茶に誘ったらしい。午後の篤は、何度か手が止まってしまい、たびたび注意を受けていた。ここ数場所は、そのように注意されることはなかったので、直之さんが②異変に気づくのも無理はない。

「……ああ、はい。そうっすね」

またみっともないことをしてしまった、と思ったが仕方なく白状した。その新弟子は、呼び上げや(注)土《ど》俵築《ひょうつき》、太鼓なんかも、そのうち自分より上手くこなすかもしれないと不安になり、思考とともに、手も止まっていた。

篤の返事を聞くと、直之さんは小さくため息をついた。

「なんでお前はそんなに自信なさげなんだよ。この一年で、お前は充分変わったよ。だって、ほら」

そう言って直之さんは手を伸ばして、篤の腕を軽く叩《たた》く。上腕には小さな力瘤《ちからこぶ》がついていた。思い返せば一年前の篤の腕は枝のように細くて、ひたすらにまっすぐな線を描いていた。

「その腕だって、土俵築ちゃんとやってきたからじゃん。呼び上げだってたまに調子外すけど、声も太くなってきたし。太鼓も、テンポゆっくりめになるけど必死になって叩いてるって、(注)進《すすむ》さんから聞いたぞ」

「……なんか、イ褒められてる気がしません」

「ああ、ごめんごめん」

直之さんが、仕切り直すようにアイスコーヒーを一口飲んだ。

「お前は怒られることも失敗することもたくさんあったけどさ、一年間、逃げずにやってきただろ。ちゃんと、お前は頑張ってたよ。近くで見てきた俺が言うんだから、間違いない」

そうきっぱりと言われて、思わず直之さんの顔をまじまじと見た。直之さんは一瞬、何だよと渋い顔をしたが、話を続けた。

「まだできないことも多いかもしれないけど、この一年、真面目にやってきただけでも充分偉いじゃん。今みたいに不安になるのも、お前がこの仕事に真剣になってる証拠だよ。たとえ新弟子がめちゃくちゃできる奴《やつ》でもさ、大丈夫。お前なら、これからもちゃんとやっていける」

お前なら、ちゃんとやっていける。

今しがたウかけられた言葉が、耳の奥で響く。

同い年なのに仕事ができて、しかも頼りがいのある直之さんみたいになりたいと、ずっと思ってきた。まだ目標は達成できないかもしれないが、その直之さん本人から認められ、胸がすっと軽くなるのがわかった。

……そっか。こんな俺でも、大丈夫なんだな。

直之さんは急に真顔になって、もう二度とこんなこと言わねえからな、とストローを咥《くわ》え、黙ってアイスコーヒーを吸い上げた。

「あの……ありがとうございます」

それでも篤が深々と頭を下げると、③直之さんは少しだけ笑ってみせた。

名古屋場所前日の(注)土《ど》俵《ひょう》祭《まつり》でも、最後に(注)触れ太鼓の番があった。担《かつ》いでいる太鼓を、兄弟子がトトントトンと打ち鳴らす音を、篤も一緒に歩きながら聞いていた。先月練習したのと同じ節回しのはず

3 ――線部①「そら寝入りして」とあるが、これはどういうことか。最も適当なものを次から選び、記号で答えよ。

ア 仕事の疲れから眠気に勝てず、うたた寝をしたということ。
イ 商品の提供を待っている間に、うたた寝をしたということ。
ウ 大した利益にならないと思い、寝たふりをしたということ。
エ 無理な注文をしたことを恥じ、寝たふりをしたということ。

4 次は、本文をもとに話し合っている先生と生徒の会話である。ただし、[Ⅰ]～[Ⅲ]に適当な言葉を補って会話を完成させよ。ただし、[Ⅰ]には本文中から最も適当な六字の言葉を抜き出して書き、[Ⅱ]・[Ⅲ]にはそれぞれ十五字以内でふさわしい内容を考えて現代語で答えること。

先生　「亭主はかの男を呼びつけて何と命じて、男はどのような行動をしましたか。」
生徒A　「はい。亭主は『[Ⅰ]』と命じました。」
生徒B　「そして、かの男は鍬を使って、堅い地面に苦労しながら亭主の言いつけに従いました。」
先生　「では、かの男が大変な思いをして作業に臨んでいることは、どのような様子からわかりますか。」
生徒B　「はい。かの男が[Ⅱ]様子からわかります。」
生徒C　「でも、小石や貝殻しか出てこなかったんですよね。『銭はあるはづ』と言ったのはなぜだろう。」
生徒B　「私もそれが不思議でした。亭主の目的はなんだったのかなあ。」
生徒A　「……もしかして、地面の下には最初から銭はなかったのではないかな。本当の目的は、かの男に[Ⅲ]ということを身をもってわからせたかったんだよ。」
生徒C　「なるほど。そうすることで、かの男に商売をする上での心構えを伝えたかったんだね。」
先生　「いいところに気づきましたね。この亭主がしたことには奥深い意図があったのですね。」

4 次の文章を読んで、あとの1～5の問いに答えなさい。

十七歳の篤《あつし》は、大相撲の取組前に力士の名を呼び上げる呼出《よびだし》として朝霧《あさぎり》部屋に入門した。名古屋場所の準備作業の合間に、呼出の兄弟子である直之《なおゆき》や達樹《たつき》と三人で昼食をとろうとしている。

「ここだけの話なんですけど。今度、呼出の新弟子が入るらしいっすよ」
「えっ、マジっすか」
思わず篤は叫んでいた。
何人か兄弟子が振り返ったので、達樹が「ここだけの話なんだから、でかい声出すな」と顔をしかめた。
「だってそれ、本当っすか」
「本当だよ。嘘《うそ》ついてどうすんだよ」①達樹はさらに眉間に皺《しわ》を寄せた。
「光太郎さんが辞めて今、欠員出てるし。さっそく来場所あたり見習いで入ってくるらしいよ」
周囲に聞こえないように、達樹は声をひそめて言う。
直之さんが「へえー。じゃあ、篤ももう兄弟子じゃん」と楽しそうに相づちを打つと、ちょうど料理ができたとの放送があり、揃《そろ》って注文した品を取りに行った。
直之さんがきしめんを、達樹が味噌《みそ》ラーメンをすすっている間、二人は名古屋の行きつけの店の話で盛り上がっていた。しかし篤の頭はずっと、呼出の新弟子が入ってくるということでいっぱいだった。しばらくボーッとしていたのだろう。「お前のうまそうじゃん。ちょっとちょうだい」と達樹に冷やし担々麺《たんたんめん》を食べられ、篤はようやく我に返った。
十五時前に一日の作業が終わると、直之さんが「喉渇いたし、ちょっ

2 次の文は、——線部①「深く考える」ために必要なことについて説明したものである。〔Ⅰ〕には最も適当な九字の言葉を、〔Ⅱ〕には最も適当な十三字の言葉を本文中から抜き出して書け。

> 「深く考える」ことは自分の〔Ⅰ〕を考え直してみることだが、自分の〔Ⅰ〕に一人だけで気がつくことは難しいので、〔Ⅱ〕が必要である。

3 ——線部②とあるが、本文における「哲学」についての説明として適当なものを次から二つ選び、記号で答えよ。

ア 専門家の立場で、一般的な知識について根底から問い直すこと。
イ 一般の人の立場で、一般的な問題について根本から考えること。
ウ 専門家独自の観点から、一般的な問題を批判的に考え直すこと。
エ 一般的かつ全体的な観点から、専門的な知識を再検討すること。
オ 専門的かつ客観的な観点から、専門的な問題を深く考えること。

4 ——線部③とあるが、これはどういうことか。次の「扇の要」の説明を参考にして、「自分がどう生きるのかを問わなければ」に続く形で六十五字以内で説明せよ。

> 扇の要…扇の根元にある軸のこと。外れるとばらばらになってしまう。転じて、物事の大事な部分の意。

5 次の**ア**～**エ**は、四人の中学生が、将来の夢を実現するために考えたものである。〰〰線部「横断的・総合的である」ということの例として最も適当なものを次から選び、記号で答えよ。

ア プロゴルファーになるために、ゴルフの技術と栄養学を学ぶ。
イ 高校の国語教師になるために、文法と日本の古典文学を学ぶ。
ウ 漫画家になるために、人気漫画の人物と風景の描き方を学ぶ。
エ 世界的なオペラ歌手になるために、発声と曲想の表現を学ぶ。

---

3 次の文章を読んで、あとの1～4の問いに答えなさい。

ある時、夜更《ふ》けて(注)樋口屋《ひのくちや》の門をたたきて、酢を買ひにくる人あり。中戸を奥へは（戸を隔てて奥へは）幽《かす》かに聞こえける。(注)下男《げなん》目を覚まし、「何程がの」（どれほどですか）といふ。「むつかしながら(注)一文《いちもん》がの」（ごめんどうでしょうが一文分を）といふ。①そら寝入りして、そののち返事もせねば、ぜひなく帰りぬ（しかたなく帰った）。

夜明けて②亭主は、③かの男よび付けて、何の用もなきに「門口《かどぐち》(注)三尺掘れ」といふ。御意《ぎょい》に任せ（お言葉に従って）久三郎、諸肌《もろはだ》ぬぎて、鍬《くは》を取り、堅地《かたぢ》（堅い地面）に気をつくし（苦労して）、身汗水なして、④やうやう掘りける。その深さ三尺といふ時、「銭はあるはづ、いまだ出ぬか」といふ。「小石・貝殻より外に何も見えませぬ」と申す。「それ程にしても銭が一文ない事、よく心得て、かさねては（これからは）一文商《あきなひ》も大事にすべし。」

（「日本永代蔵」による）

(注) 樋口屋＝店の名前、またはその店主。
下男＝やとわれて雑用をする男性。
一文＝ごくわずかの金銭。
三尺＝約九〇センチメートル。

1 ——線部④「やうやう」を現代仮名遣いに直して書け。

2 ——線部②「亭主」、③「かの男」とはそれぞれ誰を指すか。その組み合わせとして正しいものを次から選び、記号で答えよ。

ア（② 下男　③ 樋口屋）
イ（② 樋口屋　③ 酢を買ひにくる人）
ウ（② 酢を買ひにくる人　③ 樋口屋）
エ（② 樋口屋　③ 下男）

②哲学は、科学とは異なる知のあり方をしています。哲学は一般の人が、一般的な問題について考えるための学問です。「人生の意味とは何か」「人類に共通の利益はあるのか」「時間とは何か」「愛とは何か」「正義はどのように定まるのか」「国家はどのようにあるべきか」「法の役割とは何か」「正しい認識にはどうやって到達するのか」「宗教は必要か」などが哲学の典型的な問いです。

　これらの問いは、複数の教科や学問分野の根底に関わるような問題であることはおわかりでしょう。「愛とは何か」を考えることは、個人的な愛についての考えを尋ねているだけではなく、隣人愛は、社会のなかで人々のつながりはどうあるべきか、家族愛は、家族とはどうあるべきかといった、社会におけるみんなの問題となってくるはずです。社会観や家族観は、政策や法律の設定とも関係してくるでしょう。こうして、愛についての考えは、複数の学問分野、複数の社会の領域に関わってきます。横断的・総合的であるのは、哲学的思考の特徴です。ですから、哲学対話はあらゆる学の基礎となると言ってもいいのです。

　しかし哲学のもうひとつの重要な仕事は、それぞれの専門的な知識を、より一般的で全体的な観点から問い直すことです。[b]、遺伝子治療は非常に専門性が高い分野です。しかし遺伝子治療の範囲をどこまで認めていいのか。遺伝子を組み替えて難病にかかりにくくした子どもを作っていいのか。人間の遺伝子に対して、人間はどこまで改変してよいものなのでしょうか。

　こうしたことは、社会のだれにでも関わってくるので、医学の専門家だけに判断を任せてよい問題ではありません。社会に存在している常識や知識や技術を、人間の根本的な価値に照らし合わせてあらためて検討することは重要な哲学の役割です。その意味で、哲学は最も素朴な視点からの学問であると同時に、最も高次の視点から常識や知識を批判的に検討する学問です。

　その際に哲学がとるべき視点は、いかなる専門家からでもない、いかなる職業や役割からでもない、ひとりの人間ないし市民からの視点です。哲学という学問が最も一般的であり、特定の分野に拘束されないという特徴はここから来ています。

　現代社会は、専門性が進み、社会がそれによって分断されていると(注)先ほど述べましたが、哲学は、さまざまな人が集う対話によって、専門化による分断を縫い合わせようとする試みなのです。あらゆる現代の知の中に対話を組み込み、社会の分断を克服しなければなりません。

　自分の人生や生き方と、教育機関で教えるような知識やスキルを結びあわせること、生活と知識を結びつけることは、哲学の役割です。そして、自分がどう生きるのかと問うのが哲学であるとすれば、その問いに答える手段を与えてくれるのが、学校で学べるさまざまな知識です。③哲学の問いがなければ、さまざまな知識は扇の要を失ってしまうでしょう。

　その自分の哲学を、対話によって深めていこうとするのが哲学対話なのです。

（河野哲也「問う方法・考える方法　『探究型の学習』のために」による）

(注)　倫理＝道徳や善悪の基準など人間のあり方を研究する学問。「倫理学」の略。
ですが、なぜ哲学対話を探究の最初に実施することを勧めるのでしょうか。
＝筆者は本文より前の部分で、探究型の学習方法について述べている。
先ほど述べましたが
＝筆者は本文より前の部分で、現代社会における専門性について述べている。

1　本文中の[a]・[b]にあてはまる語の組み合わせとして、最も適当なものを次から選び、記号で答えよ。

ア（a　または　b　一方）　イ（a　すなわち　b　要するに）

ウ（a　しかも　b　なお）　エ（a　あるいは　b　たとえば）

令和四年度　鹿児島県公立高校入試問題　国語

（解答…217P）

1　次の1・2の問いに答えなさい。

1　次の――線部のカタカナは漢字に直し、漢字は仮名に直して書け。

(1)　コナグスリを飲む。

(2)　事件を公平にサバく。

(3)　金のコウミャクを掘り当てる。

(4)　固唾をのんで見守る。

(5)　友人の才能に嫉妬する。

(6)　受賞の喜びに浸る。

2　次の行書で書かれた漢字を楷書で書いたときの総画数を答えよ。

2　次の文章を読んで、あとの1～5の問いに答えなさい。

では哲学対話とは、どのような対話なのでしょうか。「哲学」という名前がついているからといって、（注）倫理の教科書に載っているような昔の思想家や哲学者の考えを知識として知っている必要はありません（もちろん、知っているなら、それはそれで有益ですが）。哲学対話とは、ひとつのテーマや問いについて、対話しながら深く考え、深く考えながら対話する活動です。ここでの「哲学」という言葉は、「根本的に、深く考える」という意味に置き換えられるものです。

（中略）

当然視されていること、常識と思われていること、昔から信じ込まれていること、これらをもう一度掘り起こして、考え直してみることが「①深く考える」ことの意味です。それは自分が立っている足元を見直してみる態度だといえるでしょう。そうして考え直してみた結果、「もとのままでもよい」という結論が出るときもありますし、「部分的に改善していくほうがよい」という結論が出るときもありますし、「大きく変えたほうがよい」「全面的に新しいものにしたほうがよい」という結論が出るときもあるでしょう。

科学の発見も、芸術の新しい表現も、斬新なイベントも、創造的なことはすべて、当然とされていることを一旦疑ってみる態度から生まれてくるのです。そしてこうした態度は、科学や芸術の分野だけではなく、日常生活にも当てはめてみるべきなのです。

しかしながら、自分の思い込みや古い常識に、自分だけで気がつくことはなかなか難しいものです。自分の周りの人たちも一緒に信じてしまっている思い込みならなおさらです。

それに気がつかせてくれるのが、自分とは異なる他者との対話です。その他者は、できれば自分と違えば違うほどいいでしょう。ジェンダーにせよ、性格にせよ、家庭や生い立ちにせよ、考え方にせよ、これまでの経歴にせよ、社会の中での立場にせよ、です。

生徒同士で対話する場合では、年齢はほとんど同じで、社会的立場はまさしく学校の生徒です。その意味で、かなり似た部分の多い他者なのですが、それでもあなたの友人は、あなたには話していない意外なことを考え、普段は見せない意外な側面を持っているものです。

また、自分がこれまでに出会った人のこと、［ａ］、ニュース番組や書籍を通じて知った人たちのことを思い出してみましょう。多様な人がいるはずです。異なった人生を歩んでいればいるほど、異なった考え方をするでしょう。異なった考えの人と対話することが、深く考えるきっかけになります。異なった人の意見が貴重であることに気がつけば、異なった人に興味や関心をもてるようになります。哲学対話の特徴は、前提を問い直し、立場や役割を掘り崩していくことにあります。

（注）ですが、なぜ哲学対話を探究の最初に実施することを勧めるのでしょうか。それは、哲学が「全体性を回復するための知」だからです。少し難しい部分もあるかもしれませんが、お付き合いください。

令和４年度　鹿児島県公立高校入試問題　英　語

（解答…221Ｐ）

1　**聞き取りテスト**　放送の指示に従って，次の１～７の問いに答えなさい。英語は１から４は１回だけ放送します。５以降は２回ずつ放送します。メモをとってもかまいません。

1　これから，Alice と Kenji との対話を放送します。先週末に Kenji が観戦したスポーツとして最も適当なものを下の**ア**～**エ**の中から一つ選び，その記号を書きなさい。

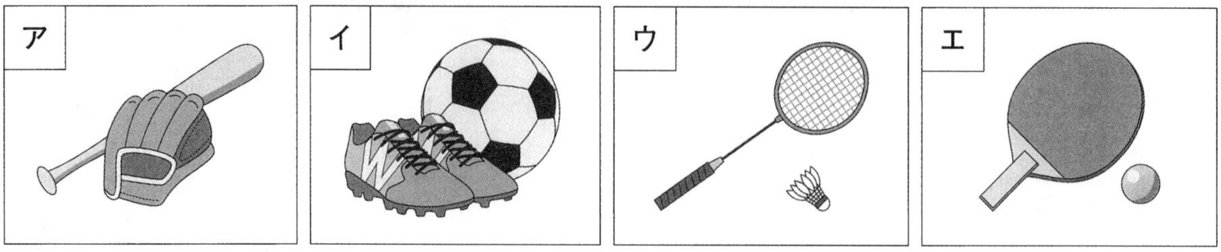

2　これから，留学生の David と郵便局員との対話を放送します。David が支払った金額として最も適当なものを下の**ア**～**エ**の中から一つ選び，その記号を書きなさい。

ア　290円　　**イ**　219円　　**ウ**　190円　　**エ**　119円

3　これから，Takeru と Mary との対話を放送します。下はその対話の後で，Mary が友人の Hannah と電話で話した内容です。対話を聞いて，（　　　）に適切な英語１語を書きなさい。

Hannah :　Hi, Mary.　Can you go shopping with me on (　　　)?

Mary :　Oh, I'm sorry.　I'll go to see a movie with Takeru on that day.

4　あなたは留学先のアメリカで来週の天気予報を聞こうとしています。下の**ア**～**ウ**を報じられた天気の順に並べかえ，その記号を書きなさい。

5　あなたは研修センターで行われるイングリッシュキャンプで，先生の説明を聞こうとしています。先生の説明にないものとして最も適当なものを下の**ア**～**エ**の中から一つ選び，その記号を書きなさい。

ア　活動日数　　**イ**　部屋割り　　**ウ**　注意事項　　**エ**　今日の日程

6　あなたは英語の授業で Shohei のスピーチを聞こうとしています。スピーチの後に，その内容について英語で二つの質問をします。

⑴　質問を聞いて，その答えを英語で書きなさい。

⑵　質問を聞いて，その答えとして最も適当なものを下の**ア**～**ウ**の中から一つ選び，その記号を書きなさい。

ア　We should be kind to young girls.
イ　We should wait for help from others.
ウ　We should help others if we can.

7　これから，中学生の Kazuya とアメリカにいる Cathy がオンラインで行った対話を放送します。その中で，Cathy が Kazuya に質問をしています。Kazuya に代わって，その答えを英文で書きなさい。２文以上になってもかまいません。書く時間は１分間です。

2 次の１～４の問いに答えなさい。

1　Kenta と留学生の Sam が東京オリンピック（the Tokyo Olympics）やスポーツについて話している。下の①，②の表現が入る最も適当な場所を対話文中の〈　ア　〉～〈　エ　〉の中からそれぞれ一つ選び，その記号を書け。

①　Shall we play together ?	②　How about you ?

Kenta : Sam, did you watch the Tokyo Olympics last summer ?
Sam : Yes, I watched many games. Some of them were held for the first time in the history of the Olympics, right ? I was really excited by the games. 〈　ア　〉
Kenta : What sport do you like ?
Sam : I like surfing. In Australia, I often went surfing. 〈　イ　〉
Kenta : My favorite sport is tennis. 〈　ウ　〉
Sam : Oh, you like tennis the best. I also played it with my brother in Australia. Well, I'll be free next Sunday. 〈　エ　〉
Kenta : Sure ! I can't wait for next Sunday ! See you then.
Sam : See you.

2　次は，Yuko と留学生の Tom との対話である。（　①　）～（　③　）に，下の［　　］内の［説明］が示す英語１語をそれぞれ書け。

Yuko : Hi, Tom. How are you ?
Tom : Fine, but a little hungry. I got up late this morning, so I couldn't eat（　①　）.
Yuko : Oh, no ! Please remember to eat something next Sunday morning.
Tom : I know, Yuko. We're going to Kirishima to（　②　）mountains again. Do you remember when we went there last time ?
Yuko : Yes. We went there in（　③　）. It was in early spring.

［説明］
①　the food people eat in the morning after they get up
②　to go up to a higher or the highest place
③　the third month of the year

3　次は，Sota と留学生の Lucy との対話である。①～③について，［例］を参考にしながら，（　　）内の語に必要な２語を加えて，英文を完成させよ。ただし，（　　）内の語は必要に応じて形を変えてもよい。また，文頭に来る語は，最初の文字を大文字にすること。

［例］　A : What were you doing when I called you yesterday ?
　　　　B :（　study　）in my room.　　　　（答）　I was studying

Sota : Hi, Lucy. What books are you reading ? Oh, are they history books ?
Lucy : Yes. ①（ like ）. They are very interesting.
Sota : Then, maybe you will like this. This is a picture of an old house in Izumi.
Lucy : Wow ! It's very beautiful. Did you take this picture ?
Sota : No, my father did. ②（ visit ）it many times to take pictures. I hear it's the oldest building there.
Lucy : How old is the house ?
Sota : ③（ build ）more than 250 years ago.
Lucy : Oh, I want to see it soon.

4　留学生の Linda があなたに SNS 上で相談している。添付されたカタログを参考に，あなたが Linda にすすめたい方を○で囲み，その理由を二つ，合わせて25～35語の英語で書け。英文は2文以上になってもかまわない。

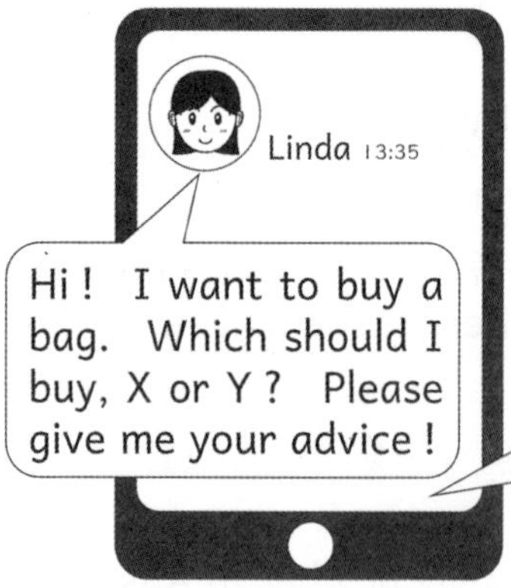

	X	Y

価格	~~8,600円~~ 4,300円	2,900円
特徴	化学繊維（防水）	綿（天然素材）
重さ	970 g	590 g
容量	30 L	20 L

3　次のⅠ～Ⅲの問いに答えなさい。

Ⅰ　次の英文は，中学生の Yumi が，奄美大島と徳之島におけるアマミノクロウサギ（Amami rabbits）の保護について英語の授業で行った発表である。英文を読み，あとの問いに答えよ。

Amami-Oshima Island and Tokunoshima Island became a Natural World Heritage Site* last year. Amami rabbits live only on these islands, and they are in danger of extinction* now. One of the biggest reasons is car accidents*. This graph* shows how many car accidents with Amami rabbits happened every month over* 20 years. There are twice as many car accidents in September as in August because Amami rabbits are more active* from fall to winter. The accidents happened the most in December because people drive a lot in that month. Look at this picture. People there started to protect them. They put this sign* in some places on the islands. It means, "Car drivers must ＿＿＿＿ here." It is very important for all of us to do something for them.

Yumi が見せた写真

注　Natural World Heritage Site　世界自然遺産　　danger of extinction　絶滅の危機
　　car accidents　自動車事故　　graph　グラフ　　over ～　～の間（ずっと）
　　active　活発な　　sign　標識

1　下線部 This graph として最も適当なものを下のア～エの中から一つ選び，その記号を書け。

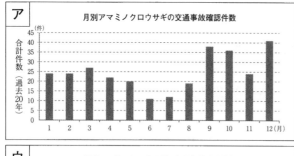

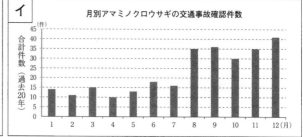

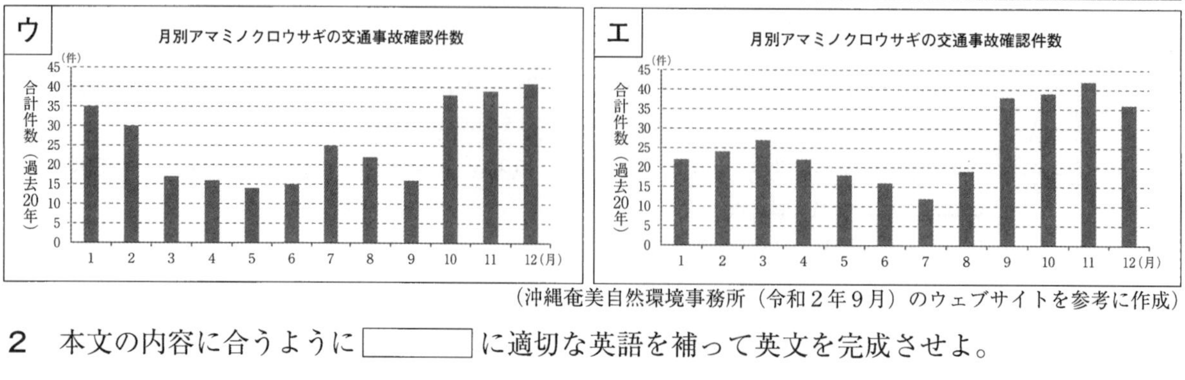

（沖縄奄美自然環境事務所（令和2年9月）のウェブサイトを参考に作成）

2　本文の内容に合うように＿＿＿＿に適切な英語を補って英文を完成させよ。

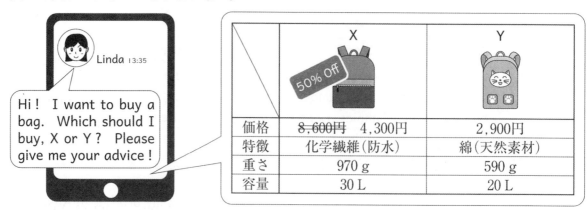

Ⅱ 中学校に留学中の Ellen は，クラスの遠足で訪れる予定のサツマ水族館（Satsuma Aquarium）の利用案内を見ながら，同じクラスの Mika と話をしている。次の対話文を読み，あとの問いに答えよ。

Welcome to Satsuma Aquarium

Aquarium Hours : 9 : 30 a.m. — 6 : 00 p.m. (You must enter by 5 : 00 p.m.)

How much ?

	One Person	Groups (20 or more)
16 years old and over	1,500 yen	1,200 yen
6-15 years old	750 yen	600 yen
5 years old and under	350 yen	280 yen

What time ?

Events（Place）	10:00 a.m. — 12:00 — 2:00 p.m. — 4:00 p.m.
Dolphin Show*（Dolphin Pool A）	11:00-11:30, 1:30-2:00, 3:30-4:00
Giving Food to Shark*（Water Tank*）	12:30-12:35
Let's Touch Sea Animals（Satsuma Pool）	12:50-1:05, 4:00-4:15
Talking about Sea Animals（Library）	11:00-11:30, 1:30-2:00
Dolphin Training*（Dolphin Pool B）	10:00-10:15, 12:30-12:45, 2:45-3:00

注 Dolphin Show イルカショー　shark サメ　tank 水そう　Dolphin Training イルカの訓練

Ellen : Hi, Mika ! I'm looking forward to visiting the aquarium tomorrow. I want to check everything. First, how much should I pay to enter ?

Mika : There are 40 students in our class and we are all 14 or 15 years old, so everyone should pay （ ① ） yen. But our school has already paid, so you don't have to pay it tomorrow.

Ellen : OK. Thank you. Next, let's check our plan for tomorrow. We are going to meet in front of the aquarium at 9:30 a.m. In the morning, all the members of our class are going to see "Dolphin Training" and "Talking about Sea Animals." In the afternoon, we can choose what to do. Then, we are going to leave the aquarium at 2:30 p.m.

Mika : That's right. What do you want to do in the afternoon ?

Ellen : I want to enjoy all the events there. So let's see "（ ② ）" at 12:30 p.m. After that, we will enjoy "（ ③ ）," and then we will see "（ ④ ）."

Mika : That's the best plan ! We can enjoy all the events before we leave !

1 （ ① ）に入る最も適当なものを下のア～エの中から一つ選び，その記号を書け。

ア 350　　イ 600　　ウ 750　　エ 1,200

2 （ ② ）～（ ④ ）に入る最も適当なものを下のア～エの中からそれぞれ一つずつ選び，その記号を書け。

ア Dolphin Show　　イ Giving Food to Shark

ウ Let's Touch Sea Animals　　エ Dolphin Training

Ⅲ 次は，中学生の Ami が授業中に読んだスピーチと，そのスピーチを読んだ直後の Ami と Smith 先生との対話である。英文と対話文を読み，（　　）内に入る最も適当なものをア～エの中から一つ選び，その記号を書け。

Today, plastic pollution* has become one of the biggest problems in the world and many people are thinking it is not good to use plastic products*. Instead, they have begun to develop and use more paper products. In Kagoshima, you can buy new kinds of paper products made of* things around us. Do you know ?

An example is "bamboo* paper straws*." They are very special because they are made of bamboo paper. They are also stronger than paper straws. Now, you can buy them in some shops in Kagoshima.

Why is bamboo used to make the straws ? There are some reasons. There is a lot of bamboo in Kagoshima and Kagoshima Prefecture* is the largest producer* of bamboo in Japan. People in Kagoshima know how to use bamboo well. So, many kinds of bamboo products are made there. Bamboo paper straws are one of them.

Will the straws help us stop plastic pollution ? The answer is "Yes !" If you start to use bamboo products, you will get a chance to think about the problem of plastic pollution. By using things around us, we can stop using plastic products. Then we can make our society* a better place to live in. Is there anything else you can use ? Let's think about it.

注 pollution 汚染　product(s) 製品　made of ～ ～で作られた　bamboo 竹
straw(s) ストロー　prefecture 県　producer 生産地　society 社会

Mr. Smith :	What is the most important point of this speech ?
Ami :	(　　　　　　　　　　　　　　　)
Mr. Smith :	Good ! That's right ! That is the main point.

ア We should develop new kinds of plastic products, then we can stop plastic pollution.
イ We should make more bamboo paper straws because they are stronger than plastic ones.
ウ We should buy more bamboo products because there is a lot of bamboo in Kagoshima.
エ We should use more things around us to stop plastic pollution in the world.

4 次の英文を読み，1～6の問いに答えなさい。

There is a small whiteboard on the refrigerator* at Sarah's house. At first, her mother bought it to write only her plans for the day, but it has a special meaning for Sarah now.

When Sarah was a little girl, she helped her parents as much as she could at home. Her parents worked as nurses. Sarah knew that her parents had many things to do.

When Sarah became a first-year junior high school student, she started to play soccer in a soccer club for girls. Her life changed a lot. She became very busy. Sarah and her mother often went shopping together, but they couldn't after Sarah joined the club. She practiced soccer very hard to be a good player.

One morning, her mother looked sad and said, "We don't have enough time to talk with each other, do we ?" Sarah didn't think it was a big problem because she thought it would be the same for other junior high school students. But later ①she remembered her mother's sad face again and again.

Sarah was going to have a soccer game the next Monday. She asked her mother, "Can you come and watch my first game ?" Her mother checked her plan and said, "I wish I could go, but I can't. I have to go to work." Then Sarah said, "You may be a good nurse, but you are not a good mother." She knew that it was mean*, but she couldn't stop herself.

On the day of the game, she found a message from her mother on the whiteboard, "Good luck. Have a nice game !" When Sarah saw it, she remembered her words to her mother. "They made her very sad," Sarah thought. ②She didn't like herself.

Two weeks later, Sarah had work experience at a hospital for three days. It was a hospital that her mother once worked at. The nurses helped the patients* and talked to them with a smile. She wanted to be like them, but she could not communicate with the patients well.

On the last day, after lunch, ③she talked about her problem to a nurse, John. He was her mother's friend. "It is difficult for me to communicate with the patients well," Sarah said. "It's easy. If you smile when you talk with them, they will be happy. If you are kind to them, they will be nice to you. I remember your mother. She was always thinking of people around her," John said. When Sarah heard his words, she remembered her mother's face. She thought, "Mom is always busy, but she makes dinner every day and takes me to school. She does a lot of things for me."

That night, Sarah went to the kitchen and took a pen. She was going to write ④her first message to her mother on the whiteboard. At first, she didn't know what to write, but Sarah really wanted to see her mother's happy face. So she decided to write again.

The next morning, Sarah couldn't meet her mother. "Mom had to leave home early. Maybe she hasn't read my message yet," she thought.

That evening, Sarah looked at the whiteboard in the kitchen. The words on it were not Sarah's, instead she found the words of her mother. "Thank you for your message. I was really happy to read it. Please write again." Sarah saw her mother's smile on the whiteboard.

Now, Sarah and her mother talk more often with each other, but they keep writing messages on the whiteboard. It has become a little old, but it acts* as a bridge between Sarah and her mother. They may need it for some years. Sarah hopes she can show her true feelings to her mother without it someday.

注 refrigerator 冷蔵庫　mean 意地の悪い　patient(s) 患者　act(s) 作用する，働く

1 次のア～ウの絵は，本文のある場面を表している。本文の内容に合わないものを一つ選び，その記号を書け。

2 下線部①に関して，次の質問に対する答えを本文の内容に合うように英語で書け。
Why did her mother look sad when she talked to Sarah ?

3 下線部②の理由として最も適当なものを下のア～エの中から一つ選び，その記号を書け。
ア いつも仕事で忙しい母に代わって，Sarah が家事をしなければならなかったから。
イ Sarah のホワイトボードのメッセージを読んで，母が傷ついたことを知ったから。
ウ 母が書いたホワイトボードのメッセージの内容に Sarah がショックを受けたから。
エ Sarah は，励ましてくれる母に対してひどいことを言ったことを思い出したから。

4 下線部③に関して，Sarah が John から学んだことを本文の内容に合うように40字程度の日本語で書け。

5 下線部④のメッセージとなるように，Sarah に代わって下の［　　］内に15語程度の英文を書け。２文以上になってもかまわない。

Mom,
［　　　　　　　　　　　　　　　　］
Sarah

6 本文の内容に合っているものを，下のア～オの中から二つ選び，その記号を書け。
ア Sarah and her mother often used the whiteboard to write their plans from the beginning.
イ Sarah helped her parents do things at home before she began playing soccer with her club.
ウ During the job experience at the hospital, Sarah talked with John on her last day after lunch.
エ Sarah wrote her first message to her mother on the whiteboard, but her mother did not answer her.
オ Sarah can talk with her mother now, so she doesn't write messages on the whiteboard.

令和４年度　鹿児島県公立高校入試問題　社　会

（解答…225Ｐ）

1　次のⅠ～Ⅲの問いに答えなさい。答えを選ぶ問いについては一つ選び，その記号を書きなさい。

Ⅰ　次の略地図を見て，１～６の問いに答えよ。

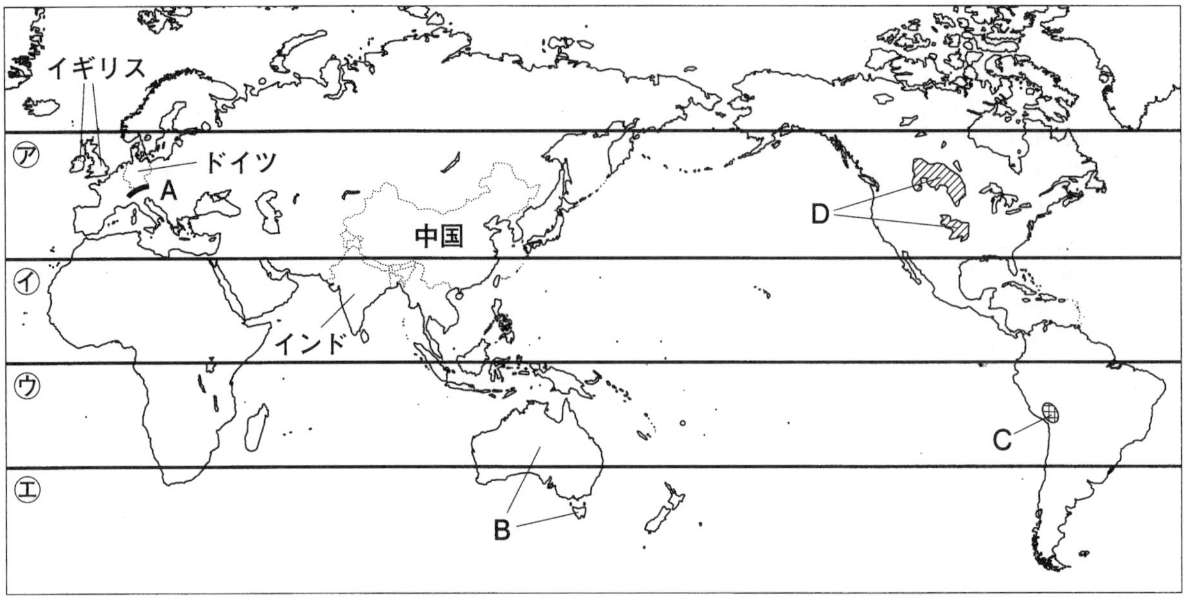

１　略地図中のＡの山脈の名称を答えよ。

２　略地図中の㋐～㋓は，赤道と，赤道を基準として30度間隔に引いた３本の緯線である。このうち，㋓の緯線の緯度は何度か。北緯，南緯を明らかにして答えよ。

３　略地図中のＢの国内に暮らす先住民族として最も適当なものはどれか。

ア　アボリジニ　　イ　イヌイット　　ウ　マオリ　　エ　ヒスパニック

４　略地図中のＣで示した地域のうち，標高4,000ｍ付近でみられる気候や生活のようすについて述べた文として最も適当なものはどれか。

ア　夏の降水量が少ないため，乾燥に強いオリーブの栽培が盛んである。

イ　気温が低く作物が育ちにくく，リャマやアルパカの放牧がみられる。

ウ　季節風の影響を受けて夏の降水量が多いため，稲作が盛んである。

エ　一年中気温が高く，草原や森林が広がる地域で焼畑農業が行われている。

５　略地図中のＤは，北アメリカにおいて，**資料１**中の □ の農産物が主に栽培されている地域を示している。**資料１**中の □ にあてはまる農産物名を答えよ。

資料１　主な農産物の輸出量の上位３か国とその国別割合（%）

農産物	輸出量上位３か国（%）
□	ロシア16.8　アメリカ13.9　カナダ11.2
とうもろこし	アメリカ32.9　ブラジル18.1　アルゼンチン14.7
大　豆	ブラジル44.9　アメリカ36.5　アルゼンチン4.9
綿　花	アメリカ41.9　インド12.1　オーストラリア11.2

（地理統計要覧2021年版から作成）

６　略地図中の**中国**，**ドイツ**，**インド**，**イギリス**について，次の(1)，(2)の問いに答えよ。

(1)　**資料２**の中で，割合の変化が１番目に大きい国と２番目に大きい国の国名をそれぞれ答えよ。

(2)　(1)で答えた２か国について，**資料３**において２か国に共通する割合の変化の特徴を書け。

資料２　各国の再生可能エネルギーによる発電量の総発電量に占める割合（%）

	2010年	2018年
中国	18.8	26.2
ドイツ	16.5	37.0
インド	16.4	19.0
イギリス	6.8	35.4

（世界国勢図会2021/22年版などから作成）

資料３　各国の発電エネルギー源別発電量の総発電量に占める割合（%）

	風力		水力		太陽光	
	2010年	2018年	2010年	2018年	2010年	2018年
中国	1.1	5.1	17.2	17.2	0.0	2.5
ドイツ	6.0	17.1	4.4	3.7	1.9	7.1
インド	2.1	4.1	11.9	9.5	0.0	2.5
イギリス	2.7	17.1	1.8	2.4	0.0	3.9

（世界国勢図会2021/22年版などから作成）

Ⅱ　次の略地図を見て，１～５の問いに答えよ。

１　近畿地方で海に面していない府県の数を，略地図を参考に答えよ。

２　略地図中の**あ**で示した火山がある地域には，火山の大規模な噴火にともなって形成された大きなくぼ地がみられる。このような地形を何というか。

３　略地図中の**Ａ**～**Ｄ**の県にみられる，産業の特色について述べた次の**ア**～**エ**の文のうち，**Ｄ**について述べた文として最も適当なものはどれか。

ア　標高が高く夏でも涼しい気候を生かし，レタスなどの高原野菜の生産が盛んである。

イ　涼しい気候を利用したりんごの栽培が盛んで，国内の生産量の半分以上を占めている。

ウ　明治時代に官営の製鉄所がつくられた地域では，エコタウンでのリサイクルが盛んである。

エ　自動車の関連工場が集まっており，自動車を含む輸送用機械の生産額は全国１位である。

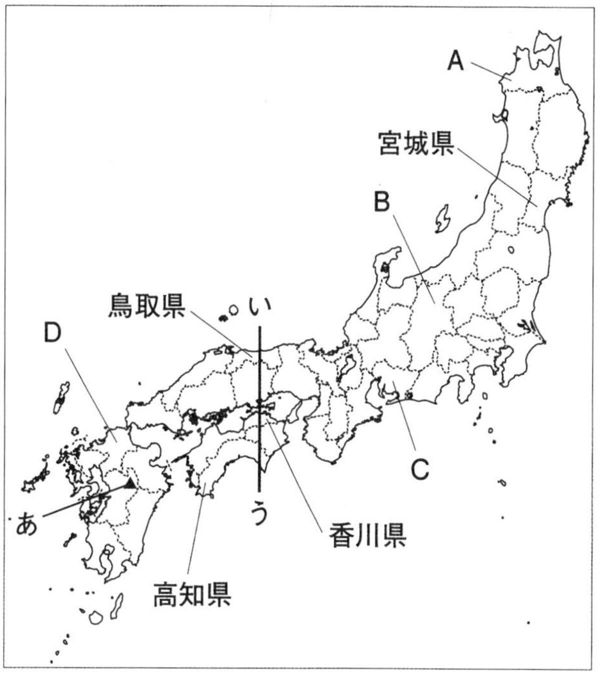

４　略地図中の**宮城県**ではさけやあわびなどの「育てる漁業」が行われている。「育てる漁業」に関してまとめた**資料１**について，次の(1)，(2)の問いに答えよ。

(1)　ⓐについて，このような漁業を何というか。

(2)　[　　　]にあてはまる最も適当なことばを書け。

資料１

【「育てる漁業」の種類 】
・魚や貝などを，いけすなどを利用して大きくなるまで育てて出荷する。
・ⓐ魚や貝などを卵からふ化させ，人工的に育てた後に放流し，自然の中で成長したものを漁獲する。
【 日本で「育てる漁業」への転換が進められた理由の一つ 】
・他国が200海里以内の[　　　]を設定したことにより，「とる漁業」が難しくなったから。

５　**資料２**は略地図中の**鳥取県**，**香川県**，**高知県**のそれぞれの県庁所在地の降水量を示している。**資料２**にみられるように，３県の中で**香川県**の降水量が特に少ない理由を，**資料３**をもとにして書け。ただし，**日本海**，**太平洋**ということばを使うこと。

資料２

	年降水量
鳥取県鳥取市	1931.3 mm
香川県高松市	1150.1 mm
高知県高知市	2666.4 mm

（気象庁統計から作成）

資料３　略地図中 **い－う** 間の断面図と季節風のようす

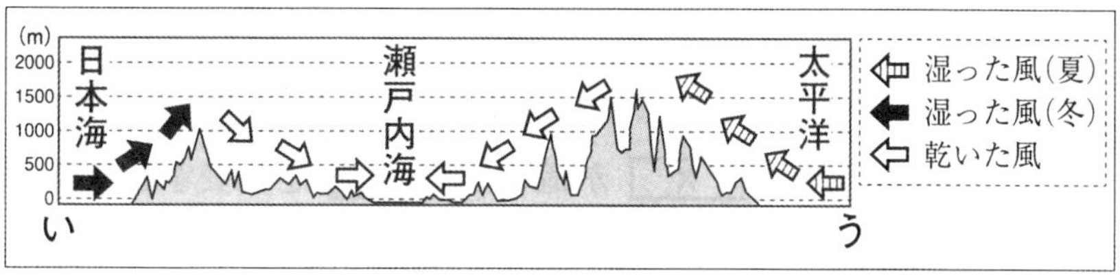

（地理院地図などから作成）

Ⅲ　**資料**の**Ｘ**，**Ｙ**の円グラフは，千葉県で特に貿易額の多い成田国際空港と千葉港の，輸入総額に占める輸入上位５品目とその割合をまとめたものである。成田国際空港に該当するものは**Ｘ**，**Ｙ**のどちらか。また，そのように判断した理由を航空輸送の特徴をふまえて書け。

資料

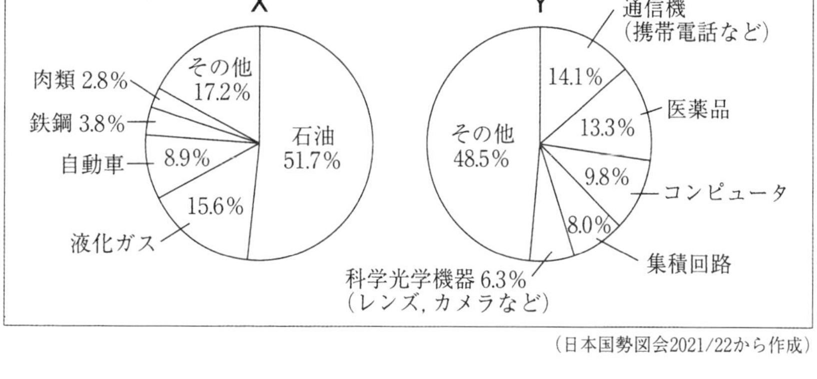

（日本国勢図会2021/22から作成）

2 次のⅠ～Ⅲの問いに答えなさい。答えを選ぶ問いについては一つ選び，その記号を書きなさい。

Ⅰ 次は，歴史的建造物について調べ学習をしたある中学生と先生の会話の一部である。1～6の問いに答えよ。

生徒：鹿児島城にあった御楼門《ごろうもん》の再建に関するニュースを見て，門について興味をもったので，調べたことを次のようにまとめました。

羅城門《らじょうもん》	ⓑ東大寺南大門	守礼門《しゅれいもん》	日光東照宮の陽明門
平城京やⓐ平安京の南側の門としてつくられた。	源平の争乱で焼けた東大寺の建物とともに再建された。	ⓒ琉球王国の首里城の城門の1つとしてつくられた。	ⓓ江戸時代に，徳川家康をまつる日光東照宮につくられた。

先生：いろいろな門についてよく調べましたね。これらの門のうち，つくられた時期が，再建前の御楼門に最も近い門はどれですか。

生徒：御楼門がつくられたのは17世紀の前半といわれているので，江戸時代につくられた日光東照宮の陽明門だと思います。

先生：そうです。なお，江戸時代には，大名が1年おきに自分の領地を離れて江戸に滞在することを義務づけられた［　　］という制度がありました。薩摩藩の大名が江戸に向かった際には御楼門を通っていたのかもしれませんね。ところで，門には，河川と海の境目など水の流れを仕切る場所につくられた「水門」というものもありますよ。

生徒：それでは，次はⓔ河川や海に関連した歴史をテーマにして調べてみたいと思います。

1 ［　　］にあてはまる最も適当なことばを書け。

2 ⓐがつくられる以前の時代で，次の三つの条件を満たす時代はどれか。

- 多くの人々はたて穴住居で生活していた。
- 中国の歴史書によると，倭は100ほどの国に分かれていた。
- 銅鐸などの青銅器を祭りの道具として使っていた。

ア 縄文時代　イ 弥生時代　ウ 古墳時代　エ 奈良時代

資料1

3 ⓑの中に置かれている，運慶らによってつくられた**資料1**の作品名を**漢字5字**で書け。

4 ⓒについて述べた次の文の［　　］に適することばを，15世紀ごろの中継貿易を模式的に示した**資料2**を参考にして補い，これを完成させよ。

琉球王国は，日本や中国・東南アジア諸国から［　　］する中継貿易によって繁栄した。

資料2

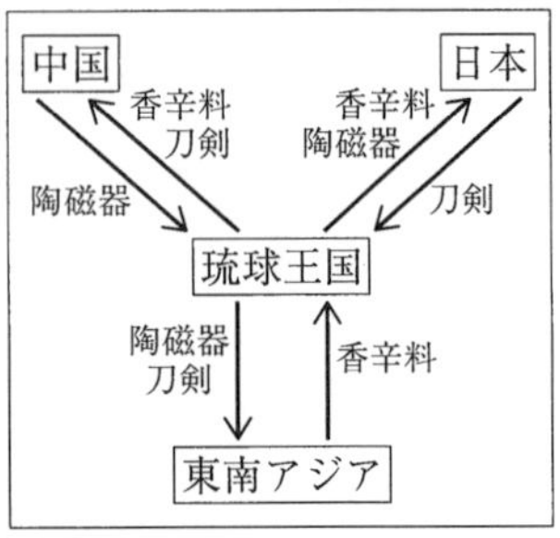

5 ⓓに描かれた**資料3**について述べた次の文の［X］，［Y］にあてはまることばの組み合わせとして最も適当なものはどれか。

この作品は［X］が描いた［Y］を代表する風景画であり，ヨーロッパの絵画に大きな影響を与えた。

ア （X 尾形光琳　Y 元禄文化）　イ （X 葛飾北斎　Y 元禄文化）
ウ （X 尾形光琳　Y 化政文化）　エ （X 葛飾北斎　Y 化政文化）

6 ⓔについて，次のできごとを年代の古い順に並べよ。

資料3

ア ロシアの使節が，蝦夷地の根室に来航し，漂流民を送り届けるとともに，日本との通商を求めた。

イ 平治の乱に勝利したのち，太政大臣になった人物が，現在の神戸市の港を整備した。

ウ 河川に橋をかけるなど人々のために活動した人物が，東大寺に大仏を初めてつくるときに協力をした。

エ スペインの船隊が，アメリカ大陸の南端を通り，初めて世界一周を成し遂げた。

Ⅱ　次の略年表を見て，１～６の問いに答えよ。

年	で　き　ご　と
1871	ⓐ岩倉使節団がアメリカに向けて出発した ―――― A
1885	内閣制度が発足し，［①］が初代内閣総理大臣となった
1902	日英同盟が結ばれた ―――― B
1914	ⓑ第一次世界大戦が始まった
1929	ニューヨークの株式市場で株価が大暴落し［②］に発展した
1951	サンフランシスコ平和条約が結ばれた ―――― C

１　［①］，［②］にあてはまる最も適当な人名とことばを書け。

２　ⓐが1871年に出発し，1873年に帰国するまでにおきたできごととして最も適当なものはどれか。

ア　王政復古の大号令の発表　　イ　日米和親条約の締結

ウ　徴兵令の公布　　エ　大日本帝国憲法の発布

３　ＡとＢの間の時期に「たけくらべ」，「にごりえ」などの小説を発表し，現在の５千円札にその肖像が使われていることでも知られている人物はだれか。

４　ⓑに関して，**資料**は，この大戦前のヨーロッパの国際関係を模式的に示したものである。**資料**中の［③］にあてはまる最も適当なことばを書け。

資料

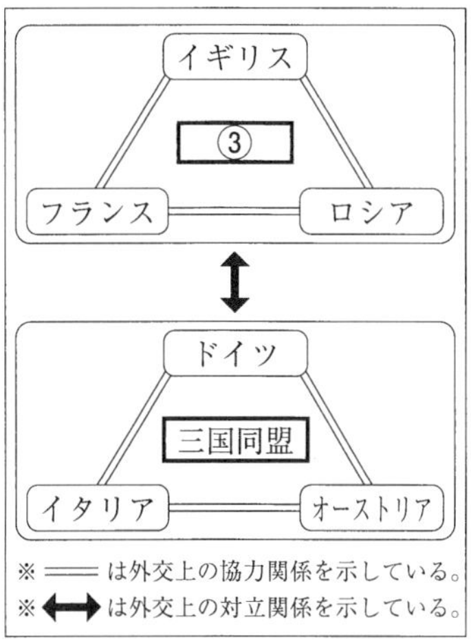

５　ＢとＣの間の時期に活動した人物について述べた次の文Ｘ，Ｙについて，それぞれの文に該当する人物名の組み合わせとして最も適当なものはどれか。

Ｘ　国際連盟本部の事務局次長として，国際平和のためにつくした。

Ｙ　物理学者で，1949年に日本人として初のノーベル賞を受賞した。

ア　（Ｘ　新渡戸稲造　　Ｙ　湯川秀樹）　　イ　（Ｘ　吉野作造　　Ｙ　湯川秀樹）

ウ　（Ｘ　新渡戸稲造　　Ｙ　野口英世）　　エ　（Ｘ　吉野作造　　Ｙ　野口英世）

６　Ｃ以降におこったできごとを，次のア～エから三つ選び，年代の古い順に並べよ。

ア　石油危機の影響で物価が上昇し，トイレットペーパー売り場に買い物客が殺到した。

イ　満20歳以上の男女による初めての衆議院議員総選挙が行われ，女性議員が誕生した。

ウ　男女雇用機会均等法が施行され，雇用における男女間の格差の是正がはかられた。

エ　アジア最初のオリンピックが東京で開催され，女性選手の活躍が話題となった。

Ⅲ　第二次世界大戦後には農地改革が行われ，**資料１**，**資料２**にみられるような変化が生じた。農地改革の内容を明らかにしたうえで，その改革によって生じた変化について書け。ただし，**政府**，**地主**，**小作人**ということばを使うこと。

資料１　自作地と小作地の割合

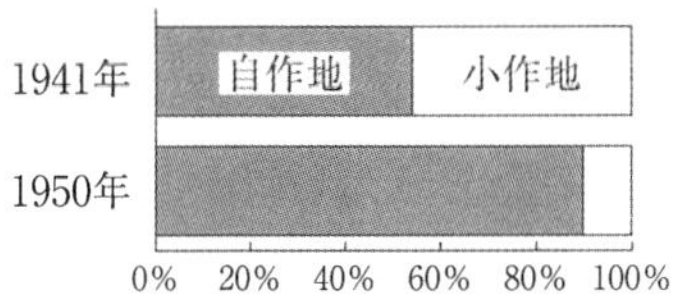

資料２　自作・小作の農家の割合

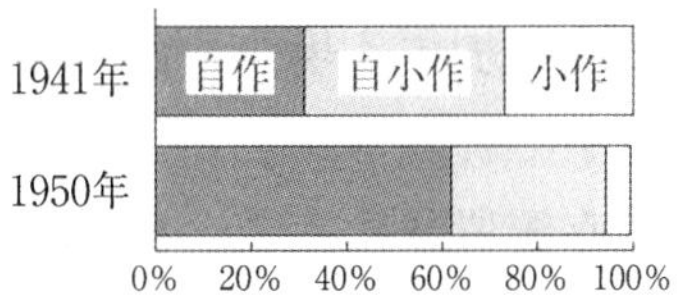

※資料２の補足
「自　作」：耕作地の90％以上が自己所有地の農家
「自小作」：耕作地の10％以上90％未満が自己所有地の農家
「小　作」：耕作地の10％未満が自己所有地の農家

（近現代日本経済史要覧から作成）

3 次のⅠ～Ⅲの問いに答えなさい。答えを選ぶ問いについては一つ選び，その記号を書きなさい。

Ⅰ 次は，ある中学生が日本国憲法について授業で学んだことをノートにまとめたものである。1～6の問いに答えよ。

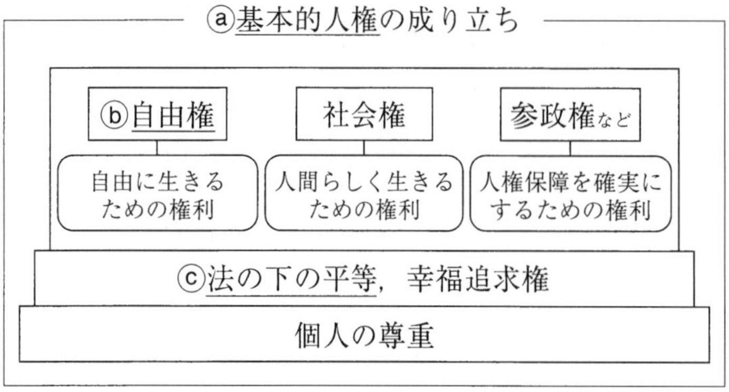

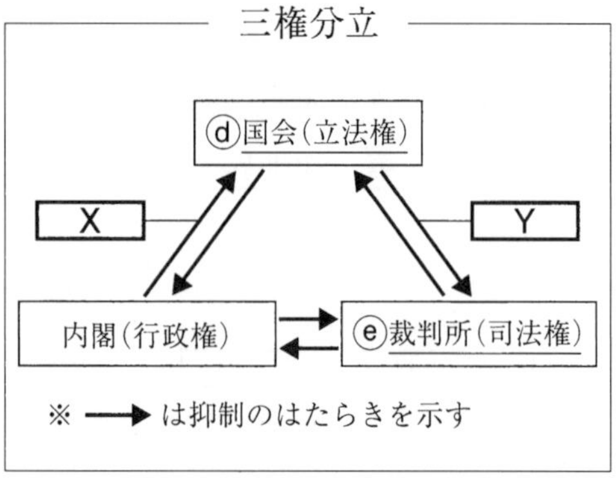

1 ⓐに関して，次は日本国憲法の条文の一部である。［　　　］にあてはまることばを書け。

> 第12条　この憲法が国民に保障する自由及び権利は，国民の不断の努力によつ《(っ)》て，これを保持しなければならない。又，国民は，これを濫用してはならないのであつ《(っ)》て，常に［　　　］のためにこれを利用する責任を負ふ《(う)》。

2 ⓑに関して，身体の自由の内容として最も適当なものはどれか。

ア 財産権が不当に侵されることはない。
イ 裁判を受ける権利を奪われることはない。
ウ 通信の秘密を不当に侵されることはない。
エ 自己に不利益な供述を強要されることはない。

3 ⓒに関して，言語，性別，年齢，障がいの有無にかかわらず，あらかじめ利用しやすい施設や製品などをデザインすること，またはそのようなデザインを何というか。

4 ⓓに関して，次の文は，国会が衆議院と参議院からなる二院制をとっている目的について述べたものである。文中の［　　　　　］に適することばを補い，これを完成させよ。

> 定数や任期，選挙制度が異なる議院を置くことで，［　　　　　］。また，慎重な審議によって一方の議院の行きすぎを防ぐこともできる。

5 ［X］，［Y］にあてはまることばの組み合わせとして最も適当なものはどれか。

ア（X　衆議院の解散　　Y　国民審査）
イ（X　法律の違憲審査　　Y　弾劾裁判所の設置）
ウ（X　衆議院の解散　　Y　弾劾裁判所の設置）
エ（X　法律の違憲審査　　Y　国民審査）

6 ⓔに関して，**資料**はある地方裁判所の法廷のようすを模式的に示したものである。この法廷で行われる裁判について述べた文として最も適当なものはどれか。

ア お金の貸し借りなどの個人と個人の間の争いを解決する。
イ 国民の中から選ばれた裁判員が参加する場合がある。
ウ 和解の成立によって裁判が途中で終わることがある。
エ 被害者が法廷に入り被告人に直接質問することはない。

資料

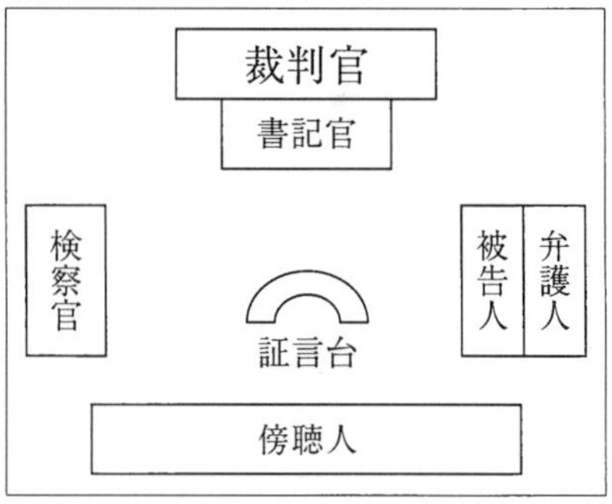

Ⅱ　次は，ある中学生が公民的分野の学習を振り返って書いたレポートの一部である。1～5の問いに答えよ。

> 私は，少子高齢社会における社会保障のあり方や，ⓐ消費者の保護など，授業で学習したことと私たちの生活とは深い関わりがあると感じました。また，市場経済や財政のしくみについての学習を通して，ⓑ価格の決まり方やⓒ租税の意義などについて理解することができました。
> 今日，生産年齢人口の減少，ⓓグローバル化の進展や絶え間ない技術革新などにより，社会は大きく変化しています。そのような中，選挙権年齢が［　　］歳に引き下げられ，さらに令和４年度からは成年年齢も［　　］歳へと引き下げられ，私たちにとって社会は一層身近なものになっています。私は，社会の一員としての自覚をもって行動したいと思います。

1　［　　］に共通してあてはまる数を書け。

2　ⓐに関して，業者が商品の重要な項目について事実と異なることを伝えるなどの不当な勧誘を行った場合，消費者はその業者と結んだ契約を取り消すことができる。このことを定めた2001年に施行された法律は何か。

3　ⓑに関して，**資料１**は，自由な競争が行われている市場における，ある商品の需要量と供給量と価格の関係を表したものである。ある商品の価格を**資料１**で示したＰ円としたときの状況と，その後の価格の変化について述べた次の文の［　X　］，［　Y　］に適することばを補い，これを完成させよ。ただし［　X　］には，**需要量**，**供給量**ということばを使うこと。

資料１

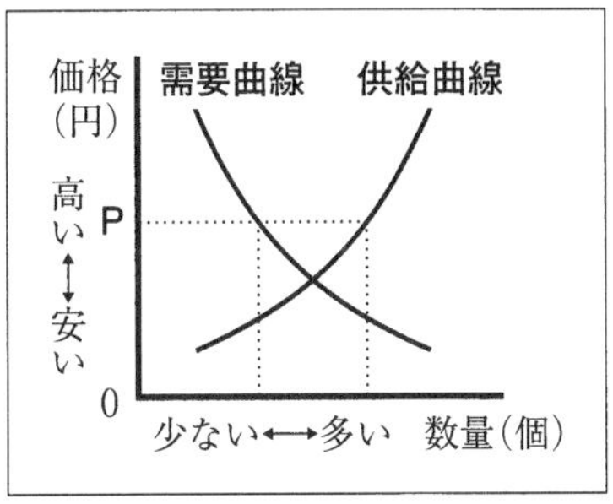

> 価格がＰ円のときは，［　X　］ため，一般に，その後の価格はＰ円よりも［　Y　］と考えられる。

4　ⓒに関して，次は，社会科の授業で，あるグループが租税のあり方について話し合った際の意見をまとめたものである。このグループの意見を，**資料２**中の**ア**～**エ**のいずれかの領域に位置づけるとすると最も適当なものはどれか。

> ・国内農業を守るために，関税の税率を引き上げる。
> ・社会保障を充実させるために，消費税の税率を引き上げる。

資料２

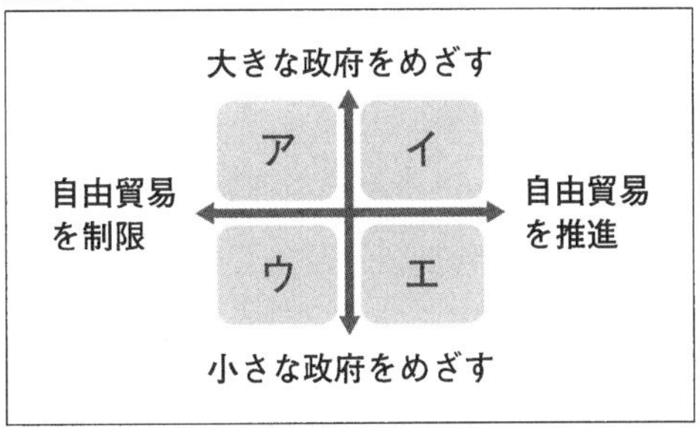

5　ⓓに関して，輸出や輸入を行う企業の活動は，為替相場（為替レート）の変動の影響を受けやすい。ある企業が１台240万円の自動車をアメリカへ輸出する場合，為替相場が１ドル＝120円のとき，アメリカでの販売価格は２万ドルとなった。その後，為替相場が１ドル＝100円に変動したときの，この自動車１台のアメリカでの販売価格はいくらになるか答えよ。なお，ここでは，為替相場以外の影響は考えないものとする。

Ⅲ　**資料１**は，持続可能な開発目標（SDGs）の一つを示したものである。この目標に関して，中学生のしのぶさんは，まだ食べられるのに廃棄される食品が大量にあるという問題に関心をもった。そこで，しのぶさんは自宅近くのスーパーマーケットに行き，この問題の解決への取り組みについて調べたり話を聞いたりした。**資料２**は，その際にしのぶさんが収集した資料である。**資料２**の取り組みが，この問題の解決につながるのはなぜか，解答欄の書き出しのことばに続けて，**40字以上50字以内**で説明せよ。ただし，書き出しのことばは字数に含めないこととする。

資料１

資料２

> **季節商品予約制のお知らせ**
> **土用《どよう》の丑《うし》の日のうなぎやクリスマスケーキ，節分の日の恵方巻きなどを予約販売にします。**

令和４年度　鹿児島県公立高校入試問題　数　学

(解答…228Ｐ)

1　次の１～５の問いに答えなさい。

1　次の(1)～(5)の問いに答えよ。

(1)　$4 \times 8 - 5$ を計算せよ。

(2)　$\frac{1}{2} + \frac{7}{9} \div \frac{7}{3}$ を計算せよ。

(3)　$(\sqrt{6} + \sqrt{2})(\sqrt{6} - \sqrt{2})$ を計算せよ。

(4)　2けたの自然数のうち，3の倍数は全部で何個あるか。

(5)　右の図のように三角すいABCDがあり，辺AB，AC，ADの中点をそれぞれE，F，Gとする。このとき，三角すいABCDの体積は，三角すいAEFGの体積の何倍か。

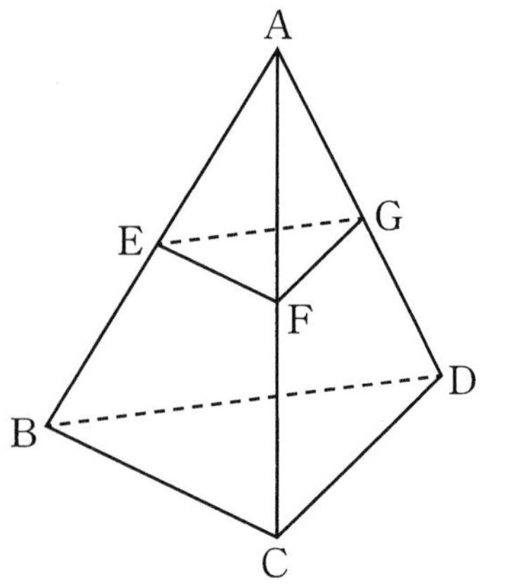

2　等式 $3a-2b+5=0$ を b について解け。

3　右の図のように，箱Aには，2，4，6の数字が1つずつ書かれた3個の玉が入っており，箱Bには，6，7，8，9の数字が1つずつ書かれた4個の玉が入っている。箱A，Bからそれぞれ1個ずつ玉を取り出す。箱Aから取り出した玉に書かれた数を a，箱Bから取り出した玉に書かれた数を b とするとき，$\sqrt{ab}$ が自然数になる確率を求めよ。ただし，どの玉を取り出すことも同様に確からしいものとする。

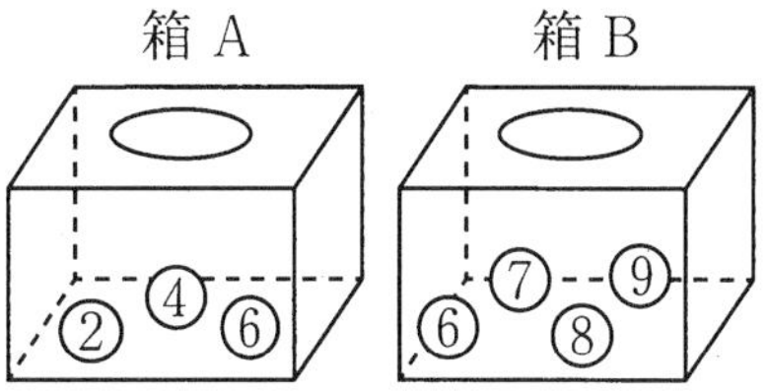

4　右の図で，3点A，B，Cは円Oの周上にある。
∠x の大きさは何度か。

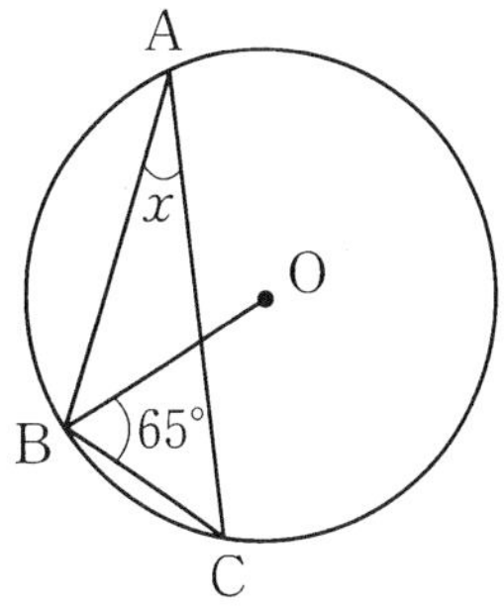

5　**表**は，1964年と2021年に開催された東京オリンピックに参加した選手数と，そのうちの女性の選手数の割合をそれぞれ示したものである。2021年の女性の選手数は，1964年の女性の選手数の約何倍か。最も適当なものを下の**ア**～**エ**の中から1つ選び，記号で答えよ。

表

	選手数	女性の選手数の割合
1964年	5151人	約13％
2021年	11092人	約49％

（国際オリンピック委員会のウェブサイトをもとに作成）

ア　約2倍　　**イ**　約4倍　　**ウ**　約8倍　　**エ**　約12倍

2 次の**1**～**4**の問いに答えなさい。

1 $a < 0$ とする。関数 $y = ax^2$ で，x の変域が $-5 \leqq x \leqq 2$ のときの y の変域を a を用いて表せ。

2 次の四角形 ABCD で必ず平行四辺形になるものを，下の**ア**～**オ**の中から 2 つ選び，記号で答えよ。

ア AD ∥ BC，AB ＝ DC
イ AD ∥ BC，AD ＝ BC
ウ AD ∥ BC，∠A ＝ ∠B
エ AD ∥ BC，∠A ＝ ∠C
オ AD ∥ BC，∠A ＝ ∠D

3 右の図のように，鹿児島県の一部を示した地図上に 3 点 A，B，C がある。3 点 A，B，C から等距離にある点 P と，点 C を点 P を回転の中心として 180° だけ回転移動（点対称移動）した点 Q を，定規とコンパスを用いて作図せよ。ただし，2 点 P，Q の位置を示す文字 P，Q も書き入れ，作図に用いた線は残しておくこと。

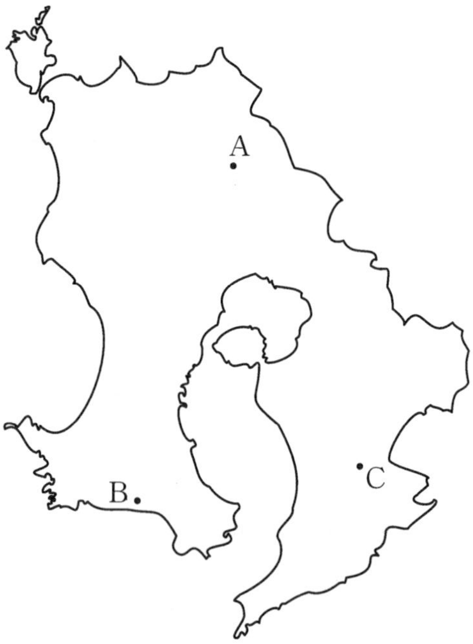

4 **表**は，A 市の中学生 1200 人の中から 100 人を無作為に抽出し，ある日のタブレット型端末を用いた学習時間についての調査結果を度数分布表に整理したものである。次の(1)，(2)の問いに答えよ。

(1) **表**から，A 市の中学生 1200 人における学習時間が 60 分以上の生徒の人数は約何人と推定できるか。

(2) **表**から得られた平均値が 54 分であるとき，x，y の値を求めよ。ただし，方程式と計算過程も書くこと。

表

階級(分)	度数(人)
0 以上 ～ 20 未満	8
20 ～ 40	x
40 ～ 60	y
60 ～ 80	27
80 ～ 100	13
計	100

3 右の図は，直線 $y = -x + 2a$ …① と△ABC を示したものであり，3 点 A，B，C の座標は，それぞれ (2, 4)，(8, 4)，(10, 12) である。このとき，次の**1**，**2**の問いに答えなさい。

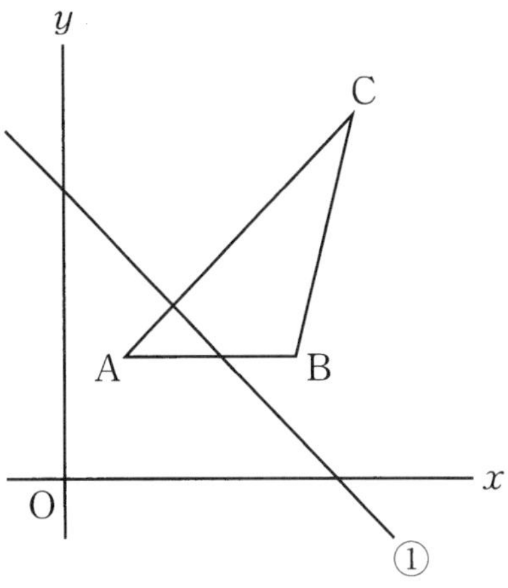

1 △ABC の面積を求めよ。

2 直線①が線分 AB と交わるとき，直線①と線分 AB，AC の交点をそれぞれ P，Q とする。このとき，次の(1)〜(3)の問いに答えよ。ただし，点 A と点 B のどちらか一方が直線①上にある場合も，直線①と線分 AB が交わっているものとする。

(1) 直線①が線分 AB と交わるときの a の値の範囲を求めよ。

(2) 点 Q の座標を a を用いて表せ。

(3) △APQ の面積が△ABC の面積の $\frac{1}{8}$ であるとき，a の値を求めよ。ただし，求め方や計算過程も書くこと。

4 右の図のように，正三角形 ABC の辺 BC 上に，DB = 12 cm，DC = 6 cm となる点 D がある。また，辺 AB 上に △EBD が正三角形となるように点 E をとり，辺 AC 上に △FDC が正三角形となるように点 F をとる。線分 BF と線分 ED，EC の交点をそれぞれ G，H とするとき，次の **1** ～ **5** の問いに答えなさい。

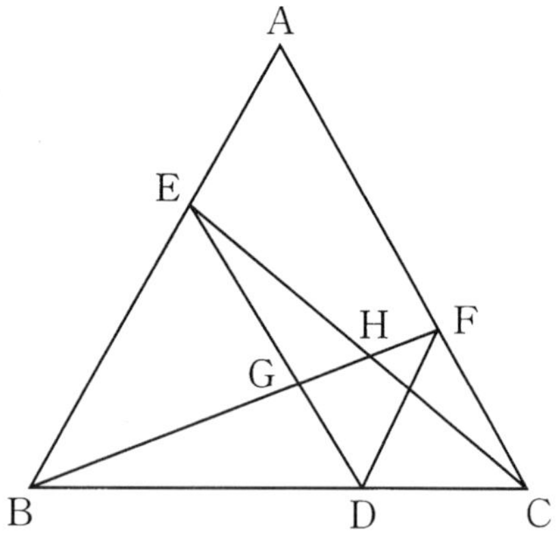

1 ∠EDF の大きさは何度か。

2 EG : GD を最も簡単な整数の比で表せ。

3 △BDF ≡ △EDC であることを証明せよ。

4 線分 BF の長さは何 cm か。

5 △BDG の面積は，△EHG の面積の何倍か。

5 次の**【手順】**に従って，右のような白，赤，青の3種類の長方形の色紙を並べて長方形を作る。3種類の色紙の縦の長さはすべて同じで，横の長さは，白の色紙が1 cm，赤の色紙が3 cm，青の色紙が5 cm である。

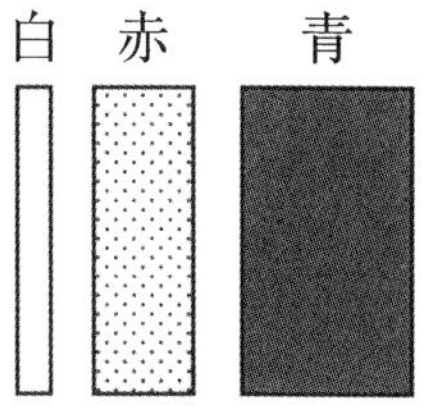

【手順】

下の図のように，長方形を作る。
・白の色紙を置いたものを 長方形1 とする。
・ 長方形1 の右端に赤の色紙をすき間なく重ならないように並べたものを 長方形2 とする。
・ 長方形2 の右端に白の色紙をすき間なく重ならないように並べたものを 長方形3 とする。
・ 長方形3 の右端に青の色紙をすき間なく重ならないように並べたものを 長方形4 とする。

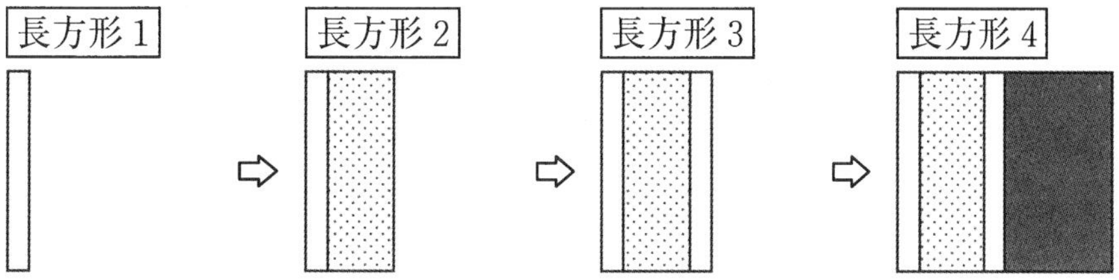

このように，左から白，赤，白，青の順にすき間なく重ならないように色紙を並べ，5枚目からもこの**【手順】**をくり返して長方形を作っていく。

たとえば， 長方形7 は，白，赤，白，青，白，赤，白の順に7枚の色紙を並べた下の図の長方形で，横の長さは 15 cm である。

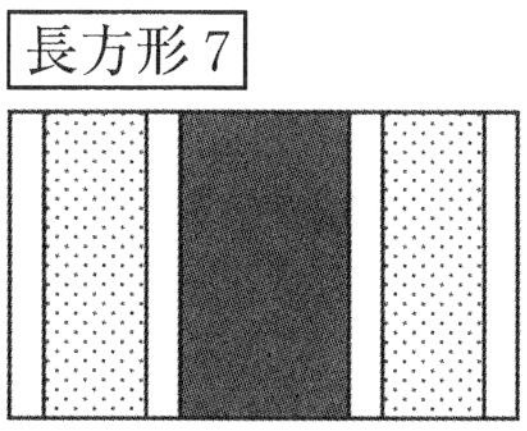

このとき，次の**1**，**2**の問いに答えなさい。

1 長方形13 の右端の色紙は何色か。また， 長方形13 の横の長さは何 cm か。

2 Aさんと B さんは，次の【課題】について考えた。下の【会話】は，2人が話し合っている場面の一部である。このとき，次の(1)，(2)の問いに答えよ。

【課題】

長方形 $2n$ の横の長さは何 cm か。ただし，n は自然数とする。

【会話】

A：長方形 $2n$ は，3種類の色紙をそれぞれ何枚ずつ使うのかな。

B：白の色紙は [ア] 枚だね。赤と青の色紙の枚数は，n が偶数のときと奇数のときで違うね。

A：n が偶数のときはどうなるのかな。

B：n が偶数のとき，長方形 $2n$ の右端の色紙は青色だね。だから，長方形 $2n$ は，赤の色紙を [イ] 枚，青の色紙を [ウ] 枚だけ使うね。

A：そうか。つまり長方形 $2n$ の横の長さは，[エ] cm となるね。

B：そうだね。それでは，<u>n が奇数のときはどうなるのか考えてみよう。</u>

(1) 【会話】の中の [ア] ～ [エ] にあてはまる数を n を用いて表せ。

(2) 【会話】の中の下線部について，n が奇数のとき，長方形 $2n$ の横の長さを n を用いて表せ。ただし，求め方や計算過程も書くこと。

令和３年度　鹿児島県公立高校入試問題　理　科

（解答…233Ｐ）

1　次の各問いに答えなさい。答えを選ぶ問いについては記号で答えなさい。

１　がけに，れき，砂，泥や火山から噴出した火山灰などが積み重なってできた，しまのような層が見られることがある。このように層が重なったものを何というか。

２　動物と植物の細胞のつくりに共通するものを二つ選べ。

ア　葉緑体　　イ　核　　ウ　細胞膜　　エ　細胞壁

３　次の文中の[ａ]～[ｃ]にあてはまることばを書け。

> 原子は，原子核と[ａ]からできている。原子核は，＋の電気をもつ[ｂ]と電気をもたない[ｃ]からできている。

４　次の文中の[　　]にあてはまることばを書け。

> 光が，水やガラスから空気中へ進むとき，入射角を大きくしていくと，屈折した光が境界面に近づいていく。入射角が一定以上大きくなると境界面を通りぬける光はなくなる。この現象を[　　]という。通信ケーブルなどで使われている光ファイバーは，この現象を利用している。

５　安山岩や花こう岩などのように，マグマが冷え固まってできた岩石を何というか。

６　水100ｇに食塩2.0ｇをとかした水溶液をＡ，水98ｇに食塩2.0ｇをとかした水溶液をＢ，水200ｇに食塩3.0ｇをとかした水溶液をＣとする。質量パーセント濃度が最も低い水溶液はＡ～Ｃのどれか。

７　次の文中の①，②について，それぞれ正しいものはどれか。

> 被子植物では，受精卵は①（ア　減数　　イ　体細胞）分裂をくりかえして，植物のからだのつくりをそなえた②（ア　胚　　イ　卵細胞）になる。このように，受精卵から個体としてのからだのつくりが完成していく過程を発生という。

８　**図**は，かたくて長い棒を，てことして利用するときの模式図である。てこの支点が棒の左はしから40cmとなるよう三角台を調整し，棒の左はしに糸で重さ300Ｎの物体をつるした。棒の右はしに下向きの力を加えて，ゆっくりと40cm押し下げると，物体は20cm持ち上がった。このとき，棒の右はしに加えた力の大きさは何Ｎか。また，支点から棒の右はしまでの距離は何cmか。ただし，棒と糸の重さは考えないものとする。

図

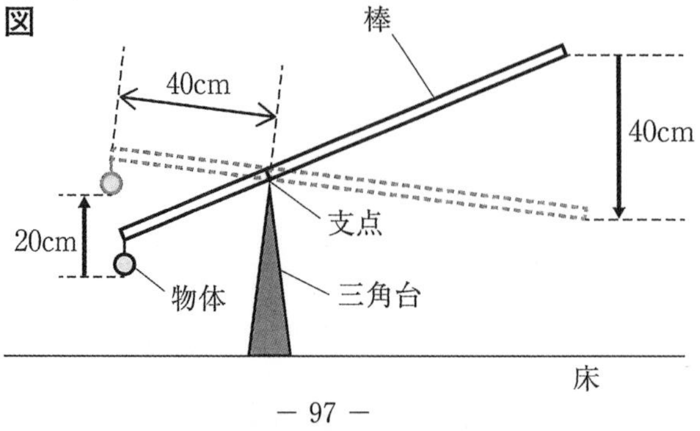

2 次のⅠ，Ⅱの各問いに答えなさい。答えを選ぶ問いについては記号で答えなさい。

Ⅰ　**図1**のような装置を組み，酸化銅の還元についての**実験**を行った。

図1

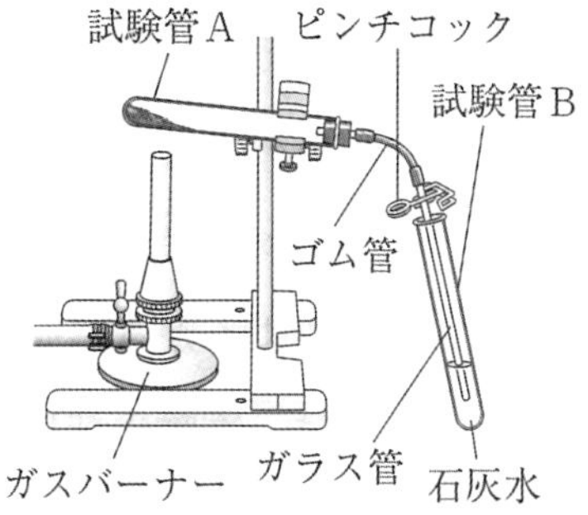

実験

① 酸化銅4.00gに炭素粉末0.10gを加えてよく混ぜ合わせた。

② 酸化銅と炭素粉末の混合物を試験管Aの中にすべて入れて加熱したところ，ガラス管の先から盛んに気体が出て，試験管Bの中の石灰水が白くにごった。

③ ガラス管の先から気体が出なくなるまで十分に加熱した後，ガラス管を石灰水の中から取り出し，ガスバーナーの火を消した。すぐにピンチコックでゴム管をとめ，試験管Aが冷えてから，試験管Aの中にある加熱した後の物質の質量を測定した。

④ 酸化銅は4.00gのまま，炭素粉末の質量を0.20g，0.30g，0.40g，0.50gと変えてよく混ぜ合わせた混合物をそれぞれつくり，②と③の操作を繰り返した。

また，炭素粉末を加えず，酸化銅4.00gのみを試験管Aの中にすべて入れて加熱したところ，ガラス管の先から少量の気体が出たが，石灰水に変化はみられなかった。そして，③の操作を行った。

図2は，加えた炭素粉末の質量を横軸，試験管Aの中にある加熱した後の物質の質量を縦軸とし，**実験**の結果をグラフに表したものである。なお，加えた炭素粉末の質量が0.30g，0.40g，0.50gのときの試験管Aの中にある加熱した後の物質の質量は，それぞれ3.20g，3.30g，3.40gであった。

図2

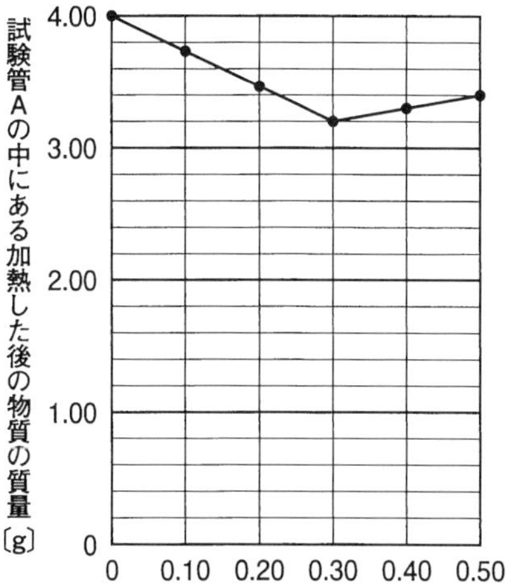

ただし，試験管Aの中にある気体の質量は無視できるものとし，試験管Aの中では，酸化銅と炭素粉末の反応以外は起こらないものとする。

1 **実験**の②で石灰水を白くにごらせた気体の名称を書け。

2 **図3**が試験管Aの中で起こった化学変化を表した図になるように，X，Y，Zにあてはまる物質をモデルで表し，**図3**を完成せよ。ただし，銅原子を◎，炭素原子を●，酸素原子を○とする。

図3

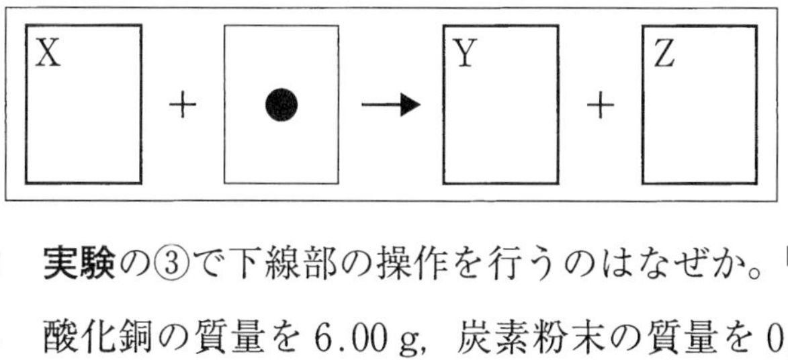

3 **実験**の③で下線部の操作を行うのはなぜか。「銅」ということばを使って書け。

4 酸化銅の質量を6.00g，炭素粉末の質量を0.75gに変えて同様の実験を行った。試験管Aの中にある加熱した後の物質の質量は何gか。また，試験管Aの中にある加熱した後の物質は何か。すべての物質の名称を書け。ただし，固体の物質の名称のみ答えること。

Ⅱ　ある濃度のうすい塩酸とある濃度のうすい水酸化ナトリウム水溶液を混ぜ合わせたときに，どのような変化が起こるか調べるために，次の**実験**を行った。

実験　うすい塩酸を $10.0\,cm^3$ はかりとり，ビーカーに入れ，緑色のBTB溶液を数滴加えた。次に，**図**のようにこまごめピペットでうすい水酸化ナトリウム水溶液を $3.0\,cm^3$ ずつ加えてよくかき混ぜ，ビーカー内の溶液の色の変化を調べた。

図

表は，**実験**の結果をまとめたものである。

表

加えたうすい水酸化ナトリウム水溶液の体積の合計〔cm^3〕	0	3.0	6.0	9.0	12.0	15.0	18.0	21.0
ビーカー内の溶液の色	黄色	黄色	黄色	黄色	緑色	青色	青色	青色

1　塩酸の性質について正しく述べているものはどれか。

ア　電気を通さない。　**イ**　無色のフェノールフタレイン溶液を赤色に変える。

ウ　赤色リトマス紙を青色に変える。　**エ**　マグネシウムと反応して水素を発生する。

2　**実験**で，ビーカー内の溶液の色の変化は，うすい塩酸の中の陽イオンが，加えたうすい水酸化ナトリウム水溶液の中の陰イオンと結びつく反応と関係する。この反応を化学式とイオン式を用いて表せ。

3　**実験**で使ったものと同じ濃度のうすい塩酸 $10.0\,cm^3$ とうすい水酸化ナトリウム水溶液 $12.0\,cm^3$ をよく混ぜ合わせた溶液をスライドガラスに少量とり，水を蒸発させるとスライドガラスに結晶が残った。この結晶の化学式を書け。なお，この溶液をpHメーターで調べると，pHの値は7.0であった。

4　次の文は，**実験**におけるビーカー内の溶液の中に存在している陽イオンの数について述べたものである。次の文中の a ， b にあてはまる最も適当なことばとして，「ふえる」，「減る」，「変わらない」のいずれかを書け。

> ビーカー内の溶液に存在している陽イオンの数は，うすい塩酸 $10.0\,cm^3$ のみのときと比べて，加えたうすい水酸化ナトリウム水溶液の体積の合計が $6.0\,cm^3$ のときは a が，加えたうすい水酸化ナトリウム水溶液の体積の合計が $18.0\,cm^3$ のときは b 。

3　次のⅠ，Ⅱの各問いに答えなさい。答えを選ぶ問いについては記号で答えなさい。

Ⅰ　**図**はゼニゴケ，スギナ，マツ，ツユクサ，エンドウの5種類の植物を，種子をつくらない，種子をつくるという特徴をもとに分類したものである。

図

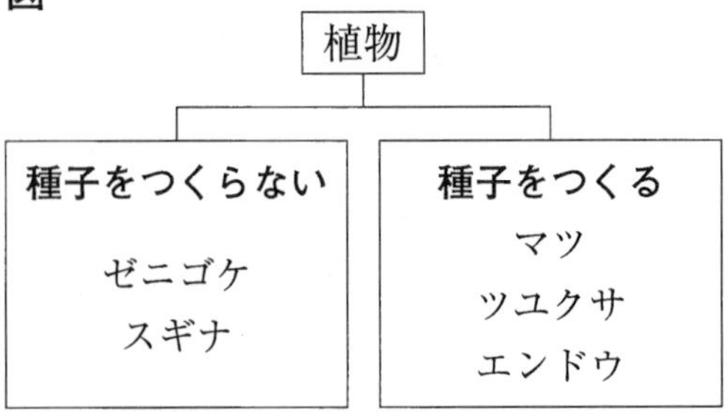

1　種子をつくらないゼニゴケやスギナは，何によってふえるか。

2　マツには，ツユクサやエンドウとは異なる特徴がみられる。それはどのような特徴か，「子房」と「胚珠」ということばを使って書け。

3　ツユクサの根は，ひげ根からなり，エンドウの根は，主根と側根からなるなど，ツユクサとエンドウには異なる特徴がみられる。ツユクサの特徴を述べた次の文中の①，②について，それぞれ正しいものはどれか。

> ツユクサの子葉は ①（**ア**　1枚　　**イ**　2枚）で，葉脈は ②（**ア**　網目状　　**イ**　平行）に通る。

4　エンドウのある形質の対立遺伝子の優性遺伝子をA，劣性遺伝子をaとする。Aaという遺伝子の組み合わせをもっているいくつかの個体が，自家受粉によってあわせて800個の種子（子にあたる個体）をつくったとすると，そのうちで遺伝子の組み合わせがaaの種子はおよそ何個あると考えられるか。最も適当なものを次の**ア**～**エ**から選べ。ただし，Aとaの遺伝子は，遺伝の規則性にもとづいて受けつがれるものとする。

ア　200個　　**イ**　400個　　**ウ**　600個　　**エ**　800個

Ⅱ　次は，たかしさんとひろみさんと先生の会話である。

> たかしさん：激しい運動をしたとき，呼吸の回数がふえるのはどうしてかな。
> ひろみさん：運動をするのに，酸素がたくさん必要だからって聞くよ。
> 先　　生：それでは，運動するのに，なぜ酸素が必要かわかりますか。
> ひろみさん：細胞による呼吸といって，ひとつひとつの細胞では，酸素を使って〔　　　　〕からです。
> 先　　生：そのとおりですね。だから，酸素が必要なのですね。また，私たちが運動するためには食事も大切ですよね。たとえば，タンパク質について知っていることはありますか。
> たかしさん：①タンパク質は，分解されてアミノ酸になり，②小腸で吸収されることを学びました。

1　会話文中の〔　　　　〕にあてはまる内容を「養分」ということばを使って書け。

2　下線部①について，(1)，(2)の問いに答えよ。

(1)　タンパク質を分解する消化酵素をすべて選べ。

ア　アミラーゼ　　**イ**　リパーゼ　　**ウ**　トリプシン　　**エ**　ペプシン

(2)　次の文中の〔a〕，〔c〕にあてはまる器官の名称をそれぞれ書け。また，〔b〕にあてはまる物質の名称を書け。

> ヒトの細胞でタンパク質などが分解されてできる物質を使って生命活動が行われると有害なアンモニアができる。このアンモニアは血液によって〔a〕に運ばれて無害な物質である〔b〕に変えられ，〔b〕は〔c〕で血液からとり除かれる。

3　下線部②の小腸の内側のかべにはたくさんのひだがあり，その表面に柔毛があることで，効率よく養分を吸収することができる。その理由を書け。

4 次のⅠ，Ⅱの各問いに答えなさい。答えを選ぶ問いについては記号で答えなさい。

Ⅰ 鹿児島県に住むたかしさんは，ある日，日の出の1時間前に，東の空に見える月と金星を自宅付近で観察した。**図1**は，そのときの月の位置と形，金星の位置を模式的に表したものである。

図1

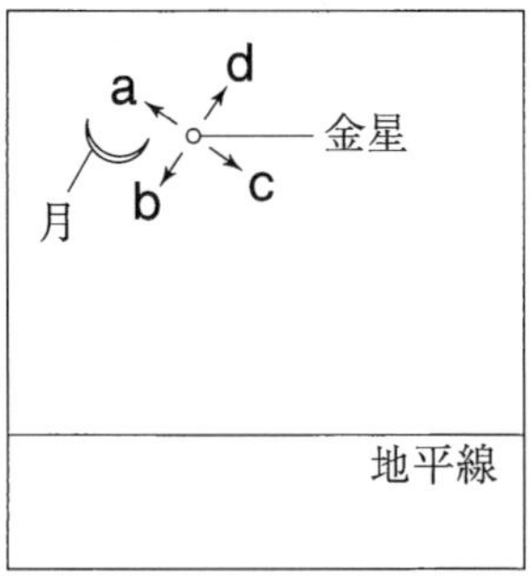

1 月のように，惑星のまわりを公転する天体を何というか。

2 この日から3日後の月はどれか。最も適当なものを選べ。

ア 満月　　イ 上弦の月　　ウ 下弦の月　　エ 新月

3 **図1**の金星は，30分後，**図1**のa～dのどの向きに動くか。最も適当なものを選べ。

4 **図2**は，地球の北極側から見た，太陽，金星，地球の位置関係を模式的に表したものである。ただし，金星は軌道のみを表している。また，**図3**は，この日，たかしさんが天体望遠鏡で観察した金星の像である。この日から2か月後の日の出の1時間前に，たかしさんが同じ場所で金星を天体望遠鏡で観察したときに見える金星の像として最も適当なものを**ア**～**エ**から選べ。ただし，**図3**と**ア**～**エ**の像は，すべて同じ倍率で見たものであり，肉眼で見る場合とは上下左右が逆になっている。また，金星の公転の周期は0.62年とする。

図2

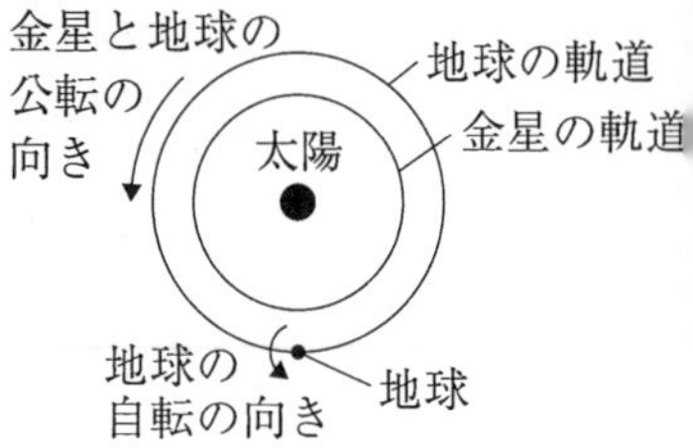

図3

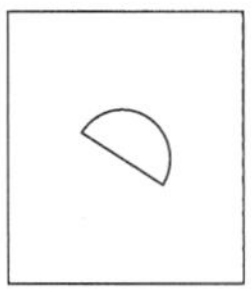

ア

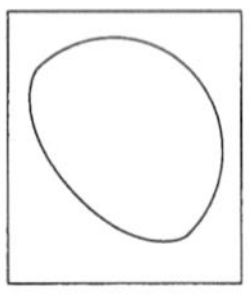

イ

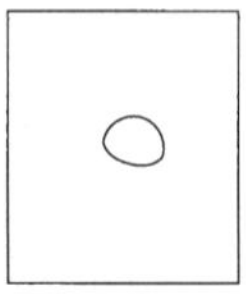

ウ

エ

Ⅱ 大気中で起こるさまざまな現象を，気象という。

図1

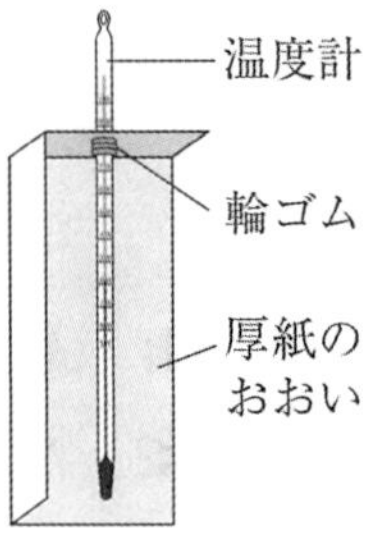

1 ある日，校庭で**図1**のように厚紙でおおった温度計を用いて空気の温度をはかった。温度計を厚紙でおおった理由を，「温度計」ということばを使って書け。

2 ある日，棒の先に軽いひもをつけ，風向を観測したところ，ひもは南西の方位にたなびいた。また，風が顔にあたるのを感じたことと，木の葉の動きから，このときの風力は2と判断した。さらに，空を見上げると，空全体の約4割を雲がおおっていた。**表**は天気と雲量の関係をまとめたものである。これらの風向，風力，天気の気象情報を天気図記号でかけ。

表

天気	快晴	晴れ	くもり
雲量	0～1	2～8	9～10

3 雲のでき方について述べた次の文中の［ a ］，［ b ］にあてはまることばを書け。

> 水蒸気をふくむ空気のかたまりが上昇すると，周囲の気圧が低いために空気のかたまりが［ a ］して気温が［ b ］がる。やがて，空気の温度が露点に達すると空気にふくみきれなくなった水蒸気は水滴となり，雲ができる。

4　**図2**は，前線Xと前線Yをともなう温帯低気圧が西から東に移動し，ある地点Aを前線X，前線Yの順に通過する前後のようすを表した模式図である。前線Yの通過にともなって降る雨は，前線Xの通過にともなって降る雨に比べて，降り方にどのような特徴があるか。雨の強さと雨が降る時間の長さに着目して書け。

図2

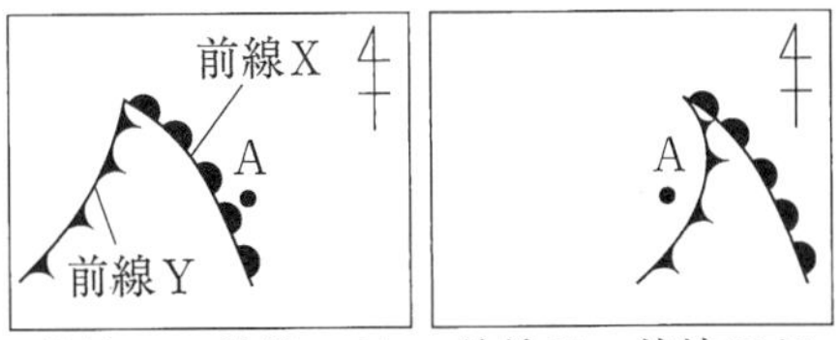

前線X，前線Yが通過する前　　前線X，前線Yが通過した後

5　次のⅠ，Ⅱの各問いに答えなさい。答えを選ぶ問いについては記号で答えなさい。

Ⅰ　物体にはたらく浮力に関する**実験１**と**実験２**を行った。ただし，質量100 g の物体にはたらく重力の大きさを1.0 N とし，糸の重さや体積は考えないものとする。

実験１

①　**図１**に示す質量300 g の直方体を用意した。

②　直方体の面Xとばねばかりを糸でつないだ。

③　**図２**のように，直方体の下面が水面と平行になるように水の中へ静かにしずめ，水面から直方体の下面までの深さとばねばかりの値を測定した。

④　②の面Xを面Yに変え，③の操作をした。

図１

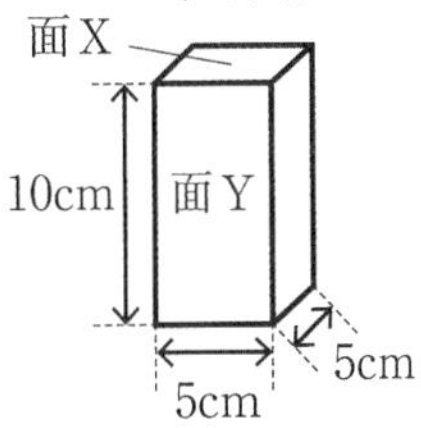

図２

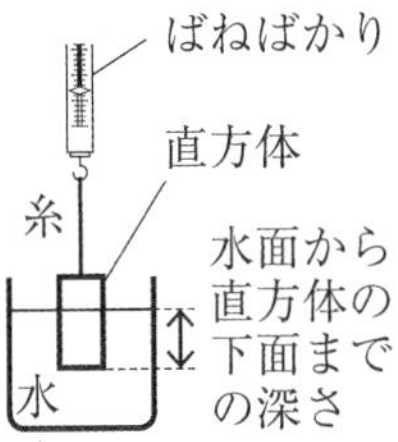

表

水面から直方体の下面までの深さ〔cm〕		0	2	4	6	8	10	12
ばねばかりの値〔N〕	面X	3.0	2.5	2.0	1.5	1.0	0.5	0.5
	面Y	3.0	2.0				0.5	0.5

表は，**実験１**の結果をまとめたものである。ただし，**表**の空欄には，結果を示していない。

1　直方体の密度は何 g/cm^3 か。

2　直方体の面Xに糸をつないでしずめ，水面から直方体の下面までの深さが8 cm のとき，直方体にはたらく浮力の大きさは何Nか。

3　直方体の面Yに糸をつないでしずめたときの，水面から直方体の下面までの深さと直方体にはたらく浮力の大きさの関係を表したグラフをかけ。ただし，水面から直方体の下面までの深さが0 cm，2 cm，4 cm，6 cm，8 cm，10 cm，12 cm のときの値を「•」で記入すること。

実験２　**図３**のように，**実験１**で用いた直方体の面Xを糸でつなぎ，直方体の下面が水面と平行になるように水の中へ静かにしずめ，水面から直方体の下面までの深さが14 cm の位置で静止させる。この状態で静かに糸を切った。

図３

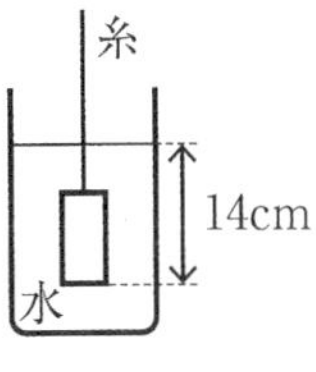

4　糸を切った後，直方体はどうなるか。次の**ア**～**ウ**から選び，その理由を，糸を切った後の直方体にはたらく力に着目して書け。

ア　浮き上がる。　　**イ**　静止の状態を続ける。　　**ウ**　しずんでいく。

Ⅱ　ひろみさんは，**図1**のような実験装置を用いて，２種類の抵抗器Ａ，Ｂのそれぞれについて，加える電圧を変えて電流の変化を調べる実験を行った。**図1**のＸとＹは，電流計か電圧計のどちらかであり，Ｐはその端子である。**図2**は，この実験の結果をグラフに表したものである。ただし，抵抗器以外の抵抗は考えないものとする。

図1

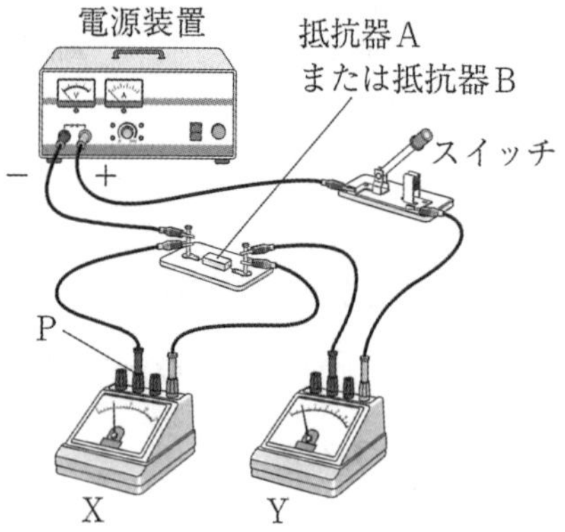

図2

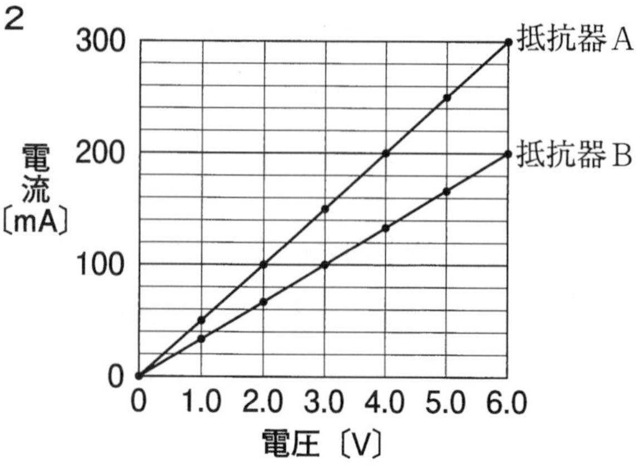

1　**図1**のＰは，次の**ア**～**エ**のどの端子か。

ア　電流計の＋端子　　**イ**　電流計の－端子　　**ウ**　電圧計の＋端子　　**エ**　電圧計の－端子

2　次の文は，実験の結果についてひろみさんがまとめた考察である。文中の下線部で示される関係を表す法則を何というか。

> 抵抗器Ａ，Ｂのグラフが原点を通る直線であるため，数学で学んだ比例のグラフであることがわかった。このことから，抵抗器を流れる電流の大きさは，抵抗器の両端に加えた電圧の大きさに比例すると考えられる。

3　次に，ひろみさんは，**図3**の回路図のように抵抗器Ａ，Ｂを用いて回路をつくった。このとき，抵抗器Ａに流れる電流の大きさを電流計の 500 mA の－端子を使って測定すると，針のふれが，**図4**のようになった。抵抗器Ｂに加わる電圧は何Ｖか。また，回路全体の電力は何Ｗか。

図3

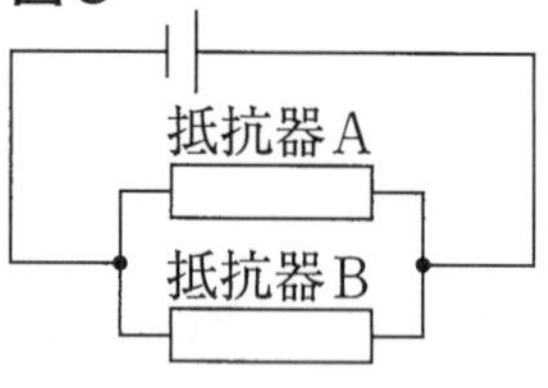

図4

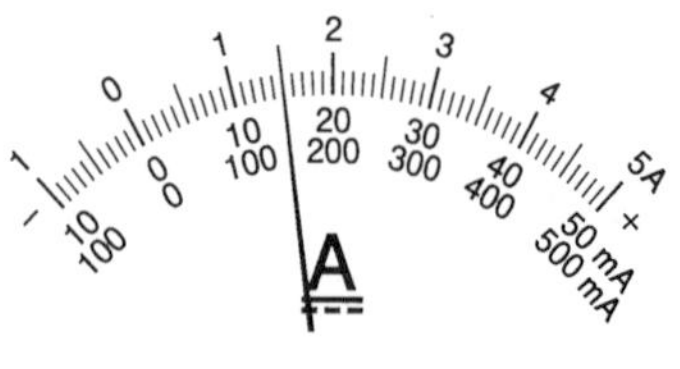

4　ひろみさんが並列回路の例として延長コード（テーブルタップ）について調べたところ，**図5**のように，延長コードを使って一つのコンセントでいくつかの電気器具を使用するタコ足配線は，危険な場合があることがわかった。次の文は，その理由についてひろみさんがまとめたレポートの一部である。次の文中の□にあてはまる内容を，「電流」と「発熱量」ということばを使って書け。

図5

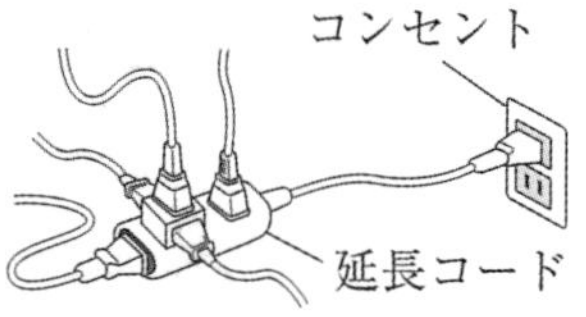

> タコ足配線は，いくつかの電気器具が並列につながっている。タコ足配線で消費電力の大きいいくつかの電気器具を同時に使うと，コンセントにつながる延長コードの導線に□ため，危険である。

5 太郎さんは、国語の宿題で語句の意味調べをした。その際、太郎さんの辞書に書かれた語釈（語句の説明）に、特徴的なものがあることに気がついた。下の会話は、その時の太郎さんと、太郎さんの母親との会話である。これを読んで、太郎さんの辞書に書かれた語釈の特徴である〰〰線部X・Yのどちらか一つを選択し、次の(1)～(5)の条件に従って、あなたの考えを書きなさい。

条件

(1) 二段落で構成すること。
(2) 第一段落には、選択した特徴の良いと思われる点を書くこと。
(3) 第二段落には、選択した特徴によって生じる問題点を書くこと。
(4) 六行以上八行以下で書くこと。
(5) 原稿用紙の正しい使い方に従って、文字、仮名遣いも正確に書くこと。

太郎　「辞書を使っていたら、おもしろいことに気づいたよ。」
母親　「どんなことに気づいたの。」
太郎　「ある食べ物についての説明の中に、『おいしい』って感想が書いてあったんだ。」
母親　「へえ。辞書を作った人のX主観的な感想が書かれているのね。たしかにおもしろいわね。」
太郎　「他にも、**【草】**の説明に『笑うこと・笑えること』という意味や、**【盛る】**の説明に『話を盛る』という用例が書いてあったよ。」
母親　「その**【盛る】**は『おおげさにする』という意味で使われているのね。太郎の使っている辞書には、もともとの意味や用例だけでなく、Y現代的な意味や用例も書かれているということね。」

文化祭廃止が知らされたとき、生徒たちは納得していない様子だった。けど、それはサボれなくなるからってだけじゃない、と思う。（注）国広くんや、やよいちゃんの言葉にもそれは表れている。

『やりたいかと言われるとビミョーなイベントだよな』

『私も、最初はしょうがないかぁって思ったんだけど。なんかもやもやするっていうか……ヘンじゃない？　って思って』

生徒たちは今までの文化祭を『やりたくない、めんどうくさい』と思いつつ『取り上げられるのはヘンだ』と思っていた。けれどそれは『やりたくないのに、やりたい』ということになる。その『やりたい』の先を考える手伝いをしたい、と私たちは話し合った。加奈は続ける。

「だから過去の失敗も含めて、生徒全員に考えてもらいたいんです。今まで卒業していった、伝統を繋いでくれていた先輩たちのためにも」

それから、先生は長いことだまった。何を考えているのかは分からなかった。⑤とても長い時間だった。汗が背中を伝う。

先生は一人一人の顔を見たあと、ふう、と息を吐いた。そして、「考えるだけ、考えてみましょう。近いうちにほかの先生がたとお話しします」と言った。

（望月雪絵「魔女と花火と100万円」による）

（注）おじさん＝成田くんの父親。
国広くんや、やよいちゃん＝杏の同級生。

1　――線部①における加奈の様子を説明したものとして、最も適当なものを次から選び、記号で答えよ。

ア　先生の言動に対して、慌てて言葉を取りつくろおうとする様子。
イ　先生の言動に対して、あせりつつ真意を質問しようとする様子。
ウ　先生の言動に対して、反抗してさらに文句を言おうとする様子。
エ　先生の言動に対して、あきらめずに交渉し続けようとする様子。

2　次の文は、――線部②における「私の気持ち」を説明したものである。［ Ⅰ ］には、本文中から最も適当な五字の言葉を抜き出して書き、［ Ⅱ ］には、十五字以内の言葉を考えて補い、文を完成させよ。

> 笹村先生が［ Ⅰ ］を返したのは、自分たちに現状を理解させ、［ Ⅱ ］きっかけを与えるためだったのだということに気づき、感謝する気持ち。

3　――線部③について、加奈の様子を説明したものとして、最も適当なものを次から選び、記号で答えよ。

ア　杏の言葉に落ち着きを取り戻して何事にも動揺しない様子。
イ　杏に助けられたことが恥ずかしくて責任を感じている様子。
ウ　先生との話を先に進められたことに安心して得意げな様子。
エ　先生の言葉に不安を感じて周りが見えなくなっている様子。

4　――線部④について、加奈たちがそのように考える理由を説明したものとして、最も適当なものを次から選び、記号で答えよ。

ア　文化祭の廃止は賛成だが、生徒たちに相談せずに決定されたのはおかしいと感じているように見えたから。
イ　文化祭の廃止は納得できないが、勉強時間が今までより減るのはおかしいと感じているように見えたから。
ウ　文化祭の実施は面倒だが、文化祭を一方的に取り上げられるのはおかしいと感じているように見えたから。
エ　文化祭の実施は無意味であるが、予算がないから中止にするのはおかしいと感じているように見えたから。

5　――線部⑤のときの杏の気持ちについて六十字以内で説明せよ。

り、つまらないって言うのに改善案を出さなかったり……そういうところが先生がたを失望させたんだと感じました。すみませんでした」

そこでみんな、「すみませんでした」を繰り返し、頭を下げる。視界の隅で偲与華《しょか》が成田くんの頭を押さえつけているのが見えた。成田くんはされるがままだったが、ぼそっと「すみませんでした」と言った。

先生はいくぶんか驚いたようで、いったん口を開いたが、すぐに閉じて何か考えこんでいるみたいだった。やがて静かに答える。「そうね、大筋は確かにそうよ」

全員が顔を上げ、先生を見る。

「でも、勘違いしないでほしいから言うけれど、私や小田原先生の『予算』って言葉は優しさからの嘘《うそ》じゃないわ。文化祭をやるにはそれに見合う予算が必要なの。つまり、あなたたちの文化祭の価値はゼロ円。それだけ」

加奈が口を閉ざした。予想以上にきつい言葉にひるんでしまったのだろう。生徒会室を緊張感が支配する。

でも……なんだか、あのときと似ている。

(注)おじさんが成田くんの部屋に来たときと同じ雰囲気だ。あのときおじさんは私たちに厳しいことを言いながらもアドバイスをくれたし、応援してくれた。おじさんが厳しいことを言ったのは、私たちをいじめたいからじゃない。きっと私たちに現状を理解させ、その先をしっかり考えさせるためだったんだと思う。そして笹村先生は、以前成田くんの説得をちゃんと聞いてくれた人だ。

なら、これは、あのときと同じだ。

説得は加奈に任せるはずだったけれど……思わず言葉が口からついて出た。

「本当のことを言ってくれて、ありがとうございます」

ほかのメンバーがぎょっとした目で私を見たが、②私の気持ちは本当だった。笹村先生は、私たちが対等に話すとっかかりを用意してくれたんだ。先生は値踏みをするように私たちを見た。その目が、『ここでだまるくらいなら受けつけないけど、この先説得できるならしてみなさい』と、そう語っているように見えた。加奈も同じことを感じたんだろう。彼女ははっとしたように、先生を見上げた。

「ご指摘、本当にありがとうございます。生徒はやる気をなくしていたんだと思います。私自身、こんな文化祭あってもなくても同じだ、と思ったこともあります。こんなのなんでやらせるんだ、って。でも、そうじゃないんですよね。大事なのは私たちの向上心と、自主性」

加奈は息を吸った。声がいつもの調子に戻りつつある。

「笹村先生。私たち、もう一度チャンスが欲しいんです。意義のある文化祭を作り、また次の世代に繋《つな》げていきたいって思うんです」

「でも、そう思っているのは今ここにいるあなたたちだけでしょう？」

③加奈は、もう負けない。

「ほかの生徒たちの意思はまだ確認していません。まず先生がたの許可をいただいたうえで、全生徒に文化祭のことを考えてもらう機会を作りたいと思っています」

「今まで不まじめだった人が、急にやる気になるかしら？」

「分かりません。でも五月に文化祭廃止が発表されたとき、④みんな不満そうでした。『勉強しなくていい時間を奪うな』って怒ってる人もいたけれど、でも、根本は違うことへの怒りだったと思います。私は、そこに『自分たちの文化祭なのにどうして』って気持ちがあったんだと信じています」

３　――線部②「互ひに争ひて取らず」とあるが、その理由を説明したものとして、最も適当なものを次から選び、記号で答えよ。

ア　親の銀を少し譲ろうという子の親切を、銀を預かった者が拒否したため、子もすべての銀の所有権を放棄しようとしたから。

イ　子も銀を預かった者も、親の遺志が確認できないため、銀の所有権が自分にあると考え、裁判で決着をつけようとしたから。

ウ　親が預けたという行為の受け止め方が、子と銀を預かった者との間で異なるため、お互いに銀は相手のものだと考えたから。

エ　遺産を独占するのは人の道に外れる行為であるため、子も銀を預かった者も、親の銀を相手と平等に分け合いたかったから。

４　次は、本文をもとに話し合っている先生と生徒の会話である。ただし、［Ⅰ］～［Ⅲ］に適当な言葉を補って会話を完成させよ。ただし、［Ⅰ］には本文中から最も適当な二字の言葉を抜き出して書き、［Ⅱ］・［Ⅲ］にはそれぞれ十字以内でふさわしい内容を考えて現代語で答えること。

先　生　「この話では、最終的に二人の僧が寺から追放されてしまいます。なぜ追放されたのか、考えてみましょう。」

生徒Ａ　「大覚連和尚が二人を戒めたとあるから、何か良くない行いをしたということだよね。」

生徒Ｂ　「それに対して、和尚の話に出てくる『ある俗』と『子』は、『［Ⅰ］』と評価されているね。」

生徒Ｃ　「『僧二人』と『ある俗』たちが対比されていると考えることができそうだね。」

生徒Ａ　「なるほど。そう考えると、冒頭の『僧二人、布施を争ひて』というのは、二人の僧が布施を［Ⅱ］と思って争ったということか。」

生徒Ｂ　「でも、二人は『割愛出家の沙門』のはずだよね。」

生徒Ｃ　「そうだね。それを踏まえて考えると、僧たちが［Ⅲ］点を和尚は戒めたのだね。仏道修行をする人としてあるまじき態度だから、寺の決まりに従って追放されたのだろうね。」

４　次の文章を読んで、あとの１～５の問いに答えなさい。

> 中学二年生の私（杏《あん》）は、生徒会の加奈や成田くん、偲与華《しょか》たちと文化祭（ながね祭）の廃止の撤回を求めて、笹村《ささむら》先生と話すことになった。

「笹村先生に、そして先生がたに聞いてほしいお話があります」

加奈が背筋を伸ばして言った。「文化祭のことです。私たち、どうしても来年からの廃止に納得がいかないんです」

先生は冷ややかな視線を私たちに向けた。「ああ、またその話。最近聞かなくなったと思ったら」先生はちらっと成田くんを見る。彼は無表情だ。

「いいわ、続けて」

「はいっ」加奈がこぶしを握る。緊張しているみたいだ。

「ええと……文化祭は、ながね祭は……十一年前生徒が立ち上げたイベントです。わが校の伝統です。それなのに、先生がたに一方的に奪われるのは、おかしいと感じました」

先生はしばらく反応をしなかった。加奈がだまりこんだのを見て、首をかしげる。

「それだけ？」

「い、いいえ！」加奈は①食い下がる。そして視線で私たちに目配せをした。本題が来る。私はどきどきしながら加奈の言葉を待つ。

「でも、私たち考えたんです。どうして文化祭が廃止になったのか。どうして先生がたは何も相談してくれなかったのか。それは私たち生徒に原因があると思いました、笹村先生や小田原先生は『予算の問題』と言っていたけれど……やる気を出さないでだらだらと資料を作った

3　次の文は、——線部②について説明したものである。[Ⅰ]には本文中から最も適当な六字の言葉を抜き出して書き、[Ⅱ]には二十字以内の言葉を考えて答えること。

> 進化の歴史の中で、各々の生物たちが戦って、[Ⅰ]を見つけるたびに変わり続けた結果行き着いた、[Ⅱ]自分だけの場所。

4　——線部③とあるが、それはなぜか。六十五字以内で説明せよ。

5　次の**ア**～**エ**は、生物の進化について四人の中学生が考えたものである。文章全体を通して述べられた筆者の考えに最も近いものを選び、記号で答えよ。

ア　昆虫Aは、黄色い花や白い花に集まりやすいという性質をもっていましたが、主に生息している場所の白い花が全て枯れてしまったため、黄色い花だけに集まるようになりました。

イ　魚Bは、生まれつき寒さに強いという性質を生かし、気候変動によって水温の低くなった川にすみ続けたところ、他の魚たちがいなくなって食物を独占できたので、巨大化しました。

ウ　鳥Cは、自分を襲う動物が存在しない島にすんでいたために飛んで逃げる必要がない上、海に潜る力をもっていたことで食物を地上でとらなくてよかったので、飛ばなくなりました。

エ　植物Dは、草丈が低いため、日光を遮る植物がいない場所で生きようとしたところ、そこは生物が多く行き交う場所だったので、踏まれても耐えられる葉や茎をもつようになりました。

3

次の文章を読んで、あとの**1**～**4**の問いに答えなさい。

唐《もろこし》の育王山(注)の僧二人、布施(注)《ふせ》を争ひてかまびすしかりければ（騒いでいたので）、アその寺の長老、大覚連和尚(注)《だいかくれんをしやう》、この僧を恥《はぢ》しめていはく（この僧二人を戒めて）、「イある俗、他人の銀《しろがね》を百両預かりて置きたりけるに、ウかの主死して後、エその子に是《これ》を与ふ。

子、是を取らず。『親、既に与へずして、①そこに寄せたり。それの物なるべし』といふ。かの俗、『我はただ預かりたるばかりなり。譲り得たるにはあらず。親の物は子の物とこそなるべけれ（子の物になるべきだ）』とて、また返しつ。②互ひに争ひて取らず、果てには官の庁（公の役所）にて判断を③こふに、『共に賢人なり』と。『いふ所当たれり。すべからく寺に寄せて、亡者の菩(注)《ぼ》提《だい》を助けよ』と判ず。この事、まのあたり見聞きし事なり（この話は、私が直接見聞きしたことである）。世俗塵労(注)《せぞくぢんらう》の俗士、なほ利養（利益）を貪《むさぼ》らず。割愛(注)《かつあい》出家の沙門《しやもん》の、世財を争はん」とて、法に任せて寺を追ひ出《いだ》してけり（寺の決まりに従って追放した）。

（「沙石集」による）

（注）　育王山＝中国浙江省《せっこうしょう》にある山。　布施＝仏や僧に施す金銭や品物。
大覚連和尚＝「大覚」は悟りを得た人の意。「連」は名前。
菩提＝死んだ後極楽浄土《ごくらくじょうど》（一切の苦悩がなく平和安楽な世界）に生まれかわること。
世俗塵労の俗士＝僧にならず、俗世間で生活する人。
割愛出家の沙門＝欲望や執着を断ち切って僧になり、仏道修行をする人。

1　——線部③「こふ」を現代仮名遣いに直して書け。

2　——線部①「そこ」とは誰のことを表すか。══線部**ア**～**エ**の中から一つ選び、記号で答えよ。

ア　その寺の長老　　**イ**　ある俗　　**ウ**　かの主　　**エ**　その子

は得意なことを探すことでもあります。苦手なことを無理してやる必要はありません。最後は、得意なところで勝負すればいいのです。しかし、得意なことを探すためには、すぐに苦手と決めて捨ててしまわないことが大切なのです。

　勝者は戦い方を変えません。その戦い方で勝ったのですから、戦い方を変えないほうが良いのです。負けたほうは、戦い方を考えます。そして、工夫に工夫を重ねます。負けることは、「考えること」です。そして、「変わること」につながるのです。負け続けるということは、変わり続けることでもあります。生物の進化を見ても、そうです。劇的な変化は、常に敗者によってもたらされてきました。

　古代の海では、魚類の間で激しい生存競争が繰り広げられたとき、戦いに敗れた敗者たちは、他の魚たちのいない川という環境に逃げ延びました。［a］、他の魚たちが川にいなかったのには理由があります。海水で進化をした魚たちにとって、塩分濃度の低い川は棲《す》めるような環境ではなかったのです。しかし、敗者たちはその逆境を乗り越えて、川に暮らす淡水魚へと進化をしました。

　しかし、川に暮らす魚が増えてくると、そこでも激しい生存競争が行われます。戦いに敗れた敗者たちは、水たまりのような浅瀬へと追いやられていきました。そして、敗者たちは進化をします。ついに陸上へと進出し、両生類へと進化をするのです。懸命に体重を支え、力強く手足を動かし陸地に上がっていく想像図は、未知の（注）フロンティアを目指す闘志にみなぎっています。しかし最初に上陸を果たした両生類は、［b］勇気あるヒーローではありません。追い立てられ、傷つき、負け続け、それでも「ナンバー1になれるオンリー1のポジション」を探した末にたどりついた場所なのです。

　やがて恐竜が繁栄する時代になったとき、小さく弱い生き物は、恐竜の目を逃れて、暗い夜を主な行動時間にしていました。と同時に、恐竜から逃れるために、聴覚や嗅覚などの感覚器官と、それを司《つかさど》る脳を発達させて、敏速な運動能力を手に入れました。そして、子孫を守るために卵ではなく赤ちゃんを産んで育児するようになりました。それが、現在、地球上に繁栄している哺乳類となるのです。

　人類の祖先は、森を追い出され草原に棲むことになったサルの仲間でした。恐ろしい肉食獣におびえながら、人類は二足歩行をするようになり、命を守るために知恵を発達させ、道具を作ったのです。

　生命の歴史を振り返ってみれば、進化を作りだしてきた者は、常に追いやられ、迫害された弱者であり、敗者でした。そして進化の頂点に立つと言われる私たち人類は、敗者の中の敗者として進化を遂げてきたのです。

（稲垣栄洋「はずれ者が進化をつくる　生き物をめぐる個性の秘密」による）

（注）滑空＝発動機を使わず、風の力、高度差、上昇気流などによって空を飛ぶこと。
　　フロンティア＝開拓地。

1　――線部①「の」と文法的に同じ用法のものを次の中から選び、記号で答えよ。

ア　私の書いた作文はこれだ。　　イ　この絵は美しい。
ウ　あれは僕の制服だ。　　エ　その鉛筆は妹のだ。

2　本文中の［a］・［b］にあてはまる語の組み合わせとして、最も適当なものを次から選び、記号で答えよ。

ア　（a　やはり　　b　あたかも）
イ　（a　もちろん　　b　けっして）
ウ　（a　たとえば　　b　ちょうど）
エ　（a　つまり　　b　ほとんど）

令和三年度　鹿児島県公立高校入試問題　国　語

（解答…231P）

1 次の1・2の問いに答えなさい。

1　次の――線部のカタカナは漢字に直し、漢字は仮名に直して書け。

(1)　米をチョゾウする。　(2)　畑をタガヤす。
(3)　絵をガクに入れる。　(4)　縁側で茶を飲む。
(5)　オリンピックを招致する。　(6)　包丁を研ぐ。

2　次の行書で書かれた漢字を楷書で書いたときの総画数を答えよ。

2 次の文章を読んで、あとの1～5の問いに答えなさい。

古代中国の思想家・孫子という人は「戦わずして勝つ」と言いました。孫子だけでなく、歴史上①の偉人たちは「できるだけ戦わない」という戦略にたどりついているのです。偉人たちは、どうやってこの境地にたどりついたのでしょうか。おそらく彼らはいっぱい戦ったのです。そして、いっぱい負けたのです。勝者と敗者がいたとき、敗者はつらい思いをします。どうして負けてしまったのだろうと考えます。どうやったら勝てるのだろうと考えます。彼らは傷つき、苦しんだのです。そして、ナンバー1になれるオンリー1のポジションを見つけたのです。そんなふうに「戦わない戦略」にたどりついたのです。

生物も、「戦わない戦略」を基本戦略としています。自然界では、激しい生存競争が繰り広げられます。生物の進化の中で、生物たちは戦い続けました。そして、各々《おのおの》の生物たちは、進化の歴史の中で②ナンバー1になれるオンリー1のポジションを見出《みいだ》しました。そして、「できるだけ戦わない」という境地と地位にたどりついたのです。

ナンバー1になれるオンリー1のポジションを見つけるためには、若い皆さんは戦ってもいいのです。そして、負けてもいいのです。たくさんのチャレンジをしていけば、たくさんの勝てない場所が見つかります。こうしてナンバー1になれない場所を見つけていくことが、最後にはナンバー1になれる場所を絞り込んでいくことになるのです。ナンバー1になれるオンリー1のポジションを見つけるために、負けるということです。

学校では、たくさんの科目を学びます。得意な科目も、苦手な科目もあることでしょう。得意な科目の中に苦手な単元があるかもしれませんし、苦手科目だからと言ってすべてが苦手なわけではなく、中には得意な単元が見つかるかもしれません。学校でさまざまなことを勉強するのは、多くのことにチャレンジするためでもあるのです。

苦手なところで勝負する必要はありません。嫌なら逃げてもいいのです。しかし、③無限の可能性のある若い皆さんは、簡単に苦手だと判断しないほうが良いかもしれません。

リスは、木をすばやく駆け上がります。しかし、リスの仲間のモモンガは、リスに比べると木登りが上手とは言えません。ゆっくりゆっくりと上がっていきます。しかし、モモンガは、木の上から見事に(注)滑空することができます。木に登ることをあきらめてしまっては、空を飛べることに気がつかなかったかもしれません。

人間でも同じです。小学校では、算数は計算問題が主です。しかし、中学や高校で習う数学は、難しいパズルを解くような面白さもあります。大学に行って数学を勉強すると、抽象的だったり、この世に存在しえないような世界を、数字で表現し始めます。もはや哲学のようです。計算問題が面倒くさいというだけで、「苦手」と決めつけてしまうと、数学の本当の面白さに出会うことはないかもしれません。勉強

令和３年度　鹿児島県公立高校入試問題　英　語　（解答…235Ｐ）

1　**聞き取りテスト**　放送の指示に従って，次の１～７の問いに答えなさい。英語は１から４は１回だけ放送します。５以降は２回ずつ放送します。メモをとってもかまいません。

1　これから，Justin と Keiko との対話を放送します。Keiko が将来なりたいものとして最も適当なものを下のア～エの中から一つ選び，その記号を書きなさい。

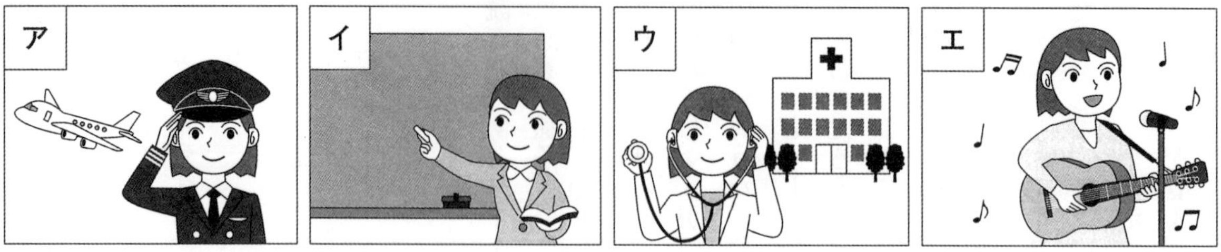

2　これから，Yumi と Alex との対話を放送します。二人が乗るバスが出発する時刻として最も適当なものを下のア～エの中から一つ選び，その記号を書きなさい。

ア　9:13　　イ　9:14　　ウ　9:30　　エ　9:40

3　これから，Saki と John との対話を放送します。二人は，友達の Lucy と一緒に図書館で勉強する予定の日について話しています。下はその対話の後に，Saki が Lucy と話した内容です。対話を聞いて，(　　　) に適切な英語１語を書きなさい。

Saki :　Hi, Lucy.　John wants to go to the library on (　　　).　Can you come on that day?
Lucy :　Sure!

4　これから，Hiroko が授業で行った発表を放送します。Hiroko は下の３枚の絵を見せながら発表しました。話の展開に従ってア～ウを並べかえ，その記号を書きなさい。

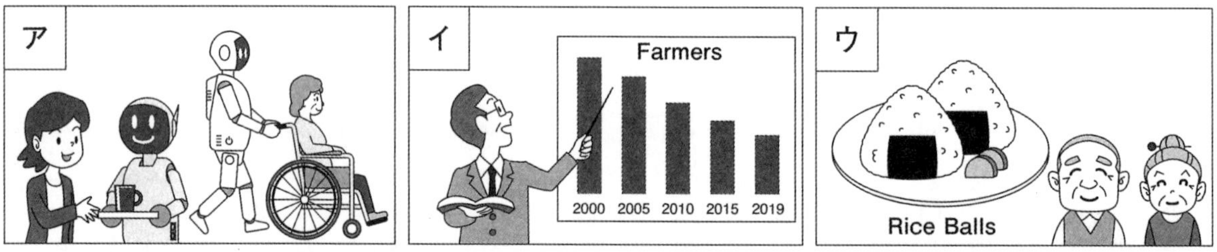

5　これから，授業中の先生の指示を放送します。下のア～エの中から，先生の指示にないものとして最も適当なものを一つ選び，その記号を書きなさい。

ア　発表の主題　　イ　発表の長さ　　ウ　発表する日　　エ　発表で使うもの

6　これから，Kazuki が宇宙センター (space center) で働く父親について授業で行ったスピーチを放送します。スピーチの後に，その内容について英語で二つの質問をします。(1)は質問に対する答えとして最も適当なものを下のア～エの中から一つ選び，その記号を書きなさい。(2)は英文が質問に対する答えとなるように，［　　　］に入る適切な英語を書きなさい。

(1)　ア　For five years.　　イ　For eight years.
　　ウ　For ten years.　　エ　For eleven years.

(2)　He has learned it is important to ［　　　　　　］.

7　これから，Olivia と Akira との対話を放送します。その中で，Olivia が Akira に質問をしています。Akira に代わってあなたの答えを英文で書きなさい。２文以上になってもかまいません。書く時間は１分間です。

2 次の１～４の問いに答えなさい。

1 次は，Akiko と留学生の Kevin との対話である。下の①，②の表現が入る最も適当な場所を対話文中の〈 ア 〉～〈 エ 〉の中からそれぞれ一つ選び，その記号を書け。

① Anything else ?	② Will you join us ?

Akiko : Kevin, we're going to have Hiroshi's birthday party next Sunday. 〈 ア 〉
Kevin : Yes, I'd love to. 〈 イ 〉
Akiko : Great. We're going to make a birthday card for him at school tomorrow. We will put our pictures on the card. 〈 ウ 〉
Kevin : Sounds nice. Should I bring my picture ?
Akiko : Yes, please.
Kevin : All right. 〈 エ 〉
Akiko : No, thank you. Let's write messages for him. See you then.
Kevin : See you.

2 次は，あるバスツアー(bus tour)の案内の一部と，それを見ている Rika と留学生の Emily との対話である。二人の対話がツアーの内容と合うように，(①)，(②)，(③) にはそれぞれ英語１語を，[④] には３語以上の英語を書け。

みどり町　わくわく無料バスツアー

1　日時　4月9日(土)　9時～17時
2　行程

9:00	みなと駅を出発	
9:30	ひばり城	— 人気ガイドによる特別講座 ～城の歴史にせまる～ — 絶景！ 天守閣から満開の桜を眺める
12:00	かみや商店街	— 話題の「かみや☆まち歩き」 (買い物・昼食含む)　※ 費用は各自負担
14:30	ながはまビーチ	— 好きな活動を一つ楽しもう (自由選択：魚釣り，バレーボール，サイクリング)
17:00	みなと駅に到着	

※ 当日は，**出発の20分前までに**みなと駅に集合してください。担当者がお待ちしています。

Rika : Emily, next Saturday is the first holiday since you came to our town, Midori-machi.
Emily : Yes. I want to go to many places in this town.
Rika : Please look at this. We can visit some places in our town together.
Emily : Oh, that's good. Rika, please tell me more about this tour.
Rika : OK. First, we will go to Hibari Castle. We can learn its (①). We can also see a lot of cherry blossoms ! Then, we will go to Kamiya Shopping Street. We can (②) around and enjoy shopping and lunch.
Emily : Sounds interesting. What will we do after that ?
Rika : We will go to Nagahama Beach. We will (③) one activity from fishing, playing volleyball, or riding a bike.
Emily : Wow, I can't wait. Oh, what time will the tour start ?
Rika : At nine. But [④] at Minato Station by eight forty.
Emily : OK. I'll go with you. It will be fun.

3　次は，ALT の Emma 先生と中学生の Yuji との対話である。対話が成り立つように，［　　　］に４語の英語を書け。

Emma : Yuji, you speak English very well. ［　　　］ do you have in a week ?
Yuji : We have four English classes. I enjoy studying English at school !

4　中学生の Riku のクラスはオーストラリアの中学生の Simon とビデオ通話（video meeting）をすることになった。しかし，Simon がメールで提案してきた日は都合がつかなかったので，Riku は次の内容を伝える返信メールを書くことにした。

> ①　提案してきた11月15日は文化祭（the school festival）のため都合がつかない。
> ②　代わりに11月22日にビデオ通話をしたい。

Riku になったつもりで，次の**《返信メール》**の［　　　］に，上の①，②の内容を伝える20語程度の英語を書け。２文以上になってもかまわない。なお，下の［　　　］の指示に従うこと。

《返信メール》

> Dear Simon,
>
> Thank you for sending me an email, but can you change the day of the video meeting ?
> ［　　　　　　　　　　　　］ Please write to me soon.
>
> Your friend,
> Riku

> ※ 一つの下線に１語書くこと。
> ※ 短縮形（I'm や don't など）は１語として数え，符号（, や ? など）は語数に含めない。
> （例１）　No,　I'm　not.　【３語】　　（例２）　It's　March　30　today.　【４語】

3　次の I ～ III の問いに答えなさい。

I　次は，イギリスに留学している Taro が見ているテレビ番組表の一部である。これをもとに，1，2の問いの答えとして最も適当なものを，それぞれ下のア～エの中から一つ選び，その記号を書け。

11:30	**Green Park** A baby elephant learns to walk with her mother.
12:30	**Visiting Towns** A famous tennis player visits a small town.
14:00	**Music !　Music !　Music !** Popular singers sing many songs.
15:00	**Try It !** Ricky decides to make a new soccer team.
16:30	**Find Answers** Which team wins the game ?
18:00	**News London** The news, sports, and weather from London.

1　Taro wants to learn about animals. Which program will he watch ?
ア　Green Park　　イ　Visiting Towns　　ウ　Try It !　　エ　Find Answers

2　Taro wants to watch a program about the news of the soccer games. What time will the program begin ?
ア　11:30　　イ　12:30　　ウ　14:00　　エ　18:00

Ⅱ　中学生の Takeshi が書いた次の英文を読み，あとの問いに答えよ。

My mother is an English teacher at a high school. Her friend, Mr. Jones, was going to leave Japan soon. So she planned a party for him at our house the next month. She said to me, “Will you join the party ?”

I couldn’t say yes right away because I knew I couldn’t speak English well. I thought talking with people in English was difficult for me. So I practiced with my mother at home. She said, “You must say ‘Pardon ?’ or ‘Would you say that again, please ?’ when you don’t understand questions. It is important to say something when you don’t understand.” I sometimes said “Pardon ?” when I couldn’t understand my mother’s questions. She also showed me how to ask questions.

Finally, the day came ! On the morning of the party, I was nervous because I didn’t think my English was better. Mr. Jones came and the party began at two in the afternoon.

He asked me many questions. I said “Pardon ?” when I couldn’t understand his question. He asked me the question again very slowly, so finally I understood. Then, I asked him some questions. He answered ! I was happy to talk with him. My mother looked happy, too. I felt ［　　　　］ was not difficult. Now I like English very much.

1　次の(1)，(2)の質問に対する答えを本文の内容に合うように英文で書け。

(1)　Why did Takeshi’s mother plan a party for Mr. Jones ?

(2)　How did Takeshi feel on the morning of the party ?

2　［　　　　］に入る最も適当な英語を本文中から５語で抜き出して英文を完成させよ。

Ⅲ　次の英文は，中学生の Koharu が，鹿児島中央駅の JR 利用者数と鹿児島県内のバス利用者数について英語の授業で行った発表である。これをもとに，Koharu が使用したグラフを下の**ア**～**エ**の中から二つ選び，発表した順に記号で書け。

Good morning, everyone. Do you like trains and buses ? I love them. Now I’m going to talk about the number of people who used them from 2009 to 2014. Please look at this graph*. Many people used JR trains at Kagoshima Chuo Station. We can find the biggest change from 2010 to 2011. In 2011, about fifteen million people used trains. The Kyushu Shinkansen started running from Kagoshima Chuo Station to Hakata Station that year. So I think many people began to use the Shinkansen. Now, I’m going to talk about buses. Please look at the next graph. Many people used buses, but the number of bus users* went down almost every year. I think many people used cars. Thank you for listening.

注　graph　グラフ　　users　利用者

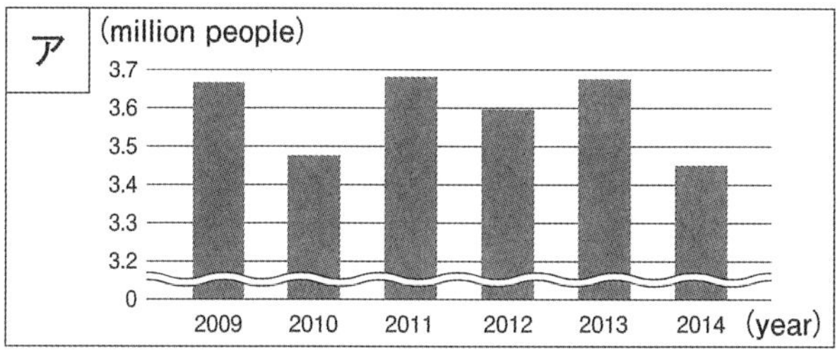

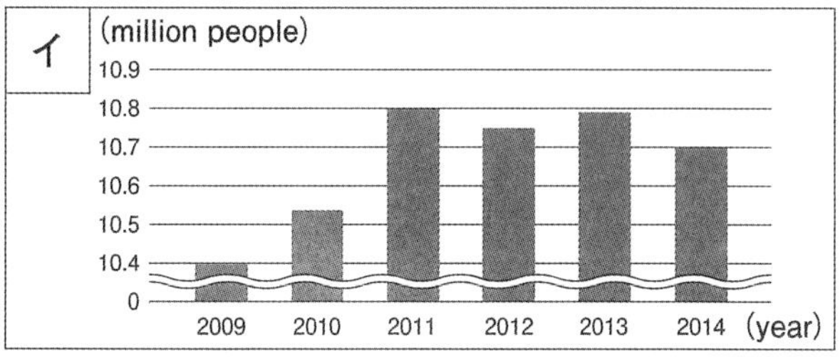

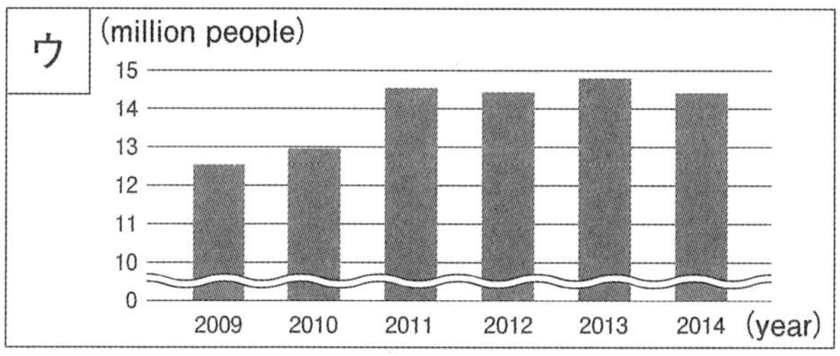

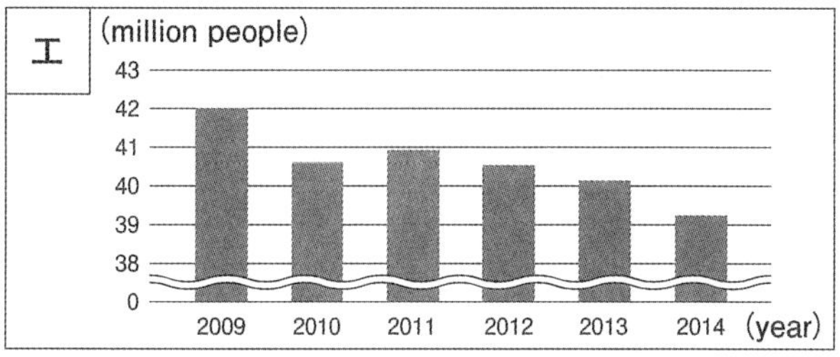

（鹿児島市「鹿児島市公共交通ビジョン改定版」から作成）　※　グラフのタイトルは省略

4 次の英文を読み，１～７の問いに答えなさい。

Amy was a junior high school student who lived in a small town in Australia. She came from the USA last month because her father started working in Australia. She was not happy because she had no friends at her new school, but soon [①]. It was a wild* bird — a rainbow lorikeet*. He had beautiful colors on his body — blue, yellow, green, and orange. He often came to the balcony*. One weekend, she put some pieces of bread on the balcony for him. He came and ate them. Amy was happy.

The next Monday at school, Amy found some of the same kind of bird in the trees. When she was looking at them, one of her classmates came and spoke to her. "Those birds are beautiful. Are you interested in birds? Hi, my name is Ken. Nice to meet you." "Hi, I'm Amy. I found one in my garden, too. I named him Little Peter. I love him very much," said Amy. "Oh, do you? You can see the birds around here all year. They eat nectar and pollen from blossoms*. I know what plants they like, so I grow* them in my garden. Rainbow lorikeets are very friendly." "I see," said Amy. She was excited to learn a lot about the birds.

Amy and Ken often talked about animals at school. They became good friends. Amy wanted Ken to know that she and Little Peter were good friends, too. So, one afternoon, she said to Ken, "Little Peter loves me. He rides on my hand." "Oh, he isn't afraid of you." "No, he isn't. Little Peter is cute, and I give him bread every day." Ken was surprised and said, "Bread? It's not good to give bread to wild birds." Amy didn't understand why Ken said so. She said, "But Little Peter likes the bread I give him." He said, "Listen. You should not give food to wild birds." "What do you mean?" she said. Ken continued, "Well, there are two reasons. First, if people give food to wild birds, they will stop looking for food. Second, some food we eat is not good for them." Amy said, "But Little Peter is my friend. He eats bread from my hand." "If you want to be a true friend of wild birds, you should grow plants they like. That is the only way!" Ken got angry and left the classroom. Amy was shocked*.

That night, Amy went to the balcony. She thought, "Ken was angry. Little Peter may get sick if I keep giving him bread. I may lose both friends, Ken and Little Peter." She became (②).

The next morning at school, Amy saw Ken. She thought, "Ken knows a lot about wild animals. He must* be right." She went to Ken and said with all her courage*, "I'm sorry, Ken. I was wrong. I will never give food to Little Peter again." Ken smiled and said, "That's OK. You just didn't know." Amy said, "Rainbow lorikeets are not our pets. Now I know we should only [③]. Then we can make good friends with them." "That's right. Here you are." Ken gave her a book about wild animals. "I read this book every day, but it's yours now. If you read this book, you can learn how to become friends with wild animals." "Thank you, Ken," Amy smiled.

注　wild　野生の　　rainbow lorikeet　ゴシキセイガイインコ（羽が美しいインコ）
balcony　バルコニー，ベランダ　　nectar and pollen from blossoms　花のミツと花粉
grow　～を育てる　　shocked　ショックを受けて　　must　～に違いない
with all her courage　勇気をふりしぼって

1　次のア～ウの絵は，本文のある場面を表している。話の展開に従って並べかえ，その記号を書け。

2　［　①　］に入る最も適当なものを下のア～エの中から一つ選び，その記号を書け。

ア　she found one in a garden tree
イ　she saw a cute bird at a pet shop
ウ　she made friends with some girls
エ　she was very glad to meet Ken

3　Ken はなぜ野鳥に食べ物を与えてはいけないと考えているのか，その理由を日本語で二つ書け。

4　（　②　）に入る最も適当なものを下のア～エの中から一つ選び，その記号を書け。

ア　angry　　イ　brave　　ウ　happy　　エ　worried

5　［　③　］に入る最も適当な英語を本文中から4語で抜き出して英文を完成させよ。

6　本文の内容に合っているものを，下のア～オの中から二つ選び，その記号を書け。

ア　Amy came to Australia because she loved wild animals.
イ　Amy wanted Ken to know that Little Peter was her friend.
ウ　Rainbow lorikeets sometimes travel abroad to find their food.
エ　Ken thought that people could make friends with wild animals.
オ　Little Peter left Amy's garden, and Amy lost her friend, Ken.

7　次は，本文の最後の場面から数日後の Amy と Ken との対話である。Amy に代わって，［　　　］に15語程度の英語を書け。2文以上になってもかまわない。なお，下の［　　　］の指示に従うこと。

Amy :　I read the book you gave me.　Thank you.
Ken :　You're welcome.　Was it interesting ?
Amy :　Yes.　There are a lot of things we can do for wild animals in our lives.
Ken :　Oh, you've got new ideas.　Can you give me an example ?
Amy :　［　　　　　　　　　　］
Ken :　That's a good idea, Amy!　We should make the world a better place for wild animals.　In high school, I want to study many things about protecting animals.
Amy :　Me, too !

※　一つの下線に1語書くこと。
※　短縮形（I'm や don't など）は1語として数え，符号（，や？など）は語数に含めない。
（例）　No,　I'm　not.　【3語】

令和3年度　鹿児島県公立高校入試問題　社　会

（解答…239Ｐ）

1　次のⅠ～Ⅲの問いに答えなさい。答えを選ぶ問いについては一つ選び，その記号を書きなさい。

Ⅰ　次の緯線と経線が直角に交わるようにかかれた略地図を見て，1～6の問いに答えよ。

1　略地図中のⓦは三大洋の一つである。ⓦの名称を**漢字**で書け。

2　略地図中に同じ長さの ├─┤ で示した**ア**～**エ**のうち，地球上での実際の距離が最も長いものはどれか。

3　略地図中のⓧでは，氷河によってけずられた谷に海水が入りこんでできた奥行きの長い湾がみられる。この地形を何というか。

4　略地図中の**カンボジアの拡大図**に関して，**資料1**の10月10日の**L**湖の面積が，4月13日に比べて大きくなっている理由を，**資料2**を参考にして書け。ただし，**L**湖がある地域の気候に影響を与える風の名称を明らかにすること。

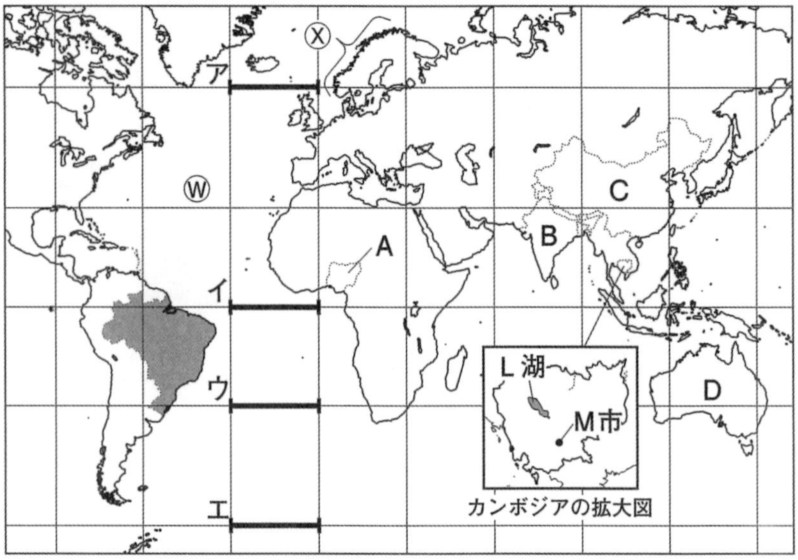

カンボジアの拡大図

資料1　**L**湖の日付別の面積

4月13日	10月10日
約3,300 km²	約11,600 km²

（JAXA資料から作成）

資料2　**M**市の月別降水量

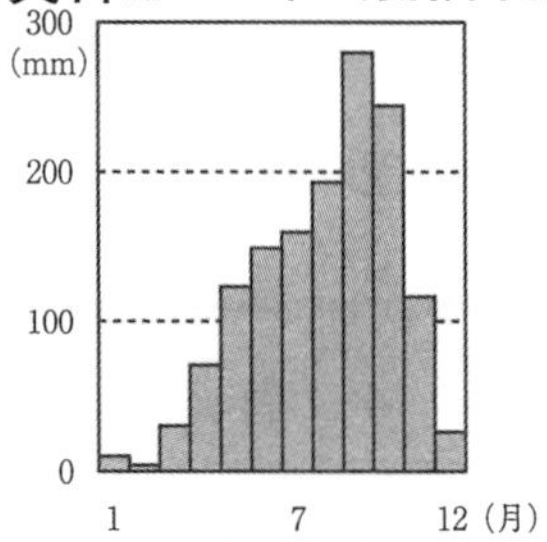

（理科年表から作成）

5　略地図中の**A**～**D**国の産業について述べた次の**ア**～**エ**の文のうち，**C**国について述べた文として，最も適当なものはどれか。

ア　ボーキサイトや石炭などの資源が豊富で，北西部に大規模な露天掘りの鉄山がみられる。

イ　英語を話せる技術者が多く，南部のバンガロールなどでは情報技術産業が成長している。

ウ　南部の沿岸地域で原油の産出が多く，国の貿易輸出総額の7割近くを原油が占めている。

エ　税金などの面で優遇される経済特区を沿岸部に設け，外国企業を積極的に誘致している。

6　**資料3**は，ある中学生のグループが略地図中の ▒▒ で示された国について調べたレポートの一部である。**資料3**の［　Y　］，［　Z　］に適することばを補い，これを完成させよ。ただし，［　Z　］には**吸収**ということばを使うこと。

資料3

写真は，この国のガソリンスタンドのようすです。ガソリンとエタノールのどちらも燃料として使える車が普及しているそうです。この国でのエタノール生産の主な原料は［　Y　］です。このような植物を原料としてつくられる燃料をバイオエタノールといいます。これはバイオ燃料の一種です。

【バイオエタノールの生産と利用】

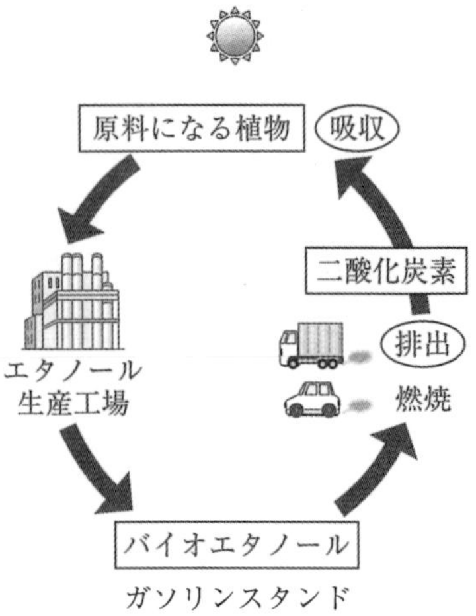

【バイオ燃料の良い点】

①　化石燃料と違い，枯渇の心配がなく再生可能である。

②　右の図のようにバイオ燃料は，燃やしても，［　Z　］と考えられており，地球温暖化対策になる燃料として注目されている。

【バイオ燃料の課題点】

①　栽培面積の拡大により，環境を破壊してしまう恐れがある。

②　過度に増産すると，食糧用の農作物の供給が減って食糧用の農作物の価格が高騰する恐れがある。

Ⅱ　次の略地図を見て，１～５の問いに答えよ。

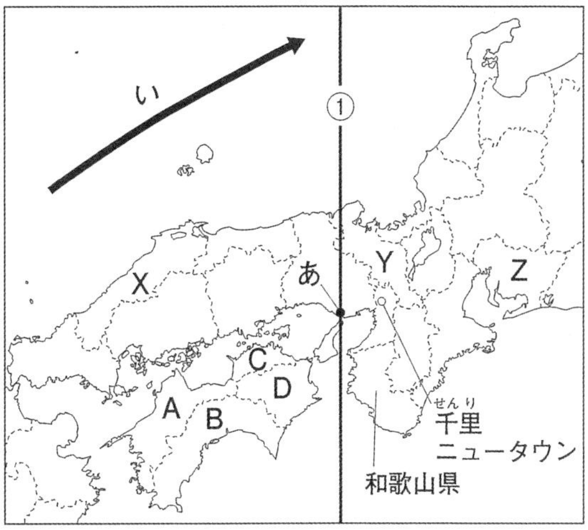

１　略地図中の経線①は日本標準時子午線（東経135度）である。この標準時子午線が通る兵庫県の都市**あ**の名称を**漢字**で書け。

２　略地図中の矢印**い**で示した海流名を**漢字**で書け。

３　**資料１**は，略地図中の**和歌山県**で生産が盛んなある果実の都道府県別の生産割合を示したものである。この果実の名称を答えよ。

　また，**資料１**の中にある［　　］にあてはまる県は略地図中の**A**～**D**のうちどれか。

資料１

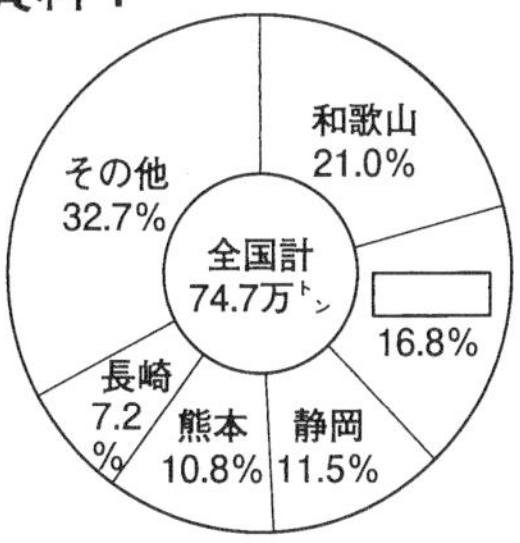

統計年次は2019年
（農林水産省資料から作成）

４　**資料２**は，略地図中の**X**～**Z**の府県の15歳以上の就業者数に占めるいくつかの業種の就業者割合を示したものである。**Z**にあてはまるものは**ア**～**ウ**のうちどれか。

資料２

	農林水産業	製造業	宿泊・飲食サービス業
ア	2.1%	25.3%	5.4%
イ	2.1%	15.9%	6.6%
ウ	7.8%	13.3%	5.3%

統計年次は2015年（総務省統計局資料から作成）

５　略地図中の**千里ニュータウン**は，主に1960年代に建設され，同じような若い年代の人たちが入居した。**資料３**，**資料４**を見た先生と生徒の会話の［　　　　］に適することばを，**資料３**，**資料４**を参考にして書け。

先生：千里ニュータウンは，ある時期に全国を上回るスピードで高齢化率が上昇しています。どのような原因が考えられますか。
生徒：**千里ニュータウン**ができたころに入居した人たちがほぼ同時期に65歳以上になったことと，［　　　　］ことが原因だと思います。
先生：**千里ニュータウン**の高齢化率を計算するときの65歳以上の人口だけでなく，**千里ニュータウン**の人口全体について，それぞれ考えたのですね。最近は，さまざまな取り組みが行われ，高齢化率の上昇は緩やかになり，人口も増え始めています。

資料３　千里ニュータウンと全国の高齢化率の推移および千里ニュータウンの人口の推移

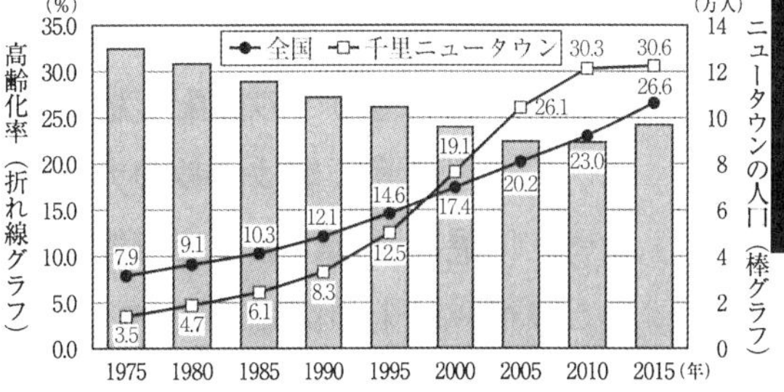

資料４　千里ニュータウンの年齢層別の人口構成の推移

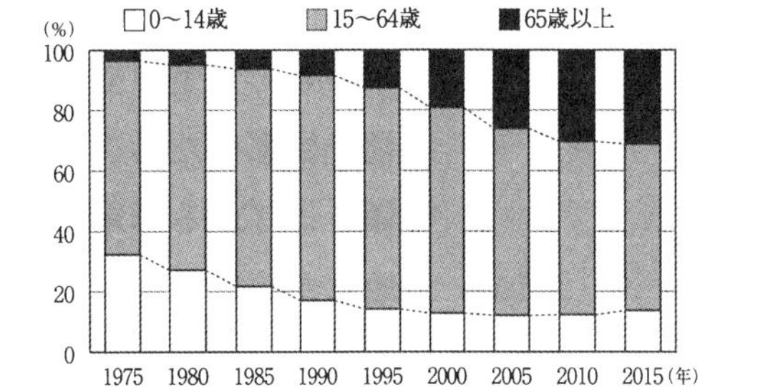

（**資料３**，**４**は吹田市資料および豊中市資料などから作成）

Ⅲ　社会科の授業で先生から「福岡市の七つの区について，各区の人口密度を計算し，その結果を地図に表してみよう。」という課題が出された。ある生徒は，**図１**に示された七つの区のうち，五つの区について**表**のように人口密度を計算し，その結果を**図２**のように表した。残りの**南区**，**早良区**について，**図１**と**表**をもとに**図２**中の**凡例**に従って解答欄の地図を完成させよ。

図１　福岡市の区

表

区名	人口（人）	面積（km^2）	人口密度（人/km^2）
東　区	306,015	69.4	4,409.4
博多区	228,441	31.6	7,229.1
中央区	192,688	15.4	12,512.2
南　区	255,797	31.0	
城南区	130,995	16.0	8,187.2
早良区	217,877	95.9	
西　区	206,868	84.2	2,456.9

統計年次は2015年（福岡市資料から作成）

図２　生徒が途中まで作成したもの

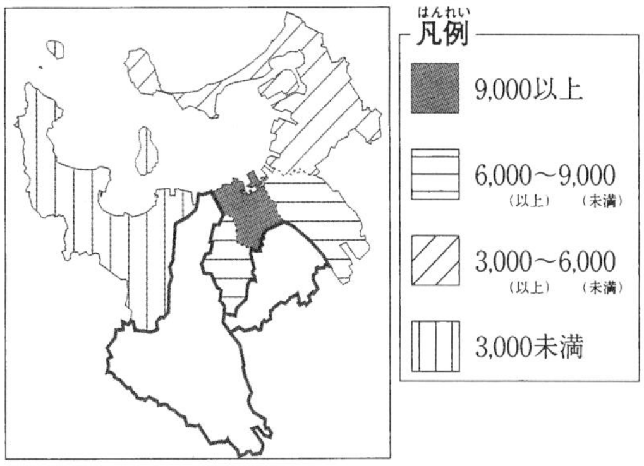

2 次のⅠ～Ⅲの問いに答えなさい。答えを選ぶ問いについては一つ選び，その記号を書きなさい。

Ⅰ 次の略年表を見て，１～７の問いに答えよ。

世紀	主 な で き ご と
5	ⓐ大和政権（ヤマト王権）の大王が中国の南朝にたびたび使いを送る
7	中大兄皇子や中臣鎌足らが大化の改新とよばれる政治改革を始める ―――― A
11	白河天皇が位をゆずって上皇となったのちも政治を行う ［　　］ を始める
14	京都の室町に御所を建てたⓑ足利義満が南北朝を統一する ―――― B
16	大阪城を築いて本拠地としたⓒ豊臣秀吉が全国を統一する ―――― C
18	天明のききんがおこって，ⓓ百姓一揆や打ちこわしが急増した

１ ［　　］ にあてはまる最も適当なことばを**漢字**で書け。

２ ⓐに関して，大和政権（ヤマト王権）の勢力が広がるにつれて，各地の豪族も**資料１**のような形の古墳などをつくるようになった。**資料１**のような形の古墳を何というか。

資料１

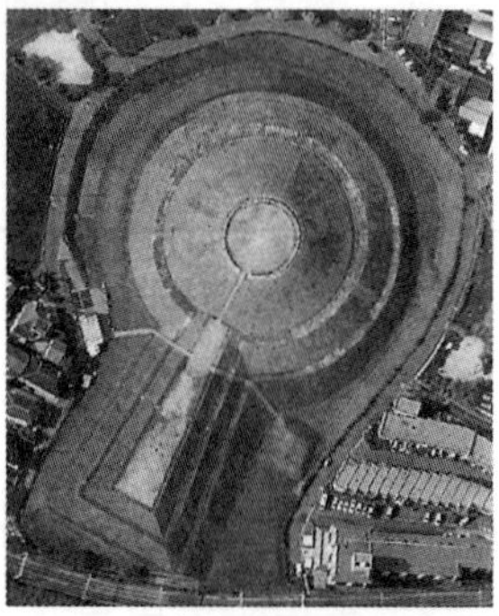

（地理院地図から作成）

３ ＡとＢの間の時期におこった次の**ア**～**エ**のできごとを年代の古い順に並べよ。

ア 征夷大将軍になった坂上田村麻呂は，蝦夷《えみし》の主な拠点を攻め，東北地方への支配を広げた。

イ 聖武天皇は仏教の力で国家を守ろうと，国ごとに国分寺と国分尼寺，都に東大寺を建てた。

ウ 武士の活躍をえがいた軍記物の「平家物語」が，琵琶法師によって語り伝えられ始めた。

エ 壬申の乱に勝って即位した天武天皇は，天皇を中心とする国家づくりを進めた。

４ ⓑに関して，室町幕府の政治について述べた文として，最も適当なものはどれか。

ア 将軍のもとで老中や若年寄，各種の奉行などが職務を分担した。

イ 執権が御家人たちをまとめ，幕府を運営していくようになった。

ウ 管領とよばれる将軍の補佐役には，有力な守護が任命された。

エ 太政官が政策を決定し，その下の八つの省が実務を担当した。

５ ⓒに関して，豊臣秀吉に仕え，わび茶の作法を完成させたのはだれか。

６ ＢとＣの間の時期におこった世界のできごととして，最も適当なものはどれか。

ア ルターが宗教改革を始めた。　　**イ** アメリカ独立戦争がおこった。

ウ ムハンマドがイスラム教をおこした。　　**エ** 高麗が朝鮮半島を統一した。

７ ⓓに関して，次の文の ［　　　］ に適することばを補い，これを完成させよ。

資料２は，江戸時代の百姓一揆の参加者が署名した，からかさ連判状である。参加者が円形に名前を記したのは，［　　　］ ためであったといわれている。

資料２

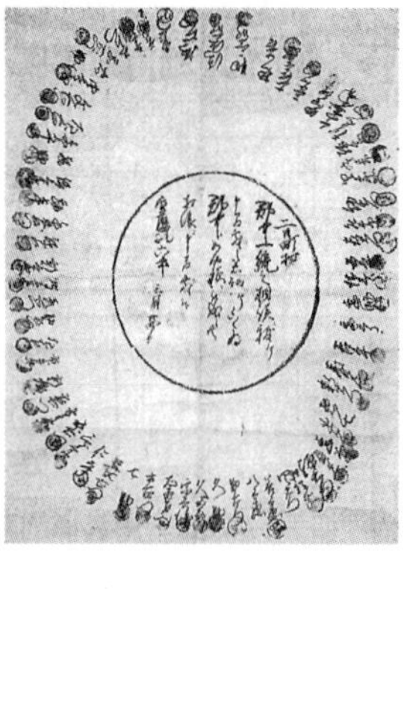

Ⅱ　次は，ある中学生が「日本の近現代」についてまとめたものの一部である。**1**～**6**の問いに答えよ。

> 長州藩はⓐ江戸幕府の外交政策に反対する尊王攘夷運動の中心となっていた。しかし，1864年にⓑイギリスをはじめとする四国連合艦隊からの攻撃を受け，敗北した長州藩は，列強に対抗できる強い統一国家をつくるため，幕府をたおそうと考えるようになった。

> ⓒ明治時代に政府は欧米諸国に対抗するため，富国強兵の政策を進めた。1880年代からは軽工業を中心に産業革命の時代をむかえた。重化学工業では，日清戦争後に北九州に建設された官営の［　①　］で1901年に鉄鋼の生産が始まった。

> 日本は1951年に48か国と［　②　］平和条約を結び，翌年に独立を回復した。その後もⓓさまざまな国と外交関係を築いた。経済は，1950年代半ばまでに戦前の水準をほぼ回復し，その後，ⓔ高度経済成長が1970年代初めにかけて続いた。

1　［　①　］，［　②　］にあてはまる最も適当なことばを書け。

2　ⓐに関して，日本とアメリカとの間で下田，函館の２港を開港することなどを取り決めた条約を**漢字**で書け。

3　ⓑに関して，**資料**は，イギリスが関係したある戦争のようすをあらわしている。この戦争の原因についてまとめた次の文の［　　　　］に適することばを補い，これを完成させよ。

資料

> イギリスは，清から大量の茶を輸入していたが，自国の綿製品は清で売れず，清との貿易は赤字であった。その解消のためにイギリスは，インドで［　　　　］。それに対して，清が取りしまりを強化したため，イギリスは戦争をおこした。

4　ⓒに関して，この時代におこった日本のできごとを次の**ア**～**エ**から三つ選び，年代の古い順に並べよ。

ア　第１回帝国議会を開いた。　　**イ**　財政安定のために地租改正を実施した。
ウ　ロシアとの間でポーツマス条約を結んだ。　　**エ**　中国に対して二十一か条の要求を出した。

5　ⓓに関して，日本とある国との外交関係について述べた次の文の［　X　］，［　Y　］にあてはまることばの組み合わせとして，最も適当なものはどれか。

> 1956年，鳩山一郎内閣によって［　X　］が調印され，国交が回復した。しかし，この国との［　Y　］をめぐる問題は未解決のままである。

ア（**X**　日ソ共同宣言　　**Y**　北方領土）　**イ**（**X**　日ソ共同宣言　　**Y**　小笠原諸島）
ウ（**X**　日中共同声明　　**Y**　北方領土）　**エ**（**X**　日中共同声明　　**Y**　小笠原諸島）

6　ⓔに関して，この時期におこった世界のできごととして，最も適当なものはどれか。

ア　国際社会の平和と安全を維持するため，国際連合が発足した。
イ　アメリカが介入したことにより，ベトナム戦争が激化した。
ウ　ベルリンを東西に分断していたベルリンの壁が取りこわされた。
エ　イラクのクウェート侵攻をきっかけに，湾岸戦争がおこった。

Ⅲ　**資料**は，1914年度から1935年度にかけての日本の軍事費の推移を示したものである。**A**の時期に軍事費が減少している理由として考えられることを，当時の国際情勢をふまえて書け。ただし，**第一次世界大戦**，**ワシントン会議**ということばを使うこと。

資料

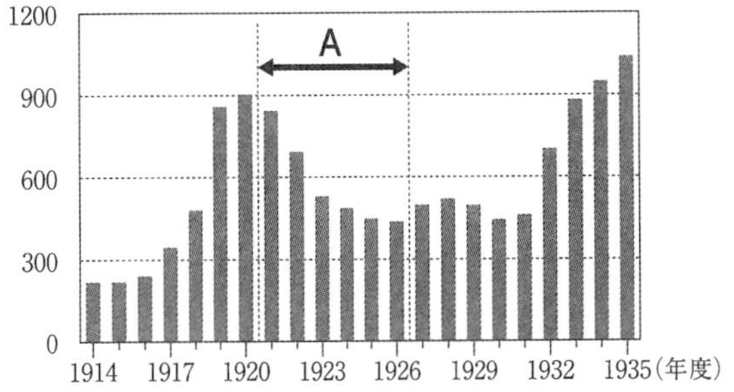

(数字で見る日本の100年から作成)

3 次のⅠ～Ⅲの問いに答えなさい。答えを選ぶ問いについては一つ選び，その記号を書きなさい。

Ⅰ 次は，ある中学生が社会科の授業で「日本国憲法の三つの基本原理」について学習した際の振り返りシートの一部である。1～5の問いに答えよ。

■ 学習を通してわかったこと

国民主権	基本的人権の尊重	平和主義
ⓐ日本国憲法では，主権者は私たち国民であり，国民が政治のあり方を決める力をもっていることが示されています。	私たちが自由に人間らしく生きていくことができるように，平等権，自由権，社会権などのⓑ基本的人権が侵すことのできない永久の権利として保障されています。	ⓒ第二次世界大戦での経験をふまえ，日本国憲法は，戦争を放棄して世界の恒久平和のために努力するという平和主義をかかげています。

■ 学習を終えての感想

先日，ⓓ県知事選挙が行われました。私も18歳になったらⓔ選挙で投票することができます。主権者の一人として政治や社会のことに関心をもち，お互いの人権が尊重され，平和な社会が実現できるように行動していこうと思いました。

1 ⓐに関して，次は日本国憲法の一部である。□にあてはまる最も適当なことばを，**資料1**を参考にして書け。

第98条
この憲法は，国の□であつ《(っ)》て，その条規に反する法律，命令，詔勅《しょうちょく》及び国務に関するその他の行為の全部又は一部は，その効力を有しない。

資料1　法の構成

憲法を頂点として，すべての法が位置づけられている。

2 ⓑに関して，次のア～ウは，人権保障のあゆみの中で重要なことがらについて説明したものである。ア～ウを年代の古い順に並べよ。

ア 「人間に値する生存」の保障などの社会権を取り入れたワイマール憲法が制定された。
イ 人権を保障するために各国が守るべき基準を明らかにした世界人権宣言が採択された。
ウ 人は生まれながらに自由で平等な権利をもつことをうたったフランス人権宣言が出された。

3 ⓒに関して，日本は，核兵器による被爆国として，非核三原則をかかげている。その三原則を，解答欄の書き出しのことばに続けて書け。

4 ⓓに関して，知事の選出方法は，内閣総理大臣の選出方法とは異なっている。知事と内閣総理大臣の選出方法の違いについて，解答欄の書き出しのことばに続けて書け。

5 ⓔに関して，**資料2**は，先生が，授業で示したある仮想の議会における選挙について黒板にまとめたものである。**資料2**から読み取れることとして，最も適当なものは下の**ア**～**エ**のうちどれか。

資料2

ある仮想の議会における選挙

議員定数は5人であり，小選挙区制によって選出するものとします。

三つの政党が選挙区Ⅰ～Ⅴにそれぞれ1人の候補者を立て，ほかに候補者はいなかったものとします。

投票率は有権者数に対する投票者数の割合です。ただし，各選挙区の投票者数は得票数の合計と等しいものとします。

選挙の結果

選挙区	有権者数	各候補者の得票数		
		○○党	△△党	□□党
Ⅰ 区	1000人	320票	200票	120票
Ⅱ 区	800人	200票	220票	100票
Ⅲ 区	500人	170票	50票	30票
Ⅳ 区	750人	150票	180票	40票
Ⅴ 区	950人	360票	150票	110票
合 計	4000人	1200票	800票	400票

ア 過半数の議席を獲得する政党はない。
イ 選挙区間の一票の格差は最大2倍である。
ウ すべての政党が議席を獲得できる。
エ すべての選挙区をあわせた投票率は70％である。

Ⅱ　次は，ある中学生の会話の一部である。１～５の問いに答えよ。

Aさん：この図をおぼえている？「キャッシュレス・ポイント還元事業」ってあったよね。このあいだの授業で先生が，「これをきっかけにⓐ現金をあまり使わなくなって，この前もマスクを電子マネーで買ったよ。」という話をしてくれたね。
Bさん：マスクを買うのが大変だった時期もあったね。マスク不足を補うために，マスクのⓑ製造に新たに参加した企業も複数あったね。ⓒ景気がこれからどうなっていくのか分からないけれど，企業を支援するさまざまな対策が必要になるかもね。
Aさん：そういえば，災害支援のボランティアに参加した企業が新聞で紹介されていたよ。ⓓ企業の社会的責任の一つとして，地域に貢献しているんだね。
Bさん：地域にある企業が，ⓔ雇用を増やすことで地域に貢献することもできるね。

図

CASHLESS

1　ⓐに関して，**資料**は日本で流通している貨幣（通貨）の割合を表しており，現金以外にも通貨があることがわかる。**資料**中の［　　　］にあてはまる通貨名として，最も適当なことばを書け。

資料　**日本の通貨の構成比率**

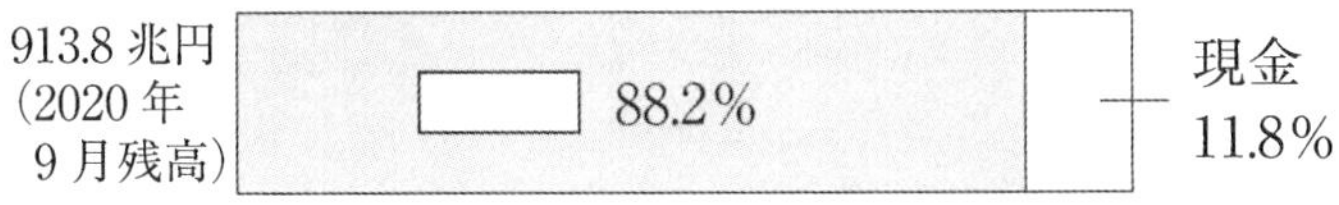

（日本銀行資料から作成）

2　ⓑに関して，消費者の保護・救済のため，商品の欠陥などで消費者が被害を受けたとき損害賠償の責任を製造する企業に負わせることを定めた法律を何というか。

3　ⓒに関して，政府は次のような財政政策を行うことで，景気を安定させることができる。文中の［X］，［Y］にあてはまることばの組み合わせとして，最も適当なものはどれか。

> 政府は不景気（不況）の時に財政政策として公共投資を［X］させ企業の仕事を増やし，［Y］を実施して企業や家計の消費活動を刺激する。

ア（X　減少　Y　増税）　イ（X　減少　Y　減税）
ウ（X　増加　Y　増税）　エ（X　増加　Y　減税）

4　ⓓに関して，「企業の社会的責任（CSR）」に基づく企業の活動について述べた文として，最も適当なものはどれか。
ア　持続可能な社会を実現するため，環境によい商品の開発に積極的に取り組む。
イ　企業の規模をより大きくするため，株主への配当金をなるべく少なくなるように抑える。
ウ　消費者保護のために，生産者同士で生産量や価格を事前に取り決めておく。
エ　社会に不安を与えないよう，会社の状況や経営に関する情報をなるべく公開しない。

5　もしもの時に備え，社会に安心・安全を提供するしくみをセーフティネット（安全網）という。ⓔに関するセーフティネット（安全網）として，国や地方公共団体が行っている取り組みを一つあげて説明せよ。ただし，解答欄の書き出しのことばに続けて書け。

Ⅲ　トラブルを調整し，互いに納得できる解決策をつくっていく際には，効率や公正の面から検討することが大切である。

あるスーパーマーケットでは，**図１**のように，客がレジに自由に並んでいたが，客からの「出入口に近いレジだけがいつも混んでいる。」，「混んでいないレジに並んだが，前の客の会計に時間がかかり，あとから他のレジに並んだ客のほうが早く会計を済ませていた。改善してほしい。」といった要望が多かった。そのため，**図２**のように客が一列に整列したうえで順次空いたレジへ進む方法に変更した結果，客からも好評であった。どのような点が好評だったと考えられるか，**効率**，**公正**ということばを使い，**40字以上50字以内**で書け。

図１

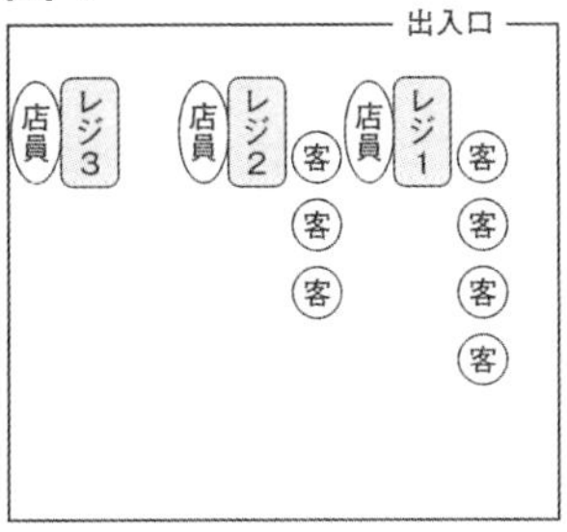

図２

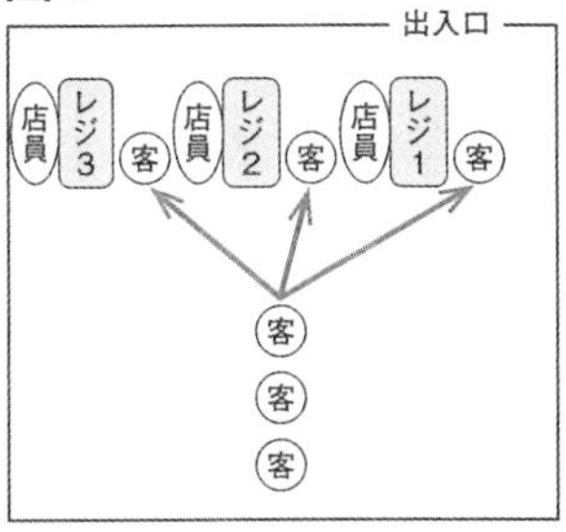

令和３年度　鹿児島県公立高校入試問題　数　学

（解答…242Ｐ）

1　次の１～５の問いに答えなさい。

１　次の(1)～(5)の問いに答えよ。

(1)　$5 \times 4 + 7$ を計算せよ。

(2)　$\frac{2}{3} - \frac{3}{5} \div \frac{9}{2}$ を計算せよ。

(3)　$\sqrt{6} \times \sqrt{8} - \frac{9}{\sqrt{3}}$ を計算せよ。

(4)　4 km を 20 分で走る速さは時速何 km か。

(5)　正四面体の辺の数は何本か。

2 xについての方程式 $7x - 3a = 4x + 2a$ の解が $x = 5$ であるとき，aの値を求めよ。

3 右の図は，3つの長方形と2つの合同な直角三角形でできた立体である。この立体の体積は何 cm^3 か。

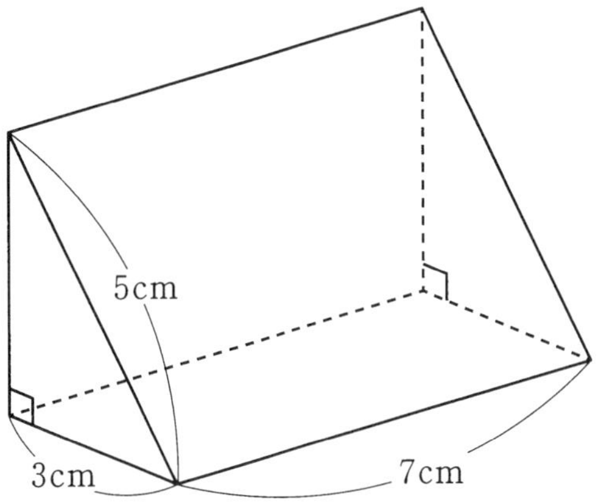

4 28にできるだけ小さい自然数nをかけて，その積がある自然数の2乗になるようにしたい。このとき，nの値を求めよ。

5 下の表は，平成27年から令和元年までのそれぞれの桜島降灰量を示したものである。次の □ にあてはまるものを下の**ア**〜**エ**の中から1つ選び，記号で答えよ。

令和元年の桜島降灰量は，□ の桜島降灰量に比べて約47％多い。

年	平成27年	平成28年	平成29年	平成30年	令和元年
桜島降灰量（g/m^2）	3333	403	813	2074	1193

（鹿児島県「桜島降灰量観測結果」から作成）

ア 平成27年　**イ** 平成28年　**ウ** 平成29年　**エ** 平成30年

2 次の1～5の問いに答えなさい。

1 右の図において，4点A，B，C，Dは円Oの周上にあり，線分ACは円Oの直径である。$\angle x$の大きさは何度か。

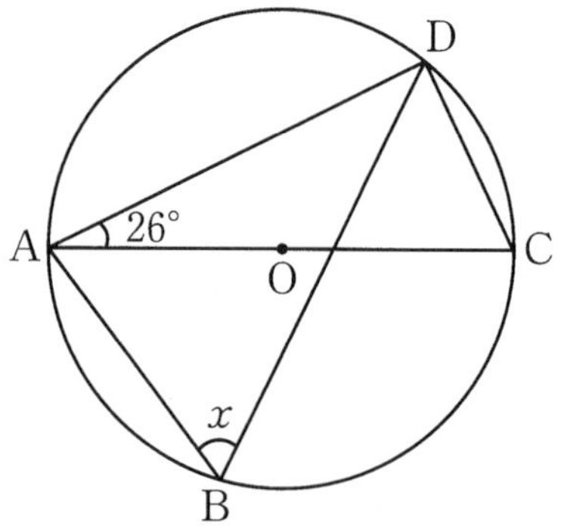

2 大小2つのさいころを同時に投げるとき，出た目の数の和が10以下となる確率を求めよ。

3 $(x+3)^2-2(x+3)-24$ を因数分解せよ。

4 右の図において，正三角形ABCの辺と正三角形DEFの辺の交点をG，H，I，J，K，Lとするとき，△AGL ∽ △BIHであることを証明せよ。

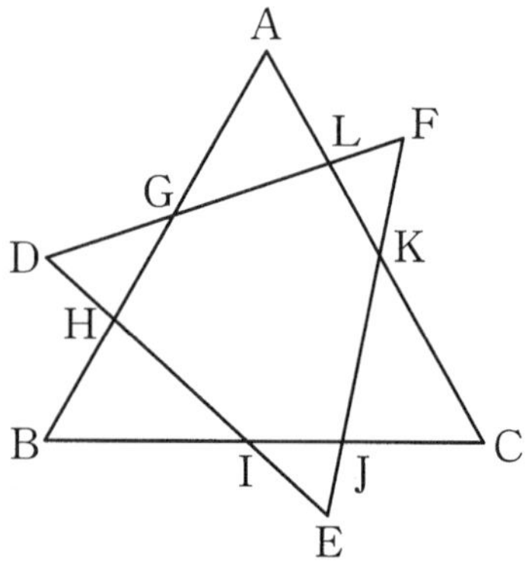

5 ペットボトルが5本入る1枚3円のMサイズのレジ袋と，ペットボトルが8本入る1枚5円のLサイズのレジ袋がある。ペットボトルが合わせてちょうど70本入るようにMサイズとLサイズのレジ袋を購入したところ，レジ袋の代金の合計は43円であった。このとき，購入したMサイズとLサイズのレジ袋はそれぞれ何枚か。ただし，Mサイズのレジ袋の枚数をx枚，Lサイズのレジ袋の枚数をy枚として，その方程式と計算過程も書くこと。なお，購入したレジ袋はすべて使用し，Mサイズのレジ袋には5本ずつ，Lサイズのレジ袋には8本ずつペットボトルを入れるものとし，消費税は考えないものとする。

3 Aグループ20人とBグループ20人の合計40人について，ある期間に図書室から借りた本の冊数を調べた。このとき，借りた本の冊数が20冊以上40冊未満である16人それぞれの借りた本の冊数は以下のとおりであった。また，下の**表**は40人の借りた本の冊数を度数分布表に整理したものである。次の**1**～**3**の問いに答えなさい。

> 借りた本の冊数が20冊以上40冊未満である16人それぞれの借りた本の冊数
>
> 21，22，24，27，28，28，31，32，
>
> 32，34，35，35，36，36，37，38 （冊）

表

階級(冊)	度数(人)
0 以上 ～ 10 未満	3
10 ～ 20	5
20 ～ 30	a
30 ～ 40	10
40 ～ 50	b
50 ～ 60	7
計	40

1 a，b にあてはまる数を入れて**表**を完成させよ。

2 40人の借りた本の冊数の中央値を求めよ。

3 **図**は，Aグループ20人の借りた本の冊数について，度数折れ線をかいたものである。このとき，次の(1)，(2)の問いに答えよ。

(1) Aグループ20人について，40冊以上50冊未満の階級の相対度数を求めよ。

図

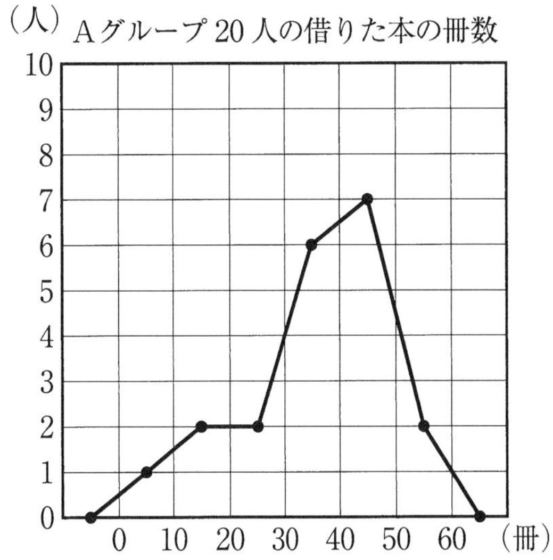

(2) 借りた本の冊数について，AグループとBグループを比較したとき，必ずいえることを下の**ア**～**エ**の中からすべて選び，記号で答えよ。

ア 0冊以上30冊未満の人数は，AグループよりもBグループの方が多い。

イ Aグループの中央値は，Bグループの中央値よりも大きい。

ウ **表**や**図**から読み取れる最頻値を考えると，AグループよりもBグループの方が大きい。

エ AグループとBグループの度数の差が最も大きい階級は，30冊以上40冊未満の階級である。

4 以下の会話文は授業の一場面である。次の**1**〜**3**の問いに答えなさい。

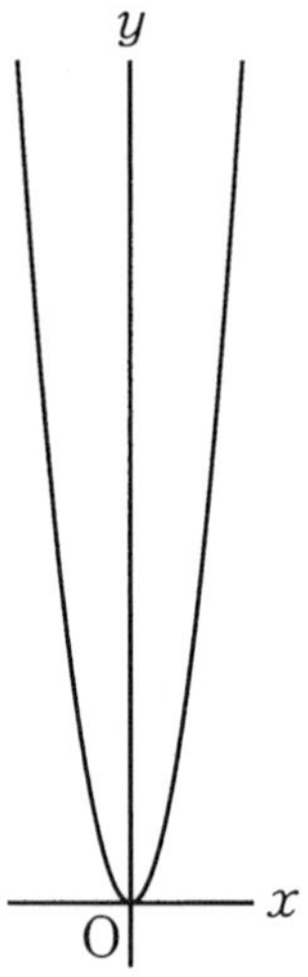

先　生：今日は放物線上の3点を頂点とした三角形について学びましょう。
　　　　その前にまずは練習問題です。右の図の関数 $y=2x^2$ のグラフ上に点Aがあり，点Aの x 座標が3のとき，y 座標を求めてみましょう。

ゆうき：y 座標は [ア] です。

先　生：そうですね。それでは，今日の課題です。

【課題】

> 関数 $y=2x^2$ のグラフ上に次のように3点A，B，Cをとるとき，△ABCの面積を求めよう。
> ・点Bの x 座標は点Aの x 座標より1だけ大きい。
> ・点Cの x 座標は点Bの x 座標より1だけ大きい。

　　　　たとえば，点Aの x 座標が1のとき，点Bの x 座標は2，点Cの x 座標は3ですね。

ゆうき：それでは私は点Aの x 座標が -1 のときを考えてみよう。このときの点Cの座標は [イ] だから…よしっ，面積がでた。

しのぶ：私は，直線ABが x 軸と平行になるときを考えてみるね。このときの点Cの座標は [ウ] だから…面積がでたよ。

先　生：お互いの答えを確認してみましょう。

ゆうき：あれ，面積が同じだ。

しのぶ：点Aの x 座標がどのような値でも同じ面積になるのかな。

ゆうき：でも三角形の形は違うよ。たまたま同じ面積になったんじゃないの。

先　生：それでは，同じ面積になるか，まずは点Aの x 座標が正のときについて考えてみましょう。点Aの x 座標を t とおいて，△ABCの面積を求めてみてください。

1 [ア] にあてはまる数を書け。

2 [イ]，[ウ] にあてはまる座標をそれぞれ書け。

3 会話文中の下線部について，次の(1)，(2)の問いに答えよ。

(1) 点Cの y 座標を t を用いて表せ。

(2) △ABCの面積を求めよ。ただし，求め方や計算過程も書くこと。
　また，点Aの x 座標が正のとき，△ABCの面積は点Aの x 座標がどのような値でも同じ面積になるか，求めた面積から判断し，解答欄の「同じ面積になる」，「同じ面積にならない」のどちらかを ◯ で囲め。

5 下の**図1**は，「麻《あさ》の葉《は》」と呼ばれる模様の一部分であり，鹿児島県の伝統的工芸品である薩摩《さつま》切子《きりこ》にも使われている。また，図形ABCDEFは正六角形であり，図形①～⑥は合同な二等辺三角形である。次の**1**～**3**の問いに答えなさい。

1 図形①を，点Oを回転の中心として180°だけ回転移動（点対称移動）し，さらに直線CFを対称の軸として対称移動したとき，重なる図形を②～⑥の中から，1つ選べ。

図1

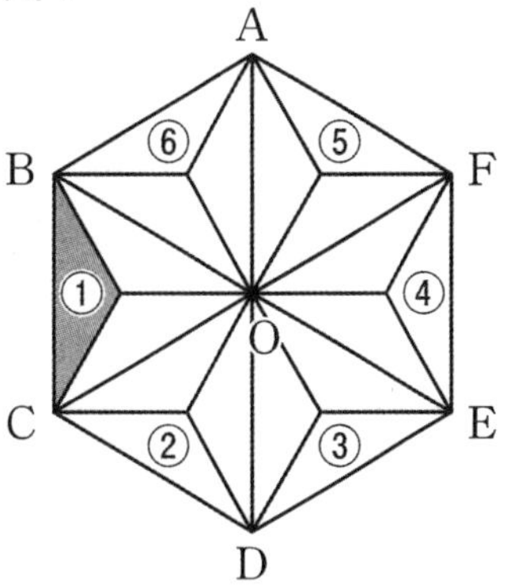

薩摩切子《さつまきりこ》

2 **図2**の線分ADを対角線とする正六角形ABCDEFを定規とコンパスを用いて作図せよ。ただし，作図に用いた線は残しておくこと。

図2

3 **図3**は，1辺の長さが4 cmの正六角形ABCDEFである。点Pは点Aを出発し，毎秒1 cmの速さで対角線AD上を点Dまで移動する。点Pを通り対角線ADに垂直な直線をℓとする。直線ℓと折れ線ABCDとの交点をM，直線ℓと折れ線AFEDとの交点をNとする。このとき，次の(1)～(3)の問いに答えよ。

図3

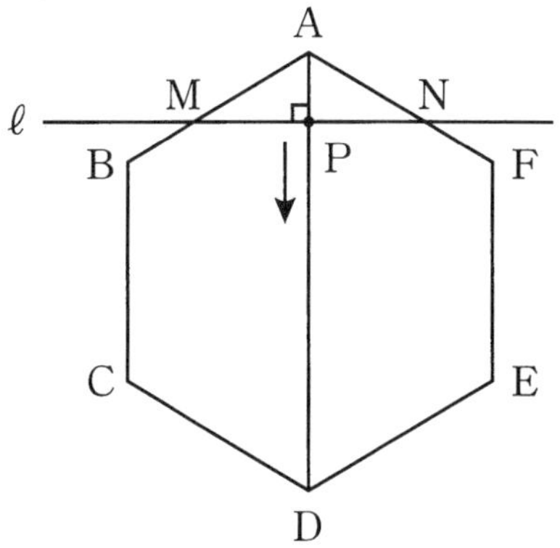

(1) 点Pが移動し始めてから1秒後の線分PMの長さは何cmか。

(2) 点Pが移動し始めてから5秒後の△AMNの面積は何cm²か。

(3) 点Mが辺CD上にあるとき，△AMNの面積が$8\sqrt{3}$ cm²となるのは点Pが移動し始めてから何秒後か。ただし，点Pが移動し始めてからt秒後のこととして，tについての方程式と計算過程も書くこと。

令和6年度　公立高校入試実戦問題　第1回　理　科　（解答…246P）

1　次の各問いに答えなさい。答えを選ぶ問いについては記号で答えなさい。

1　雷などのように，たまっていた静電気が，空間を一気に流れる現象を何というか。

2　火山噴出物である，火山灰や火山弾，火山ガスや溶岩は，すべて何がもととなってできているか。

3　図1の植物はゼニゴケである。この植物のなかまについて説明したものとして最も適当なものはどれか。

ア　雌株の子房の中に胚珠があり，胚珠が成長して種子になる。

イ　乾燥に強く，日当たりのよい場所を好むものが多い。

ウ　葉，茎，根の区別がなく，維管束がない。

エ　シダ植物といい，胞子でふえる。

図1

4　水を電気分解したときの化学変化を化学反応式で表せ。

5　図2のように，ろうそく，凸レンズ，スクリーンを一直線に並べ，凸レンズの位置を変えずに像のでき方を調べたところ，ろうそくをA点に置くとC点に置いたスクリーンにろうそくと同じ大きさの実像ができた。また，ろうそくをB点よりも凸レンズに近づけると，スクリーンの位置を変えても実像はできなかった。スクリーンに実物よりも大きな実像をつくる方法をまとめた文中の①，②について，それぞれ正しいものはどれか。

図2

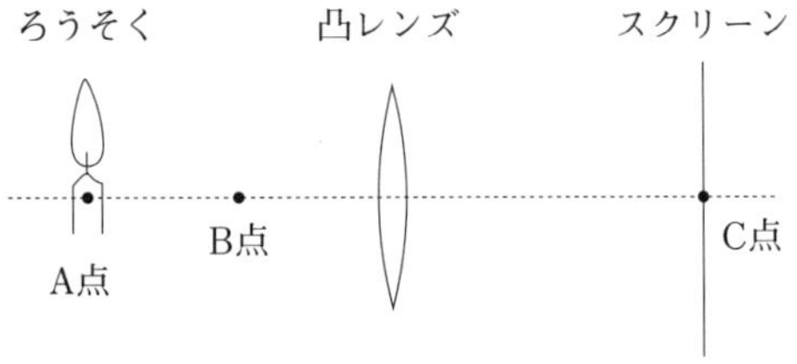

ろうそくを①（ア　A点よりも凸レンズから遠ざけ　　イ　A点とB点の間に置き），スクリーンをC点よりも②（ア　凸レンズに近づける　　イ　凸レンズから遠ざける）。

6　見通しのよい場所で空を見わたしたところ，雨や雪は降っておらず，空全体の約半分が雲におおわれていた。このときの天気の天気図記号をかけ。

7　バッタやカブトムシなどの昆虫類やエビやカニなどの甲殻類は，からだが外骨格でおおわれ，からだとあしに節がある。このように，外骨格をもち，節がある無セキツイ動物を何というか。

8　物質は温度によって「固体」，「液体」，「気体」の３つの状態に変化する。表は，物質A～Dが－20℃，60℃，110℃のとき，どの状態にあるかを表したものである。それぞれの物質の沸点や融点の関係などについて説明したものとして，正しいものをすべて選べ。

表

	－20℃	60℃	110℃
A	固体	固体	固体
B	固体	液体	液体
C	固体	液体	気体
D	液体	液体	気体

ア　A～Dの中に50℃で気体の物質がある。

イ　A～Dの中で最も融点が低いのはAである。

ウ　Dの融点は－20℃より低い。

エ　BとCではBの方が沸点が高い。

2 次のⅠ，Ⅱの各問いに答えなさい。答えを選ぶ問いについては記号で答えなさい。

Ⅰ　アルミニウムのかんに半分の高さまでくみ置きの水を入れ，部屋の温度とかんの温度を測定したところ，どちらも26℃であった。次に，**図**のように，かんの中の水をかき混ぜながら，氷水を少しずつ入れると，露点が20℃であった。**表**は，気温に対する飽和水蒸気量を示したものの一部である。

図

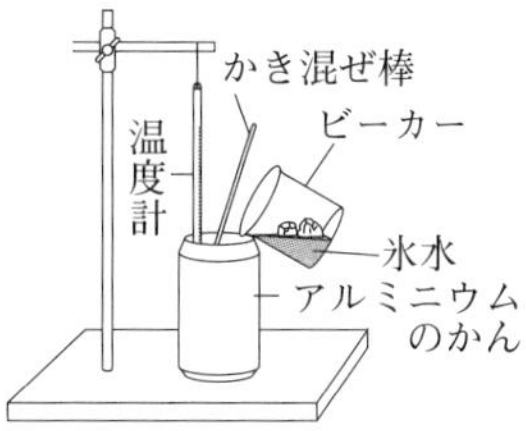

表

気温〔℃〕	飽和水蒸気量〔g/m³〕
16	13.6
18	15.4
20	17.3
22	19.4
24	21.8
26	24.4
28	27.2

1　実験でアルミニウムのかんを用いるのはなぜか。

ア　光を通さないから。　**イ**　熱を伝えやすいから。

ウ　かたくてじょうぶだから。　**エ**　水よりも密度が大きいから。

2　下線部について露点が20℃とわかったのは，かんにどのような変化が見られたからか。

3　実験を行ったときの部屋の湿度は何％か。小数第１位を四捨五入して整数で答えよ。

4　洗たく物が，湿度が高いほど乾きにくいのはなぜか。

Ⅱ　**図１**で示された地図上の地点A～Cで真下にボーリングして得られた試料を柱状図で表すと，**図２**のようになった。地点A～Dは，地図上で水平距離20mの正方形の頂点になる位置関係である。また，この地域には断層はなく，それぞれの地層が平行に重なっている。

図１

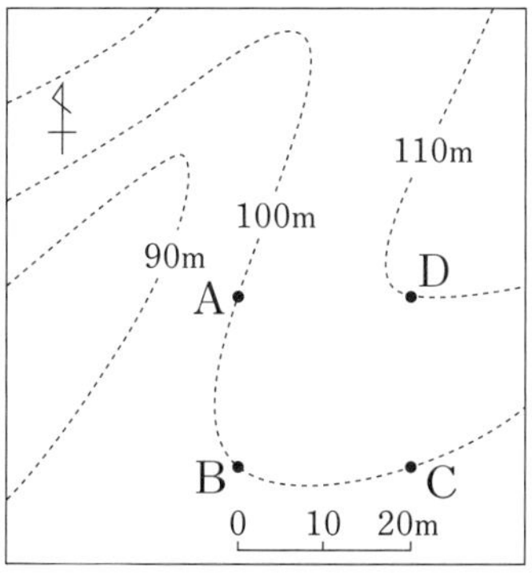

図２

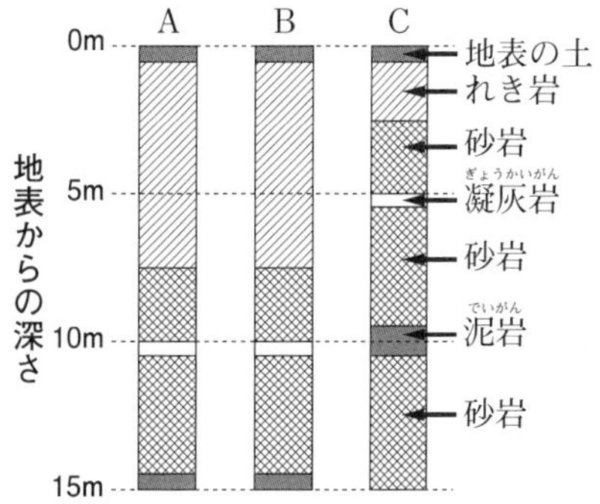

1　**図１**の地域では，シジミの化石が見つかり，この地域の地層が堆積した当時，河口や湖であったことがわかった。このように，地層が堆積した当時の環境がわかる化石を何というか。

2　地点Dで真下にボーリングすると地点A～Cと同じ凝灰岩の層があらわれるのは，地表から何mの深さか。

3　**図３**は，**図１**とは別の地域で採取した火山岩をルーペで観察し，スケッチしたものである。**図３**のXのような，火山岩にまばらにふくまれる比較的大きな黒色や白色の鉱物を何というか。

図３

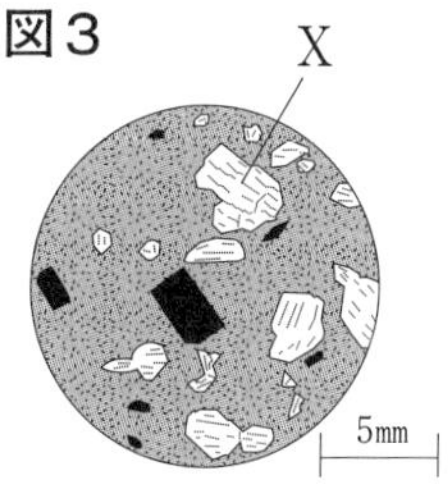

3 次のⅠ，Ⅱの各問いに答えなさい。答えを選ぶ問いについては記号で答えなさい。

Ⅰ　**図1**のように，厚紙の中央にコイルを差しこんでとめた装置をつくり，電流と磁界について調べるため，次の**実験**を行った。ただし，地球の磁界による影響は考えないものとする。

実験

①　**図1**の装置で，スイッチ②は開いたまま，スイッチ①を閉じた。すると，電圧計は6.0 V，電流計は0.50 Aを示した。

②　**図1**の装置で，スイッチ①は閉じたままで，スイッチ②を閉じた。このとき，電圧計は6.0 V，電流計は0.90 Aを示した。

図1

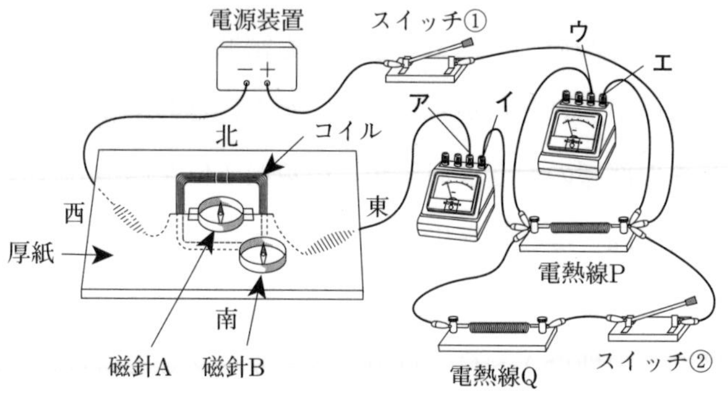

1　**図1**の**ア**～**エ**で，電流計の＋端子はどれか。

2　**実験**のとき，**図2**のように，磁針AのN極は南を指した。

図2

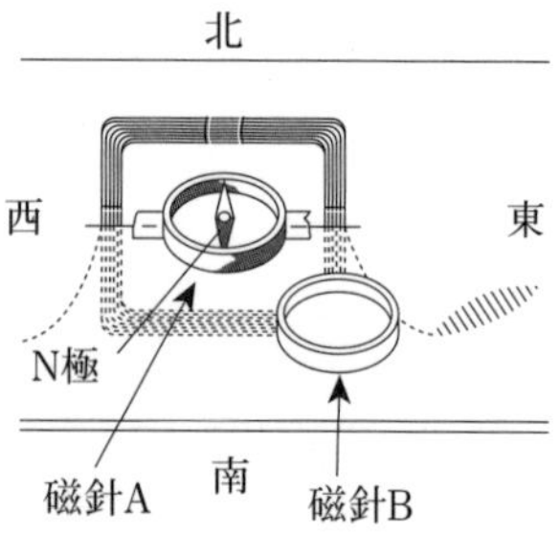

⑴　次の文中の①，②について，それぞれ正しいものはどれか。

> 磁界の向きにそって，①（**ア**　N極からS極　**イ**　S極からN極）に入るように矢印をつけて表した線を磁力線という。磁力の強いところでは，磁力線の間隔が②（**ア**　広く　　**イ**　せまく）なる。

⑵　**図2**の磁針Bのようすとして最も適当なものはどれか。

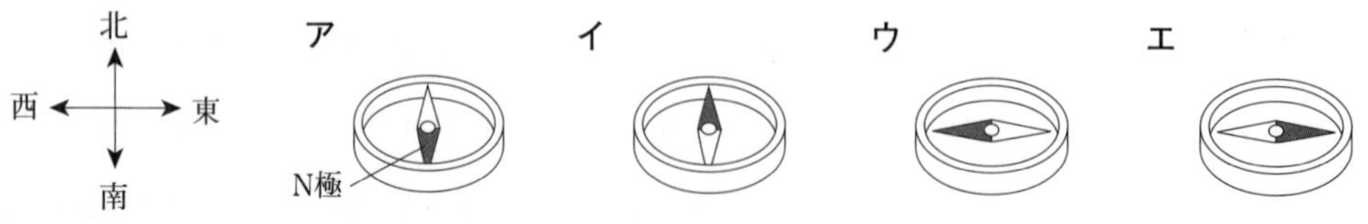

3　この**実験**で用いた電熱線Qの抵抗の大きさは何Ωか。

Ⅱ　図1のように，マイクとコンピュータを用いて，おんさA～Cの音を記録した。**図2**は，それぞれの音の波の形を示したものである。ただし，**図2**の横軸は時間，縦軸は振動の幅を表し，目盛りの間隔はすべて同じである。

図1

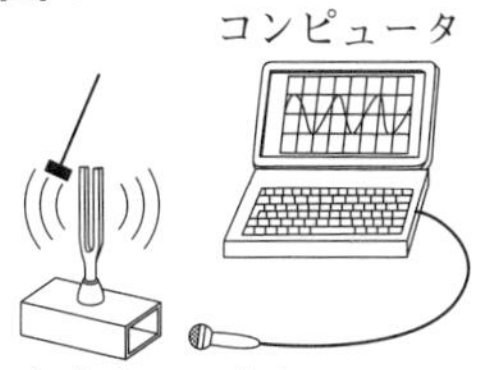

図2

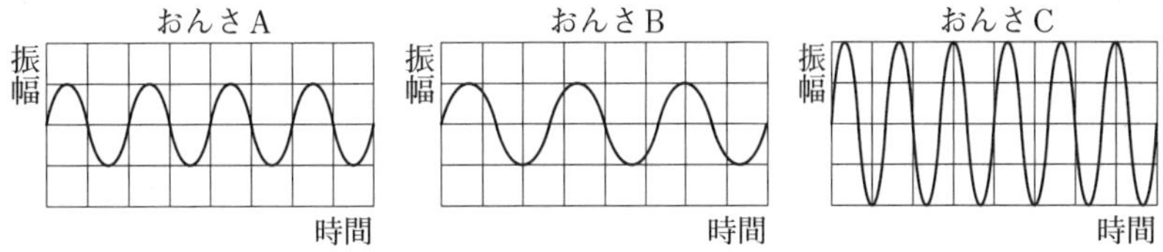

1　音は物体の中を波として伝わる。物体のすがたには，気体，液体，固体があるが，これらのうち，音を伝えるものをすべてあげているものはどれか。

ア　気体　　イ　気体，液体　　ウ　気体，固体　　エ　気体，液体，固体

2　実験でおんさAは1秒間に440回振動していた。おんさBは1秒間に何回振動しているか。

3　実験で，おんさAに比べて，おんさCはどのような音が出たか。音の大きさと高さに着目して書け。

4

次のⅠ，Ⅱの各問いに答えなさい。答えを選ぶ問いについては記号で答えなさい。

Ⅰ　たかしさんは，有機物であるデンプン，脂肪，タンパク質が，ヒトの体の中で消化され吸収される過程について調べた。**図**は，消化についてまとめた模式図である。

図

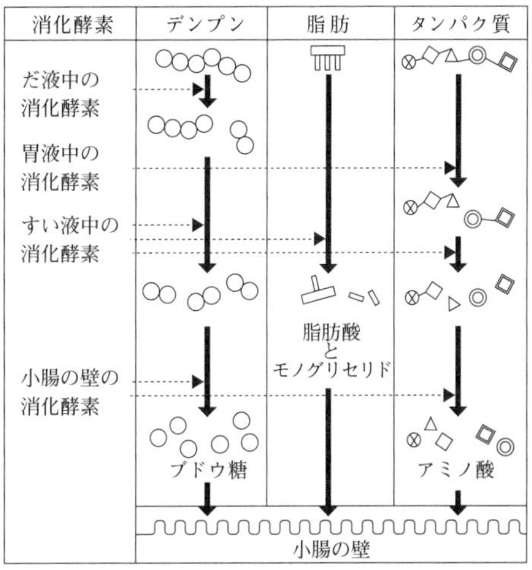

1　タンパク質を分解する胃液中の消化酵素はどれか。

ア　アミラーゼ　　イ　ペプシン

ウ　トリプシン　　エ　リパーゼ

2　次の文中の［ a ］，［ b ］にあてはまる最も適当なことばを書け。

> ヒトの消化液の多くは，消化酵素をふくんでおり，そのはたらきで食物を消化するが，中には消化酵素をふくまない消化液もある。［ a ］でつくられる胆汁は，消化酵素をふくまないが，［ b ］の消化を助けるはたらきがある。

3　**図**について，脂肪やタンパク質は，だ液中の消化酵素によっては分解されない。また，デンプンの分解の過程では，小腸の壁の消化酵素は，ブドウ糖が2つ結びついたものだけを分解する。これらのことは，消化酵素の性質によるものであるが，その性質とは何か。

4　**図**のように，消化されてできた物質は，小腸の壁にある柔毛で吸収される。このうち，柔毛の中の毛細血管に吸収される物質をすべて選べ。

ア　ブドウ糖　　イ　脂肪酸　　ウ　モノグリセリド　　エ　アミノ酸

Ⅱ　葉の枚数や大きさ，茎の長さや太さがほぼ同じツバキの枝を６本用意し，**図**のように，食紅で着色した水が一定量入ったメスシリンダーに枝をさした。次に，水面からの水の蒸発を防ぐために油をたらし，水面の位置に印をつけた。これを，次の**A**～**F**の条件で８時間置いた。**表**は，そのときの水の減少量を測定した結果である。なお，実験で使用するワセリンは水分を通さない性質をもつ。

図

A：すべての葉の表側にワセリンをぬり，光が当たるところに置く。
B：すべての葉の裏側にワセリンをぬり，光が当たるところに置く。
C：すべての葉を切りとって切り口にワセリンをぬり，光が当たるところに置く。
D：すべての葉の表側にワセリンをぬり，光が当たらないところに置く。
E：すべての葉の裏側にワセリンをぬり，光が当たらないところに置く。
F：何も処理をせず，光が当たるところに置く。

表

条　件	A	B	C	D	E	F
水の減少量〔cm^3〕	3.4	1.0	0.4	0.1	0.1	4.0

１　植物の体から水が水蒸気となって出ていくはたらきを何というか。

２　実験から，葉の裏側から出ていった水の量は，光が当たっているときの方が，光が当たっていないときより多いことがわかる。これは，実験の**A**～**F**のどの条件とどの条件を比較するとわかるか。

３　光が当たっているとき，葉の裏側から出ていった水の量は何 cm^3 か。

４　葉から出る水の量は，気孔の開閉によって調整されているが，気孔は酸素，二酸化炭素の出入り口でもある。実験で用いた**F**のツバキを一晩光が当たらないところに置いたとき，ツバキの体の中でつくられ気孔から出ていく酸素と二酸化炭素の量は，どのようになるか。

ア　酸素だけが出ていく。

イ　二酸化炭素だけが出ていく。

ウ　酸素が二酸化炭素より多く出ていく。

エ　二酸化炭素が酸素より多く出ていく。

オ　酸素と二酸化炭素は，ほぼ同じ量が出ていく。

5 次のⅠ，Ⅱの各問いに答えなさい。答えを選ぶ問いについては記号で答えなさい。

Ⅰ　無色の水溶液**A**～**D**があり，これらの水溶液は，砂糖水，食塩水，石灰水，水酸化ナトリウム水溶液のいずれかである。ひろみさんは，水溶液**A**～**D**がそれぞれ何であるかを調べるために，次の**実験1**～**3**を行った。

図1

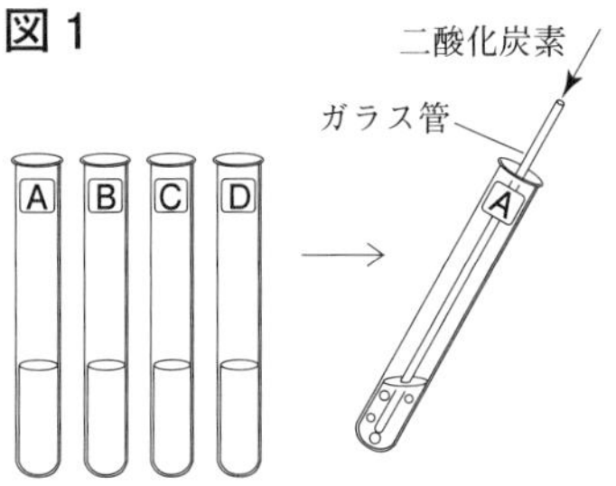

実験1　図1のように，水溶液**A**～**D**をそれぞれ試験管に少量とり，すべての水溶液に二酸化炭素を通したところ，水溶液**A**，**B**，**C**は変化が見られなかったが，水溶液**D**は白くにごった。

実験2　図2のように，水溶液**A**～**D**のそれぞれを，ガラス棒を用いて，赤色のリトマス紙と青色のリトマス紙につけたところ，水溶液**B**，**C**では，どちらのリトマス紙も変化が見られなかったが，水溶液**A**，**D**では赤色のリトマス紙の色が青色に変化した。

図2

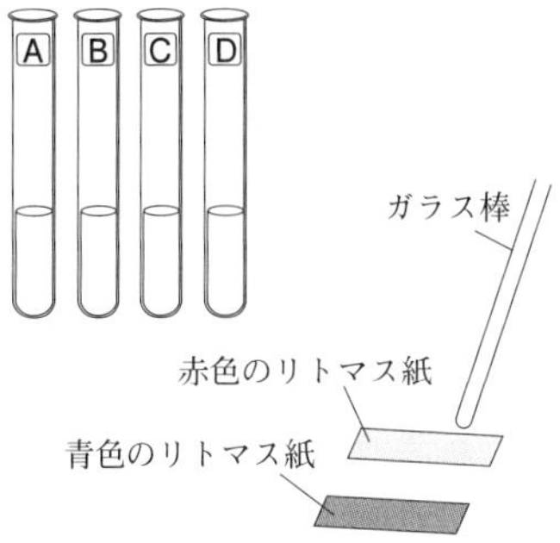

実験3　図3のように，水溶液**B**，**C**をそれぞれステンレス製のスプーンに少量とり，加熱したところ，水溶液**B**を入れたスプーンには水にとけていた物質が白色の固体となって残ったが，水溶液**C**を入れたスプーンでは，水が蒸発したあと，しばらくするととけていた物質に火がつき，火が消えた後はスプーンに黒くこげた固体が残った。

図3

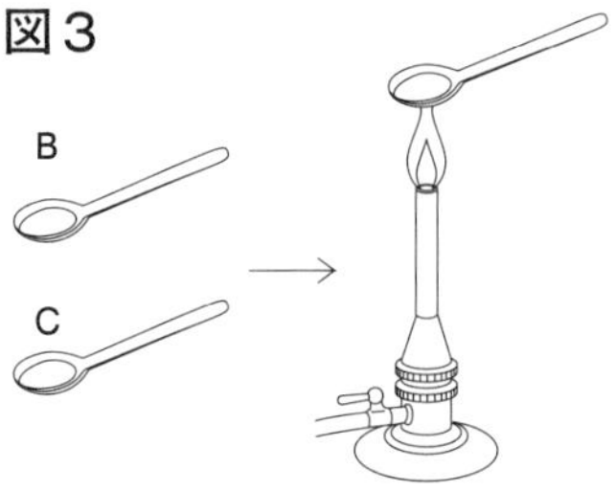

1　食塩水の溶質は何か。化学式で答えよ。

2　**実験2**で，それぞれの水溶液をリトマス紙につけるとき，ガラス棒は1回ごとに蒸留水で洗って使った。ガラス棒を1回ごとに洗ったのはなぜか。

3　**実験3**の下線部から，水溶液**C**にはある原子がふくまれていることがわかる。その原子の名称を書け。

4　**図4**は，ひろみさんが実験の結果をもとにまとめたものである。［ X ］に入る水溶液は**A**～**D**のどれか。また，その水溶液の名称を書け。ただし，［　　］には砂糖水，食塩水，石灰水，水酸化ナトリウム水溶液のいずれかが入るものとする。

図4

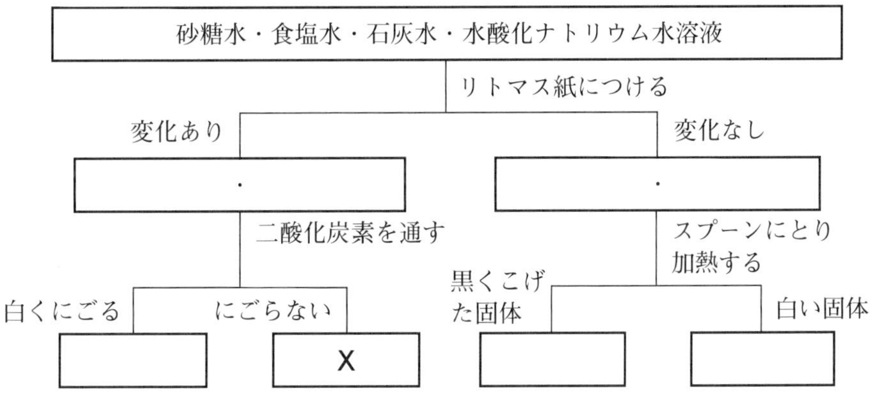

Ⅱ　酸化銅とロウを混ぜ合わせて加熱したときの変化を調べる実験を，次の**手順１**，**２**で行った。

手順１　酸化銅0.5 gと細かくしたロウ0.5 gをよく混ぜ合わせ，小型の試験管Aに入れた。これを大型の試験管Bに入れ，**図１**のように加熱した。すると，試験管Bの口の付近には液体がつき，ガラス管からは気体が出た。また，試験管Aには赤色の物質が残った。反応が終わったら，ガラス管を水の中から出した後に火を消し，ゴム管をピンチコックでとめて冷ました。できた物質を調べてみると，口付近に付いた液体は水，発生した気体は二酸化炭素であった。赤色の物質は，電気をよく通したり，強くこすると金属光沢があらわれたりした。

手順２　酸化銅を0.5 g，1.0 g，1.5 g，2.0 g，2.5 gと質量を変えてはかりとり，それぞれに細かくしたロウ0.5 gをよく混ぜ合わせ，**手順１**と同様の操作をくり返した。実験後，どの試験管Aにも赤色の物質だけが残った。**図２**は，この赤色の物質の質量をはかり，もとの酸化銅の質量と，できた赤色の物質の質量の関係をグラフにまとめたものである。

図１

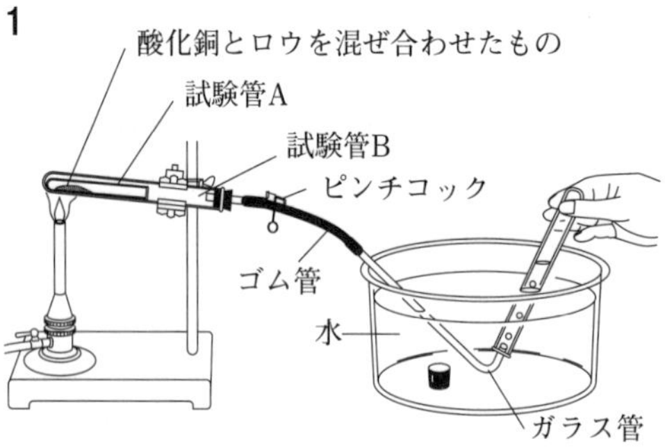

図２

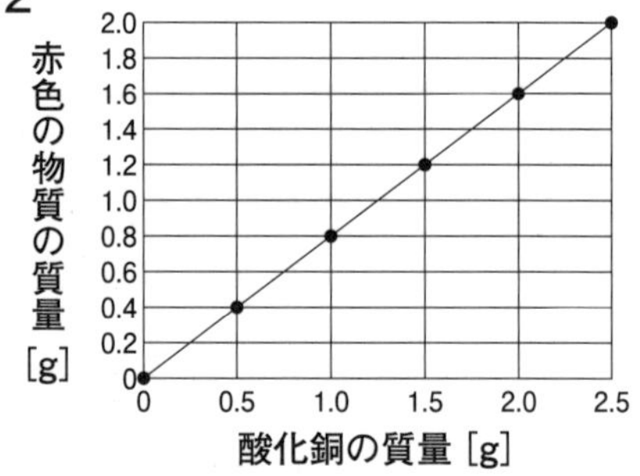

1　試験管の口付近についた液体が水であることは，塩化コバルト紙の色が変化したことでわかった。塩化コバルト紙は何色から何色に変化したか。

2　物質が酸素と結びつくことによって起こる現象はどれか。

ア　酸化銀を加熱すると酸素が発生する。

イ　ドライアイスをポリエチレンのふくろに入れて密閉すると，ふくろがふくらむ。

ウ　炭酸水素ナトリウムを加熱すると，二酸化炭素と水ができる。

エ　鉄粉と活性炭を混ぜ，食塩水を加えてよく混ぜると，熱が発生する。

3　もとの酸化銅の質量と酸化銅からうばわれた酸素の質量の関係を解答欄のグラフに実線(――)でかけ。ただし，酸化銅の質量[g]を横軸，酸化銅からうばわれた酸素の質量[g]を縦軸とし，縦軸の(　　)には適当な数値をかき入れよ。また，実験から求められる値を「・」で記入すること。

4　酸化銅3.5 gと細かくしたロウを混ぜ合わせて十分に加熱すると，反応後にはロウがなくなり，反応後に試験管内に残った物体の質量は2.9 gであった。このとき，反応せずに残っている酸化銅の質量は何gか。

5　次の**資料1**・**資料2**は、漢字について調査した結果です。これらの資料を見て、「手書きで漢字を書くことと、情報機器（ワープロ、パソコン、携帯電話等）で漢字を使うこと」についてどのように考えるか、あとの(1)〜(3)の**条件**に従って、あなたの考えを書きなさい。

条　件

(1)　**資料1**および**資料2**から読み取ったことと、「手書きで漢字を書くことと、情報機器で漢字を使うこと」についてのあなたの考えを、あなたの体験に触れながら書くこと。

(2)　六行以上八行以下で書くこと。

(3)　原稿用紙の正しい使い方に従って、文字、仮名遣いも正確に書くこと。

資料1

手書きの場合と情報機器（ワープロ，パソコン，携帯電話等）の場合に，漢字で書くか，かなで書くか

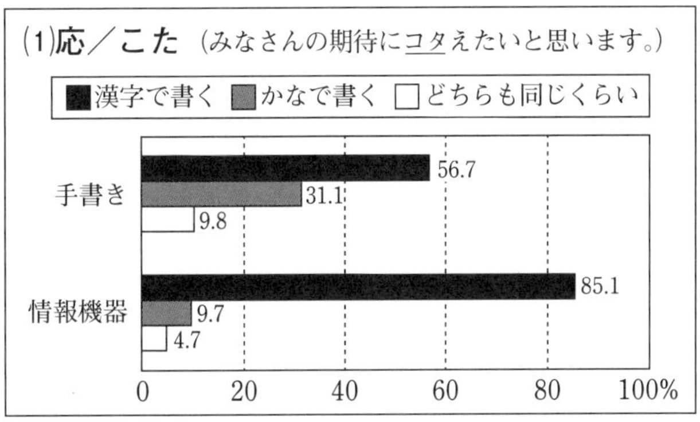

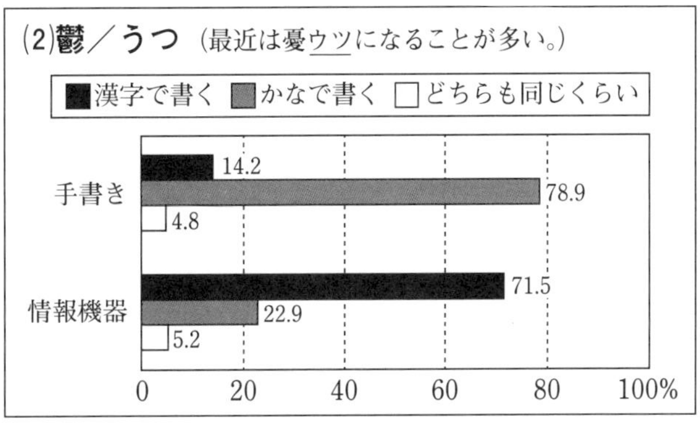

「国語に関する世論調査」（文化庁）により作成

資料2

「情報機器の影響で漢字を正確に書く力が衰える」と思う人の割合

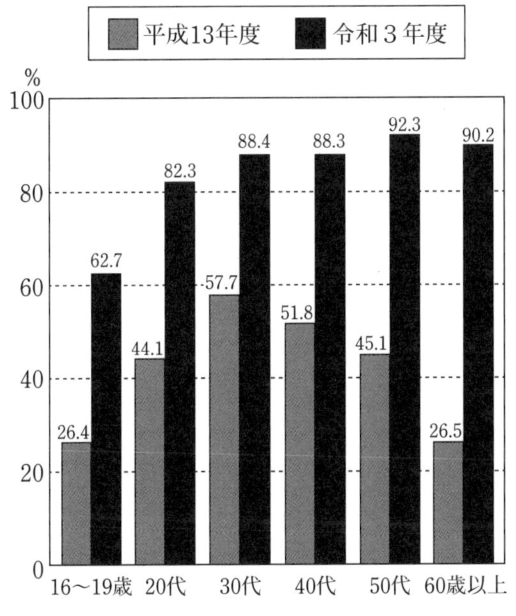

「国語に関する世論調査」（文化庁）により作成

緒に飛べるといわれて、深呼吸と一緒に恐怖を吐き出してしまった気分だった。ぼくは度胸を決めてゆっくりといった。

④「じゃあ、飛ぶぞ。」

「うん。」

麻緒はうなずいてくれた。

ぼくはやおら(注)Tシャツを脱いで欄干(注)の上に上がった。麻緒がぼくのTシャツを手に持ってくれるのが見えた。街灯の支柱をつかんで立ち上がった。

欄干の上に立つと、川面は橋の上から見ていたよりもはるかに下にあった。入水地点がものすごく狭く感じて、両脇の岩場に激突しそうな気がした。それでも不思議に恐怖感はなかった。飛べる、という気持ちしか湧《わ》いてこなかった。

麻緒が見守ってくれていると思うと落ち着けた。足の指でグッと欄干をつかんだ。身体がふわっと宙に浮いた。

（川上健一「祭り囃子がきこえる」による）

(注)　ここから飛ぶ＝二人がいる橋（新橋）から、川へ飛び込むこと。この地域では新橋から飛び込めたら一人前だと言われていた。
やおら＝ゆっくりと動作を起こす様。
欄干＝橋の手すり。

1　——線部①とあるが、麻緒は、この出来事から省吾がどのような人であると感じていたのか。本文中の語句を用いて十字程度で書け。

2　本文中の□にあてはまる言葉として、最も適当なものを次から選び、記号で答えよ。

ア　照れくさいから笑ったんだ
イ　かっこ悪いから笑ったんだ
ウ　ばかにして笑ったんじゃない
エ　うれしくて笑ったんじゃない

3　次の文は、——線部②のように省吾がなった理由を説明したものである。Ⅰ・Ⅱに適当な言葉を補え。ただし、Ⅰには本文中から最も適当な二字の言葉を抜き出して書き、Ⅱには十字程度の言葉を考えて答えること。

麻緒の笑顔が本当に［Ⅰ］で、間近に見る麻緒は［Ⅱ］から。

4　——線部③のように省吾がなったときに麻緒に抱いた思いとして、最も適当なものを次から選び、記号で答えよ。

ア　麻緒がまぶしいほどの素敵な笑顔を向けてくれたことへの感激。
イ　麻緒が省吾の過去の言動をよく覚えてくれていたことへの感激。
ウ　麻緒が自分の苦労は省吾より少ないと思っていることへの感動。
エ　麻緒が同級生であるのに立派な考えを持っていることへの感動。

5　——線部④のように省吾が度胸を決めたのは、どのような気持ちになったからか。麻緒とのやりとりの中でそのような気持ちになるきっかけとなったことを含めて、次の□にあてはまる言葉を六十字以内で書け。

［　　］気持ちになったから。

て好きになった。私うれしくて、チラチラ省吾を振り向いてた。覚えておらんやろけど。」

「俺《おれ》は度胸なんかねえよ。びびってしまって(注)こっから飛ぶことができないんや。」

いってしまってから、かっこ悪いことをいったのに、何ですらっといえたんだろうって不思議だった。

「飛んでみなれよ。省吾なら絶対に飛べるよ。」

麻緒はぼくを見て笑った。[　　]というのはすぐに分かった。表情が本当にそう思うという笑いだった。

「何でや？」

「やさしいから。」

「何でやさしいと飛べるんや？」

「本当の度胸がなければ、やさしくなれないって思うから。」

麻緒は本当にうれしそうに、ますます目を細めて笑ったので、細い筆ですっと描いたような一本の線になってしまった。ぼくにはその笑顔が、静かな笑顔だったけど、太陽よりも明るく輝いているようでまぶしかった。本当に素敵な笑顔だった。それに、間近に見る麻緒は、それまで気がつかなかったけれど、すごくかわいいって思えた。そう思ったら、くすぐったい気分になって何だかソワソワしてしまった。

「それやったら、麻緒の方が度胸あるやんか。」

ぼくは慌てていった。②動揺してしまったのを悟られたくなかった。

「私が？　何で？」

「だってやさしいやないか。新聞配達したり、家のことみんなやってるって噂《うわさ》だし、それに弟や妹の面倒みてるっていうやないか。やさしくなければそんなことできんやないか。俺にはそんなことできそうもないから、麻緒の方が度胸あるんや。」

「そんなことない。私はちょこっと頑張っているだけやもん。やさしいからやないよ。お母さんが一生懸命頑張っているし、それに比べたらちょこっとのことやもん。それに楽しいからやってるだけ。」

「楽しい？」

「うん。私がちょこっと頑張れば、みんなが生きていけるって思えるから。」

「お前、すげえなあ……。」

③背中がカッと熱くなった。小学六年生の同級生がそんなことをいうとは思ってもみなかったので、背中がカッとなって、すぐに頭も顔もカッと熱くなってしまった。

「私も飛んでみたいな。」

と麻緒はいきなりいった。

「飛んでみたいって、ここからか？」

「うん。新橋から飛べたら、いろんなことに自信持てるんやないかって、ずっと思っとったんや。でもやっぱり恐いから飛べない。」

「うん……。」

「でも省吾なら絶対に飛べるて。ほしたら私も力をもらえる気がする。」

麻緒は本気だった。静かに笑ってたけど、本当にそう思ってるんだとぼくには分かった。麻緒の静かな笑顔を見ていたら、すっと気分が落ち着いた。そう思ったとたん、ぼくは大きな深呼吸をしていた。麻

3　次は、本文について話し合っている先生と生徒の会話である。Ⅰ・Ⅱに入る適当な言葉を、Ⅰには十字以内、Ⅱには「信念」という語を用いて十五字以内でふさわしい内容を考えて現代語で答えよ。

先生「ある人が――線部③と尋ねたのはなぜですか。」

生徒「はい。柳下恵がⅠのに、そのままとどまったことを疑問に思ったからです。」

先生「そうですね。では――線部④は具体的にどういうことを言っているかわかりますか。」

生徒「はい。免職されるのが嫌だからといってⅡくらいならば、わざわざ祖国を離れるまでもないということだと思います。」

先生「その通りです。よく理解していますね。」

4　本文から読み取れる柳下恵の考え方として、最も適当なものを次から選び、記号で答えよ。

ア　自分の思いを貫く以上たとえ他国に行っても免職は避けられないので、何度免職されても恥を忍んで人に仕えようと考えている。

イ　何度免職されたとしても、自分の思いを貫いた上でのことならば何ら恥じるところはないと考えている。

ウ　祖国にとどまるためには、自分の思いを曲げて官職につく必要があるため、祖国にとどまることにこだわっている。

エ　祖国にとどまろうが他国に行こうが免職されることに変わりはなく、官職につくことを無駄だと考えている。

4　次の文章を読んで、あとの1～5の問いに答えなさい。

六年生の省吾《しょうご》が、夏祭りの朝に橋の上で、まもなく転校することになっている同級生の麻緒《まお》と偶然会い、話をしている。

「覚えておらん？　①コオロギのこと。」

「コオロギ……。」

「うん。五年生の時、コオロギつかまえてくる宿題が出た。ほんで私が原っぱにコオロギつかまえにいったら、省吾がいたんや。省吾、籠《かご》の中にいっぱいいたコオロギ逃がしてた。何しとるん？　っていったら、何にもしてないっていってにらまれた。逃がしてるん？　っていったら、それには答えずに、誰かにいったら承知しないぞってすごまれた。覚えておらん？」

思い出した。そんなこともあった。次の日、コオロギを持ってこなかったのはぼくだけだった。先生につかまえられなかったといったら、つかまえにいかなかったんだろうと怒られた。めんどくさいからそうだというと、教室の後ろに立たされた。

「教室で省吾が先生に怒られた時に、省吾はつかまえたけどみんな逃がしてたっていおうとしたら、省吾がものすごい目で私をにらんだんや。いったら承知しないぞっていう目やった。それで省吾が黙っていてほしいんやったら、そうした方がええと思って、黙ってしまったんだ。私、うれしかった。省吾はコオロギがかわいそうになったんで逃がしてやったんやて分かってたから。やさしいなあって好きになったんやあ。それに先生にいい訳しないのも、すごく度胸があるなあっ

3　次の文章は、形式段落[2]から[4]までの内容をまとめたものである。[Ⅰ]には最も適当な五字の言葉を、[Ⅱ]には最も適当な七字の言葉を本文中から抜き出して書け。

いまここに生きているのはなぜ自分なのかという問いを自分自身に問いかけ続け、[Ⅰ]を発見し続けていくことが人間が生きていくということである。そして、正しく問いかけていくことで、自分の存在に大きな意味のある答えが生まれ、[Ⅱ]を与えられて生きることができるようになる。自分が正しく問いかけて自分自身で答えようとすると、そこには、みずから導いた答えが次の問いを未来から引き連れて現れ、今後はその問いに答えるという、問いと答えの循環が生まれてくる。

4　本文における形式段落[6]の働きとして最も適当なものを次から選び、記号で答えよ。

ア　直前の段落の内容を受け、その具体例の内容を深めることで、あとの段落で述べる結論の裏づけとなる役割を果たしている。

イ　直前の段落の内容を離れ、異なる具体例を示すことで、あとの段落で述べる結論へと論の流れを変える役割を果たしている。

ウ　直前の段落の内容に即し、新たな条件を加えることで、あとの段落で述べる結論の問題点を整理する役割を果たしている。

エ　直前の段落の内容に対し、対照的な具体例を示すことで、あとの段落で述べる結論をさらに補強する役割を果たしている。

5　次の文は、筆者は人生を「作品」にたとえて、どのようなことを述べているかをまとめたものである。[　　]に本文中の語句を用いて五十字以内の言葉を考えて補い、文を完成させよ。

画家が自分自身に問いかけ続けていくことで、問いの内容も深まり作品のレベルが上がるように、[　　]ということ。

---

[3]　次の漢文とその書き下し文を読んで、あとの1～4の問いに答えなさい。

柳下恵、①為《リテ》士師《ト》、三《タビ》黜《ケラル》。人曰《ハク》、「子未《ダ》レ可《ベカラ》二以《テ》②去《ル》一乎《かト》。」曰《ハク》、「直《クシテ》レ道《ヲ》而事《フレバ》レ人《ニ》、焉《クニ》往《クトシテ》而不《ラン》二三《タビ》黜《ケラレ》一。枉《ゲテ》レ道《ヲ》而事《フレバ》レ人《ニ》、何《ゾ》必《ズシモ》去《ラント》二父母之《の》邦《ヲ》一。」

(注)柳《りう》下《か》恵《けい》、(注)士《し》師《し》と為《な》りて、三たび黜《しりぞ》けらる(免職された)。人曰《い》はく、「③子未《いま》だ以《もつ》て去るべからざるか(あなたはまだこの国を去ろうとしないのか)。」と。曰はく、「道を直《なほ》くして人(君主)に事《つか》ふれば、焉《いづ》くに往《ゆ》くとして三たび黜けられざらん(免職されるだろう)。④道を枉《ま》げて(曲げて)人に事ふれば、何ぞ必ずしも父母の邦《くに》を去らん(去る必要があろうか、いやない)。」と。

(「論語」による)

(注)　柳下恵＝中国、魯《ろ》の大夫《たいふ》。
士師＝裁判官。

1　書き下し文の読み方になるように――線部①「為《リテ》士師《ト》」に返り点をつけよ。

2　――線部②「去」とは、どこから去るのか。漢文から四字で抜き出して書け。

うことですから、そのようにすることで人生の目標をたえず与えられ、生きがいを絶えず感じながら生きていくことができるのです。4

このような生き方とは、一度答えを出してしまえば「それでおしまい！」という生き方とはまったく違います。「何のために君は生きているか」というような問いかけでは、正しく問いかけ続けていくことで、その問いかけそのものが次第に深まっていくという事態が起こります。たとえば、ある人が画家として優れた作品をつくりたいと、日々、懸命に努力しているとします。その人は、絵を描く前に、優れた作品を生み出すためにはどうすればいいかと、自分自身に問いかけ続けていくことでしょう。そして、そのことによって何かを掴《つか》んだとします。［　　］はじめはまだ、漠然としていることでしょうし、関係のないこともくっついているかも知れません。そこでその画家は、掴んだ何ものかを創作活動に生かす努力をしながら、新しい作品を生み出していくことでしょう。5

画家にとって、このことはみずからの問いかけに対する、自分なりの精一杯の答えであると思いますが、そこで生み出された作品が問いかけに対する唯一の正解で、「それですべておしまい！」ということはないはずです。その生み出された作品自身が、「どうすればさらに優れた絵を描くことができるだろうか？」という問いを、画家に新しく投げかけてくるからです。このように、この種の問いかけには、いつも「これから自分はどの方向に進めばよいか、そしてそのために自分は何を具体的にすればいいのか」ということが含まれています。そしてこのような問いかけが絶えず繰り返されながら新しい作品が生まれていくために、問いかける内容自体も次第に深まっていき、その結果として作品のレベルが上がっていくのです。6

芸術でもスポーツでも、また科学技術の研究であっても、自分自身に対する問いかけが必要な仕事では、「自分のやりたいこと」と「自分にやれること」との間にギャップがあることは、あたり前のことだと思います。地上に出てくるまでの長い時間の間、暗い地中ですごす暮らしが、蝉《せみ》の一生にとって大きな意味をもっているのと同じように、芸術でもスポーツでも、また学問でも、一つの「作品」をつくり出すためには、暗い状態に耐えて準備をする長い期間が必要です。このことは、人生という自分自身の「作品」についても言えるのではないでしょうか。「生きていくとはどういうことか」と問いかけながら、その問いかけそのものを深めていくことをつうじて、人は生きていく意味を深く感じとることができるのです。7

（清水博「近代文明からの転回」による）

1　――線部「楽しいことばかり」の「ばかり」と同じ意味・用法のものとして、最も適当なものを次から選び、記号で答えよ。

ア　腕もちぎれんばかりに旗を振った。
イ　彼はいつも自分のことばかり話す。
ウ　手を貸したばかりにかえって混乱した。
エ　買ったばかりの自転車で出かける。

2　本文中の［　　］にあてはまる語として、最も適当なものを次から選び、記号で答えよ。

ア　つまり　**イ**　だから　**ウ**　しかし　**エ**　また

令和六年度　公立高校入試実戦問題　第一回　国語

[1]

次の1・2の問いに答えなさい。

1　次の――線部のカタカナは漢字に直し、漢字は仮名に直して書け。

(1)　うれしくてウチョウテンになる。

(2)　アツい雲に覆われる。

(3)　会社が事業にキョウサンする。

(4)　相手を威圧する態度。

(5)　注意を怠る。

(6)　選手代表で宣誓する。

2　次の漢字「祈」と、同じ種類の偏を持つものを、あとの行書で書かれた漢字から一つ選び、記号で答えよ。

祈

ア　被　　イ　授　　ウ　福　　エ　机

[2]

次の文章を読んで、あとの1～5の問いに答えなさい。（[1]～[7]は形式段落を表している。）

生きていくことには、嬉《うれ》しいこと、楽しいことばかりがあるのではありません。苦しいこと、つらいこと、悲しいこと、これらすべてを経験していくことが生きていくことなのです。だから、誰でも、「生まれてこなければよかった」とか、「何のために生きているのだろうか」と思った経験があるものなのです。[1]

ここで自分自身に次のように問いかけてみてください。「両親がいて、その両親から生まれてきたのがなぜこの自分という存在であって、どうしてそれがこの自分以外の人間ではなかったのか？　いまここに生命を受けて生きているのがどうしてこの自分であるのか」、と。このことは、実際、私も、これまでの人生の中で幾度も自分自身に対して問いかけてきたことなのです。私はいまだにその問いかけに、じゅうぶん納得できるように答えることができません。それは、誰も答えることができない難しさをもつ問いなのかも知れません。それでもそれは、答えることができないからと言って、決して問いかけなくても済むといった問題ではないのです。[2]

これだけが正解であるかどうかは分かりませんが、「何のために、この自分は生きているのだろうか」という問いに対する答えがあるとすれば、その目標は自分で発見するものだということでしょう。ここで私が言いたいことは、人間が生きていくということは、絶えず自分が存在していることの理由を自分自身に問いかけて、人生の目標をより深く発見し続けていくことなのだということです。正しく問いかけていくことができれば、つねに自分自身の存在に大きな意味のある答えが生まれます。そして、そのために、大きな生きがいを与えられて生きることができるのです。[3]

自分が正しく問いかけて自分自身で答えようとすると、一体どんな状態が自分のなかに生まれてくるのでしょうか。そこに生まれてくるのは、みずから導いた答えがまた次の問いを未来の方から引き連れて現れてくるということです。そのために、今度はその次の問いに答えていかなければならないといった、問いと答えの循環《じゅんかん》が生まれるのです。未来の方から来た問いに答えることは、未来に向かって進むとい

令和６年度　公立高校入試実戦問題　第１回　英　語　（解答…248 P）

1　**聞き取りテスト**　放送の指示に従って，次の１～７の問いに答えなさい。英語は１から４は１回だけ放送します。５以降は２回ずつ放送します。メモをとってもかまいません。

1　これから，Jack と Emi との対話を放送します。Emi が一番好きなスポーツとして最も適当なものを下のア～エの中から一つ選び，その記号を書きなさい。

2　これから，Keita と Maria との対話を放送します。二人が待ち合わせる場所を下のア～エの中から一つ選び，その記号を書きなさい。

ア　動物園　　　イ　駅　　　ウ　図書館　　　エ　Keita の家

3　これから，Mary と父親との対話を放送します。対話の後に，その内容について英語で質問します。下の英文がその質問の答えになるよう，（　　　）に入る適切な英語１語を書きなさい。

She has a very (　　　) camera.

4　これから，ALT の Smith 先生の話を放送します。話を聞いて，その内容として最も適当なものを下のア～エの中から一つ選び，その記号を書け。

ア　クリスマスの文化について　　　イ　オーストラリアの湖について

ウ　冬休みの思い出について　　　エ　鳥の生態について

5　あなたは，英語の授業で Green 先生の話を聞いています。話を聞いて，先生の好きなこととして挙げられていないことを下のア～エの中から一つ選び，その記号を書きなさい。

ア　冬に雪山を登ること　　　イ　春に花を見ること

ウ　自分の町を歩くこと　　　エ　夏に川のそばを歩くこと

6　これから，英語の授業での Tomoya の発表を放送します。発表の後に，その内容について英語で質問します。下の英文がその質問の答えになるように，（　　　）に適切な英語を補って英文を完成させなさい。

(　　　　　　　　　　　　　　　　　　　　) at a school.

7　これから，中学生の Saori と Peter との対話を放送します。その中で，Peter が Saori に質問をしています。Saori に代わって，その答えを英文で書きなさい。２文以上になってもかまいません。書く時間は１分間です。

2 次の１～４の問いに答えなさい。

1　次は，Hiroki と Jane との対話である。下の①，②の表現が入る最も適当な場所を対話文中の〈　ア　〉～〈　エ　〉の中からそれぞれ一つ選び，その記号を書け。

①　How about walking there?　　②　It will make us tired.

Hiroki : Oh, no! We missed the bus.
Jane : What time does the next bus come, Hiroki?　〈　ア　〉
Hiroki : At 9:30. We must wait for 30 minutes.
Jane : That's so long.　〈　イ　〉
Hiroki : It takes about one hour.　〈　ウ　〉
Jane : Shall we take a taxi?
Hiroki : No, we don't have much money.　Let's wait for 30 minutes.　〈　エ　〉
Jane : OK.

2　次の①～③の［説明］が表す英語をそれぞれ下のア～エの中から一つずつ選び，その記号を書け。

①　［説明］the day between Thursday and Saturday
ア　Sunday　　イ　Friday　　ウ　Tuesday　　エ　Wednesday

②　［説明］to make something such as houses or schools
ア　build　　イ　cook　　ウ　create　　エ　break

③　［説明］known about by many people in many places
ア　important　　イ　useful　　ウ　beautiful　　エ　famous

3　次は，Junko と Nick との対話である。①～③について，［例］を参考にしながら，(　　　)内の語を含めて３語使用して，英文を完成させよ。ただし，(　　　)内の語は必要に応じて形を変えてもよい。また，文頭に来る語は，最初の文字を大文字にすること。

［例］

A：How old is your school?
B：(　build　) 100 years ago.　　　（答）　It was built

Junko : Hi, Nick. What ①(do) here?
Nick : Hi, Junko. I'm looking for the City Library. ②(help) me?
Junko : Yes, of course. The City Library isn't very far from here.
Nick : Oh, really? If you ③(take), I'll be very happy.
Junko : I'm very sorry. I can't. I'm very busy now. Well, I'll draw* a map* for you.
Nick : Oh, thank you very much.

注　draw　描く　　map　地図

4　次は，中学生の Mika がある日体験した出来事を描いたイラストである。下の英文は，Mika がその日の夜に書いた日記である。Mika になったつもりで，イラストに合うように［　①　］，［　②　］にそれぞれ 10 語程度の英語を書け。英文の数は問わない。

＜ Mika の日記＞

Today I saw a boy.　He［　①　］.　So I took him to the flower shop.［　②　］

3

次のⅠ～Ⅲの問いに答えなさい。

Ⅰ　次は，ALT の Brown 先生が，英語の授業で発表したある日の出来事についての話である。英文を読み，あとの問いに答えよ。

Last week I went shopping to get a *yukata* for my sister's birthday present*.

I went to some *kimono* shops, but I couldn't find any *yukatas*. At the last shop, I asked a clerk about it. "We are very sorry, but we don't have any *yukatas* because it is October now. *Yukatas* are for summer." This was new to me. Then, she showed me many different things in the shop. But I couldn't find a nice present for my sister. So, I said to her, "Please give me an idea about a popular birthday present for your friend in Japan." She gave me some ideas.

When I was going out of the shop, the clerk called me. I looked at her and she had something in her hands*. She said, "I bought this *yukata* for my mother before, but I want to give this to you for your sister." I was very surprised and said, "Thank you, but it is too much for me." The clerk said, "When I was a junior high school student, I stayed in Australia. The people there were very kind to me. So, [　　　　]. I hope you will help someone in return*." "Thank you very much for the wonderful present and your kindness*." I left the shop. I learned a very important thing from the clerk.

注　present　プレゼント　　hand(s)　手　　in return　お返しに　　kindness　親切

1　次の質問に対する答えを，本文の内容に合うように英文で書け。

Why do *kimono* shops have no *yukatas* in October?

2　[　　　　]に入る最も適当なものを下のア～エの中から一つ選び，その記号を書け。

ア　I need your help now　　　　イ　I want to help you now

ウ　I want to go to Australia　　エ　I will buy *yukatas* for them

Ⅱ　次は，３種類の英和辞典（English-Japanese dictionary）についての説明の表と，それを見ている Akiko と父親との対話である。二人の対話を読み，あとの問いに答えよ。

	A	B	C
The number* of recorded words*	10 thousand	12 thousand	15 thousand
Color Printing*	×	○	×
Pictures	×	○	○
Size	16cm × 9cm	19cm × 13cm	22cm × 16cm
Price*	1,600 yen	1,800 yen	1,800 yen

注　number　数　　recorded word(s)　収録単語　　color printing　カラー印刷　　price　価格

Akiko : Dad, can you help me?

Father : Sure. What's up?

Akiko : I want to buy a new English-Japanese dictionary. My English teacher said these three dictionaries are good for students. Which is the best for me?

Father : I like (　①　). It has many words. I think it will be good when you study English.

Akiko : But it is too big. I like dictionary A because it is the (　②　) of the three. And it's not expensive*.

Father : Well.... It doesn't have many words.

Akiko : I see. How about (　③　)? It is not so big and has more words than (　④　).

Father : Color printing and many pictures are also useful.

Akiko : OK. I'll buy it.

注　expensive　高価な

1　(　①　)，(　③　)，(　④　)に入る最も適当なものを下のア～ウの中からそれぞれ一つずつ選び，その記号を書け。

ア　dictionary A　　イ　dictionary B　　ウ　dictionary C

2　(　②　)に入る最も適当なものを下のア～エの中から一つ選び，その記号を書け。

ア　oldest　　イ　newest　　ウ　biggest　　エ　smallest

Ⅲ　次は，中学生の Satoru が，英語の授業で発表したスピーチである。英文を読み，スピーチのテーマとして最も適当なものを下のア～エの中から一つ選び，その記号を書け。

I usually study in my school library after school, but yesterday I went to a city library to find books for my little sister*. I was in the children's room because it has many books for small children. Then an old woman with a little boy came in. The old woman began to read a book to him. He sat near her when she was reading to him. He looked very happy. When she finished, he said to her, "Please read the book again." She read to him for about an hour. When I saw this, I felt happy. Then I thought, "Why do I feel happy now?" I thought about it, but I didn't find an answer at that time.

That night in my room, I thought about it again. Of course, I like reading and a library is my favorite place, but today something was different. I felt something warm* when I saw the old woman and the little boy. She loved him and he loved her, too. That was a heartwarming scene* to me.

注　little sister　妹　　warm　温かい　　heartwarming scene　心温まる場面

ア　Good Books for Children

イ　A Heartwarming Scene in the Library

ウ　Reading Books to Children

エ　Important Things in the Library

4　次の英文を読み，１～６の問いに答えなさい。

Kenji lives near Midori Station in Aoba City. He is a junior high school student now. He likes English and he is a member of the English club. There are seven members in the club. They enjoy talking with their ALT, Ms. Brown, in English. She often says in her English classes and in the club, “Using English is very important for you.”

One Sunday Kenji went to the city library near Aoba Station. After reading some books, he returned* to Aoba Station. When he was waiting for a train to Midori Station, he saw a woman. She was looking around. He said to himself, “She doesn’t know the right train. I want to help her. Is she from another country? Does she speak English?” Then Kenji remembered ①the words of Ms. Brown. He said to the woman, “Excuse me, do you speak English?” She said, “Yes, I do.” He said, “Shall I help you?” She said, “Yes, please. I want to go to Midori Station.” He said, “Midori Station? I’m going there, too. Let’s go together.” They got on the same train.

Kenji said to her, “I’m Kenji.” She said, “I’m Nancy.” He said, “[　②　]” She said, “I’m from Australia. I came to Japan to see my friend.” He used some easy English words. He enjoyed talking with her.

Fifteen minutes later they got to Midori Station. Nancy smiled and said, “My friend lives near this station. She will come here. Thank you very much.” Kenji was very happy. He said to her, “Goodbye,” and went home.

The next day Kenji had an English class. His English teacher, Mr. Yoshida, came to the class with Ms. Brown. In the class Ms. Brown said to the students, “Yesterday my friend came to this city from Australia. When she was at Aoba Station, a kind boy spoke to her in English and helped her. He was as old as you.” Kenji said to himself, “Ms. Brown is talking about me!”

After school on that day, Ms. Brown went to Kenji’s classroom and said to him, “Thank you for helping my friend yesterday, Kenji.” Kenji said, “Why do you know that?” Ms. Brown smiled and said, “I showed Nancy some pictures yesterday. They were taken in Japan. When she looked at a picture of the English club members, ③she was very surprised. She knew one of the students in the picture. She met him at Aoba Station. The boy was you, Kenji.”

注　returned to ～　～に戻った

1　次は，本文中の出来事をまとめたものである。本文の流れに合うようにまとめの（　A　）～（　C　）に入る最も適当なものを下の**ア**～**ウ**の中からそれぞれ一つずつ選び，その記号を書け。

1.（　A　）
2.（　B　）
3.　Kenji は Nancy を駅に連れて行った。
4.（　C　）

ア　Kenji と Nancy はおたがいに自己紹介をした。
イ　Kenji は市立図書館に行った。
ウ　Brown 先生は Kenji にお礼を言った。

2　Kenji が駅で Nancy を見かけたときに Kenji がしていたこととして最も適当なものを下の**ア**～**エ**の中から一つ選び，その記号を書け。

ア　Brown 先生が乗っている電車を待っていた。
イ　市立図書館行きの電車を待っていた。
ウ　あおば駅行きの電車を待っていた。
エ　みどり駅行きの電車を待っていた。

3　下線部①の内容を最もよく表している英語 7 語を，本文中から抜き出して書け。

4　［　②　］に入る最も適当なものを下の**ア**～**エ**の中から一つ選び，その記号を書け。

ア　What is your name?
イ　When did you come here?
ウ　Where are you from?
エ　Who got on the train?

5　下線部③の具体的な理由を 25 字程度の日本語で書け。

6　次は，本文から数日後の Kenji と Marie との対話である。Kenji に代わって，対話中の［　　　］に 15 語程度の英文を書け。2 文以上になってもかまわない。

Marie : Hi, Kenji. Ms. Brown told me you helped her friend Nancy.
Kenji : I just wanted to help her. We should act* when we see people in trouble*.
Marie : Well, let's talk about that. We can do something for them. What can we do when we see them? Can you give me an example?
Kenji : Sure. ［　　　　　　　　　　　　　　　　　　　］
Marie : I see. I'll do that.

注　act　行動する　　in trouble　困っている

令和６年度　公立高校入試実戦問題　第１回　社　会

（解答…251Ｐ）

1　次のⅠ～Ⅲの問いに答えなさい。答えを選ぶ問いについては一つ選び，その記号を書きなさい。

Ⅰ　次は，ある中学生が世界の州や国の特色などを調べるために作成した略地図である。略地図Ａ～Ｃは，世界を六つの州に区分した場合の三つの州を示し，Ｄは，アジア州の一部を示している。１～６の問いに答えよ。

Ａ

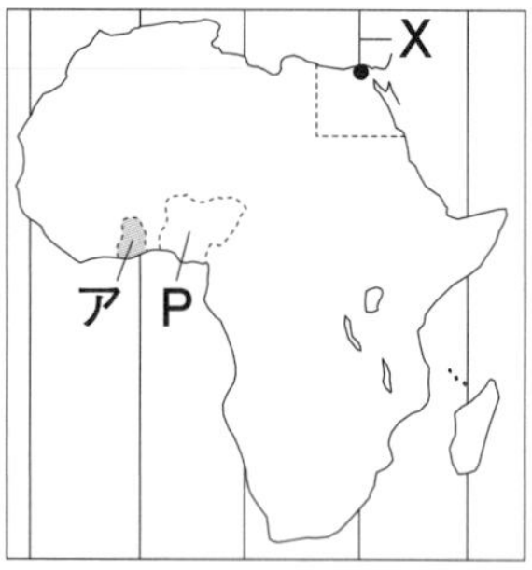

Ｂ

Ｃ

Ｄ

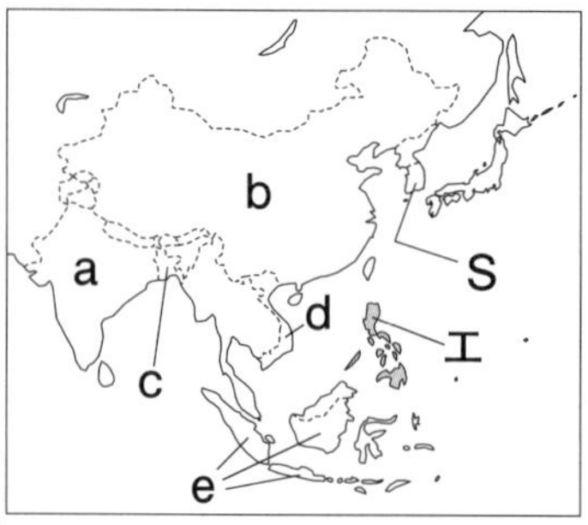

※Ａ～Ｄの図法，縮尺は同じではない。

１　略地図中のア～エの国のうち，大西洋に面している国を**すべて**選べ。

２　略地図Ａには，本初子午線を含む経線が15度おきに引かれている。Ａの中に•で示した都市と日本との時差は何時間か。なお，Ｘは•で示した都市の標準時子午線である。

３　略地図Ｃのウの国の大部分が属している気候の説明文として最も適当なものはどれか。

ア　冬の寒さは厳しいが，夏は比較的気温が上がり，針葉樹の森林が広がる。

イ　四季の変化がはっきりしていて，森林や田，畑が広がっている。

ウ　雨がきわめて少ないので，砂漠や乾燥した草原が広がっている。

エ　一年中雨が降り，蒸し暑く，密林がおいしげっている。

４　**図１**は，原油産出量と原油消費量の州別の割合を示している。**図１**の**あ**～**え**は，略地図Ａ～Ｄの州のいずれかである。略地図Ｃが示す州として最も適当なものは**図１**中の**あ**～**え**のどれか。

図１

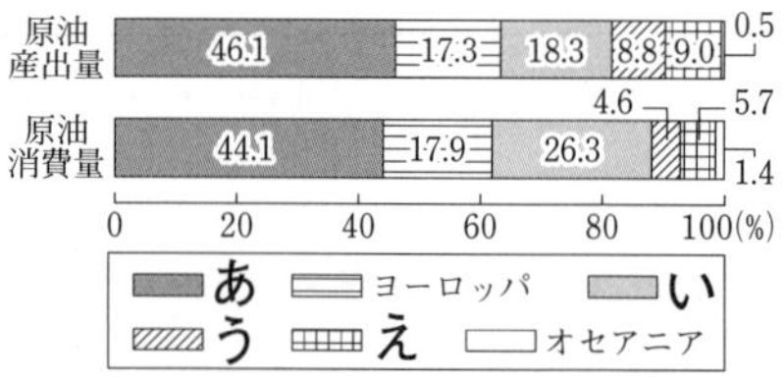

※図１の産出量は2016年，消費量は2017年

（「データブックオブ・ザ・ワールド2020」などから作成）

５　略地図Ｄのａ～ｅ国は，ある統計の，世界における上位５か国（2017年）を示している。その統計として最も適当なものはどれか。

ア　人口　　　イ　一人あたりの国民総所得　　　ウ　米の生産量　　　エ　小麦の生産量

６　**図２**は，略地図中のＰ～Ｓ国の穀物の自給率を示し，**表**は，同じ国の穀物の輸出量と輸入量を示している。**図２**，**表**から読み取れる，Ｑ，Ｒ国と比較したＰ，Ｓ国の特色についてまとめた次の文の［　　　］に適することばを補い，これを完成させよ。

図２

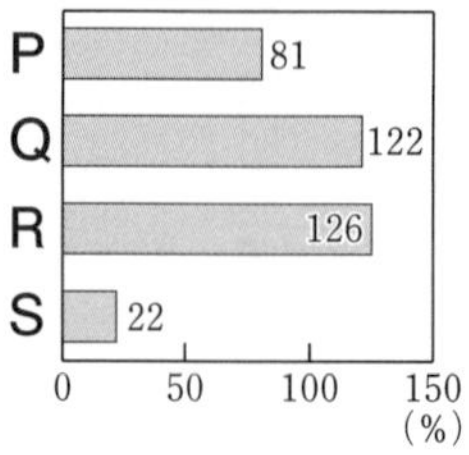

表

国＼項目	輸出量（千ｔ）	輸入量（千ｔ）
Ｐ	3	6,132
Ｑ	28,923	10,768
Ｒ	66,303	13,477
Ｓ	206	14,562

（図２，表ともに「世界国勢図会2019/20」などから作成）

図２と**表**より，Ｑ，Ｒ国は穀物自給率が100％をこえており，輸出量が輸入量を上回っている。これに対して，Ｐ，Ｓ国は，［　　　］。

Ⅱ　略地図を見て，１～５の問いに答えよ。

１　略地図中のＸの〔楕円〕で囲まれた海岸は，出入りが多く複雑な海岸になっている。このような特徴が見られる海岸を何というか。

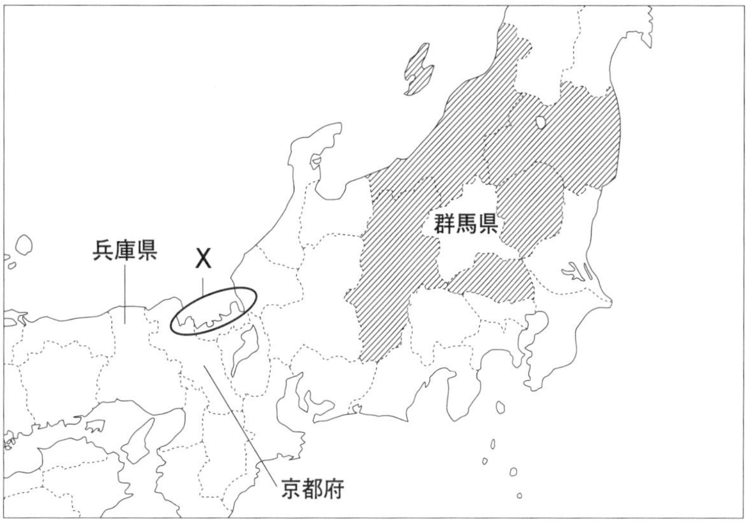

２　略地図中の**兵庫県**について述べたものとして最も適当なものはどれか。

ア　日本海で最大の島である佐渡島がある。

イ　明石市と香川県坂出市をつなぐ瀬戸大橋がある。

ウ　阪神工業地帯の一部があり，太平洋ベルトの一部となっている。

エ　人工島につくられた海上空港である関西国際空港がある。

３　略地図中の**群馬県**は，〔斜線の楕円〕で示した５県と県境を接している。その５県のうち，中部地方に属する県の数と，東北地方に属する県の数をそれぞれ書け。

４　**表**は，関東地方の都県の人口や面積などを比較したものである。千葉県と埼玉県にあたるものを，**表中のア～エ**からそれぞれ選べ。

表

都県＼項目	人口（千人）	面積（㎢）	農業産出額（億円）	海面漁業生産量（百ｔ）	工業製造品出荷額（億円）
東京都	13,822	2,194	274	406	80,843
ア	9,177	2,416	839	324	164,236
イ	7,330	3,798	1,980	―	128,858
ウ	6,255	5,158	4,700	1,201	114,664
茨城県	2,877	6,097	4,967	2,953	112,674
エ	1,952	6,362	2,550	―	87,720
栃木県	1,946	6,408	2,828	―	89,942

(注)　農業産出額は，農産物の生産数量に販売価格（補助金等を含む）をかけたもの。
海面漁業生産量には，養殖業は含まれない。
「―」は海面漁業生産量がないことを示す。

（日本国勢図会 2019/20 から作成）

５　**資料**は，略地図中の**京都府**の，ある市における整備前と整備後のようすを示している。この市が2007年に条例を制定し整備を行い，観光資源として活用しているものを，**資料**を参考にして書け。

資料　　（整備前）　　（整備後）

Ⅲ　**図**は，年間最深積雪量の分布を表したものである。ある中学生が，**図**をもとにして日本海側にたくさんの雪が降る理由についてまとめた次の文の［　　　　］に適することばを補い，これを完成させよ。ただし，**日本海**と**山脈**ということばを使うこと。

シベリア方面から吹いてくるかわいた季節風が，［　　　　］ため，たくさんの雪が降る。

図

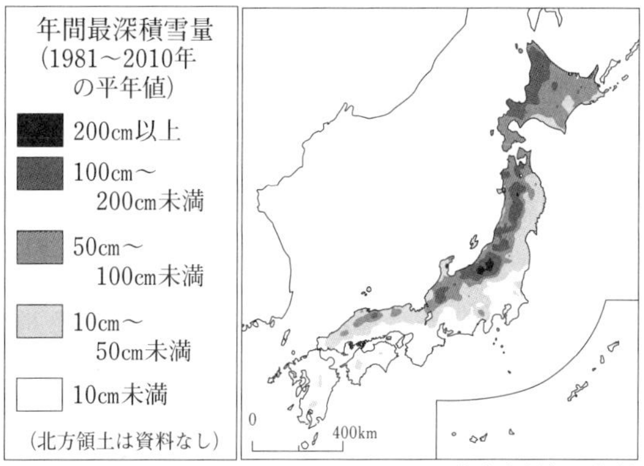

（気象庁資料から作成）

2 次のⅠ～Ⅲの問いに答えなさい。答えを選ぶ問いについては一つ選び，その記号を書きなさい。

Ⅰ　ある中学生は「古代～近世の資料」というテーマで写真や絵を選び，それに説明を付け加えてカードA～Fを作成した。1～7の問いに答えよ。

A	B	C	D	E	F
	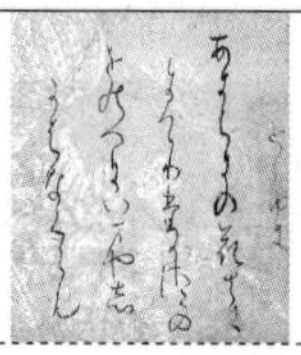			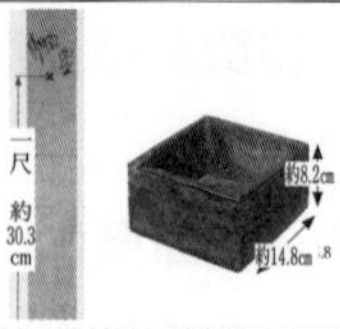	
漢（後漢）の皇帝から授けられた金印	古今和歌集に書かれた仮名文字	九州に上陸した元軍と戦う御家人	貿易によって日本にもたらされた中国の貨幣	太閤検地のときに統一された「ものさし」や「ます」	［　　　］で「読み書き」などを学ぶ子どもたち

1　［　　　］には，町人や農民の子どもたちが「読み書き・そろばん」などの実用的な知識を学ぶ施設の名称が入る。その名称を書け。

2　カードAの金印が授けられた時代の日本のようすについて述べたものとして最も適当なものはどれか。

ア　大和地方に前方後円墳とよばれる巨大な古墳がつくられるようになった。
イ　稲作が盛んになって社会のしくみが急速に変わり，小さな国々が現れた。
ウ　大宝律令が完成し，天皇を中心とする律令国家のしくみが整った。
エ　聖徳太子が，百済から伝えられた仏教を広めようとした。

3　カードBに関して，仮名文字で書かれた国風文化の作品として最も適当なものはどれか。

ア　源氏物語　　イ　古事記　　ウ　平家物語　　エ　御伽草子

4　カードCに関して，**資料1**は，元軍との戦いの後，鎌倉幕府が御家人たちを救済するために出した法令の一部を要約したものである。この法令を何というか。**漢字3字**で書け。

資料1

> 一　質入れや売買した土地について
> 　所領を質に入れて流したり，売買したりすることは，御家人たちが落ちぶれるもとであるので，今後はいっさいやめよ。次に御家人以外の武士や一般の者が御家人から買った所領は，20年以上たっていても，返すこと。
> （1297年，一部要約）

5　カードDに関して，中世から近世初期にかけての交易や外交について述べた次のア～エのできごとを，年代の古い順に並べよ。

ア　フビライ・ハンに仕えたイタリア人のマルコ・ポーロが，日本を「黄金の国ジパング」としてヨーロッパに紹介した。
イ　多くの日本人が東南アジアへ移住して生活するようになり，各地に日本町ができた。
ウ　日明貿易は，足利義満が明の皇帝に倭寇の取りしまりを求めたことをきっかけに始まった。
エ　日本がポルトガル人やスペイン人と行った南蛮貿易では，中国産の生糸などが輸入された。

6　カードEに関して，太閤検地を命じた人物が行ったこととして最も適当なものはどれか。

ア　室町幕府の将軍である足利義昭を追放し，幕府を滅ぼした。
イ　参勤交代を定めて，1年おきに領地と江戸を往復させた。
ウ　平泉に中尊寺金色堂を建て，支配者としての権威を示した。
エ　日本国内を統一したのち，朝鮮への出兵を行った。

資料2

資料3

7　ある中学生は，**資料2**，**資料3**を選び，それに説明をつけて**新しいカード**を作ろうと考えた。**資料2**は，江戸時代に主に九州地方で行われた取り調べのようすであり，**資料3**は，その際に使われていたものである。**資料2**のような取り調べの名称と，その目的を明らかにして適切な説明を書け。

新しいカード

資料2と資料3
説　明

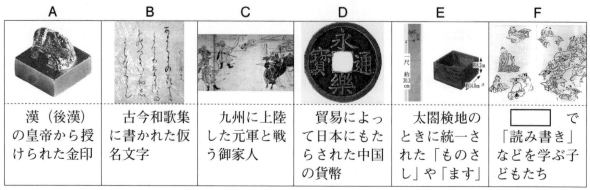

Ⅱ　次は，鉄道についてまとめた略年表である。**1**～**5**の問いに答えよ。

年	鉄道に関する主なできごと
1872	ⓐ新橋と横浜の間に鉄道が開通する
1889	東海道線の全線が開通する（新橋～神戸）
1894	ⓑ山陽鉄道が開通する（神戸～広島）
1914	東京駅が開業し，東海道線の起点となる ―― **A**
1927	東京で地下鉄が開業する ―― **B**
1937	ⓒ日中戦争による国有鉄道の動員輸送が行われる
1964	[　　　]オリンピックを契機に東海道新幹線が開業する

1　[　　　]にあてはまる最も適当な地名を書け。

2　ⓐに関して，鉄道の整備は明治政府の近代化政策の一つである。明治政府の近代化政策に関する次の**ア**～**ウ**の説明文の下線部のことばには**誤っているもの**が一つある。誤りのある文の記号を選び，正しいことばを書け。

ア　官営工場として，群馬県に富岡製糸場がつくられた。

イ　満20歳になった男子に兵役を義務づける学制が出された。

ウ　土地の所有権を認め，地価を定めて土地所有者に地券が発行された。

3　ⓑに関して，⑴，⑵の問いに答えよ。

⑴　1894年に，日清戦争がおこるきっかけとなった，朝鮮でのできごととして最も適当なものはどれか。

ア　五・四運動　　**イ**　三・一独立運動　　**ウ**　江華島事件　　**エ**　甲午農民戦争

⑵　1894年に始まった日清戦争は翌年に終わり，講和条約が結ばれた。この講和条約において，清の領土の一部が日本に譲渡されたが，この領土のうち，のちの三国干渉をうけて清へ返還した領土を，**略地図**中の**ア**～**ウ**から選べ。

略地図

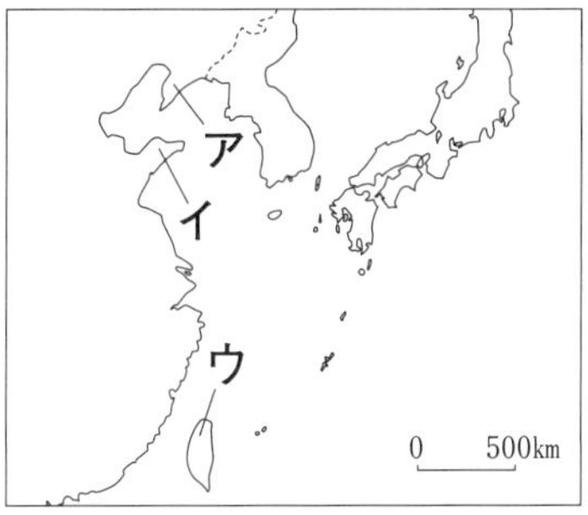

4　**A**と**B**の間の時期のできごととして**適当でないもの**はどれか。

ア　ワシントン会議が開かれ，海軍の軍備が制限された。

イ　第一次世界大戦が始まり，日本は連合国側について参戦した。

ウ　アジアで最初の共和国である中華民国が建国された。

エ　パリ講和会議が開かれ，ベルサイユ条約が結ばれた。

5　**資料**は，ⓒが始まった1937年以降に戦争に動員された陸軍兵士数の推移を表している。1941年に始まった太平洋戦争の戦況は次第に悪化していったにもかかわらず，政府は学生の勤労動員を決定し，中学生や女学生も勉強を中断して軍需工場で働くようになった。この理由を，**資料**を参考にして**30字以上40字以内**で書け。ただし，**戦地**と**労働力**ということばを使うこと。

資料

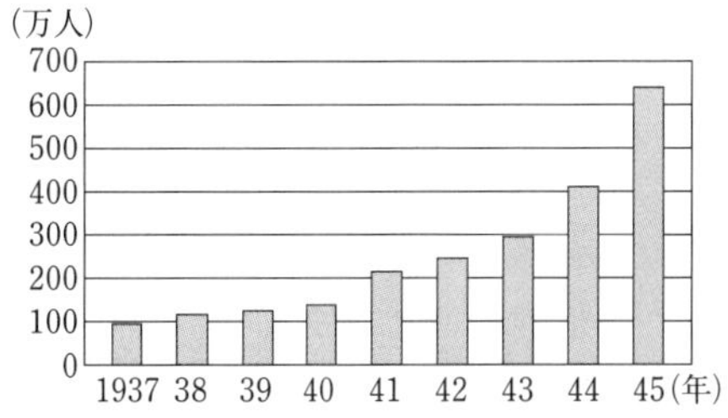

（「数字でみる日本の100年」改訂第６版から作成）

Ⅲ　**表**は，1956年から1960年にかけて国際連合に新たに加盟した国の数と主な新加盟国を表したものである。当時の国際連合で[X]の新たな加盟国数が増えた理由を，**表**と関連づけて書け。ただし，[X]にあてはまる州の名称と，**植民地**ということばを使うこと。

表

年	新たに加盟した国の数		おもな加盟国
	X	その他の州	
1956	3	1	モロッコ，スーダン，チュニジア，日本
1957	1	1	ガーナ，マレーシア
1958	1	0	ギニア
1959	0	0	
1960	16	1	コートジボワール，カメルーン，チャド，マリ，マダガスカル，ナイジェリア，コンゴ共和国，キプロスなど

（国際連合広報センター資料から作成）

3　次のⅠ～Ⅲの問いに答えなさい。答えを選ぶ問いについては一つ選び，その記号を書きなさい。

Ⅰ　次は，ある中学生が，アメリカの使節であるペリーのおもな航路と，明治時代の初めに政府が派遣した岩倉使節団のおもな行路を調べて作成した略地図である。**1～6**の問いに答えよ。

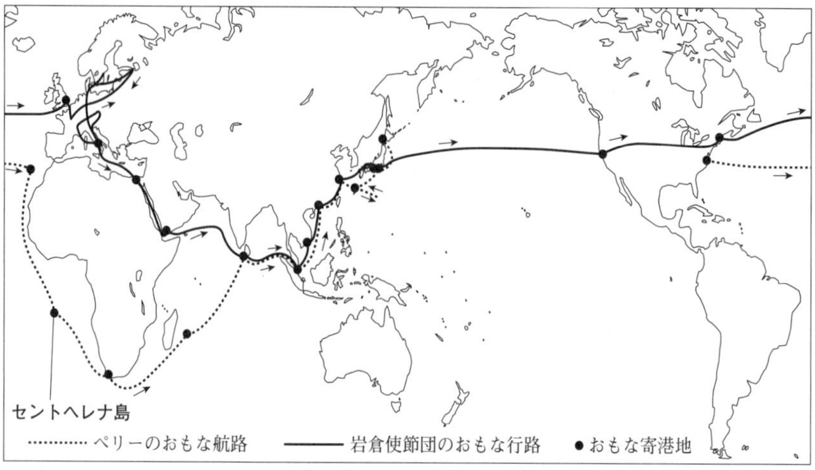

1　略地図中に示されている大陸のうち，ペリーと岩倉使節団のどちらも訪れていない大陸を**二つ**選べ。

ア　ユーラシア大陸
イ　北アメリカ大陸
ウ　南アメリカ大陸
エ　アフリカ大陸
オ　オーストラリア大陸

2　日本は，ペリーの来航により開国し，欧米の国々と貿易を行うようになった。次は，現在の日本の貿易について述べたものである。次の文の［　　］に適することばを**漢字2字**で書け。

> 日本は，輸入した資源などを使い，工業製品をつくって世界中に輸出する［　　］貿易によって，貿易黒字を続けてきたが，近年では中国・韓国などとの競争が激しくなっている。

3　ペリーの出身国であるアメリカについて述べた文として**誤っているもの**はどれか。

ア　大型機械を使って広大な農地を耕作する企業的農業が広く行われている。
イ　北緯37度付近から北に位置するサンベルトと呼ばれる地域で情報技術産業が発展している。
ウ　大陸西部には，ロッキー山脈が南北に走り，中央部には広大な草原が広がり，ミシシッピ川などの大きな河川が流れている。
エ　先住の人々，ヨーロッパ系，アフリカ系，アジア系の人々，ヒスパニックと呼ばれる人々などからなる国である。

4　**資料1**は，岩倉使節団のおもな人物の写真である。**資料1**の人物の一人であり，ヨーロッパに留学して君主権の強いドイツの憲法を学び，帰国後に大日本帝国憲法の草案を作成した人名を書け。

資料1

5　**資料2**は，岩倉使節団が派遣された年と同じ年に実施された廃藩置県の布告のようすである。廃藩置県とは藩を廃止し，府や県を置くことであるが，この政策を行った明治新政府の目的とはどのようなものか。

6　略地図中の**セントヘレナ島**は，フランス革命の理念をヨーロッパ中に広めたナポレオンが流された場所である。フランス革命がおこった18世紀後半の日本のようすについて述べた文として最も適当なものはどれか。

資料2

ア　ポルトガル人が日本に鉄砲を伝えた。
イ　徳川慶喜が政権を朝廷に返した。
ウ　田沼意次が株仲間の結成を認めた。
エ　石田三成が関ヶ原の戦いで敗れた。

Ⅱ　次は，2025年万国博覧会の大阪招致に関するニュースに関心を持ったある中学生が，「万国博覧会とわが国の関係」というテーマで調べ，作成したものである。１～３の問いに答えよ。

おもなことがら	説明
万国博覧会との出会い	19世紀の中ごろ，江戸幕府は開国してⓐ欧米諸国と交流を始めました。わが国が最初に万国博覧会とかかわったのは，1862年のロンドン万国博覧会であり，幕府使節団が開会式に出席しました。ⓑ1867年のパリ万国博覧会には，幕府，薩摩藩，佐賀（肥前）藩が参加しました。
万国博覧会への本格的な参加	近代国家を目指した明治政府は，1873年のウィーン万国博覧会に初めて参加しました。その後も，科学技術やⓒ産業の発展のために，わが国は万国博覧会への参加を続けました。

１　ⓐに関して，**略地図**はヨーロッパの国々を示した地図である。⑴，⑵の問いに答えよ。

⑴　**略地図**の地域では1993年に多くの国が加盟する国際組織が発足し，政治的・経済的統合を目指している。この組織の略称を**アルファベット**で書け。

略地図

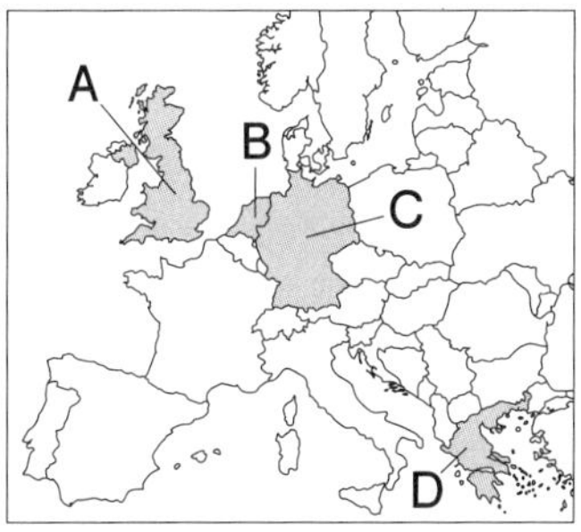

⑵　**表**は，**略地図**中のＡ～Ｄ国に関する統計である。表の①～④は**略地図**中のＡ～Ｄ国のいずれかである。**表**より読み取ることのできるものとして正しいものはどれか。

ア　①はＤ国であり，４つの国の中で最も人口密度が高い。

イ　②はＢ国であり，４つの国の中で急速に経済成長を遂げている。

ウ　③はＡ国であり，輸出相手国の上位に**略地図**の地域外の国が含まれる。

エ　④はＣ国であり，輸出相手国の上位が**略地図**の地域の国だけである。

表　Ａ～Ｄ国の主な統計

	人口（万人）	面積（万km²）	輸出相手国上位			1人あたり国民総所得（ドル）
			1位	2位	3位	
①	1,047	13.2	イタリア	Ｃ	トルコ	18,340
②	1,710	4.2	Ｃ	ベルギー	Ａ	46,910
③	6,753	24.2	アメリカ	Ｃ	Ｂ	40,600
④	8,352	35.7	アメリカ	フランス	中国	43,700

（「データブックオブ・ザ・ワールド 2020」から作成）

２　ⓑのころの日本でのできごとについてまとめた次の文の［　　］に適することばを書け。

> 1867年に，王政復古の大号令が宣言されて，新政府が成立した。しかし，新政府に反発した旧幕府軍は，翌年，鳥羽・伏見で新政府軍と戦い，［　　］戦争が始まった。

３　ⓒに関して，ある中学生は，江戸時代の産業や生活について調べ，江戸時代の文化・文政期には，江戸において，歌川広重による**資料**のような浮世絵が流行したり，十返舎一九による「東海道中膝栗毛」が評判となったりしたことを学んだ。この時期に発展した文化がどのようになっていったか，五街道などの交通路の整備に着目して書け。

資料　東海道を描いた浮世絵

Ⅲ　**表１，２**は，わが国の輸出品と輸入品の上位３品目について，1885年と1899年を比較したものである。1880年代後半から，わが国の紡績業が発展したが，そのことによって，輸出入品目にどんな変化があらわれたか。紡績業の製品と原料に着目して，**表１，２**を参考に書け。

表１

1885年				
	輸出品	輸出総額（3,715万円）に占める割合（%）	輸入品	輸入総額（2,936万円）に占める割合（%）
1位	生糸	35.1	綿糸	17.7
2位	緑茶	17.9	砂糖	15.9
3位	水産物	6.9	綿織物	9.8

表２

1899年				
	輸出品	輸出総額（21,493万円）に占める割合（%）	輸入品	輸入総額（22,040万円）に占める割合（%）
1位	生糸	29.1	綿花	23.8
2位	綿糸	13.3	砂糖	7.9
3位	絹織物	8.1	機械類	6.2

（「日本貿易精覧」から作成）

令和６年度　公立高校入試実戦問題　第１回　数　学　（解答…252Ｐ）

1　次の１～５の問いに答えなさい。

１　次の⑴～⑸の問いに答えよ。

⑴　$(18-6)\div 3$ を計算せよ。

⑵　$\dfrac{5}{12}\times\dfrac{8}{15}+\dfrac{1}{9}$ を計算せよ。

⑶　$\dfrac{10\sqrt{3}}{\sqrt{2}}-\sqrt{24}$ を計算せよ。

⑷　ある自然数 a を３倍した数から４ひいた数は０より小さいことを，不等式を用いて表せ。

⑸　x^2-6x+9 を因数分解せよ。

2　連立方程式　$\begin{cases} 6x-7y=5 \\ 3x-2y=4 \end{cases}$　を解け。

3　次の**ア**～**エ**の x についての方程式のうち，解が -2 となるものを**すべて選び，記号で答えよ。**

ア　$3x+2=8$　　**イ**　$-x-2=0$　　**ウ**　$2(3x-2)=5$　　**エ**　$0.3x+2.2=1.6$

4　下の図は，平行四辺形ABCDを示したもので，辺BC上に AB＝AE となるように点Eをとる。∠BCD＝115°のとき，∠ x の大きさは何度か。

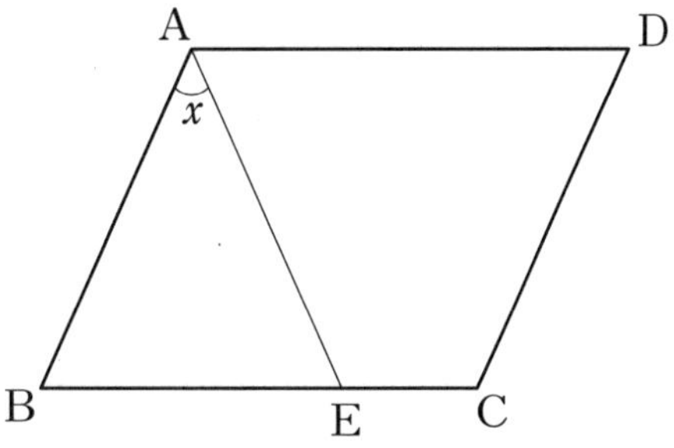

5　下の図は，線分ABを直径とする半円を示したものである。AB＝4 cmのとき，この半円を直線ABを軸として一回転してできる立体の表面積は何cm²か。ただし，円周率は π とする。

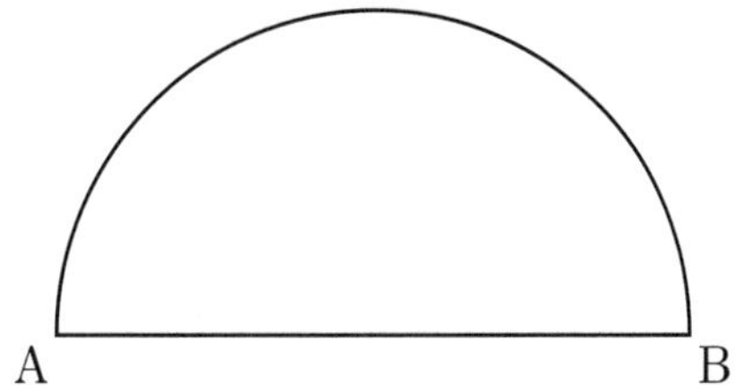

2　次の1～5の問いに答えなさい。

1　重さの比が3：4である2種類のおもりA，Bがある。おもりA1個の重さがa gのとき，おもりB1個の重さをaを用いて表せ。

2　大小2つのさいころを同時に1回だけ投げるとき，出た目の数の和が8の約数になる確率を求めよ。

3　右の図は，立方体の展開図を示したものである。この展開図を組み立ててできる立方体について，辺XYと平行な面を面A～Fの中から**すべて選び，記号で答えよ。**

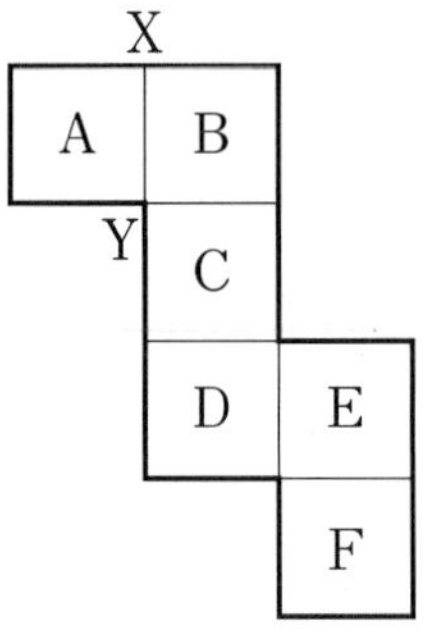

4　下の図は，△ABCを示したものであり，∠ABCの二等分線と辺ACとの交点をDとし，点Dを通り辺BCに平行な直線と辺ABとの交点をEとする。このとき，△EBDが二等辺三角形であることを証明せよ。

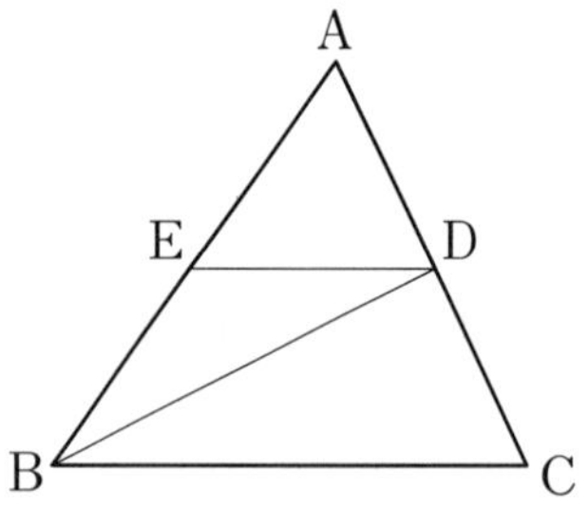

5　連続する2つの整数について，大きいほうの数の2乗から小さいほうの数の2乗をひいた差は，つねに奇数になることを，連続する2つの整数のうち，小さいほうの数をnとして証明せよ。

3 右の**表**は，ある市の2012年８月と2022年８月の毎日の最高気温について，31日間の平均値，最大値，最小値を，それぞれまとめたものである。また，下の**図１**，**図２**は，この市の2012年８月と2022年８月の毎日の平均気温を，それぞれヒストグラムに表したものである。例えば，どちらの年の８月も最高気温が23℃以上24℃未満の日が１日であったことがわかる。次の**１**～**４**の問いに答えなさい。

表

	2012年 8月	2022年 8月
平均値	31.9℃	30.8℃
最大値	37.4℃	37.1℃
最小値	23.3℃	20.3℃

図１

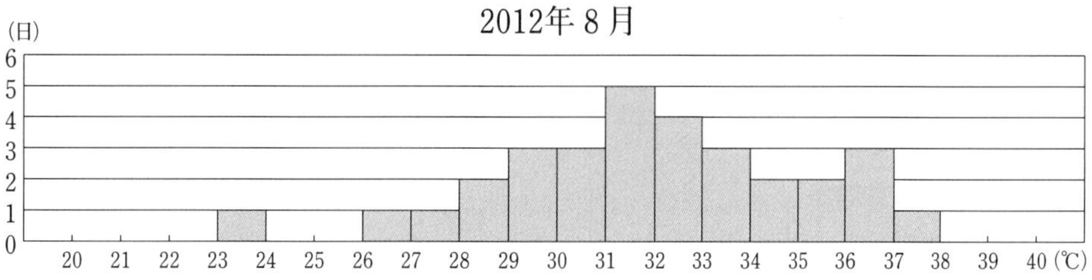

図２

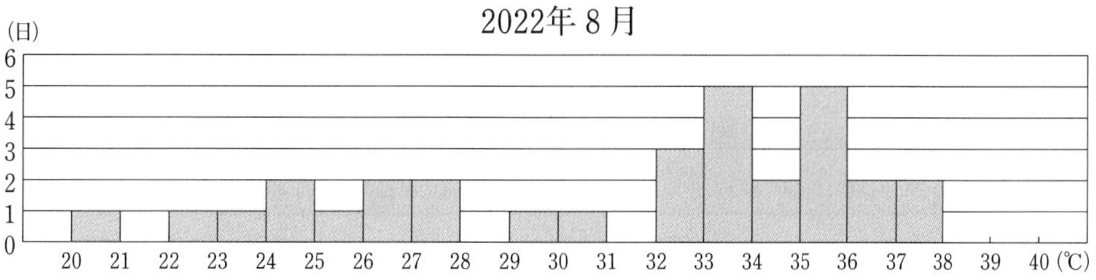

１　2012年８月について，最頻値を求めよ。

２　**表**をもとに，2022年８月の毎日の最高気温について，分布の範囲を求めよ。

３　**図１**，**図２**について，2012年と2022年の８月の２年分の毎日の最高気温を，**図３**の度数分布表にまとめたい。このとき，28℃以上32℃未満の階級の累積相対度数を求めよ。ただし，**図３**に示されている相対度数や累積相対度数と同じように，小数第３位を四捨五入して答えること。

図３

記録(℃)	度数(日)	相対度数	累積相対度数
以上　未満 20 ～ 24	4	0.06	0.06
24 ～ 28	9	0.15	0.21
28 ～ 32			
32 ～ 36			
36 ～ 40	8	0.13	1.00
計	62	1.00	

4　2012年と2022年の９月から12月までの４か月の毎日の最高気温について，**図４**は2012年の結果を，**図５**は2022年の結果をそれぞれ箱ひげ図に表したものである。また，次は**図４**と**図５**についての先生と生徒の授業中の会話である。**図４**や**図５**から読み取れることとして，会話文中の下線部①～⑤は，「正しい」，「正しくない」，「**図４**や**図５**からはわからない」のどれか。最も適当なものを下の**ア**～**ウ**の中からそれぞれ１つ選び，記号で答えよ。

図４

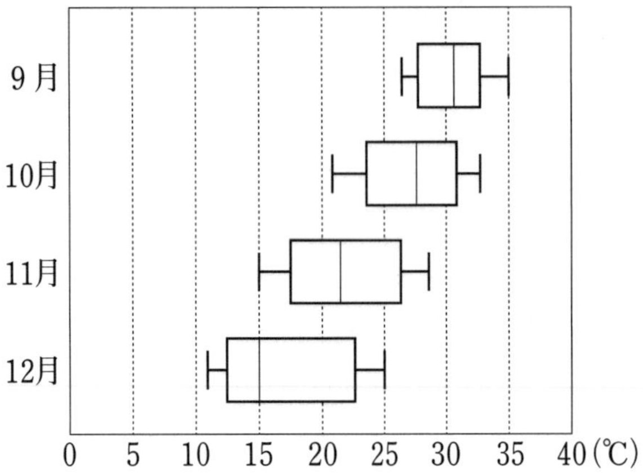

図５

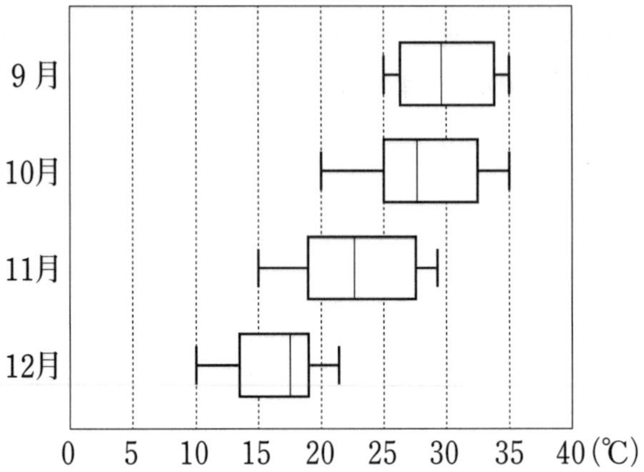

先　生：**図４**と**図５**の２つの箱ひげ図から読み取れることについて考えてみましょう。

生徒A：①範囲が最も小さいのは**図４**，**図５**どちらも９月ですね。

生徒B：②**図４**の10月の平均値よりも，**図５**の10月の平均値の方が高そうですね。

生徒C：③11月の30日間のうち，**図４**，**図５**ともに７日間は25℃を上回っていますね。

生徒D：12月になると突然寒くなることがわかりますね。④**図５**の12月は，15℃を下回る日が50％を超えています。

先　生：四分位範囲についても調べてみましょう。

生徒C：第１四分位数と第３四分位数の差が最も大きいものはどれか調べればよいですね。

生徒E：⑤最も四分位範囲が大きいのは，**図４**の12月だと思います。

先　生：みんなよく分析していますね。それでは，それぞれの考えが正しいかどうか確認してみましょう。

ア　正しい　　**イ**　正しくない　　**ウ**　**図４**や**図５**からはわからない

4 右の図は，４点O，A（0，6），B（3，0），Cを頂点とする長方形AOBCを示したものであり，点Oは原点である。次の**1**～**3**の問いに答えなさい。

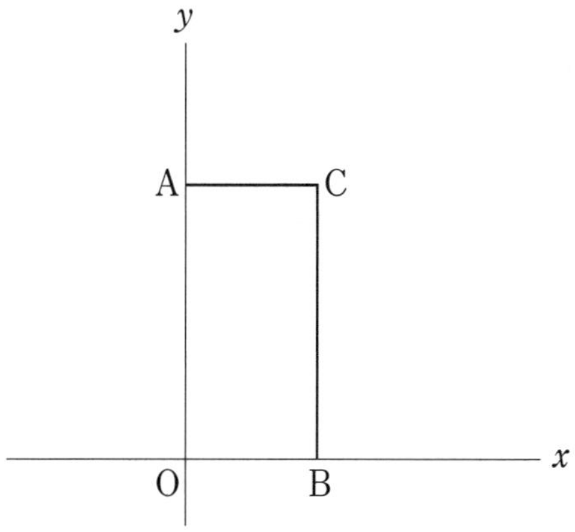

1 点Cの座標を求めよ。

2 直線ABの式を求めよ。

3 $y = ax + 2$の式で表すことができる直線をℓとする。直線ℓが，点B，Cを含む線分BCと交わるとき，次の⑴，⑵の問いに答えよ。

⑴ 直線ℓが長方形AOBCの面積を二等分するときのaの値を求めよ。

⑵ aのとる値の範囲を，不等号を用いて表せ。ただし，求め方や計算過程も書くこと。

5 右の図は，AB＝AC，BC＝6 cmである△ABCを示したものであり，△ABCを頂点Cを中心として時計回りの方向に90°回転移動させてできる図形を△DECとする。次の**1**～**3**の問いに答えなさい。

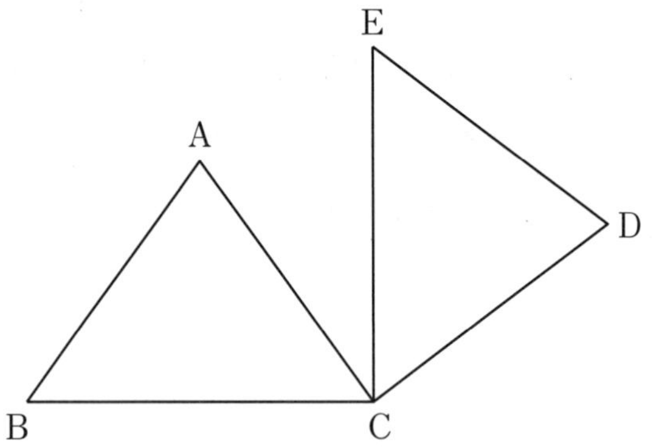

1 △DECを，定規とコンパスを用いて作図せよ。ただし，2点D，Eの位置を示す文字D，Eも書き入れ，作図に用いた線は残しておくこと。

2 △ABCが正三角形のとき，次の(1)，(2)の問いに答えよ。

(1) ∠ACEの大きさは何度か。

(2) △ACDの面積は何cm^{2}か。

3 AB＝5 cmとする。また，∠CABの二等分線と辺BCとの交点をHとすると，AH＝4 cmである。△ABCを頂点Cを中心として時計回りの方向に90°回転移動させたとき，点Aが点Dまで動いてできる線と，辺AB，線分BDとで囲まれた部分の面積は何cm^{2}か。ただし，円周率はπとする。

令和６年度　公立高校入試実戦問題　第２回　理　科　（解答…256Ｐ）

1　次の各問いに答えなさい。答えを選ぶ問いについては記号で答えなさい。

1　図１のように，十字形の金属板が入ったクルックス管の電極に電圧を加えたところ，蛍光面が光ったり，影ができたりした。これは－極から目に見えないとても小さい粒子が飛び出しているからである。この粒子を何というか。

図１

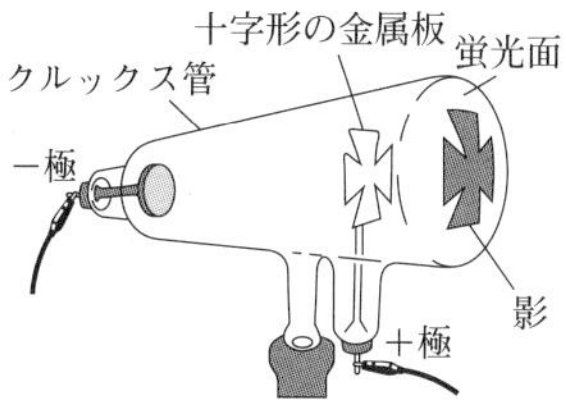

2　図２は，ある植物の葉の断面を顕微鏡で観察し，スケッチしたものである。根から吸収した水が通る管はａ，ｂのどちらか。また，その名称を書け。

図２

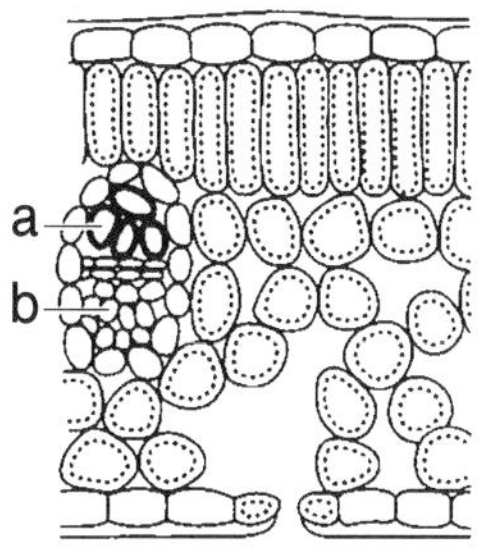

3　原子について述べているものとして最も適当なものはどれか。

ア　原子は，化学変化によって，それ以上分けることのできない粒である。

イ　原子は，種類に関係なくすべて同じ質量である。

ウ　原子は，化学変化によって，他の種類の原子に変わる。

エ　原子は，いくつかの分子が集まってできている。

4　図３は，銀河系を真上から見た想像図である。太陽系の位置として最も適当なものは，図３のア～エのどれか。

図３

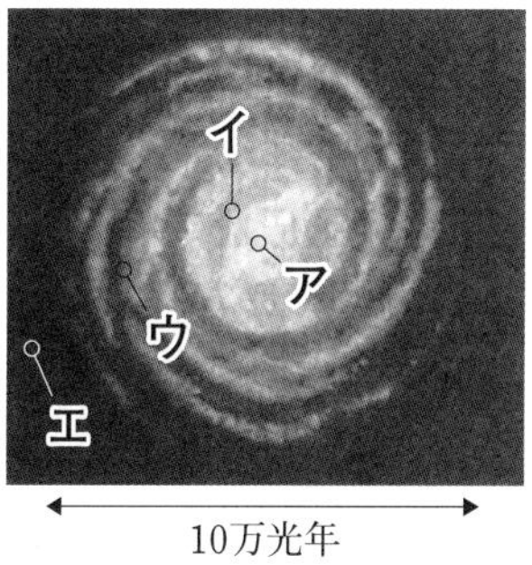

5　次の文中の①，②について，①にはあてはまることばを書き，②はア，イのどちらかを選べ。

> ヒトの細胞のまわりは，血液の成分である血しょうがしみ出た［　①　］で満たされている。［　①　］には，血しょうにとけて運ばれてきた養分や，②（ア　白血球　　イ　赤血球）からはなれた酸素がふくまれている。

6　マグネシウムが酸化したときの化学変化を化学反応式で表せ。

7　図４は，日本付近のプレートの境界部を実線で示したものである。Ｘのプレートの名称はどれか。

ア　北アメリカプレート　　　イ　ユーラシアプレート

ウ　太平洋プレート　　　エ　フィリピン海プレート

図４

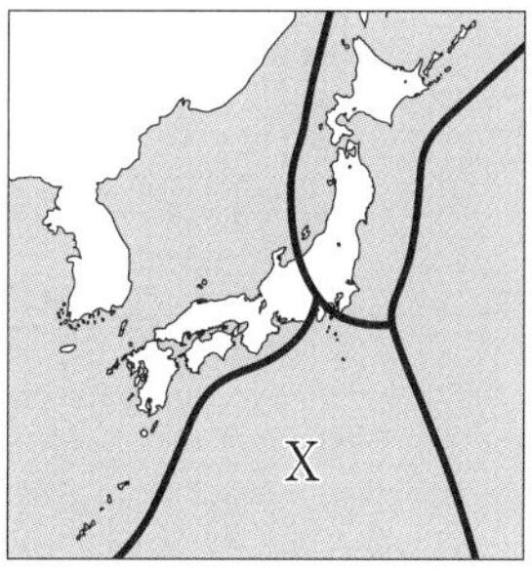

8　図５のように，10Ωの電熱線Ａ，20Ωの電熱線Ｂを直列につないだ回路に流れる電流や加わる電圧について，正しいものはどれか。

ア　電熱線Ａを流れる電流の大きさは，電熱線Ｂを流れる電流の大きさよりも小さい。

イ　電熱線Ａと電熱線Ｂを流れる電流の大きさは等しい。

ウ　電熱線Ａに加わる電圧の大きさは，電熱線Ｂに加わる電圧の大きさよりも大きい。

エ　電熱線Ａと電熱線Ｂに加わる電圧の大きさは等しい。

図５

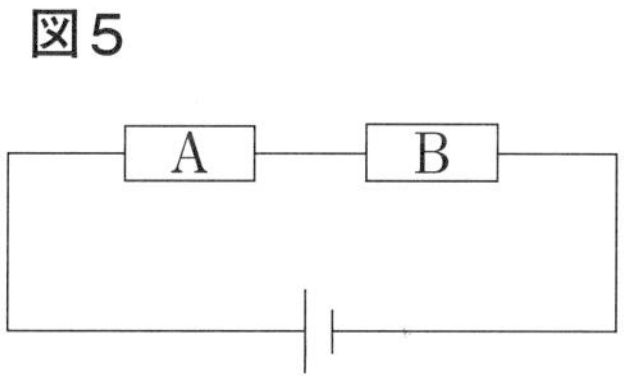

2　次のⅠ，Ⅱの各問いに答えなさい。答えを選ぶ問いについては記号で答えなさい。

Ⅰ　ふりこの運動について調べるため，次の**実験１**，**２**を行った。ただし，摩擦力や空気抵抗は考えないものとする。

図１

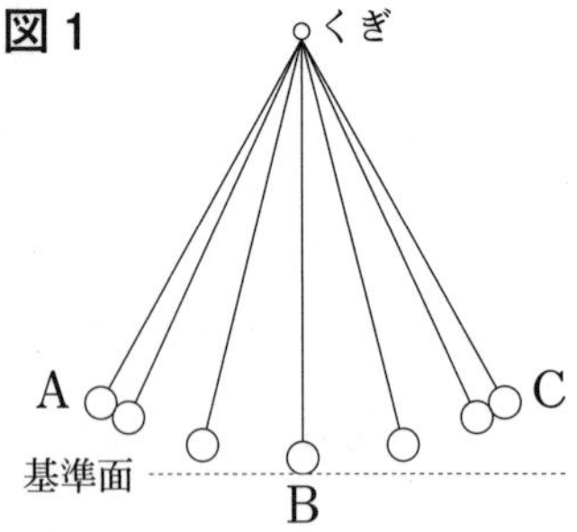

実験１　糸の一端におもりをとりつけ，他方の端を壁に打ちつけたくぎに固定し，糸がたるまないようにして，おもりをある高さから静かにはなし，ふりこの運動をさせた。このようすをビデオカメラで撮影し，おもりが左端から右端へ１回移動したときの$\frac{1}{6}$秒ごとのおもりの位置を調べ，**図１**に示した。**図１**のAはおもりをはなした位置を示し，おもりが左端にあるときの位置である。Bはおもりが最も低いところにあるときの位置，Cはおもりが右端にあるときの位置である。また，Cは基準面からの高さがAと同じであった。Bにおけるおもりの位置エネルギーを０とする。

実験２　**実験１**と同じ操作を同じ大きさで質量の大きなおもりにとりかえて行ったところ，$\frac{1}{6}$秒ごとのおもりの位置は**実験１**と同じ結果になった。

１　**実験１**の結果から，おもりがAから移動して再びAにもどってくるのに要する時間は何秒と考えられるか。

２　**実験１**で，おもりがAからCまで１回移動するとき，Aから$\frac{1}{6}$秒後までのおもりの平均の速さをx cm/s，$\frac{1}{6}$秒後から$\frac{2}{6}$秒後までのおもりの平均の速さをy cm/s，$\frac{2}{6}$秒後から$\frac{3}{6}$秒後までのおもりの平均の速さをz cm/sとする。x，y，zの関係を正しく表している式はどれか。

ア　$x = y = z$　　イ　$x < y < z$　　ウ　$x > y > z$　　エ　$x < y = z$

３　**実験１**において，おもりをはなす位置を**図２**に示したPにかえて実験を行うとする。Pはおもりの位置エネルギーがAにあるときの$\frac{1}{2}$倍になる点であり，**実験１**においてAからBまで移動するときに通過する点である。**図３**は，**実験１**でおもりがAからBまで移動するときの，おもりの運動エネルギーと位置エネルギーの変化を模式的に表したものである。**図３**に，Pからおもりをはなす場合のおもりの運動エネルギーの変化を太い実線でかき加えたものとして最も適当なものはどれか。

図２

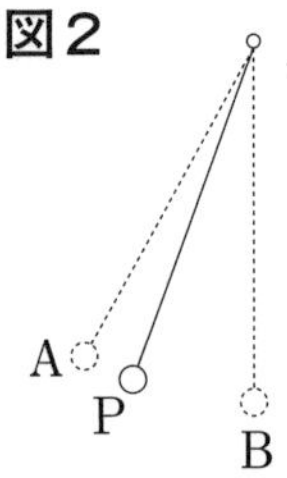

図３

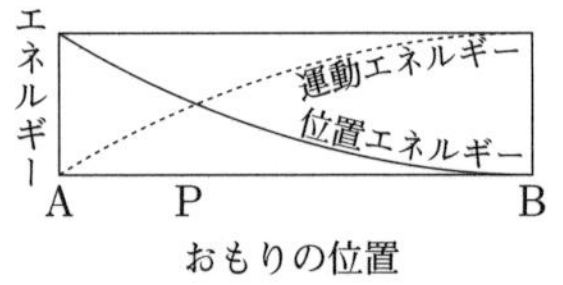

ア

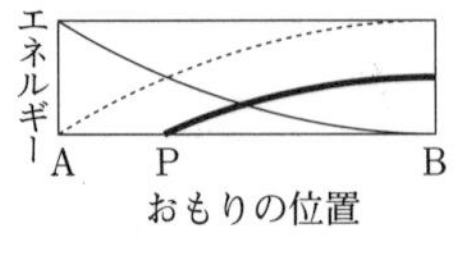

イ

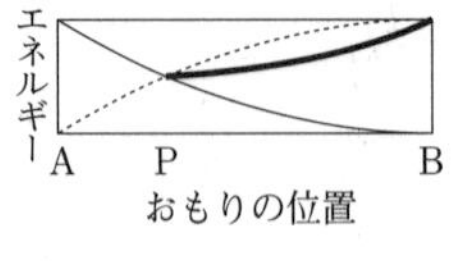

ウ

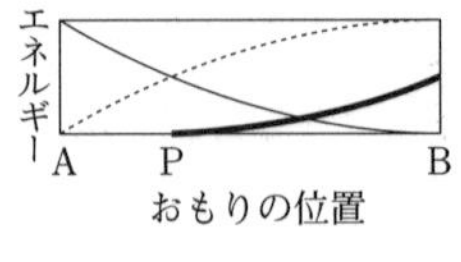

エ

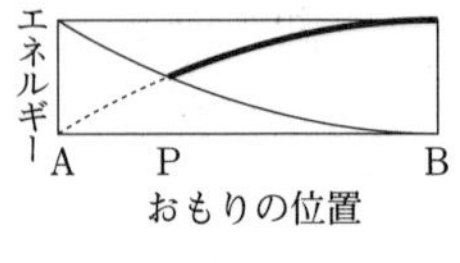

４　次の文は，実験におけるおもりの速さやエネルギーの大きさについて述べたものである。次の文中の［ａ］，［ｂ］にあてはまる最も適当なことばとして，「大きくなる」，「変わらない」，「小さくなる」のいずれかを書け。

実験２において，おもりをはなしてから最初にBを通過するときは，**実験１**においておもりをはなしてから最初にBを通過するときと比べて，Bにおけるおもりの瞬間の速さは［ａ］と考えられ，運動エネルギーの大きさは［ｂ］と考えられる。

Ⅱ　質量が50 gで形や大きさ，磁力が等しく，２つの平らな面がそれぞれＮ極とＳ極になっている円盤型の磁石Ａ，Ｂ，Ｃを用意した。**図１**のように，ガラスの水平な台の上に円柱形のガラスの筒を垂直に立て，磁石Ａの上に磁石Ｂが浮いて静止するように入れた。また，**図２**のように，**図１**の磁石Ｂの上に，磁石Ｃが浮いて静止するように入れたところ，磁石Ｂが動き，**図１**に比べて，磁石Ａと磁石Ｂの間隔がせまくなった。**図１**，**図２**は，それらを真横から見たものである。ただし，磁石とガラスとの間に摩擦《まさつ》はなかったものとし，質量 100 gの物体にはたらく重力の大きさを１Ｎとする。

図１　**図２**

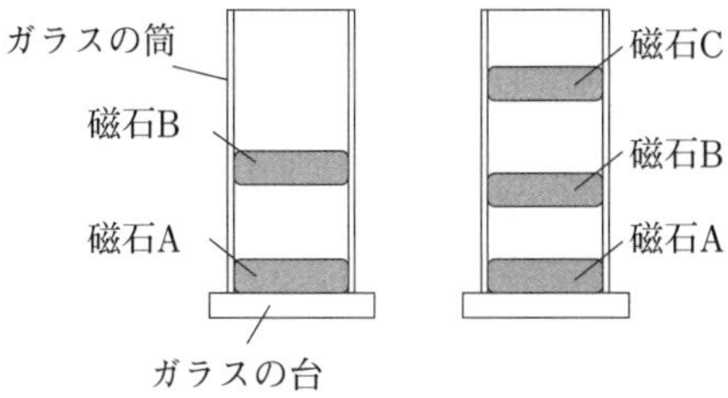

1　**図１**で，磁石Ｂが磁石Ａから受ける力を，解答用紙の図に矢印でかけ。ただし，解答用紙の図の点Ｐを作用点とし，１目盛りは0.1 Ｎの力の大きさを表すものとする。

2　**図１**で，ガラスの台が磁石Ａから受ける力は何Ｎか。

3　**図２**で，磁石Ａ，Ｂ，Ｃの極の向きについて，最も適当なものはどれか。

ア　磁石Ａ，Ｂ，Ｃの極の向きはすべて同じである。
イ　磁石Ａの極の向きだけが逆である。
ウ　磁石Ｂの極の向きだけが逆である。
エ　磁石Ｃの極の向きだけが逆である。

4　下線部のようになったのは，磁石Ｂに新たな力が加わったからである。この力にふれて，磁石Ｂが動いた理由を書け。ただし，磁石Ａと磁石Ｃがたがいにおよぼしあう力は考えないものとする。

3　次のⅠ，Ⅱの各問いに答えなさい。答えを選ぶ問いについては記号で答えなさい。

Ⅰ　マツバボタンの花には，赤色と白色があり，赤色が白色に対して顕性形質である。マツバボタンを用いて，**図**の①～③のかけ合わせを行った。ただし，赤花をさかせる遺伝子をＡ，白花をさかせる遺伝子をａとする。

図

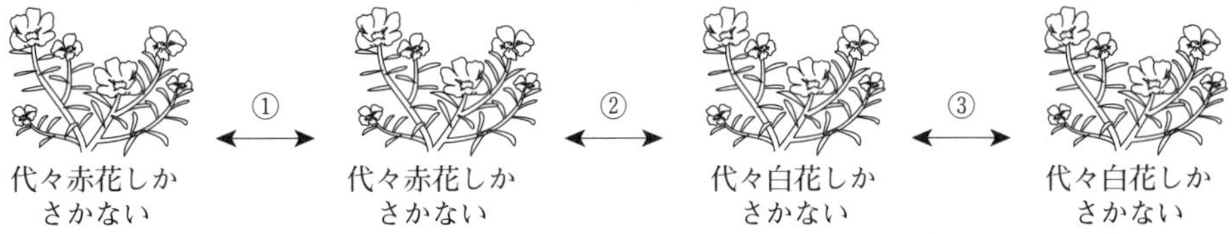

①　代々赤花しかさかないものと，代々赤花しかさかないものをかけ合わせる。
②　代々赤花しかさかないものと，代々白花しかさかないものをかけ合わせる。
③　代々白花しかさかないものと，代々白花しかさかないものをかけ合わせる。

1　マツバボタンの葉脈は網目状であり，根は主根と側根からなる。このような特徴をもつ植物を何というか。

2　生殖細胞をつくるとき，対になっている遺伝子は分かれて別々の生殖細胞に入る。この決まりを何というか。

3　①のかけ合わせで得た子がつくる卵細胞中の遺伝子はどれか。

ア　A　　**イ**　a　　**ウ**　Aまたはa　　**エ**　Aa

4　②のかけ合わせで得た子と，③のかけ合わせで得た子とをかけ合わせたところ，600個の赤花がさく種子と多数の白花がさく種子を得た。このとき，白花がさく種子はいくつ得られたと考えられるか。

Ⅱ　肺のつくりや呼吸について調べるため，次の**観察**と**実験**を行った。

観察　ネズミの肺を顕微鏡で観察したところ，小さなふくろが多数見られた。図鑑で調べたところ，これらのふくろは気管支の先端にあって，1つ1つのふくろが毛細血管にとり囲まれていることと，このようなつくりはネズミとヒトの肺に共通であることがわかった。

実験

①　ヒトの安静時と運動時の呼吸について調べるため，吸う息(空気)にふくまれる酸素の体積の割合を測定したところ，21%であった。

②　安静時の30秒間の呼吸について，呼吸回数を数えながら，はいた息をポリエチレンのふくろに集め，呼吸1回あたりのはいた息の体積，はいた息にふくまれる酸素の体積の割合をそれぞれ測定した。

③　運動時の30秒間の呼吸について，②と同じように実験を行った。②と③の結果をまとめると**表**のようになった。ただし，呼吸における吸う息の体積は，はいた息の体積に等しいものとする。

表

	呼吸回数	呼吸1回あたりのはいた息の体積	はいた息にふくまれる酸素の体積の割合
安静時の30秒間の呼吸	5回	500cm^3	18%
運動時の30秒間の呼吸	10回	1000cm^3	15%

1　下線部の小さなふくろを何というか。また，小さなふくろが多数あることは，呼吸するうえで都合がよい。その理由を「表面積」，「効率」ということばを使って書け。

2　次の文中の①，②について，それぞれ正しいものはどれか。

心臓から肺に送られた血液は，下線部のふくろのまわりをとり囲んでいる毛細血管を流れるとき，①（**ア**　動脈血から静脈血　　**イ**　静脈血から動脈血）に変わる。また，この毛細血管を流れた血液は，肺から②（**ア**　動脈　　**イ**　静脈）を流れて心臓にもどる。

3　次の文の[a]，[b]にあてはまる数字を書け。ただし，呼吸において血液にとりこまれる酸素の体積は，吸う息とはいた息のそれぞれにふくまれる酸素の体積の差であるものとする。

実験の結果から，安静時の1回の呼吸において，血液にとりこまれる酸素の体積は，吸う息にふくまれる酸素の体積の[a]分の1であることがわかる。また，運動時の30秒間の呼吸において血液にとりこまれる酸素の体積の合計は，安静時の30秒間の呼吸において血液にとりこまれる酸素の体積の合計の[b]倍であることがわかる。このように，運動時は血液に多量の酸素がとりこまれるため，細胞は，細胞による呼吸をさかんに行い，多くのエネルギーをとり出すことができる。

4　次のⅠ，Ⅱの各問いに答えなさい。答えを選ぶ問いについては記号で答えなさい。

Ⅰ　**図1**は，35℃の温水500 cm^{3}とインクで着色した15℃の冷水500 cm^{3}を用いて，前線のモデル実験をしたときのようすを模式的に示したものである。**図2**は，前線をともなう低気圧が日本付近を通過するときの天気図である。

図1

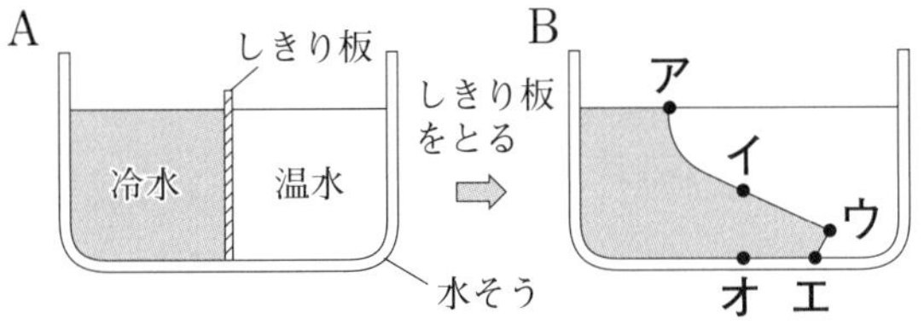

図2

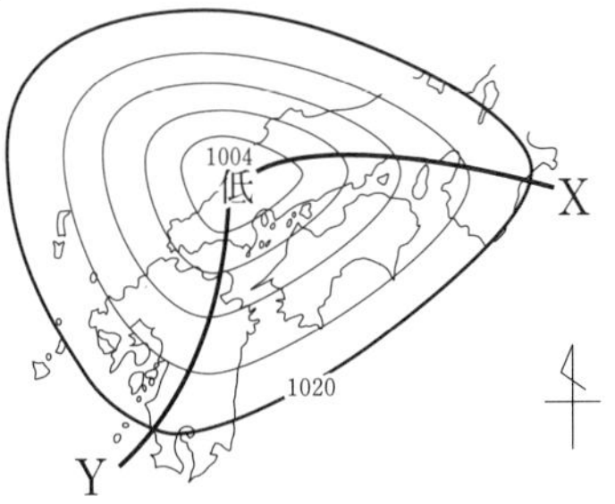

1　**図1**について述べた次の文中の①，②について，それぞれ正しいものはどれか。

> **図1**から，密度は①（ア　温水　　イ　冷水）が大きいことがわかる。この実験では冷水が②（ア　寒気　　イ　暖気）に相当する。

2　**図1**のBで水そうの底を地表面と考えると，前線に相当するのは**図1**のBの**ア**～**オ**のどこか。

3　**図1**でしきり板をとってから，5分後のようすを正しく示したものとして最も適当なものはどれか。

ア

混ざり合う

イ
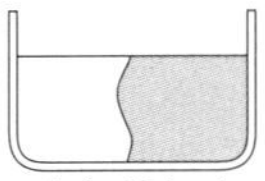
入れ替わる

ウ
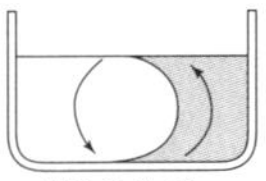
対流する

エ
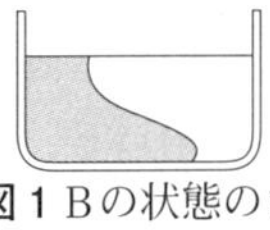
図1Bの状態のまま

オ
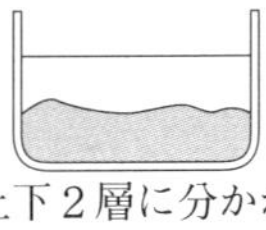
上下2層に分かれる

4　**図2**のX，Yは，前線の位置を示したものである。前線の種類がわかるように，解答用紙の図に記号をかけ。

Ⅱ　浅いところで発生した地震のうち，震源の深さがほぼ同じ3つの地震**A**～**C**について調べた。**図1**は，地震**A**～**C**の震央を×印で，観測地点P～Sの位置を●印で表したものである。また，**表**は，それぞれの観測地点における地震**A**～**C**による震度をまとめたものである。

図1

表

	地点P	地点Q	地点R	地点S
地震A	2	2	1	1
地震B	1	3	1	1
地震C	2	2	2	2

1　地震のゆれは，はじめにくる小さなゆれと，あとからくる大きなゆれの，大きく２つに分けることができる。このうち，はじめにくる小さなゆれを何というか。

2　いっぱんに，遠くで起こった地震と近くで起こった地震による震度が同じ場合，遠くで起こった地震の方がマグニチュードが大きい。

(1)　マグニチュードは何を表す尺度か。

(2)　地震**A**～**C**のうち，最もマグニチュードが大きいものはどれと考えられるか。

3　気象庁の出す緊急地震速報は，震源に近い地震計でとらえた観測データをもとに，大きなゆれにそなえるシステムである。このシステムでは，震源から遠いほど速報が出されてから大きなゆれがはじまるまでの時間に余裕がある。その理由を，「主要動」ということばを用いて書け。

5　次のⅠ，Ⅱの各問いに答えなさい。答えを選ぶ問いについては記号で答えなさい。

Ⅰ　エタノール３ cm^3 と水17 cm^3 が混ざった液体(以下「混合液」とする)がある。この混合液からエタノールをとり出すために，次の**実験**を行った。

実験

①　フラスコの中に混合液の全量を沸騰石とともに入れ，**図１**のように，弱火で加熱した。しばらくして，沸騰石から泡が出始めたところで，発生する気体を水で冷やし，できた液体を試験管**A**に約２ cm^3 集めた。

②　試験管をとりかえ，試験管**B**，最後に試験管**C**にも同様に約２ cm^3 ずつ液体を集めた。

③　試験管**A**～**C**に集めた液体にそれぞれひたしたろ紙を蒸発皿に入れ，**図２**のように，マッチの火を近づけて燃えるかどうか調べた。**表**は，その結果をまとめたものである。

図１

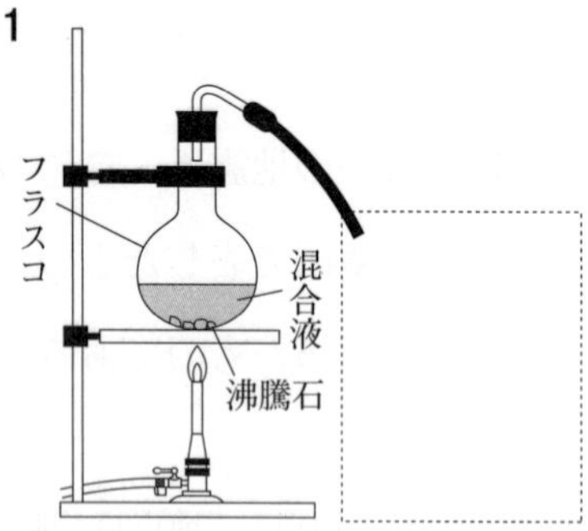

図２

表

	火に近づけたとき
試験管**A**	燃えた。
試験管**B**	燃えたがすぐに消えた。
試験管**C**	燃えなかった。

1　下線部のように，発生する気体を水で冷やし，できた液体を試験管Ａに集めるときの実験装置の**図１**を，試験管，ガラス管，ビーカー，水の配置がわかるように解答用紙の破線で示した四角の中にかき入れよ。

2　試験管**A**～**C**に集めた液体のうち，エタノールを最も多くふくむものはどれか。

3　この実験のように，混合液を加熱して，出てくる気体を再び液体にもどしてとり出す方法を何というか。

Ⅱ　二酸化炭素の性質を調べるため，次の**実験１**，**２**を行った。

実験１　体積が565cm^{3}の４本のペットボトルＡ～Ｄを用意した。Ａに二酸化炭素を充満させ，100cm^{3}の水を入れて栓をし，よくふると**図１**のようにつぶれて体積が540cm^{3}になった。その後，Ａの中の液体をビーカーに移してマグネシウムリボンを入れると，水素が発生した。

図１

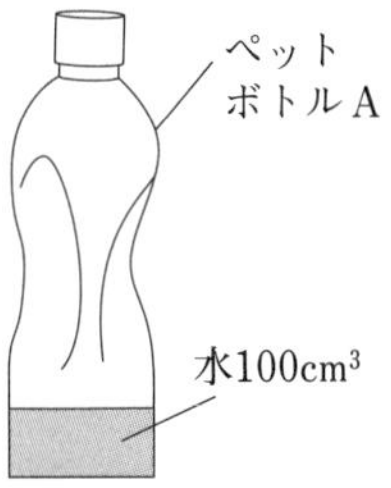

実験２　水酸化ナトリウムの粒２個，４個，20個をそれぞれ水にとかして250 cm^{3}とした水溶液①～③をつくった。**図２**のように，体積が565 cm^{3}のペットボトルＢ～Ｄに二酸化炭素を充満させ，Ｂには①を，Ｃには②を，Ｄには③を100cm^{3}ずつ入れて栓をし，よくふった。その後，つぶれたペットボトルの体積を測定した。次に，Ｂ～Ｄの中の液体をとり出してマグネシウムリボンを入れ，水素が発生するかどうかを観察した。なお，実験に用いた水酸化ナトリウムの粒１個の質量はどれも等しいものとする。**表**は，**実験１**，**２**の結果をまとめたものである。

図２

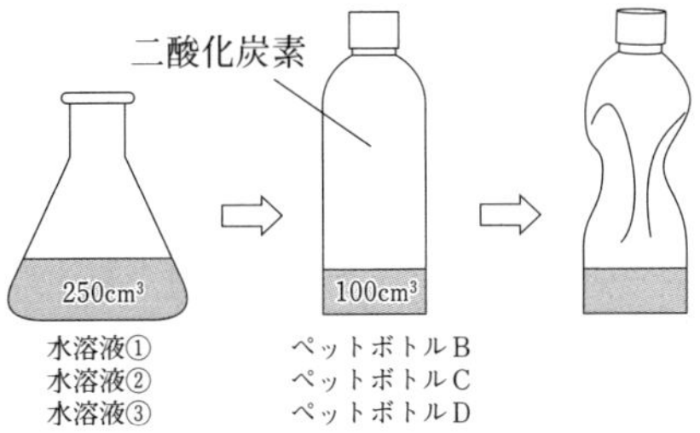

表

ペットボトル	Ａ	Ｂ	Ｃ	Ｄ
つぶれたときの体積［cm^3］	540	490	440	190
水素が発生するかどうか	○	○	△	×

(注) ○：発生する　△：少し発生する　×：発生しない

１　**実験１**で，ペットボトルＡがつぶれたのはなぜか。

２　**実験１**で，二酸化炭素を入れて栓をし，よくふった後の液体が示す性質はどれか。

ア　酸性　　**イ**　中性　　**ウ**　アルカリ性

３　**実験２**で，水酸化ナトリウムが水にとけるとき，水溶液中に生じるイオンの化学式を２つ書け。

４　**実験２**で，Ｄの液体にマグネシウムリボンを入れても，水素が発生しなかったのはなぜか。

資料3

Dさん　今日の話し合いのテーマは「C市の魅力を紹介する内容と方法」についてです。今、皆さんに配付したのは、A中学校から届いたアンケートの結果と、先日の私たちB中学校のアンケート結果をまとめたものです。これを参考にして、紹介したい内容と紹介する方法について、皆さんの意見を聞きたいと思います。意見のある人はどうぞ。

Eさん　私は、A中学校のアンケート結果で一番多かった自然とレジャーを中心に紹介するとよいと思います。

Fさん　A中学校の人が知りたがっていることを紹介するのがよいと思うので、Eさんの意見に賛成です。それに、川の近くにとれたて野菜の販売所もあるので、名産品も一緒に紹介できます。

Gさん　私はお祭りやイベントを紹介したいです。ちょうど来週、実施されるので、ビデオカメラで撮影したものを紹介すると、迫力があって楽しく見てもらえると思います。

Hさん　歴史的な名所や旧跡を紹介するのはどうでしょうか。私たちの市には歴史的に貴重な史跡があるので、詳しくまとめて紹介するとよいのではないでしょうか。

Dさん　なるほど。さまざまな意見が出ていますね。その他には何かありますか。

Iさん　僕はGさんの意見に賛成です。来週のイベントでは、テレビによく出ているKさんがいらっしゃって、私たちのダンスをご覧になることになっています。KさんがC市出身であることをあわせて紹介すると、よいものになると思います。

Jさん　僕はさつまいもが名産品だということをアピールしたいです。A中学校のアンケート結果では名産品について知りたい人は多くありませんが、僕たちのB中学校では紹介したい人が多いです。

（中略―この後も話し合いは続いた）

Dさん　では、今日の話し合いをもとに、次回までに意見をまとめておいてください。

5 姉妹都市にあるA中学校と交流するために、B中学校では自分たちのC市を紹介することになりました。Dさんのクラスでは、事前にそれぞれの中学校の生徒にアンケートをとり、その結果をもとにして、C市の魅力を紹介する内容と方法について、グループで話し合いました。**資料1**、**資料2**はアンケートの結果、**資料3**はその結果について話し合ったグループでの話し合いの一部です。

あなたも話し合いに参加して、姉妹都市にあるA中学校にC市の魅力を紹介する内容とその方法についての意見をまとめることになりました。あとの(1)～(5)の**条件**に従って、あなたの考えを書きなさい。

条件

(1) 二段落で構成すること。

(2) 第一段落には、**資料1**の項目から選んだあなたが紹介したい内容と、その理由を書くこと。

(3) 第二段落では、第一段落を踏まえて、紹介する内容をうまく相手に伝えるにはどうすればよいか、あなたが考えた方法を具体的に書くこと。ただし、紹介する方法は、**資料3**で挙げられた方法以外を考えて書くこと。

(4) 六行以上八行以下で書くこと。

(5) 原稿用紙の正しい使い方に従って、文字、仮名遣いも正確に書くこと。

資料1

〈アンケート集計結果①〉（複数選択可）
「C市について知りたいこと・紹介したいこと」
調査対象：A中学校の３年生120人とB中学校の３年生160人

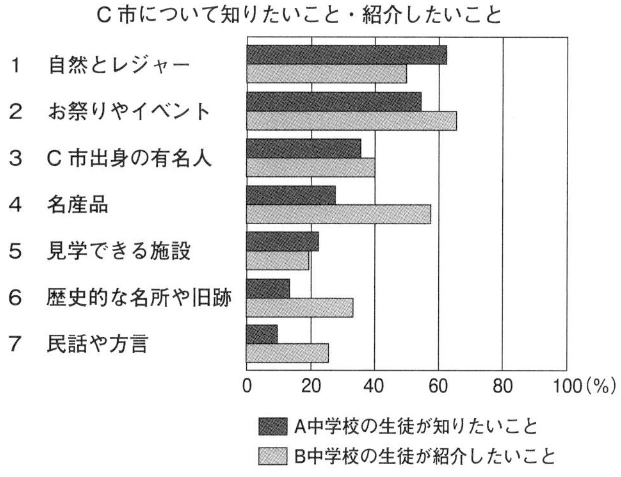

資料2

〈**アンケート集計結果②**〉
「B中学校の生徒が紹介したいと思う具体的なC市の魅力」
調査対象：B中学校の3年生１６０人

・釣りや川下りなど、川でのレジャーが盛んである。
・全国的に有名なイベントがある。
・よくテレビに出ている有名人の出身地である。
・名産品のさつまいもを使ったお菓子が有名である。
・古代人のくらしを体験できる博物館がある。
・歴史的に有名な史跡がある。
・有名な民話がある。

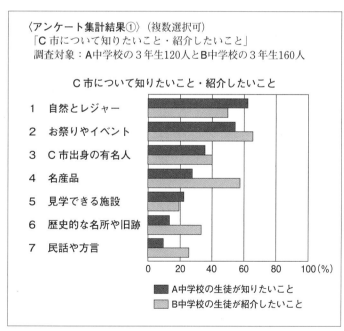

〈ノート〉

【本文の描写】

●「同じ製作図に基づいてつくられた製品のはずが、それぞれどこかがちがっていた。」

●**心**「そんなのおかしいです。精密な工業製品にそんなことがあっていいんでしょうか」

原口「実際にあるんやけん、しょうがないやろ」

●**心**「マシニングセンタでつくったらこんなことにはなりませんよ」

原口「〈もの研〉は、〈コン研〉とちがってコンピューター任せの部活やないと。人の技術を追求するための部活なんっちゃ」

●**小松さん**「お、これは原口、これは亀ちゃんやな。それからこれはわしや。うーんいい仕事してますなあ。あと、こっちのまだまだは吉田」

→製作者がわかる。

●**小松さん**「あ、それからこれはあんたやね。みさと選手。なかなかいいね。はい、敢闘賞」

→心が初めてつくった「サイコロ型のペーパーウェイト」を心に渡す

●**心**「いいんですか」

【心の心情に関連した描写】

「すっと背中が冷たくなった。」

→「同じはずの製品の仕上がりがちがうなんて、精密な工業製品の世界ではあってはならないはずだ。」

「その雑な言い方が、かちんと神経に引っかかった。」

「悪意の混じったような発言に、心はむっと顔を上げた。」

◎心の心情の変化が表情に表れている。

「［Ⅰ］。」

→「半信半疑で顔をしかめていたが、やがて心は小松さんの手元に注視した。よく見ると、確かに製品にはそれぞれ特徴があるような気がしてくる。」

「ずしんとくる。」

◎表現の特徴

自分で初めてつくった作品の重さに、それをつくった過程で感じた［Ⅱ］が思い出されて「心」の胸に迫ってくることを表しており、「心」が［Ⅲ］ことを強く印象づけている。

「つい、口が勝手に答えてしまって、心はうろたえた。けれどどうしてか、手放したくはない。」

→心は［Ⅳ］。

つい、口が勝手に答えてしまって、心はうろたえた。けれどどうしてか、手放したくはない。

「よかばい、わしが買《こ》うちゃる」

小松さんは胸をどんとたたいた。

鏡のように輝く鉄の表面を、心はそっとなでてみた。

（まはら三桃「鉄のしぶきがはねる」による。一部省略等がある。）

(注)　旋盤工＝金属加工を行う機械を扱う職人。

定盤＝金属加工に使う表面が平らな台。

ペーパーウェイト＝紙押さえ。

ステンレスソープ＝消臭等を目的とした金属製の石けん。

公差＝機械加工で、合格とされる最大寸法と最小寸法の差。

1　═══線部**ア**～**エ**の中で、文法的に異なる用法のものを一つ選び、記号で答えよ。

2　───線部とあるが、「原口」はどうすることよりも、どんなことに意味があると考えているか。六十字以内で書け。

3　上野さんは、国語の時間に、心の心情がどのように変化していったのかを時系列順に並べて、〈**ノート**〉に書き込んだ。〈**ノート**〉の Ⅰ ～ Ⅳ に当てはまる最も適当な内容をそれぞれ答えよ。ただし、 Ⅰ には心の表情を表した文を一文で抜き出して書き、 Ⅱ には十五字以内の言葉を考えて答え、 Ⅲ はあとの語群から、 Ⅳ はあとの選択肢から最も適当なものを選び、記号で答えること。

〈**Ⅲの語群**〉　**ア**　劣等感にさいなまれている

イ　考え方を揺さぶられている

ウ　自信をさらに深めている

エ　好奇心を刺激されている

〈**Ⅳの選択肢**〉

ア　「原口たち」の前で、自分の作品をほめられたことに困惑しながらも、たとえお世辞でも「小松さん」に認められたことがうれしくて、いつまでもこの作品を手元に置きたいと思っている。

イ　自分の作品だけが「小松さん」に認められて、何となく居心地が悪く、素直に喜べなかったが、これまでの自分の考え方が間違っていなかったことを示したこの作品に誇りを感じている。

ウ　自らの口から思わず出た言葉により、自分の作品がほしいと思うようになったことに気付き、戸惑いながらもいつの間にか自分にとって特別なものになったこの作品に愛着を覚えている。

エ　自分が一生懸命つくった作品をもらえるうれしさと遠慮する気持ちが一瞬のためらいを生んだが、この作品をどうしても誰かに見せたいという気持ちが抑えきれなくなっている。

した。
　最初から疑問だったのだ。マシニングセンタは、コンピューター制御の切削機械だ。コンピューターにデータを入力して作動させると、自動的に同じ形に切削していく。今回つくったペーパーウェイトだって、もっと大量生産に適したデザインに【ア】して、マシニングセンタにかければ時間も労力も半分以下ですんだだろう。どうしてそれをしないで、少人数でてんてこ舞いして助っ人まで頼んだのか、心にはさっぱり理解ができない。
「そんなことしたら、〈もの研〉の意味がないやろ」
　あきれたような原口の声が言った。
「あのね。〈もの研〉は、〈コン研〉とちがってコンピューター任せの部活やないと《(部活ではないぞ)》。人の技術を追求するための部活なんっちゃ」
「コンピューター任せって……」
　悪意の混じったような発言に【イ】、心はむっと顔を上げた。
「削り方、磨き方にだってそれぞれの個性が出るやろう」
「だからそれでは工業製品の意味がないです」
　声を荒らげかけた時、気の抜けるような声がした。
「おー諸君、今日はもうよかったんやったかね」
　小松さんだ。
「うん。あとは明日の準備だけやけん、おれらでやれるわ。小松さん、長いことありがと。小松さんがおってくれたおかげでほんとたすかった」
　原口は満面の笑みを小松さんに向けて言った。心に対するあてこすりみたいな笑顔だ。嫌味全開。ほんとに感じが悪い。
「いやいや、なんの」
　原口に愛想《あいそ》よく言われて、小松さんは上機嫌で作品を手に【ウ】取り始める。
「お、これは原口、これは亀ちゃんやな。それからこれはわしや。うーんいい仕事してますなあ。あと、こっちのまだまだは吉田」
　自分の子を眺めるような目つきだ。
　心はぴくりと眉を寄せた。製作者がわかるのか。
　確かに自分の目から見ても、ひとつひとつちがうのはわかったから、小松さんくらいの職人なら製作者もわかるものかもしれない。けれどこうも簡単に【エ】言いあてられるものだろうか。
「そんなことわかるんですか」
「そりゃ、見りゃわかるわ」
　不思議に思ってきくと、小松さんはこともなげにそう言い、製作者の選別を続けた。
「亀ちゃん、原口、原口、わし、わし、吉田……」
　鼻歌でも歌うようにより分ける。
　半信半疑で顔をしかめていたが、やがて心は小松さんの手元に注視した。よく見ると、確かに製品にはそれぞれ特徴があるような気がしてくる。同じ製作図、同じ材料、そして同じ機械を使ったはずの製品なのに。
　よりわけていた小松さんの節くれだった手がふと止まった。
「あ、それからこれはあんたやね。みさと選手。なかなかいいね。はい、敢闘賞」
　小松さんは、サイコロ型のペーパーウェイトをひとつ持ち上げると、心につき出した。思わず受け取る。
　ずしんとくる。
　確かに自分がつくったものだと心にもわかった。それも初めてつくったものだ。あの時の感覚がよみがえった。心細さや、製作中の胸の高鳴りや、できあがった時の充足感が。
「いいんですか」

4　次の文章を読んで、あとの**1**～**3**の問いに答えなさい。

三郷心《みさとしん》は工業高校の一年生で、コンピューター研究部〈コン研〉に所属する女子生徒である。ある日、ものづくり研究部〈もの研〉の顧問に頼まれ、文化祭の販売品の製作を手伝うことになった。次は、(注)旋盤工の小松《こまつ》さんや、もの研部員の原口《はらぐち》や吉田《よしだ》、亀井《かめい》たちと作業に取り組む場面に続くものである。

ひと月ほどかかって、販売用の製品がすべてできあがった。文化祭を翌日に控えた日、心が工場に行くと、(注)定盤《じょうばん》の上に(注)ペーパーウェイトと(注)ステンレスソープがずらりと並べられていた。昨日遅くまで部員と助《すけ》っ人《と》総出で、やすり仕上げを終えたのだ。

あれ？

照明をつけようとして、心は手を止めた。そのまま定盤に近寄ってみる。窓から差す夕日が、並んだ製品をスポットライトのように照らし出していた。

ちがう。

心は眉《まゆ》をよせた。同じ製作図に基づいてつくられた製品のはずが、それぞれどこかがちがっていた。夕べ、薄暗い照明の下では気づかなかったが、こうして自然光にあててみると、ちがいがよくわかる。

心は定盤に駆け寄った。目を凝らしてひとつひとつ確かめる。

やっぱり。

一見同じように見えても、じっくり見ると明らかなちがいがそこにあった。すっと背中が冷たくなった。同じはずの製品の仕上がりがちがうなんて、精密な工業製品の世界ではあってはならないはずだ。

もしかして、だれかの測定がまちがっていたのだろうか。

心は棚から測定器を取り出し、片っぱしからあてていった。製作図ではステンレスソープの横幅は７５・００ミリ。(注)公差の範囲は１００分の５ミリ。つまり、測定範囲は７４・９５から７５・０５に収まっていなければならない。

デジタル表示が次々と数値を示していく。

７４・９８、７５・００、７４・９５……。

心は首をひねった。

「どうしたんか」

声がして顔を上げると、鋭い目があった。原口だ。

「製品の見た目がちがうみたいな気がして、もう一度測定してみてたんです。でもすべて公差の範囲でした。この測定器、くるってませんか」

「はあ？」

原口は首を大きくかしげた。

「だって、見た目がこんなにちがうんですよ。なのに公差内なんて変です。たとえばこれとこれ」

心はふたつのステンレスソープを選び出して並べた。おおざっぱな表現をすれば、ひとつは大きく見え、もうひとつは小さく見える。

「すごくちがいますよね」

「そりゃ、つくった人間がちがうけん」

「そんなのおかしいです。精密な工業製品にそんなことがあっていいんでしょうか」

「実際にあるんやけん、しょうがないやろ」

詰め寄る心の勢いをかわすような軽さで、原口は答えた。その雑な言い方が、かちんと神経に引っかかった。

「じゃあきっと公差が大きすぎるんです。こんな範囲の広い公差なら意味ない。同じ旋盤でもマシニングセンタでつくったらこんなことにはなりませんよ」

心はそばにあった電話ボックスふたつ分ほどの大きさの機械を指差

3

次の文章を読んで、あとの1～4の問いに答えなさい。

(注)板倉《いたくら》伊《い》賀守《がのかみ》殿、京都を守護し給《たま》へる（警護なさっていた）ころ、三条橋頭《かしら》にて（端の辺りで）金三両を拾へる人あり。落としたる人いかに①うれふらんと、さまざまもとむれども出《い》で来たる人（探したけれども名乗り出てきた人）なし。せんかたなく（どうしようもなく）官(注)にア訴《うった》へければ、このよし（内容）を書き付け、辻々《つじ》に（所々に）張らせ給ひしかば、落としたる人出で来たりて、「我落とせしも、彼《か》の者拾へるも皆天(注)なり。我とるべきにあらず。」とイ辞す。拾へる人は訴へ出づるほどのことなればもとより（もちろん）ウうけず。②互ひに譲りければ、「今の代《よ》(注)にもかかる（このような）めづらしき訴へをきくことのうれしさ、堯《げう》(注)・舜《しゅん》の民ともいひつべし（言ってよいくらいだ）。」と大いに感じ給ひて、我もその中に交はらん（加わろう）とて、又あらたに金三片（両）を出だし、六片となし、両人へ二片づつあたへ、残る二片を自ら納め給ひ、「この後汝等《なんぢら》むつまじく（仲良く）せよ、何事によらずおもふことあらば聞こゆべし（申してこい）。」と、懇《ねもご》ろに（心を込めて）エ仰《おほ》せ給ふとなん。

［　　　　］

（三熊花顛・伴蒿蹊「続近世畸人伝」による）

(注)　板倉伊賀守＝板倉勝重。江戸時代初期の人。
官＝役所。　天＝運命。　代＝世の中。
堯・舜＝いずれも中国で理想の政治を行ったとされる帝王。

1　――線部①「うれふらんと」を現代仮名遣いに直して書け。

2　＝＝線部**ア**～**エ**の中から、その主語にあたるものが同じであるものを二つ選び、記号で答えよ。

3　次は、――線部②について話し合っている先生と生徒の会話である。［Ⅰ］・［Ⅱ］に適当な言葉を補って会話を完成させよ。ただし、［Ⅰ］には十五字以内、［Ⅱ］には三十字以内でふさわしい内容を考えて現代語で答えること。

生徒A　「落とした人は『落としたのも拾ったのも運命だから、［Ⅰ］』と言い、拾った人は訴え出たほどのことなので受けとらない、と主張したのですね。」

先　生　「板倉殿はこの状況をどのような方法で解決しましたか。」

生徒B　「はい。［Ⅱ］ことで解決しました。」

4　本文最後の［　　］には、この話の内容についての筆者の感想が記されている。その感想はどのようなものであると考えられるか。最も適当なものを次から選び、記号で答えよ。

ア　上に立つ者に情けや思いやりがあると、民衆も正しい行いを好むとはこのことであるよ。

イ　上に立つ者が立派な人でなくとも、民衆同士の誠実な人柄で事がおさまるとはこのことであるよ。

ウ　民衆が良い行いをしていることに感動して、上に立つ者が自らの行いを恥じるとはこのことであるよ。

エ　民衆が倹約に努めているときは、上に立つ者も質素な生活をすべきであるとはこのことであるよ。

3　——線部②とあるが、筆者が「ロシアの子ども」の例を挙げた意図として最も適当なものを次から選び、記号で答えよ。

ア　オノマトペを動詞の代用にすることは、世界中で、日本とロシアの子どもだけに共通する言い方であることを示す意図。

イ　オノマトペを動詞の代用にすると、言い間違いが多くなるということを、ロシアの子どもの例によって裏付ける意図。

ウ　オノマトペを動詞の代用にすることは、日本に限らず、子どもがことばを覚えていく重要な過程であることを示す意図。

エ　オノマトペを動詞の代用にすると、動作が視覚的に捉えやすくなるということを、ロシアの育児書によって裏付ける意図。

4　次は、ある生徒が授業で本文について学び、保育士のオノマトペの使い方について整理した〈ノート〉の一部である。[　　]に二十五字以内でふさわしい内容を考えて答えよ。

〈ノート〉

●保育士さんたちのオノマトペの使い方
・「かばんのチャックをきちんとしめてね」
→「カバンをジーしてね」
・「イスを机に近づけてきちんとすわりましょう」
→「イスをギュッしてね」
・「うがいをきちんとしてね」
→「ガラガラペッして」
※筆者が感心したポイント
「グジュグジュペッじゃなくてガラガラペッよ」
◎保育士は、[　　]ように説明している。

5　筆者は述べていることの説得力を高めるために、[X]で、幼児に対する対照的な二つの実験とその結果について紹介している。[X]に入るものとして適当なものを次から二つ選び、記号で答えよ。

ア　幼児に、オノマトペを用いて創った動詞と動作を教え、一ヶ月後に再びその動作をしてみた。幼児は教えた動詞で言い表すことができなかった。

イ　ある動作を幼児に見せて、その動作を表す一般的な動詞を教えた。違う人が同じ動作をしたとき、教えた動詞で言い表すことができなかった。

ウ　似た発音をする二つの動詞とそれぞれの動作を幼児に教えた。オノマトペを好んで使う子どもは、動詞と動作を正しく組み合わせることができた。

エ　ある動作を幼児に見せて、その動作をオノマトペを用いて創った動詞で教えた。違う人が同じ動作をしたとき、その動詞で言い表すことができた。

オ　似た発音をする二つの動詞とそれぞれの動作を幼児に教えた。オノマトペをあまり使わない子どもは、動詞を用いた指示に正しく反応できた。

6　次の文は、——線部③のように筆者が考える理由を説明したものである。[　　]に同じ段落中の言葉を用いて五十五字以内のふさわしい内容を補い、文を完成させよ。

オノマトペを使うことは、[　　]から。

と文をつくれない。このような時、子どもは知っている名詞、間投詞（注）、オノマトペなどを動詞にするのです。これは子どもが言語を獲得していく上でとても意味がある、大事なことです。

オノマトペは普通の動詞よりもずっと感覚的に捉えやすいですよね。「投げる」のようなごく日常的な具体的な動作を表す動詞でさえ、よく考えてみるとかなり抽象的で複雑な意味だということがわかります。でも「ポンする」「ポーンする」だととても具体的なイメージがわきます。「ぞんざいに置く」というのは小さな子どもにはわからない感じがしますが、「ガチャンってする」というと子どもでもわかりそうですね。抽象的な意味を持つ動詞を使う前に、意味が感覚的にわかるオノマトペで動詞を創り、とりあえず動詞を使ってみるということが、とても大事なことなのです。

小さい子どもに話しかける時、大人も自然にこういう言い方をしてしまいます。私はときどき保育園にお邪魔して、子どものことばの使い方を観察したり実験をさせてもらったりするのですが、その時に、子どもたちも保育士さんたちも、ほんとうによくオノマトペを使っています。かばんのチャックをきちんとしめてね、と言う時に「カバンをジーしてね」と言ったり、イスを机に近づけてきちんとすわりましょう、と言う代わりに「イスをギュッしてね」と言ったり。うがいをきちんとしてね、と言う時、「うがいをする」ではなくて、保育士さんは「ガラガラペッして」と言っていました。さらに「グジュグジュペッじゃなくてガラガラペッよ」と言っていたのには感心してしまいました。どういうがいの仕方がよいのか、よくわかりますね。

X

ときどき「ポンする」「チョキチョキする」などのオノマトペを使った幼児語を子どもの言語発達にとってよくないので使ってはいけない、と書いてある育児書を見かけます。③でも、言語発達の仕組みから考えると、これはまったくナンセンス（注）です。赤ちゃんや幼児に話しかける時、まわりの大人は自然と幼児語を使います。でも子どもが成長するにつれ、自然と子どもに対する語りかけは変わっていきます。オノマトペの使い方も変わっていきます。子どもにいつも接している大人は、動詞は意味が難しく、小さい子どもが理解しにくいことを無意識のうちにわかっていて、子どもが理解しやすいようにオノマトペを使っています。それが子どもにとって、動詞を使う練習になり、さらに、動詞とはどういう仕組みを持つことばなのかという理解を手助けすることにつながるのです。

（今井むつみ「ことばの発達の謎を解く」による。一部省略等がある。）

（注）「ちょうだい」「欲しい」＝筆者は、この二つの語を「動詞」として扱っている。
母語＝幼児期に最初に習得し、最も自由に使える言語。母国語。
オノマトペ＝擬声語や擬態語。　間投詞＝感動詞のこと。
ナンセンス＝ここでは、事実に反するという意味。

1　本文中の［　　］にあてはまる語として最も適当なものを次から選び、記号で答えよ。

ア　つまり　**イ**　あるいは　**ウ**　さらに　**エ**　だから

2　――線部①とあるが、その理由を説明した一文を抜き出し、最初の五字を書け。

令和六年度　公立高校入試実戦問題　第二回　国語

1

次の**1**・**2**の問いに答えなさい。

1　次の――線部のカタカナは漢字に直し、漢字は仮名に直して書け。

(1)　有名な作家のコウエンを聞く。　(2)　火花をチらす。

(3)　ギャッキョウに負けずがんばる。　(4)　美しい旋律。

(5)　生産地を偽る。　(6)　諮問機関を設置する。

2　「詩集」という漢字を、次のように行書で書いた。楷書で書いたときと比べて、①、②の部分にはどのような特徴が現れているか。その組み合わせとして最も適当なものを次から選び、記号で答えよ。

ア　①　点画の連続　②　点画の形や方向の変化

イ　①　点画の連続　②　筆順の変化

ウ　①　点画の省略　②　点画の形や方向の変化

エ　①　点画の省略　②　筆順の変化

2

次の文章を読んで、あとの**1**〜**6**の問いに答えなさい。

ことばを話しはじめたばかりの赤ちゃんは文をほとんど言わず、一つの単語だけを言います。この時でてくるのはほとんどが名詞です。何かが欲しい時やしたい時、「ちょうだい」（注）「欲しい」「食べる」のように、動詞だけを言うことはあまりありません。①一歳の終わりから二歳くらいになって、二語、三語を一度に口にするようになっても、その年齢の子どもはその時言いたいことにぴったりの動詞を見つけることができません。そのような時、子どもはどうするでしょうか。

日本語を母語（注）とする小さい子どもは、よく掛け声や（注）オノマトペを動詞にして使います。例えば水たまりを飛び越える時、「エイってする」「ポーンする」などと子どもが言うのを聞いたことがありませんか？ハサミで紙を切る時は「チョキチョキする」、回る時は「クルクルする」。②オノマトペを動詞の代用にするのは日本の子どもに限りません。ロシアの子どもでも似たことをするようです。コルネイ・チュコフスキーというロシアの著名な児童文学者が『2歳から5歳まで』という本を出版しています。これはロシアの二歳から五歳までの子どもの創造的なことばの使い方（その多くは大人の観点からは言い間違いなのですが）を集め、それに児童文学者ならではの鋭く、ユーモラスな解説をしているたいへんおもしろい本です。この本で、ロシアの子どもが自分で創《つく》った動詞を紹介しています。

例えば、「アロー」（電話をとる時のことば、「もしもし」にあたる）に動詞の語尾をくっつけて、「アリョーカエト」で「電話をする」という意味に使う。くすくす笑うの「くすくす」にあたる「ヒヒ」を動詞にして、「ヒヒーカチ」、ネコの「ニャーン」にあたる「ミャウ」を動詞にして「ミャウカチ」。これって、日本の子どもとまったく同じですね。ロシア語は日本語のようにたくさんのオノマトペは持たず、特に大人の会話の中ではほとんどオノマトペは使われません。それなのに、子どもは自分でオノマトペを創ってしまい、[　]オノマトペで動詞を創ってしまうのです。おもしろいですね。

動詞は名詞に比べて意味が抽象的で捉えにくく、動詞が使われる状況をいくつか観察しただけではなかなか意味を推測することが難しいし、覚えたとしても新しい状況で使うことが難しい。でも動詞がない

（解答…255P）

令和６年度　公立高校入試実戦問題　第２回　英　語　（解答…258 P）

1　**聞き取りテスト**　放送の指示に従って，次の１～８の問いに答えなさい。英語は１から５は１回だけ放送します。６以降は２回ずつ放送します。メモをとってもかまいません。

1　これから，Yumi と Tim との対話を放送します。二人が見ているものとして最も適当なものを下のア～エの中から一つ選び，その記号を書きなさい。

ア

イ

ウ

エ

2　これから，Emily と Ken との対話を放送します。Ken の友人がオーストラリアから日本に来る月を下のア～エの中から一つ選び，その記号を書きなさい。

ア　9月　　イ　10月　　ウ　11月　　エ　12月

3　これから，Ben と 店員との対話を放送します。Ben が支払う金額を下のア～エの中から一つ選び，その記号を書きなさい。

ア　300円　　イ　500円　　ウ　600円　　エ　1,000円

4　これから，Satoshi と Linda との対話を放送します。対話の後に，その内容について英語で質問します。下の英文がその質問の答えになるよう，（　　　　）に入る適切な英語１語を書きなさい。

He learned how to make it from his (　　　　).

5　これから，ALT の Green 先生が下のグラフを使って授業中に行った説明の一部を放送します。下のグラフを参考にしながら Green 先生の説明を聞き，その内容として最も適当なものを下の**ア**～**エ**の中から一つ選び，その記号を書きなさい。

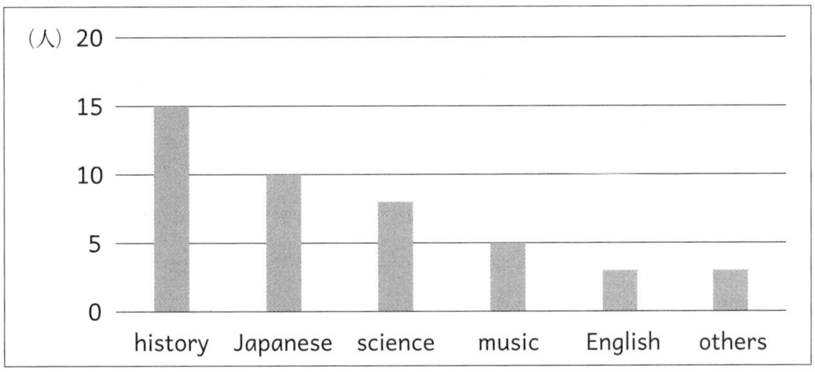

ア　日本人の英語学習について
イ　生徒に人気の教科について
ウ　生徒が昨日勉強した教科について
エ　日本の歴史のおもしろさについて

6　あなたは，英語の授業で Brown 先生の説明を聞いています。説明を聞いて，良いスピーチをするために大切なこととして挙げられていないことを下の**ア**～**エ**の中から一つ選び，その記号を書きなさい。

ア　何度も人前で練習すること　　**イ**　広い部屋で練習すること
ウ　まず自分の考えを述べること　　**エ**　できるだけ多くジェスチャーをすること

7　これから，英語の授業での Smith 先生の自己紹介を放送します。自己紹介の後に，その内容について英語で質問します。下の英文がその質問の答えになるように，(　　)に適切な英語を補って英文を完成させなさい。

We can talk with (　　　　　　　　　　　　　　　　).

8　これから，中学生の Kenji と Hill 先生との対話を放送します。その中で，Hill 先生が Kenji に質問しています。Kenji に代わって，その答えを英文で書きなさい。2 文以上になってもかまいません。書く時間は 1 分間です。

2 次の１～４の問いに答えなさい。

1　次は，Steve と Keiko との対話である。下の①，②の表現が入る最も適当な場所を対話文中の〈　ア　〉～〈　エ　〉の中からそれぞれ一つ選び，その記号を書け。

①　Where shall we meet?　　　②　Why do you ask?

Steve : Hi, Keiko. Are you free next Sunday afternoon?
Keiko : Yes, I am. 〈　ア　〉
Steve : Well, I want to go to City Stadium to watch the soccer game. Do you want to come with me? 〈　イ　〉
Keiko : That sounds great. 〈　ウ　〉
Steve : Please come to the station.
Keiko : All right. What time should I go there?
Steve : Well, the game will start at three. 〈　エ　〉 So please come there at two.
Keiko : OK. I can't wait until next Sunday.

2　次は，James と Akiko との対話である。(　①　)～(　③　)に，下の [　　] 内の［説明］が示す英語１語をそれぞれ書け。

James : Hi, Akiko. How was your weekend?
Akiko : Hi, James. I enjoyed it. I did many things on Sunday.
James : What did you do?
Akiko : Well, I got up at seven in the morning. After breakfast, I cleaned my room. Then, I sent an e-mail to my brother living in America.
James : Oh, you have a brother. I didn't know that.
Akiko : Yes. He speaks English very well. It's fun to hear about his life in America.
James : That's good. How about in the afternoon?
Akiko : In the afternoon, I went to the (　①　). I did my (　②　) with Mika there. We were happy to finish it! Before dinner, I took care of the flowers at my house with my mother. I was so (　③　) because it was very hot.
James : I see. Did you watch the soccer game on TV that night?
Akiko : Yes, I did. It was so exciting!

［説明］①　a room or building having a lot of books
　　　　②　work that students are asked to do at home
　　　　③　feeling that you want to sleep or rest

3 (1)～(3)について，下の［例］を参考にしながら，(　　　) 内の語を含めて３語以上使用して，英文を完成させよ。ただし，(　　　) 内の語は必要に応じて形を変えてもよい。また，文頭に来る語は，最初の文字を大文字にすること。

［例］

> < 教室で >
> *A* : What were you doing when I called you yesterday?
> *B* : (　study　) in my room.　　　　　(答)　I was studying

(1)　<　家で　>

A : I (go) with you next weekend.

B : OK! I hope we can get a lot of fish.

(2)　<　公園で　>

A : (student) are there in your school?

B : About seven hundred.

(3)　<　学校で　>

A : I want to speak English better. Can you tell me (what)?

B : You should talk to your English teachers in English.

4　次は，中学生の Yuji が先週の日曜日の出来事を描いたイラストである。Yuji になったつもりで，イラストに合うように，一連の出来事を解答欄の書き出しに続けて 25 ～ 35 語の英語で書け。英文の数は問わない。

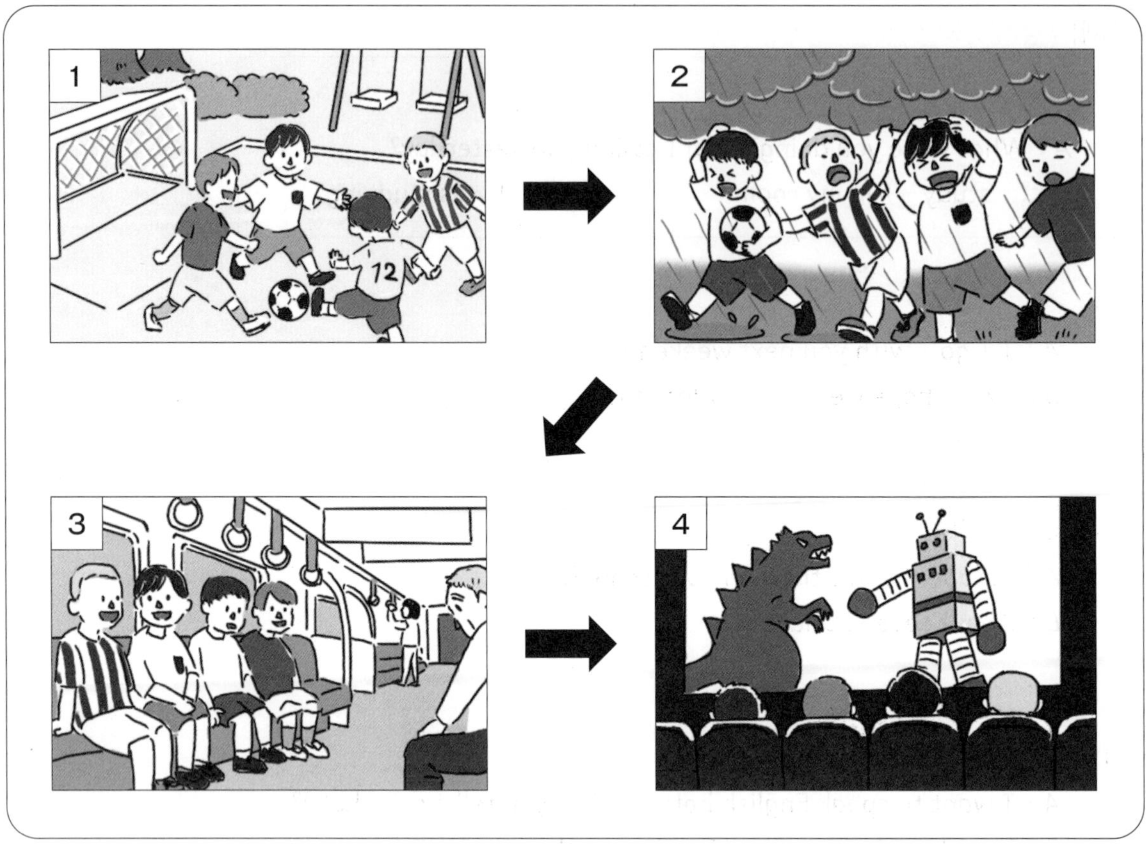

3 次のⅠ～Ⅲの問いに答えなさい。

Ⅰ　次は，中学生の Junko が英語の授業で発表したスピーチである。英文を読み，あとの問いに答えよ。

People in our town do some activities to keep it clean and beautiful. One of the activities is to plant* flowers in areas* along the streets. My parents* and I joined the activity last Sunday.

That Sunday morning, we went to a park and saw many neighbors.* My family and the neighbors in the park moved to the areas along the streets. We found some litter* there. So, we picked up the litter.

After that, we started to plant flowers. When I was planting flowers, I met a small girl with her parents. The small girl talked to me and said, "Hello. This is my first time to plant flowers." "Hi, let's do it together," I said. The girl and I planted many flowers and gave water to them.

"That was a lot of fun today," she said when we finished planting. "I had a good time with you, too," I said. The girl and I smiled.* "Thank you very much for (①)," said her parents. I was very glad to hear that.

The areas along the streets became clean and beautiful after the activity. I thought, "I hope that our town is always clean and beautiful."

I learned two things in this activity. First, we need to make an effort* ② . Second, it is fun to do something together with neighbors. I will join this kind of activity again.

注　plant　植える　　area(s)　区域　　parent(s)　親　　neighbor(s)　隣人　　litter　ごみ
smile　ほほえむ　　make an effort　努力する

1　(①) に入る最も適当なものを下のア～エの中から一つ選び，その記号を書け。

ア　helping her　　　イ　giving us flowers
ウ　picking up some litter　　　エ　inviting her

2　次の質問に対する答えを，本文の内容に合うように英文で書け。
Has the small girl ever planted flowers before Sunday?

3　② に入る最も適当なものを下のア～エの中から一つ選び，その記号を書け。

ア　to find some litter on the street
イ　to meet many neighbors on Sunday
ウ　to take care of small children
エ　to make our town clean and beautiful

Ⅱ　次は，アメリカにある水族館 (Marine Life Park) の案内の一部と，それを見ている Lily とアメリカに留学している Aya との対話である。二人の対話を読み，あとの問いに答えよ。

Marine Life Park

SHOWS

*Each show is **20** minutes.*

Timetable* [Starting time]

Killer Whales*:	10:30	12:30	15:00	16:00
Dolphins*:	9:30	11:20	13:30	15:30
Sea Lions*:	9:45	11:15	14:15	15:45
Penguins*:	10:15	12:00	13:00	16:15
Movie:	10:30	11:30	14:00	15:00
Feeding* Sea Animals:	—	12:30	—	—

ACTIVITIES*

Each animal activity starts immediately after its show and is **20** minutes.*

Killer Whale Activity:	Kiss from a killer whale
Dolphin Activity:	Playing with dolphins
Sea Lion Activity:	Picture with a sea lion
Penguin Activity:	Walking with penguins

PRICES*

Admission*:	$20
Each Show:	Free
Each Activity:	$5
Students:	Admission & Activities...50% discount*

注　timetable　予定表　　killer whale(s)　シャチ　　dolphin(s)　イルカ　　sea lion(s)　アシカ
penguin(s)　ペンギン　　feed　えさを与える　　activity(ies)　活動　　immediately　ただちに
price(s)　料金　　admission　入場料　　discount　割引

Lily : Hi, Aya. We're going to go to Marine Life Park next Saturday. Look at this timetable. We can see some interesting shows there.

Aya : That's nice! But I must leave at 14:30 to come back home by 16:00.

Lily : OK. Look, there are some interesting activities, too. Do you want to try them?

Aya : Well... Are they expensive*?

Lily : No. We can get a discount for the admission and activities because we are students.

Aya : Great! Let's watch all the shows and try all the activities.

Lily : All right. First, let's watch the sea lions at 9:45 and do the sea lion activity.

Aya : Feeding the sea animals starts at 12:30. So, we can only see the killer whales at 10:30 and then do the killer whale activity. Then we should watch the dolphins at 11:20 and do the dolphin activity.

Lily : After that, we have free time for (①) minutes, so let's eat lunch at the hamburger shop before feeding the sea animals.

Aya : Yes. Then we can only see the penguins at (②) and do the penguin activity, right?

Lily : Right. Then at 14:00 we can watch the movie.

Aya : That's a good plan!

注　expensive　高価な

1　(①) に入る最も適当なものを下のア～エの中から一つ選び，その記号を書け。
　ア　30　　イ　40　　ウ　50　　エ　60

2　(②) に入る最も適当なものを下のア～エの中から一つ選び，その記号を書け。
　ア　10:15　　イ　12:00　　ウ　13:00　　エ　16:15

Ⅲ 次は，ある英文と，それを読んだ直後の Brown 先生と Chisa との対話である。英文と対話文を読み，(　　　)内に入る最も適当なものを下のア～エの中から一つ選び，その記号を書け。

Yuko is a high school student. Three years ago, she went to Nara and Kyoto on a school trip. She visited a lot of famous places and listened to old Japanese music. She saw some *taiko* teams and became interested in old Japanese music then. She wanted to know more about *taiko*, so she used the internet. On the internet she found a *taiko* team in her town.

A few days later, Yuko went to see the *taiko* team after school. The team had about twenty members. Mr. Yamamoto, the oldest member on the team, was seventy years old. He lived in this town for a long time. The members looked happy when they were playing the *taiko*. She asked Mr. Yamamoto, "How long have you played the *taiko*?" He answered, "I've played it for about sixty years." "Why have you played it for such a long time?" she asked. He answered, "Because it has been my favorite thing since I was nine years old. We have played the *taiko* in this town for many years. Playing the *taiko* is important to our culture. I think we should continue this tradition for the people in this town." After listening to his words, she smiled and said, "I agree with you. I want to play the *taiko* with the team for the people in this town, too."

Mr. Brown : That was a good story. What do you think the title of this story is?
Chisa : I think it's "(　　　　　　　　　　　　　　　　)."
Mr. Brown : Oh, I think so, too.

ア Yuko's Wonderful School Trip
イ Mr. Yamamoto's Life in his Town
ウ To Continue Playing the *Taiko* in Yuko's Town
エ Playing the *Taiko* with Old People

4 次は，中学生の Takuya が英語の授業で発表したスピーチである。英文を読み，あとの問いに答えなさい。

Hello, everyone. I'm going to talk about my exciting experience during summer vacation. Do you often go to the supermarket? We can see many kinds of food there. But look at them carefully. Fish is already cut into small pieces, and vegetables* don't have any soil* on them. Today many of us don't know much about the food we eat every day. I wanted to learn more about food, so I asked my uncle living in our town, "May I stay at your farm* for a week?" "Sure," he answered. I talked about this idea with my friend Yukio. He said, "That sounds interesting. Can I go with you?" "Sure! I will tell my uncle about you," I answered.

My uncle welcomed us. He said to us, "If you want to make your stay more interesting, you should watch our work on the farm carefully and ask me (①) when you have something you don't know."

On the first morning, we got up at five. We went out to the fields* to get vegetables. I was surprised to learn that vegetables smell* good in the fields. Then my uncle taught us how to get milk from the cows.* Yukio cried,* "Oh, it's very difficult. I thought that it would be much easier." At breakfast, we ate the food we got with our own hands. That made us very happy. We (②) eating all the food on the table.

After breakfast, my uncle taught us how to clean the houses of animals. We did it together. There were many things we didn't know, so we asked him about them during lunch. The work in the morning was very hard, so we slept* a little in the afternoon. Then we walked around the farm to see and understand how to work on the farm. A week passed ③like this.

On the last evening, we talked with my uncle about the work on the farm after dinner. I asked him, "Do you like the work on the farm?" "Yes. Of course," he answered. "But I think it is hard. Why do you enjoy ④it?" I asked. Then he said, "I've taken care of animals and vegetables since they were born.* To me they are like my children. So, I can enjoy the hard work. By the way,* I have ⑤two things I want you to do." "What are they?," Yukio asked. "First, please try to eat all kinds of food. When I hear that someone doesn't like eating vegetables, I feel very sad," he said. "What is the second?" I asked. "Please be interested in the food which is made in our town. Today, a lot of food comes from faraway* places. But we hope the people in our town eat the good food we make for them. We are trying to grow* some vegetables for them without agricultural chemicals,*" he said.

At night, Yukio and I talked about my uncle's words. "What do you think of your uncle's words?" Yukio asked. I answered, "I was very impressed* by them. There are some good reasons for us to eat the food made in our town. It tastes very good,* and it's easier to know where and how it is made. And ...." "And it is not expensive because we don't have to carry it from other places," Yukio said. "That's right," I said. ⑥It was a very short stay, but I learned a lot of important things from it.

注 vegetable(s) 野菜　soil 土　farm 農場　field(s) 畑　smell においがする　cow(s) 乳牛
cried 叫んだ　slept 眠った　be born 生まれる　by the way ところで　faraway 遠くの
grow 育てる　agricultural chemical(s) 農薬　be impressed 感動する　taste good おいしい

1　（　①　），（　②　）に入る語の組み合わせとして，最も適当なものを下のア～エから一つ選び，その記号を書け。

	①	②
ア	answers	stopped
イ	questions	stopped
ウ	answers	enjoyed
エ	questions	enjoyed

2　次は，下線部③について Takuya が初日の活動をまとめたメモである。本文の内容に合うように表の（　A　）～（　C　）に入る最も適当なものを下のア～ウの中からそれぞれ一つずつ選び，その記号を書け。

～ The first day on the farm ～
1. When we got up, we went out to the fields first.
2. After that, (　A　).
3. After breakfast, (　B　).
4. In the afternoon, (　C　) after a short break

ア　we cleaned the houses of animals
イ　we walked around the farm
ウ　we got milk from the cows

3　下線部④の内容を最もよく表している英語５語を，本文中から抜き出して書け。

4　下線部⑤の内容を具体的に 40 語程度の日本語で書け。

5　下線部⑥に関して，次の質問に対する答えを本文の内容に合うように英語で書け。
Why did Takuya stay at his uncle's farm for a week?

6　次は，家に帰った Takuya と父親との対話である。Takuya に代わって，対話文中の［　　　　］に 20 語程度の英文を書け。２文以上になってもかまわない。

Takuya's father : Takuya, how was your stay on the farm?
Takuya : It was so good! I learned that we should eat the food made in our town. I talked about it with Yukio.
Takuya's father : Oh, that's good. What did he say about it?
Takuya : ［　　　　　　　　　　　　　　　　　　　　　　　　］
Takuya's father : I think so, too.

令和６年度　公立高校入試実戦問題　第２回　社　会　（解答…261Ｐ）

1　次のⅠ～Ⅲの問いに答えなさい。答えを選ぶ問いについては一つ選び，その記号を書きなさい。

Ⅰ　略地図や資料を見て，１～６の問いに答えよ。

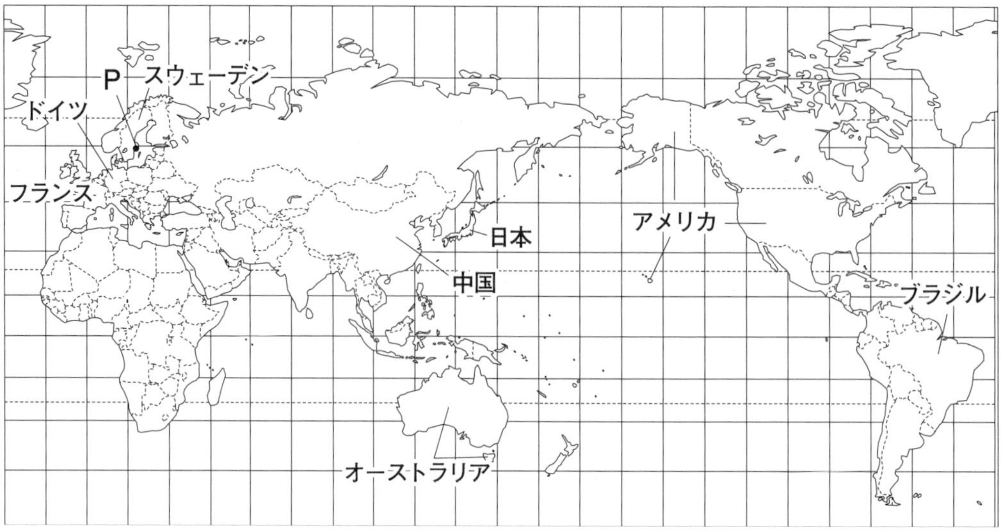

１　世界を六つの州に分けたとき，略地図中の**ドイツ**や**スウェーデン**が属する州名を書け。

２　略地図中の**P**の都市の緯度，経度に最も近いものを，次のア～エから選べ。

ア　（北緯 59 度　東経 18 度）　　イ　（北緯 59 度　東経 162 度）

ウ　（北緯 31 度　西経 18 度）　　エ　（北緯 31 度　西経 162 度）

３　**表１**は，略地図中の**日本**，**アメリカ**，**スウェーデン**，**ドイツ**の人口と面積を示したものである。⑴，⑵の問いに答えよ。

表１

国名	人口（万人）	面積（万km²）
日本	12,686	X
アメリカ	32,907	983
スウェーデン	1,004	44
ドイツ	8,352	36

（「世界国勢図会 2019/20」から作成）

⑴　**表１**中の X にあてはまる数字として最も適当なものはどれか。

ア　28　　イ　38　　ウ　48　　エ　58

⑵　**表１**中の**アメリカ**，**スウェーデン**，**ドイツ**の３か国のうち，人口密度が最も高い国名を書け。

４　略地図中の**アメリカ**には，ヒスパニックと呼ばれる人々が住んでいる。ヒスパニックとはどのような人々か。ヒスパニックの出身国（地域）と，おもにどのような目的でアメリカに移住してくるのかということにふれて書け。

５　**表２**は，略地図中の**アメリカ**，**オーストラリア**，**ブラジル**，**フランス**の４か国について，それぞれの国の一人あたりの国民総所得，輸出総額，主要輸出品の輸出額，輸入総額，主要輸入品の輸入額を示したものである。**オーストラリア**にあたるものとして最も適当なものはどれか。

表２

	一人あたりの国民総所得（ドル）	輸出総額（百万ドル）	主要輸出品の輸出額（百万ドル）	輸入総額（百万ドル）	主要輸入品の輸入額（百万ドル）
ア	55,932	230,163	鉄鉱石 48,521 石　炭 43,296 液化天然ガス 19,669	228,442	機械類 53,802 自動車 29,585 石油製品 15,748
イ	39,367	523,385	機械類 103,756 航空機 51,452 自動車 49,527	613,133	機械類 138,165 自動車 64,283 医薬品 27,842
ウ	61,247	1,545,609	機械類 384,541 自動車 125,737 石油製品 83,403	2,407,390	機械類 706,768 自動車 290,920 原　油 139,301
エ	9,640	217,739	大　豆 25,718 鉄鉱石 19,199 機械類 17,609	150,749	機械類 38,626 石油製品 12,169 自動車 11,145

（「世界国勢図会 2019/20」から作成）

６　日本企業は，賃金の安い労働力や新たな市場を求めて，略地図中の**中国**や東南アジアなどに進出している。**資料**は，日本の自動車生産の変化を示したものである。**資料**が示すような日本企業の海外進出の動きが，日本国内に与えた影響として考えられることを，雇用や生産の面から書け。

資料

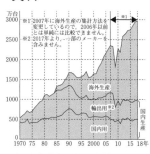

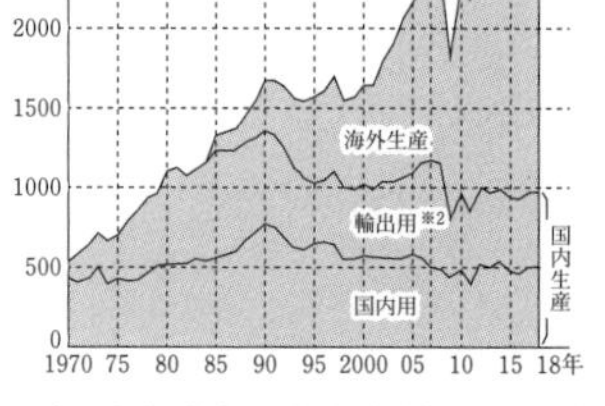

（日本自動車工業会資料から作成）

Ⅱ　略地図や資料を見て，１～５の問いに答えよ。

１　略地図中のア～エの府県のうち，府県名と府県庁所在地名が異なっているものを一つ選べ。

２　**資料１**は，略地図中のＸで示した，韓国に不法に占拠されている日本の固有の領土である。この領土の名称を書け。

３　**表**中のア～エは，略地図中のＡ～Ｄのいずれかの県である。Ｃ県にあたるものとして最も適当なものはどれか。

４　**資料２**のＰ，Ｑのグラフは，それぞれ略地図中の①，②のいずれかの都市の月平均気温と月降水量を示している。①の都市を示したものとして最も適当なものはどちらか。また，それを選んだ理由を，Ｐ，Ｑのグラフをもとに簡潔に書け。ただし，**月平均気温**と**月降水量**ということばを使うこと。

５　略地図中のⓐ～ⓓは，それぞれ貿易港を示し，ⓐは成田国際空港，ⓑは名古屋港，ⓒは関西国際空港，ⓓは博多港を示している。また，次のア～エは，それぞれⓐ～ⓓのいずれかの貿易港のおもな輸出品目と輸出額を示している。ⓑの貿易港の主な輸出品目と輸出額を示したものとして最も適当なものはどれか。

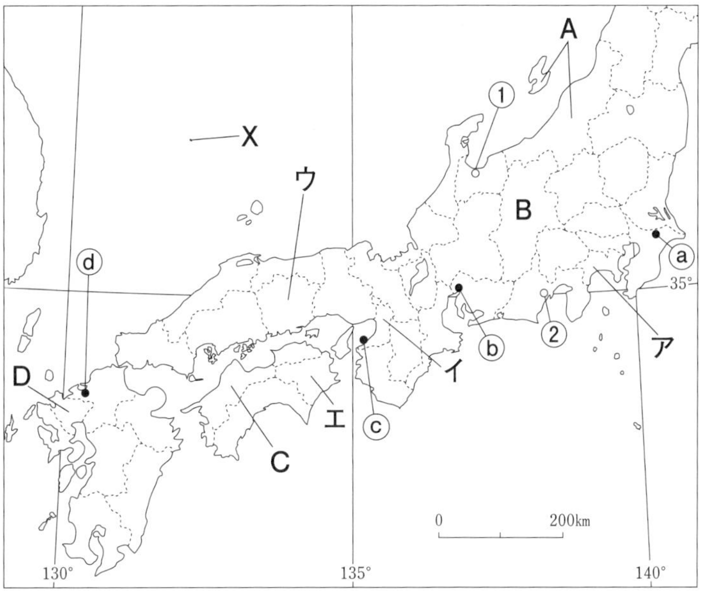

資料１

表　Ａ～Ｄ県の耕地面積等の統計

県	森林面積（千 ha）	稲作付面積（ha）	樹園地（ha）
ア	1,023	32,300	15,200
イ	799	116,300	2,250
ウ	399	13,900	20,200
エ	110	24,600	5,290

（「データでみる県勢 2019」から作成）

資料２

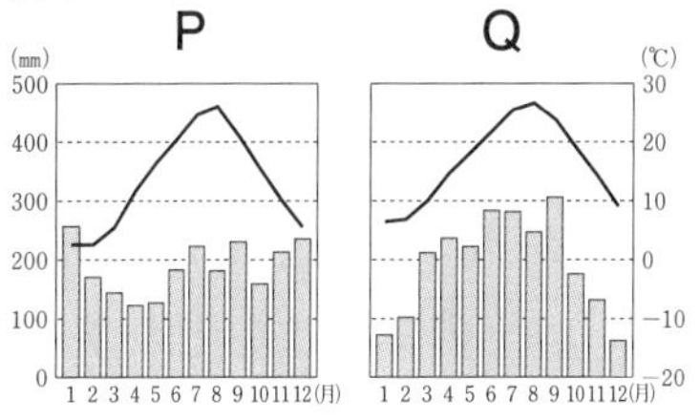

（理科年表 平成 23 年から作成）

ア

輸出品目	輸出額（百万円）	%
科学光学機器	705,569	6.2
金（非貨幣用）	595,975	5.2
集積回路	504,595	4.4
電気回路用品	490,237	4.3
総額	11,458,775	100.0

イ

輸出品目	輸出額（百万円）	%
自動車	3,116,513	25.0
自動車部品	2,186,874	17.5
金属加工機械	544,339	4.4
内燃機関	522,551	4.2
総額	12,484,522	100.0

ウ

輸出品目	輸出額（百万円）	%
集積回路	696,235	25.2
自動車	642,113	23.2
タイヤ・チューブ	144,528	5.2
半導体製造装置	129,832	4.7
総額	1,612,708	100.0

エ

輸出品目	輸出額（百万円）	%
集積回路	791,577	15.0
科学光学機器	409,306	7.8
電気回路用品	350,854	6.7
個別半導体	331,777	6.3
総額	5,226,042	100.0

（ア～エは「日本国勢図会 2019/20」などから作成）

Ⅲ　わが国では，水産資源の持続的な利用のため，つくり育てる漁業の取り組みが行われている。１，２の問いに答えよ。

１　つくり育てる漁業の一つで，人工的にふ化させた稚魚を放流するなどして，より自然な形で水産資源を増やす漁業を何漁業というか。

２　次の文は，近年，漁業関係者により，川の上流部に植林をする取り組みが行われていることについて述べたものであり，**資料**はそのようすである。文中の［　　　］に適することばを補い，これを完成させよ。ただし，**栄養分**と**漁場**ということばを使うこと。

資料

森林は，林業の場であるほか，土壌の流出や洪水を防ぐとともに，海に［　　　］役割をもっている。

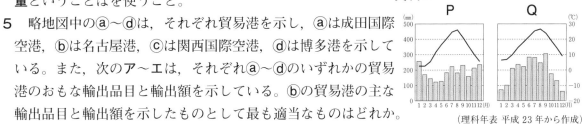

2 次のⅠ～Ⅲの問いに答えなさい。答えを選ぶ問いについては一つ選び，その記号を書きなさい。

Ⅰ　次の略年表を見て，１～７の問いに答えよ。

時代	主なできごと
飛鳥	聖徳太子が法隆寺を建てる
平安	ⓐ紫式部が「源氏物語」をあらわす
ⓑ鎌倉	新しい仏教が広まり，一遍が［　　　］を開く
室町	足利尊氏がⓒ室町幕府を開く
安土桃山	ⓓ楽市・楽座の政策がとられる
江戸	ⓔ鎖国の体制が固まる

１　略年表中の［　　　］にあてはまる宗派名を**漢字**で書け。

２　ⓐが活躍したころの政治や社会のようすについて述べたものとして最も適当なものはどれか。

ア　尚氏は，沖縄島を統一し，首里を都とする琉球王国を建てた。

イ　源頼朝は，国ごとに守護を，荘園や公領ごとに地頭を置いた。

ウ　中大兄皇子は，中臣鎌足らとともに大化の改新を行った。

エ　藤原氏は，朝廷の高い地位をほとんど独占し，多くの荘園をもった。

資料１

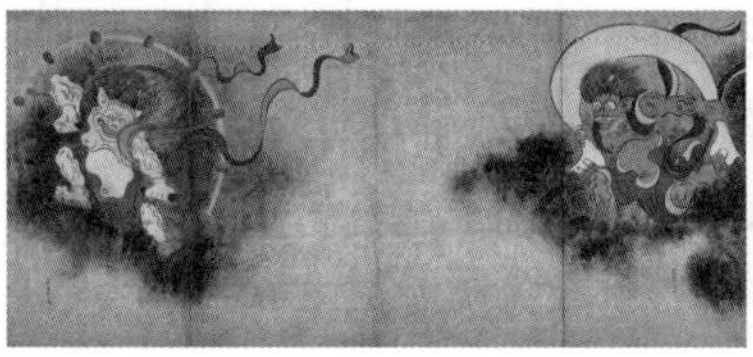

資料２

３　ⓑの時代の文化と同じ文化の特色を述べた文と，その時代の代表的な作品の組み合わせとして最も適当なものは，**表**中のア～エのどれか。

a　武士や民衆の力がのびてくるとともに新たな文化が生まれる中，後鳥羽上皇が中心となり，「新古今和歌集」が編纂された。 b　京都や大阪などの上方で庶民中心の文化が発達し，俳諧では，松尾芭蕉が自己の内面を表現する新しい作風を生み出した。

表

	文化の特色	代表的な作品
ア	a	資料１
イ	a	資料２
ウ	b	資料１
エ	b	資料２

４　ⓒに関して述べた次のＸ～Ｚについて，その正誤の組み合わせとして最も適当なものは，下のア～エのどれか。

Ｘ　この幕府には，将軍の補佐役として管領が置かれ，それには有力な守護大名が任命された。 Ｙ　この幕府のとき，将軍のあとつぎ問題をめぐって，細川氏と山名氏が対立し，応仁の乱がおこった。 Ｚ　この幕府は，貿易を行う西国の大名や京都・堺などの商人に朱印状を与え，朱印状をもった朱印船を保護した。

資料３

ア（Ｘ　正　　Ｙ　正　　Ｚ　誤）　イ（Ｘ　正　　Ｙ　誤　　Ｚ　誤）
ウ（Ｘ　誤　　Ｙ　正　　Ｚ　正）　エ（Ｘ　誤　　Ｙ　誤　　Ｚ　正）

５　ⓓを行った**資料３**の人物は，キリスト教を保護したが，それはなぜか。宗教に関連づけて書け。

略地図

６　ⓔに関して，鎖国下の日本では，**略地図**中の対馬藩を窓口とした外交が行われていた。この外交において，相手国である朝鮮が幕府に対して行っていたことを，使節の名称を用いて書け。

７　略年表中におきた次のできごとを，年代の古い順に並べよ。

ア　後醍醐天皇が建武の新政を始める。　イ　平清盛が太政大臣になる。
ウ　壬申の乱がおこる。　エ　関ヶ原の戦いがおこる。

Ⅱ　次は，ある中学校が，近代以降の歴史についてまとめたカードである。１～４の問いに答えよ。

ⓐフランス革命	幕末から明治へ	戦後の日本の国際関係
国王の専制政治 ↓ 民衆の不満が高まる ↓ フランス革命が始まる ↓ 「人権宣言」の発表	1853年の ① 来航 ↓ 外国貿易のはじまり ↓ 攘夷から倒幕への転換 ↓ ⓑ大政奉還	国際社会への復帰 ↓ ⓒ国際連合への加盟 ↓ 石油危機がおこる ↓ ② とソ連の冷戦の終結

１　①，② にあてはまる人名と国名を書け。

２　ⓐに関して，このできごとに影響を与えた思想家と，その思想家の考えを日本に紹介して，自由民権運動に関係した人物の組み合わせとして最も適当なものはどれか。

ア（ルター－中江兆民）　イ（ルター－福沢諭吉）

ウ（ルソー－中江兆民）　エ（ルソー－福沢諭吉）

３　ⓑについて述べた次の文の X には適する人名を， Y には適することばを補い，これを完成させよ。

> 江戸幕府第15代将軍 X は，朝廷を中心とする幕府にかわる新政権の中で主導権をにぎるため，1867年10月に Y 。これを大政奉還という。

４　ⓒまでのできごとを，年代の古い順に並べてあるものを選べ。

ア　ポツダム宣言受諾→日ソ共同宣言に調印→日本国憲法の公布→日米安全保障条約を結ぶ

イ　日米安全保障条約を結ぶ→ポツダム宣言受諾→日ソ共同宣言に調印→日本国憲法の発布

ウ　日米安全保障条約を結ぶ→日本国憲法の発布→日ソ共同宣言に調印→ポツダム宣言受諾

エ　ポツダム宣言受諾→日本国憲法の公布→日米安全保障条約を結ぶ→日ソ共同宣言に調印

Ⅲ　次の**略年表**や**表**を見て，１，２の問いに答えよ。

１　**略年表**中のＡの時期に，吉野作造が提唱した考えは，大正デモクラシーに影響を与えた。この考えを何というか。

略年表

年	主なできごと	
1912	護憲運動がおこる	↑
1918	原敬内閣が成立する	Ａ
1925	普通選挙法が成立する	↓

２　**表**は，**略年表**中のＡの時期に，護憲運動によって退陣した桂太郎内閣と，1918年に成立した原敬内閣のおもな大臣の経歴や所属をまとめたものである。原敬内閣はどのような特徴を持つ内閣といえるか。**表**から読み取れる桂太郎内閣と原敬内閣の違いを含めて書け。

表

職名	経歴や所属	
	桂太郎内閣	原敬内閣
内閣総理大臣	陸軍	立憲政友会
外務大臣	外務官僚	外務官僚
内務大臣	警察官僚	立憲政友会
大蔵大臣	大蔵官僚	立憲政友会
陸軍大臣	陸軍	陸軍
海軍大臣	海軍	海軍
司法大臣	司法官僚	立憲政友会
文部大臣	内務官僚	立憲政友会
農商務大臣	司法官僚	立憲政友会

（日本史要覧から作成）

3　次のⅠ～Ⅲの問いに答えなさい。答えを選ぶ問いについては一つ選び，その記号を書きなさい。

Ⅰ　次のA～Eの文を読んで，１～５の問いに答えよ。

A　人権保障の考えが国際的に広がり，私たちに多くの権利が保障されている。
B　日本国憲法は最高法規であり，改正には他の法律とは異なる手続きが必要である。
C　地球環境問題の解決に向けて，国家をこえた地球規模での取り組みが行われている。
D　第二次世界大戦後，再び戦争をおこさないように国際連合が発足した。
E　地域の自治のためにつくられた，地方公共団体独自の法令を条例という。

１　Aに関して，⑴，⑵の問いに答えよ。

⑴　今日の社会で保障されている人権のうち，日本国憲法が定める社会権にあてはまるものとして最も適当なものはどれか。

ア　公務員の行為によって損害を受けたので，賠償を請求する。
イ　賃金や労働時間について，経営者と団体で交渉する。
ウ　国や地方公共団体に自分たちの要望を伝える。
エ　国会議員を選ぶ選挙で投票する。

⑵　次の文は，日本国憲法の条文である。このように定められた社会権の基本となる権利を何というか。

すべて国民は，健康で文化的な最低限度の生活を営む権利を有する。

２　Bに関して，次の文中の［①］，［②］にあてはまることばの組み合わせとして最も適当なものは，下のア～エのどれか。また，［③］に適することばを，**漢字４字**で書け。

日本国憲法では，憲法を改正するには，衆議院と参議院の各議院において，総議員の［①］の賛成で，［②］がこれを発議し，［③］で過半数の賛成が必要である。

ア　（①　過半数　　②　内閣）　イ　（①　過半数　　②　国会）
ウ　（①　３分の２以上　　②　内閣）　エ　（①　３分の２以上　　②　国会）

３　Cに関して，次の文の［　　］に共通して適することばを**漢字５字**で書け。

これからの日本は，ほとんどの資源や廃棄物の再利用を徹底する［　　］になることが求められている。このため，2000年に［　　］形成推進基本法が制定された。

４　Dに関して，**表**は，国際連合の安全保障理事会における決議の採決における理事国の賛否を示したものである。**表**のように賛成国が多いにもかかわらず，この決議は否決された。その理由を書け。

表　理事国（15か国）の賛否

	国の数	内　訳
賛成	12か国	常任理事国　4か国 非常任理事国　8か国
反対	3か国	常任理事国　1か国 非常任理事国　2か国

５　Eに関して，次の文が示す住民の直接請求権として最も適当なものはどれか。

有権者の50分の１以上の署名をもって，首長に請求する。

ア　議会の解散請求　　イ　条例の制定　　ウ　首長の解職請求　　エ　監査請求

Ⅱ　次は，ある中学校の生徒が職場体験で学んだことを発表したものの一部である。１～５の問いに答えよ。

Ａさん：私は青果市場を訪問しました。青果市場では，せりが行われていて，ⓐ需要量と供給量の関係で価格が決定されることを知りました。 Ｂさん：私はおもちゃ工場を訪問しました。消費者がⓑ製品の欠陥によってけがなどをしないように，とても気をつかっているということでした。 Ｃさん：私は税務署を訪問しました。租税にはⓒ所得税などさまざまな種類があり，ⓓ景気によって税収が左右されていることなどを教えていただきました。また，国民の義務として納税は大切であるということも学びました。 Ｄさん：私は銀行を訪問しました。お正月にもらったお年玉を，私はⓔ銀行に預けていますが，今回の訪問で，預けられたお金がいろいろなことに使われていることがわかりました。

１　ⓐの例として**適当でないもの**はどれか。

ア　キャベツが豊作になったため，その価格が下がった。

イ　猛暑で電力使用量が増加したため，電気料金を値上げした。

ウ　連休中は宿泊客が増えるため，旅館の宿泊料金を高く設定した。

エ　暖冬のため，冬物衣料を値下げした。

２　ⓑによって消費者が被害を受けた場合，たとえ企業に過失がなくても，製造者である企業に被害の救済を義務付ける法律が定められている。この法律名を書け。

３　ⓒは，納税者と担税者が一致する直接税である。次のア～エのうち，**直接税でないもの**はどれか。

ア　酒税　　イ　自動車税　　ウ　相続税　　エ　固定資産税

４　ⓓに関して，景気について述べた次の文の［①］～［④］にあてはまることばの組み合わせとして最も適当なものは，**表**のア～エのどれか。

　一般に，好景気のときは通貨の流通量が増え，物価が［①］するインフレーションの状態になるおそれがあるので，［②］政策の一つとして，政府は［③］や公共事業の［④］によって景気をおさえようとする。

表

	①	②	③	④
ア	上昇	金融	減税	増加
イ	下落	財政	減税	削減
ウ	上昇	財政	増税	削減
エ	下落	金融	増税	増加

５　ⓔに関して，**資料**は，銀行と個人・企業間の貸しつけや預金の流れを示したものである。銀行の貸しつけに対する利子Ｘと預金に対する利子Ｙとでは，どちらの利子率が高いか。その記号を書け。また，利子Ｘと利子Ｙの利子率がこのように異なる理由を書け。

資料

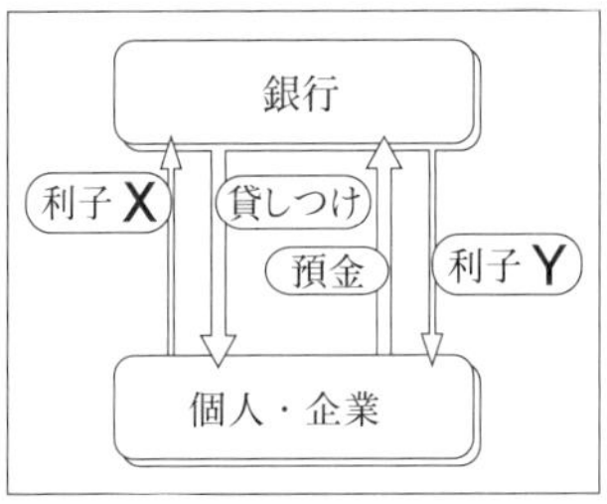

Ⅲ　**資料１**は，部下にとって理解ある上司が増えるよう，行われている取り組みの一つである。この取り組みが広まることによって，どのようなことが期待できると考えられるか。**資料２**をふまえて書け。

資料１　イクボス宣言

1．私は，仕事を効率的に終わらせ早く帰る部下を評価します。 2．私は，土日，定時以降には，仕事の依頼をしません。（できるだけ） 3．私は無駄に残らず，率先して早く帰ります。 4．「え，男なのに育休？」などとは絶対に思いません。 5．私は，部下のどんな相談にも応じます。

（厚生労働省ホームページにより作成）

資料２　６歳未満の子供を持つ夫・妻の１日当たりの育児時間（2016年）

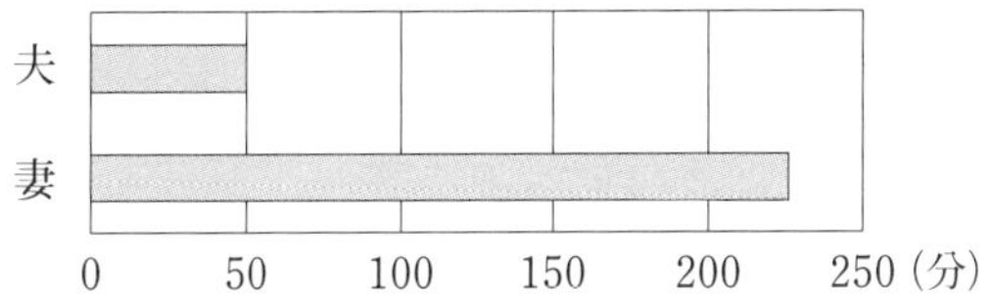

（総務省「平成28年社会生活基本調査結果」から作成）

令和６年度　公立高校入試実戦問題　第２回　数　学　（解答…263Ｐ）

1　次の１～５の問いに答えなさい。

１　次の(1)～(5)の問いに答えよ。

(1)　$(48+6)\div 9$　を計算せよ。

(2)　$\frac{4}{3}-\frac{4}{5}\times\left(-\frac{5}{6}\right)$　を計算せよ。

(3)　$(\sqrt{3}+1)^2$ を計算せよ。

(4)　等式 $a=7b+3$ を b について解け。

(5)　多項式 $4x^2-5xy+3$ の次数を答えよ。

2　$\sqrt{3}=1.732$として，$\sqrt{12}$の値を求めよ。

3　絶対値が等しい異なる２つの数がある。その差が５のとき，２つの数を求めよ。

4　700人を対象に，あるテレビ番組の視聴者数を調査したところ，129人であった。このとき，視聴者数は対象者数の何％にあたるか。ただし，小数第２位を四捨五入して答えること。

5　男子３人，女子３人の６人の中から，くじ引きで当番を２人選ぶとき，男子と女子が１人ずつ選ばれる確率を求めよ。

2　次の１～３の問いに答えなさい。

１　右の表は，Ｋさんのクラスで行われた縄跳び大会において，クラス40人の30秒間で跳んだ回数の記録を多い方から回数順にまとめたものである。このとき，次の(1)，(2)の問いに答えよ。

98	91	87	86	86	84	81	81	79	77
76	76	75	74	72	72	72	72	69	68
66	62	62	60	53	52	51	48	46	46
44	43	34	33	33	28	24	16	12	11

(1)　四分位範囲を求めよ。

(2)　Ｋさんが，クラス40人の記録の平均値を求めたところ，平均値は60回であった。他の生徒の記録を知らないＭさんは，この平均値だけを聞いて，「私が跳んだ62回という記録は，平均値よりも多いから，私はクラスの上位20位以内に入っているよね。」とＫさんに質問した。このＭさんの質問に対する適切な答えを，根拠となる代表値を明らかにして説明せよ。

２　右の図のＡ，Ｂは，体積が等しい２つの立体のそれぞれの投影図であり，立面図はＡが円，Ｂが二等辺三角形で，平面図はどちらも円である。次の(1)，(2)の問いに答えよ。

(1)　Ａの立体の名称を答えよ。

(2)　Ｂの立体のxの値を求めよ。

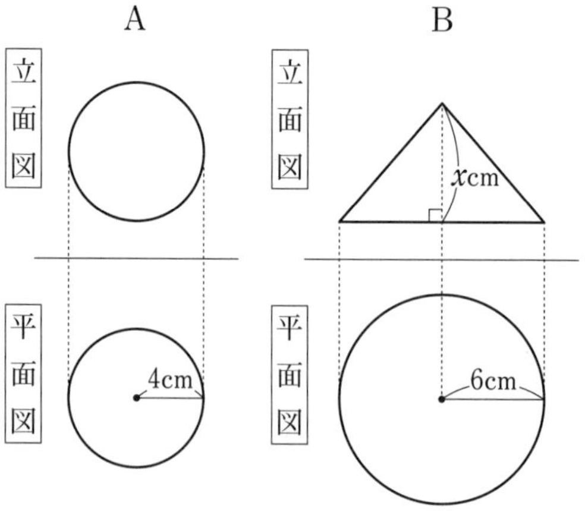

３　右の図のように，２点Ａ，Ｂを通る直線ℓと，直線ℓ上にない点Ｃがある。次の□の中の条件①～③をすべて満たす△APBを，定規とコンパスを用いて作図せよ。ただし，点Ｐの位置を示す文字Ｐも書き入れ，作図に用いた線は残しておくこと。

> ①　点Ｐは直線ℓに対して，点Ｃと反対側にある。
> ②　CP ⊥ ℓ
> ③　∠PAB＝∠CAB

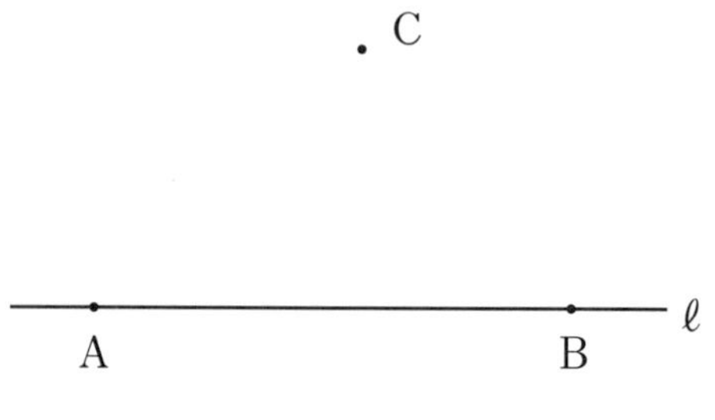

3 下の図は，関数 $y=x^2$…①，$y=ax^2$…②，$y=\frac{1}{16}x^2$…③のグラフを示したものであり，関数②で，x が 2 から 6 まで増加したときの変化の割合は 2 である。関数①，②，③のグラフ上の $x>0$ の部分に 4 点A，B，C，Dを，点Aと点Bの x 座標が同じで，点Aと点Dおよび点Bと点Cの y 座標がそれぞれ同じになるようにとり，台形 ABCD をつくる。また，点Oは原点である。次の**1**，**2**の問いに答えなさい。なお，座標の 1 目もりは 1 cmとする。

1 a の値を求めよ。

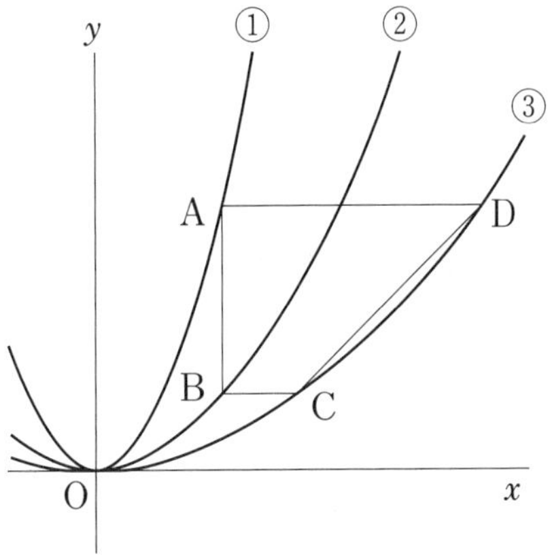

2 点Aの x 座標を t とするとき，次の (1)～(3) の問いに答えよ。

(1) 点Cの座標を t を用いて表せ。

(2) △ABD と△BCD の面積の比を表したものとして最も適当なものを下の**ア**～**エ**の中から 1 つ選び，記号で答えよ。

ア 2：1　　**イ** 3：1　　**ウ** 4：1　　**エ** 5：1

(3) △ABD が直角二等辺三角形になるとき，台形 ABCD の面積は何 cm^2 か。

4 数学の授業で，先生から【**課題**】が出された。次の１，２の問いに答えなさい。

1　次の先生とＡさんの会話文を読んで，次の (1)，(2) の問いに答えよ。

先　生：今日の数学の授業は，次の【**課題**】について考えてみましょう。

> 【**課題**】
> 6でわったとき2余る正の整数と，6でわったとき3余る正の整数との積は，どんな数になるか。

先　生：Ａさんはどう考えますか。

Ａさん：私は具体的に，6でわったとき2余る正の整数と，6でわったとき3余る正の整数との積がどんな数になるかを調べるために，右の表をつくりました。

(6でわったとき2余る正の整数)	×	(6でわったとき3余る正の整数)	=	(積)
2	×	3	=	6
2	×	9	=	18
8	×	3	=	24
8	×	9	=	72
ア	×	3	=	イ

先　生：表をつくって考えることで，6でわったとき2余る正の整数と，6でわったとき3余る正の整数との積がどんな数になるかイメージしやすくなりそうですね。さて，Ａさんはどんな数になると予想しましたか。

Ａさん：私は，表で調べたことから「6でわったとき2余る正の整数と，6でわったとき3余る正の整数との積は，いつも6の倍数である。」と予想します。

先　生：それでは，Ａさんの予想が正しいかどうか，文字式を使って証明しましょう。Ａさん，証明できますか。

Ａさん：はい，私は次のように証明しました。

> (証明)　6でわったとき2余る正の整数を，$6m+2$ と表す。ただし，m は0以上の整数とする。また，6でわったとき3余る正の整数を，$6n+3$ と表す。ただし，n は0以上の整数とする。このとき，2数の積は，
>
> 　
>
> 　したがって，6でわったとき2余る正の整数と，6でわったとき3余る正の整数との積は，いつも6の倍数である。

(1) [ア], [イ]に適当な数を入れよ。ただし，[ア]は8より大きい数とする。

(2) Aさんの証明の[　　　]部分をうめて証明を完成せよ。

2 次のBさんと先生の会話文を読んで，次の(1)，(2)の問いに答えよ。

Bさん：私は，Aさんが**【課題】**について証明した数の性質をもとに，正の整数a，b，cについて，次のことが成り立つかどうかを考えました。

> **【考えたこと】**
> aでわったときb余る正の整数と，aでわったときc余る正の整数との積は，いつもaの倍数である。

先　生：では，Bさんが考えたことについて検証していきましょう。$b=4$，$c=6$のとき，**【考えたこと】**が成り立つようなaにあてはまる数は3つあります。そのうちの1つが24です。aにあてはまるほかの2つの数を求めましょう。

Bさん：4も6も24の約数ですね。… aにあてはまるほかの2つの数は[ウ]，[エ]です。

先　生：次はaに数をあてはめて，その余りであるbとcにどんな数をあてはめても**【考えたこと】**が成り立つかどうか考えてみましょう。

Bさん：えっと…，$a=7$のときは，その余りであるbとcにどんな数をあてはめても**【考えたこと】**は成り立たないですね。

先　生：<u>それでは，aが20以下の2けたの自然数ではどうなのか，検証してみましょう</u>。

(1) [ウ]，[エ]に適当な数を入れよ。

(2) 下線部について，**【考えたこと】**が成り立たないaのうち，20以下の2けたの自然数をすべて求めよ。

5　右の図のように，円周上の４点A，B，C，Dを頂点とする四角形ABCDがあり，△ABDは正三角形である。また，対角線ACと対角線BDとの交点をEとし，辺AB上に，BC∥FEとなる点Fをとる。ただし，辺BCは，辺CDより長いものとする。次の**1**～**3**の問いに答えなさい。

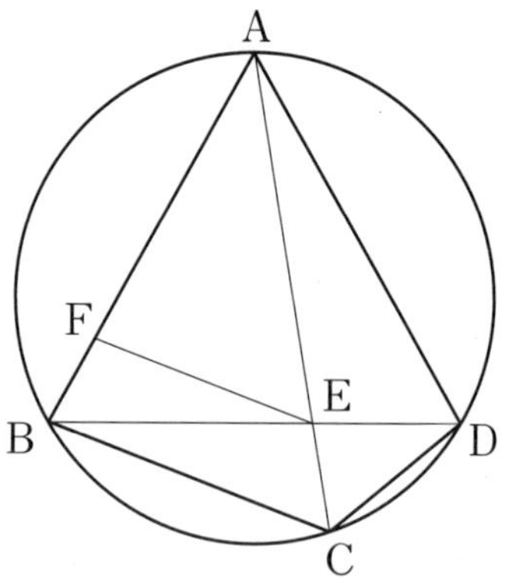

1　∠DAC＝15°のとき，∠CDAの大きさは何度か。

2　△ADE∽△EBFであることを証明せよ。

3　AB＝8 cm，AE＝7 cmのとき，次の⑴，⑵の問いに答えよ。

⑴　線分BEの長さは何cmか。

⑵　線分BEと線分FCとの交点をGとするとき，線分EGと線分BGの長さの比を最も簡単な整数の比で表せ。

2024年受験用

鹿児島県高校入試問題集

公 立 編

正答例と解説

令和五年度　鹿児島県公立高校入試問題　国　語

正答例

[1] 1 (1) 浴（びる）　(2) 警告
(3) 風潮　(4) とうすい
(5) おこた（る）　(6) はんぷ
2 イ

[2] 1 ア　2 エ
3 Ⅰ 文字による情報
Ⅱ 深い意味を持つ経験
Ⅲ 世界の仕組みについての知識を学ぶことで自分の経験の狭さから脱し，その知識を組み合わせて現状を分析し，新たな経験に活かしていける
4 ウ

[3] 1 いて　2 エ
3 Ⅰ めでたき音　Ⅱ 今はかぎり
Ⅲ 人の心を動かす

[4] 1 ウ
2 Ⅰ あざやかな色
Ⅱ 新しく絵を描き直す
Ⅲ 自分の気持ちに素直になって
3 X イ
Y 感情を素直に表す鈴音の姿に触発され，抑圧された日々に対する正直な感情を今なら表現できると確信し，この機会を逃すまいと興奮している

[5] （資料番号）1・2
A 文化系部活動の「インターハイ」が鹿児島へ
B 資料1から分かるように、総文祭は部門別に県内複数の地域で開催されます。参加者は2万人、観覧者は10万人と多く、海外からの参加者がいることも資料2から分かります。
　芸術文化活動で優秀な生徒の発表を間近で見ることができ、そして活動を通して全国や海外の生徒とコミュニケーションを図れる機会であることが総文祭の魅力だと思います。

配　点

[1]	1　2点×6　2　2点	計14点
[2]	1　3点　2　3点　3Ⅰ，Ⅱ　4点×2 3Ⅲ　7点　4　5点	計26点
[3]	1　2点　2　3点 3Ⅰ，Ⅱ　4点×2　Ⅲ　5点	計18点
[4]	1　3点　2Ⅰ　3点　Ⅱ，Ⅲ　4点×2 3X　3点　Y　6点	計23点
[5]	9点	

解　説

[1] ＜漢字＞

1(6) 頒布＝品物や資料を広く配ること。

2 行書で書かれているのは「茶」という字である。行書の三，四画目に点画の連続が見られ，「くさかんむり」に筆順の変化が見られる。筆順の変化が見られるものには，他に「いとへん」がある。

[2] ＜論説文＞

1 a 空欄前では「自分の経験だけで大丈夫」とあるが，空欄後では「身近なこれまでの自分の経験だけではどうにもな」らないとあるので，**逆接の接続詞「しかし」と「だが」**に絞られる。**ウ**「すると」は順接の接続詞，**エ**「また」は並立の接続詞である。

b 空欄後の「経験は～狭い限定されたものでしかありません」は，[7]段落の「個人の経験というのは，狭く偏ってい」るという内容を言い換えたものなので，**言い換えの副詞「つまり」**が適当。**イ**「むしろ」は二つのうち一つを選ぶ際に用いる副詞，**ウ**「だから」は順接の接続詞，**エ**「例えば」は例示の副詞。

2 ――線部①と**エ**は，前の漢字が打ち消しの意味を表すものである。他は，似た意味を持つものである。

3 Ⅰ [1]～[9]段落の中で，何から「他人の成功，失敗，経験を学ぶことができ」たのかを探すと，[9]段落に「**文字による情報**を通して，ほかの人の成功や失敗が～経験がどうなのかということを学ぶ」とある。

Ⅱ 「同じ夜の星を見る少年と天文学者」の例は[11]段落で述べられている。その中で，「知識が多ければできること」に触れた部分を探すと，「十分な知識があれば，**深い意味を持つ経験**ができる」とある。

Ⅲ どのように「学校で学ぶ知識が役に立」っているのかを，[1]～[9]段落と[10]～[14]段落で探す。まず，[9]段落に，「**『自分の経験』の狭さを脱する道**」として「学校で学ぶ社会科や～数学の知識などが役に立つ」とある。次に，[14]段落で「学校の知というのは～意義がとてもよく分かる」とし，その意義の内容を「**世界がどうなっているかという知識**をみんなが勉強して，それを**使って目の前の現実を解釈**して，新しい事態への対応(**新たな経験**)**に活かしていける**」と説明している。これらを指定字数内でまとめる。

4 ――線部②直前の「これ」の指す内容を探す。指示語の内容は直前にあることが多いので直前の文に着目すると，「過去についての**知識を組み合わせて現状を分析し，未来に向けていろいろなことをする**」とある。よって，「社会科や理科の学習内容」という知識を組み合わせて，「通学路の危険な箇所」という現状を分析し，「的確な行動をと」るという未来に向けて「ハザードマップを作成」する**ウ**が適当。**ア**，**イ**は知識を深めることに留まるので不適。**エ**は，未来のことだけで，知識に触れていないため不適。

[3] ＜古文＞

（口語訳）（用光は）弓矢を扱うことができないので，防戦の力もなくて，今は間違いなく殺されるに違いないと思って，篳篥を取り出して，船の屋根の上に①座って，「そこの者たちよ。今はとやかく言っても始まらない。早くなんでも好きなものをお取りください。ただし，長年の間，心に深く思ってきた篳篥の，小調子という曲を，吹いてお聞かせしましょう。そのようなことがあったと，

のちの話の種とされるがよい」と②言ったので，宗とが大きな声で，「お前たち，しばらく待ちなさい。（あの男が）このように言っている。（その楽器の音を）聞きなさい。」と③言ったので，船をその場にとどめて，それぞれ静まったところに，用光は，これが最期だと思って，涙を流して，素晴らしい音を吹き出して，心をすまして吹き続けた。海賊は，静まりかえって，何も言わない。よくよく聞いて，曲が終わって，先ほどの（宗との）声で，「あなたの船にねらいをつけて，（船を）寄せたけれども，曲の音に涙が落ちたので，去ってしまおう」と言って，（海賊たちは船を）漕いで去った。

1　「**ゐ・ゑ・を**」は「**い・え・お**」に直す。

2②　直前の発言の中に「篳篥の，小調子といふ曲，吹きて聞かせ申さむ」とあることから，音楽家であった用光が主語だとわかる。

③　この発言の前に「宗との大きなる声にて」とあることから，「宗と」が主語だとわかる。

3Ⅰ　用光の演奏について描かれているのは，「用光，今はかぎり～涙を流して，**めでたき音**を吹き出でて，吹きすましたりけり」である。この中で，演奏の素晴らしさに触れた箇所を指定字数内で探す。「めでたき」は「素晴らしい」という意味である。

Ⅱ　演奏をしていたときに用光が思ったことは「**今はかぎり**」である。直後の「おぼえ」には，現代語と同様に「自然に思う，感じる」の意味がある。

Ⅲ　直前の**生徒B**の「宗とは，『曲の声に涙落ちて』と言って，何も奪わずに去っている」に着目する。宗とたち海賊は「君が船に心をかけて，寄せたり」とあるように，用光を襲っていたが，演奏を聞いたあとにそれを止めたのである。このことから，音楽は，悪い心でも改心させるほど人の心を動かすと読み取れる。

4　＜**小説文**＞

1　――線部①は，直前の「大会がなくなって，ふてくされて練習に身が入らなくなっている」選手たちの姿と同様，千暁も「身が入らなくなっている」という意味である。具体的には，――線部①直後に「市郡展の審査がないって～うまく絵が描けなくなっていた」と描かれている。**ア**は「鈴音に対するいらだち」が不適。**イ**は賞にこだわっていないため，「賞が取れない」が不適。**エ**は「絵を描き続けてきたことを後悔」が不適。

2Ⅰ　空欄前後に「ここ数年」「塗った嘘の絵」とあるので，これまで描いてきた嘘の絵が何で塗られたものだったかを指定字数で探すと，「僕が**あざやかな色**で塗りつぶしてふさいできた」とある。

Ⅱ　冒頭で千暁は「昔みたいに新しく描き直す～労力的にもできない」と考えていたが，墨で汚された絵を見て，「この墨で汚されたのは，今の僕らそのものじゃないか」と感じ，ローラーで絵を黒く塗り始めた。このことから，墨の汚れをきっかけに新しく絵を書き直そうとしている様子が読み取れる。

Ⅲ　千暁は，ローラーで絵を塗りつぶしながら，「誰にも遠慮することはな」く，「嘘をついてきれいな絵を描く必要」もないことに気づき，五年前のタンポポの絵についても「あのとき**僕が本当に描きたかった**のは，どんな絵だった」のかを考えていることから，自分の描きたい絵について考え始めたと読み取れる。

3X　鈴音が「大声で泣」いたときの様子に着目する。鈴音は千暁の真っ黒な絵を見て「ごめっ…ごめん，…ごめんなざっ，…」と謝っており，「絵，汚して，だか，……だからそんなっ，」と言っていることから，鈴音は自分が千暁の絵を墨で汚したせいで，千暁が絵を黒く塗りつぶしたと申し訳なく思っていると読み取れる。

Y　千暁が鈴音の大声で泣いている姿を描いている場面に着目してまとめる。千暁は鈴音の泣いている姿を「まっすぐに，感情を爆発させている姿」で「きれいだと思」い，鈴音を立たせてその姿を描き始めた。その中で，「これが僕だ。今の僕らだ。」と感じ，大会や市郡展がなくなって「身が入らなくな」り，「塗りつぶされて～抵抗をする」自分たちの気持ちが表現できると思ったのである。そして，「心臓はどきどきして」しまうほど興奮し，「慎重につかみ取れ。決して逃すな。対象を捉えろ」と，鈴音の姿を一つも残さず表現したいと思っているのである。

5　＜**作文**＞

三つの資料の中から二つの資料を選び，資料から分かることをもとに，総文祭の魅力を考えて書く。各資料に何が書かれているかを捉えて，自分の考える総文祭の魅力と関連させやすい資料を選ぶとよい。見出しも，伝えたい内容と関連させて書くこと。

［**採点基準の例**］

(1)　**見出し**…1点

総文祭の魅力と関連した見出しが書けているかどうかを1点（良い），0点（書けていない）の2段階に評価する。

(2)　**第一段落**…4点

選んだ二つの資料から分かることについて明確に書けているかを4点（良い），2点（不明瞭），0点（書けていない）の3段階に評価する。

(3)　**第二段落**…4点

第一段落を踏まえて，総文祭の魅力について自分の考えを明確に書けているかを4点（良い），2点（不明瞭），0点（書けていない）の3段階に評価する。

(4)　**二段落構成ではないもの**…減点2点

(5)　**行数を満たしていないもの**…減点3点

(6)　**表記**…最大減点4点（一か所ごとに減点1点）

①　原稿用紙の使い方の誤り。

②　誤字脱字，符号の用法の誤り。

③　用語や文の照応の不適切なもの。

④　文体が敬体で統一されていないもの。

令和５年度　鹿児島県公立高校入試問題　理科

正答例

1　1　8(N)　　2　$CH_4 + 2O_2 \rightarrow CO_2 + 2H_2O$
3　ア　　4　7
5(1)　500 (Pa)
(2)　C　ウ　　D　ア　　E　イ(完答)
(3)　60(秒)　　(4)　ウ

2　Ⅰ　1　溶岩
2　(傾斜がゆるやかな形の火山はドーム状の形の火山に比べて，)噴火のようすはおだやかで，火山噴出物の色は黒っぽい。
3　ア　　4　b　エ　　c　ウ(完答)
Ⅱ　1　(黒点はまわりに比べて，)温度が低いから。
2　イ　　3　a　自転　　b　球形
4　2.2 (倍)

3　Ⅰ　1　－極　亜鉛板　　電流の向き　X(完答)
2　イ
3(1)　a　化学　　b　電気(完答)
(2)　亜鉛原子が亜鉛イオンになるときに失った電子を銅イオンが受けとって銅原子になる
Ⅱ　1　空気より密度が大きい
2　a　イ　　b　5.00
3　25.00 (g)

4　Ⅰ　1　右図

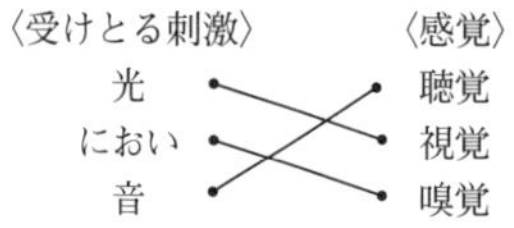
〈受けとる刺激〉
〈感覚〉
光
におい
音
聴覚
視覚
嗅覚

2(1)　0.28
(2)　末しょう神経
(3)　①　イ　　②　ア(完答)
Ⅱ　1　うろこ
2　A　カ　　D　イ(完答)
3　②　イカ　　③　ネズミ(完答)
4　動物名　カエル
理由　幼生のときは水中で生活するが，成体のときは陸上で生活することもできるため。(完答)

5　Ⅰ　1　屈折
2　20 (cm)
3　①　イ
②　ア(完答)
4　右図

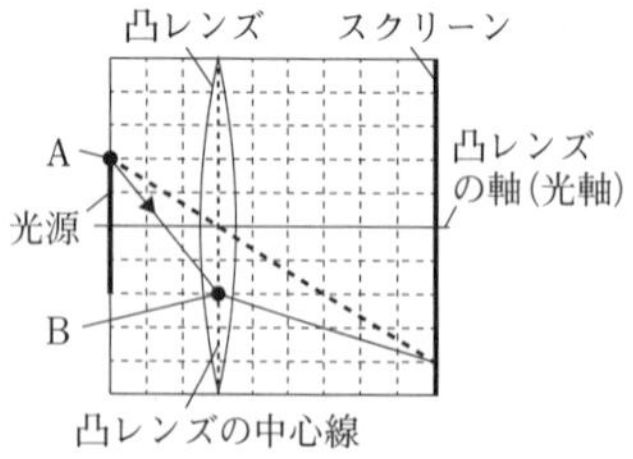
凸レンズ
スクリーン
A
光源
B
凸レンズの軸(光軸)
凸レンズの中心線

Ⅱ　1　回路
2

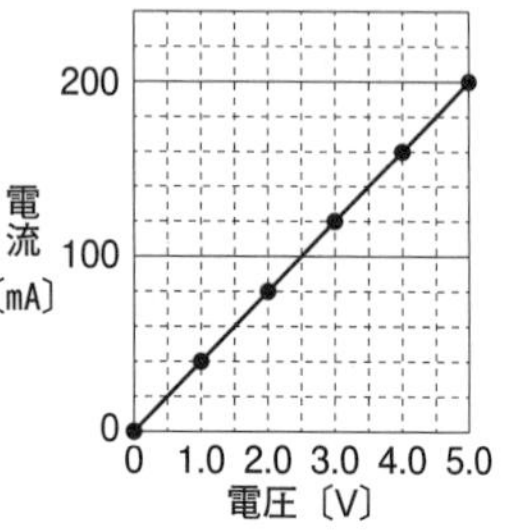
200
100
0
電流〔mA〕
0
1.0
2.0
3.0
4.0
5.0
電圧〔V〕

3　0.5 (A)
4　エ→ウ→ア→イ

配　点

1	2，5(2)	3点×2	他　2点×6	計18点
2	Ⅰ4，Ⅱ4	3点×2	他　2点×6	計18点
3	Ⅰ3(2)，Ⅱ3	3点×2		
	Ⅱ2　4点		他　2点×4	計18点
4	Ⅰ2(1)，Ⅱ4	3点×2	他　2点×6	計18点
5	Ⅰ4，Ⅱ4	3点×2	他　2点×6	計18点

解　説

1　＜４分野総合＞

1　２力が一直線上にない場合，合力の向きは，右図のように，２力A，Bを２辺とする平行四辺形の対角線の向きになる。合力の大きさは，この対角線の矢印の長さで表される。

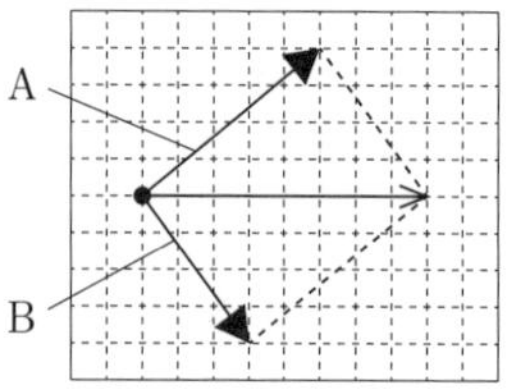
A
B

2　化学反応式のつくり方は以下の通りである。
①　化学変化前の物質を式の左側，化学変化後の物質を式の右側に書き，左から右に矢印を書く。
$CH_4 + 2O_2 \rightarrow$ 二酸化炭素＋水
②　物質を化学式で表す。
$CH_4 + 2O_2 \rightarrow CO_2 + H_2O$
③　化学変化の前後で，原子の種類と数が等しくなるようにそれぞれの物質の数を調整する。
$CH_4 + 2O_2 \rightarrow CO_2 + H_2O + H_2O$
④　化学式の前に数字(係数)をつける。
$CH_4 + 2O_2 \rightarrow CO_2 + 2H_2O$

3　顕微鏡の倍率＝接眼レンズの倍率×対物レンズの倍率
それぞれの倍率は，
ア：$10 \times 4 = 40$〔倍〕
イ：$10 \times 10 = 100$〔倍〕
ウ：$15 \times 4 = 60$〔倍〕
エ：$15 \times 10 = 150$〔倍〕
顕微鏡では，倍率が大きくなるほど，視野が狭くなるので，視野が最も広いのは倍率が最も低くなる組み合わせのときである。

4　震度は，０，１，２，３，４，５弱，５強，６弱，６強，７の10階級に分けられている。

5(1)　$\text{圧力〔Pa〕} = \dfrac{\text{面を垂直におす力〔N〕}}{\text{力のはたらく面積〔m}^2\text{〕}}$
10〔kg〕＝10000〔g〕　10000÷100＝100〔N〕
$\dfrac{100}{0.2} = 500$〔Pa〕
(2)　C：植物がふえたことで，植物を食べる草食動物の数がふえる。
D：草食動物がふえたことで，植物が減り，草食動物を食べる肉食動物がふえる。
E：肉食動物がふえたことで，草食動物が減る。
(3)　$\text{仕事率〔W〕} = \dfrac{\text{仕事〔J〕}}{\text{時間〔s〕}}$
仕事率の公式より，$\text{時間〔s〕} = \dfrac{\text{仕事〔J〕}}{\text{仕事率〔W〕}}$
よって，$\dfrac{44100}{735} = 60$〔s〕
(4)　プラスチックは，石油を精製して得られるナフサという物質を原料にして人工的につくられている。

2 ＜大地の変化・地球と宇宙＞

Ⅰ 2　火山の形や噴火のようす，マグマのねばりけや火山噴出物（火成岩）の色の関係は下表の通りである。

マグマのねばりけ	ねばりけが強い ←→ ねばりけが弱い		
噴火のようす	噴火は激しい ←→ 噴火はおだやか		
形	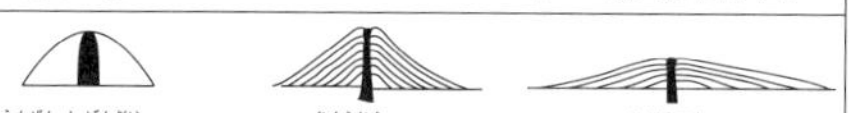 雲仙普賢岳《うんぜんふげんだけ》など	桜島《さくらじま》など	三原山《みはらやま》など
火成岩の色	白っぽい(無色鉱物が多い) ←→ 黒っぽい(有色鉱物が多い)		
火山岩	流紋岩	安山岩	玄武岩
深成岩	花こう岩	閃緑《せんりょく》岩	はんれい岩

4　風向は，風のふいてくる方位のことである。桜島の灰は南東の方向に広がる予報が出ていることから，このときの風は北西からふいていることがわかる。また，10 m/s の速さで30km移動するためには，

30〔km〕＝30000〔m〕　$\frac{30000}{10}$＝3000〔s〕

$\frac{3000}{60}$＝50〔分〕かかる。

Ⅱ 1　黒点は，太陽の活動が活発になると増加し，おだやかになると減少する。そのため，黒点の数は太陽の活動のようすを知る手がかりとなる。

2　望遠鏡で見える像は，通常上下左右が逆になっており，それを太陽投影板にうつすとさらに左右が逆になる。また，太陽は西の方向へ動くので，Aの方向が西だとわかる。

4　太陽の直径は地球の直径の 109 倍なので，地球の直径は$\frac{10}{109}$〔cm〕と表される。黒点の直径が地球の直径の x〔倍〕とすると，2〔mm〕＝ 0.2〔cm〕

$0.2 = \frac{10}{109} \times x$　$x = 2.18$　およそ 2.2 倍

3 ＜化学変化とイオン・化学変化と原子・分子＞

Ⅰ 1　ダニエル電池の亜鉛板と銅板では次の反応が起きている。

亜鉛板：$Zn \rightarrow Zn^{2+} + 2e^{-}$

銅　板：$Cu^{2+} + 2e^{-} \rightarrow Cu$

電池では，－極で電子が放出されて＋極に流れるので，亜鉛板が－極，銅板が＋極。電流は，＋極から－極に流れるので，**X**の向きに流れる。

2　1より，銅板の表面では，銅イオンが電子を受けとり，銅原子になる反応が起こっているので，**イ**が適当。

3(2)　銅に比べて亜鉛の方がイオンになりやすいため，セロハンチューブがなければ，亜鉛板と銅イオンが直接ふれて電子の受け渡しが起こり，電流が流れなくなる。

Ⅱ 1　気体の集め方とその特徴は次のとおりである。

①水上置換法《すいじょうちかん》	②下方置換法《かほうちかん》	③上方置換法《じょうほうちかん》
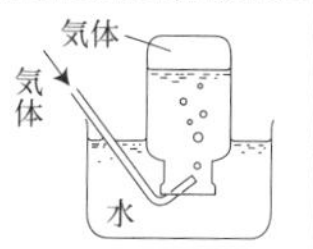	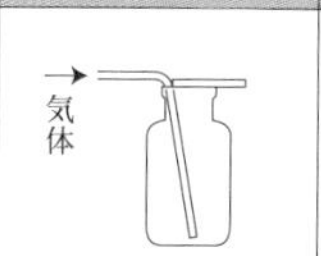	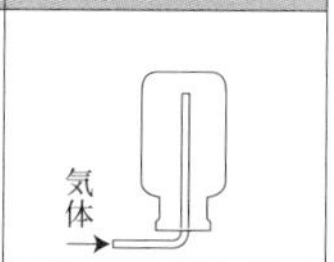
水にとけにくい気体を集める。水素，酸素，二酸化炭素など。	水にとけやすく空気より密度の大きい気体を集める。二酸化炭素など。	水にとけやすく空気より密度の小さい気体を集める。アンモニアなど。

2　反応前のビーカー内の質量と加えた炭酸水素ナトリウムの質量の和から，反応後のビーカー内の質量を引くと，下表の通り，発生する二酸化炭素の質量を求めることができる。

反応前のビーカー内の質量〔g〕	40.00	40.00	40.00	40.00	40.00
加えた炭酸水素ナトリウムの質量〔g〕	2.00	4.00	6.00	8.00	10.00
反応後のビーカー内の質量〔g〕	40.96	41.92	43.40	45.40	47.40
発生する二酸化炭素の質量〔g〕	1.04	2.08	2.60	2.60	2.60

表より，加えた炭酸水素ナトリウムの質量が6.00 g 以上の場合では，発生する二酸化炭素の質量が2.60 g で一定であることがわかる。よって，うすい塩酸 40.00 g と反応する炭酸水素ナトリウムの最大の質量は，4.00 g ～ 6.00 g の範囲にあることがわかる。また，上表より，加えた炭酸水素ナトリウムの質量が2.00 g のとき発生した二酸化炭素の質量は1.04 g，二酸化炭素が2.60 g 発生するときの炭酸水素ナトリウムの質量を x〔g〕とおくと，

2.00 : 1.04 ＝ x : 2.60　x ＝ 5.00

よって，5.00〔g〕

3　二酸化炭素が1.56 g 発生するときの 12.00 g のベーキングパウダーにふくまれる炭酸水素ナトリウムの質量を y〔g〕とおくと，2.00 : 1.04 ＝ y : 1.56

y ＝ 3.00　100.00 g のベーキングパウダーにふくまれる炭酸水素ナトリウムの質量を z〔g〕とおくと，12 : 3 ＝ 100 : z　z ＝ 25　よって，25 g

4 ＜刺激と反応・いろいろな生物とその共通点＞

Ⅰ 1　外界からの刺激を受けとる器官を感覚器官といい，聴覚は耳，視覚は目，嗅覚は鼻である。この他に，皮ふで物にふれた刺激や温度，痛み，圧力などの刺激を感じる触覚や，舌で味を感じる味覚がある。

2(1)　実験結果の平均は，$\frac{1.46+1.39+1.41}{3}$ ＝ 1.42〔秒〕

この実験では，5人の反応の合計時間を測定しているので，$\frac{1.42}{5}$ ＝ 0.284　およそ 0.28 秒

(2)　末しょう神経に対して，脳やせきずいなどの判断や命令を行う場所を中枢神経という。また，信号の伝達や命令などを行う，末しょう神経や中枢神経をまとめて神経系という。

(3)　意識とは無関係に起こる反応を反射という。

Ⅱ 2　A：**ゼニゴケ**はコケ植物で種子をつくらず胞子でふえるので**カ**，C：**イチョウ**は裸子植物で胚珠がむき出しになっているので**ア**，E：**イネ**は単子葉類で子葉が1枚なので**ウ**，F：**アサガオ**は双子葉類で子葉が2枚なので**エ**，D：単子葉類と双子葉類は被子植物で胚珠が子房に包まれているので**イ**，B：裸子植物と被子植物は種子をつくるので**オ**である。

3　G：**カエル**，**トカゲ**，**メダカ**はセキツイ動物なので**ケ**，H：**カブトムシ**は無セキツイ動物なので**コ**，よって，②は**イカ**。I：卵生の動物なので**キ**，Jは胎生なので**ク**，よって，①は**スズメ**，③は**ネズミ**。

[5] ＜身のまわりの現象・電気の世界＞

Ⅰ 1　凸レンズを通る光は，凸レンズに入るときと出るときの2カ所で屈折するが，作図する場合は，凸レンズの中心で1回だけ屈折するように作図する。

2　光源から凸レンズまでの距離と，凸レンズからスクリーンまでの距離がともに焦点距離の2倍になっているとき，スクリーン上には光源と同じ大きさで上下左右が逆向きの実像ができる。よってXは，

10×2＝20〔cm〕

3　凸レンズの下半分を厚紙でかくしても，凸レンズの上半分を通った光がスクリーン上で1点に集まるため，像の形は変わらないが，集まる光の量が少なくなるため，像の明るさは暗くなる。

4　凸レンズを通る光の道すじは下図のようになる。

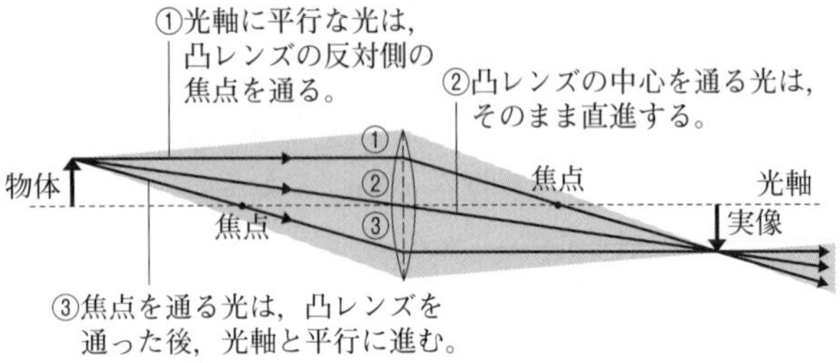
①光軸に平行な光は，
凸レンズの反対側の
焦点を通る。
②凸レンズの中心を通る光は，
そのまま直進する。
①
②
③
物体
焦点
焦点
光軸
実像
③焦点を通る光は，凸レンズを
通った後，光軸と平行に進む。

点Aから凸レンズの中心を通過する光は，屈折せずに，スクリーンに届く。光源の1点から出た光は凸レンズを通って1点に集まり，実像をつくるので，点Bを通った後の光の道すじは，スクリーン上の同じ点で交わるように作図すればよい。

Ⅱ 1　回路のうち，**図2**のように，抵抗器が直列につながっているものを直列回路，**図3**のように，抵抗器が並列につながっているものを並列回路という。

3　**電流〔A〕＝$\frac{\text{電圧〔V〕}}{\text{抵抗〔Ω〕}}$**

図3の回路は並列回路なので，各抵抗器に加わる電圧の大きさは電源装置の電圧の大きさと等しいので，抵抗器bに流れる電流の大きさは，

$\frac{5.0}{10}$＝0.5〔A〕

4　**電力〔W〕＝電圧〔V〕×電流〔A〕**

図2の回路は直列回路なので，各抵抗器に流れる電流の大きさはすべて等しい。よって，**表**より，5.0Vの電圧を加えたときに流れる電流の大きさは200mA，また，オームの法則より，

電圧〔V〕＝抵抗〔Ω〕×電流〔A〕，

電流〔A〕＝$\frac{\text{電圧〔V〕}}{\text{抵抗〔Ω〕}}$

で表せるので，それぞれの抵抗器で消費する電力は以下の通りになる。

ア：0.2×0.2×15＝0.6〔W〕

イ：0.2×0.2×10＝0.4〔W〕

ウ：$\frac{5}{15}$×5＝1.66…〔W〕

エ：$\frac{5}{10}$×5＝2.5〔W〕

よって，消費する電力が大きい順に

エ→ウ→ア→イである。

令和5年度　鹿児島県公立高校入試問題　英語

正答例

[1] 1 エ　2 ア　3 ウ
4 **December**　5 ア　6 エ
7 **never give up her dream**
8 (例) **We will sing a song for them.**

[2] 1 ① ウ　② イ
2 ① **arrive**　② **kitchen**　③ **vegetables**
3 (1) **I saw it**　(2) **will be sunny**
(3) **how to use**
4 (例) On my way home yesterday, **I found a crying girl. She said she couldn't find her father. So I took her to the police station. Then, her father came. Finally, she met her father. We were very happy.**

[3] Ⅰ 1 イ
2 **His host family and his friends did.**
3 ウ
Ⅱ 1 ア　2 エ
Ⅲ イ

[4] 1 (A) ウ　(B) イ　(C) ア　(完答)
2 **Wetlands are now getting smaller**
3 ウ　4 エ
5 **湿地**は**水**を**きれいにし**，**二酸化炭素**を**保持**できること。
6 (例) **We can clean our town. We can ask our friends to clean our town together.**

配　点

[1] 8　4点　他　3点×7　計25点
[2] 4　7点　他　2点×8　計23点
[3] Ⅰ1，3　2点×2　Ⅲ　4点　他　3点×3　計17点
[4] 1，3　3点×2　5　6点　6　5点　他　3点×2　計25点

解　説

[1] ＜聞き取りテスト台本・訳＞

＜チャイムの音四つ＞

これから，英語の聞き取りテストを行います。問題用紙の2ページを開けなさい。

英語は1番から5番は1回だけ放送します。6番以降は2回ずつ放送します。メモをとってもかまいません。

（約3秒間休止）

では，1番を始めます。まず，問題の指示を読みなさい。

（約12秒間休止）

それでは放送します。

Kenta: Lucy, you are wearing nice shoes. You look good.
Lucy: Thank you. I bought them yesterday. I'm very happy.
Kenta: Oh, I want new shoes, too.

（約10秒間休止）

訳　K：ルーシー，君はいい靴を履いているね。すてきに見えるよ。　L：ありがとう。私はそれを昨日買ったのよ。

私はとてもうれしいわ。　K：ああ，僕も新しい靴がほしいよ。

次に，**2**番の問題です。まず，問題の指示を読みなさい。

（約11秒間休止）

それでは放送します。

Mark : It's getting cold. Winter is coming. I don't like winter.

Yumi : I agree. I like spring the best because we can see beautiful flowers.

Mark : Me, too. Spring is my favorite season.

（約10秒間休止）

訳　M：寒くなってきているね。冬が来るよ。僕は冬が好きではないよ。　Y：同感だわ。私は私たちがきれいな花を見ることができるから春が一番好きよ。　M：僕もだよ。春は僕の一番好きな季節だ。

次に，**3**番の問題です。まず，問題の指示を読みなさい。

（約15秒間休止）

それでは放送します。

Becky : How many pages do you have to read for the English test, Tomoya?

Tomoya : 40 pages.

Becky : How many pages have you finished?

Tomoya : 26 pages.

Becky : You have 14 pages to read. I hope you will do your best.

（約10秒間休止）

訳　B：英語のテストのためにあなたは何ページ読まなければいけないの，智也？　T：40ページだよ。　B：何ページ読み終わったの？　T：26ページだよ。　B：あなたは14ページ読むのね。あなたが最善を尽くすことを願っているわ。

次に，**4**番の問題です。まず，問題の指示を読みなさい。

（約14秒間休止）

それでは放送します。

Saki : I hear that you will go back to Australia next month, Bob. How long will you stay there?

Bob : For two weeks. I'll be back in Japan on January 10th.

Saki : So, you will spend New Year's Day in Australia.

Bob : Yes, with my family.

Question : Is Bob going back to Australia in December or in January?

（約15秒間休止）

訳　S：私はあなたが来月オーストラリアに帰ると聞いたわ，ボブ。あなたはどのくらいそこに滞在するつもりなの？　B：2週間だよ。僕は1月10日に日本に帰ってくるよ。　S：それならあなたはお正月をオーストラリアで過ごすのね。　B：うん，家族とね。

質問　ボブは12月にオーストラリアに帰りますか，それとも1月に帰りますか？

問題文の訳

彼は12月にオーストラリアに帰ります。

次に，**5**番の問題です。まず，問題の指示を読みなさい。

（約23秒間休止）

それでは放送します。

I'm going to talk about how much meat Japanese and American people ate in 2020. They often eat three kinds of meat beef, chicken, and pork. Look at this. Japanese people ate chicken as much as pork. How about American people? They ate chicken the most. You may think beef is eaten the most in the U.S., but that's not true. It is interesting.

（約10秒間休止）

訳　私は日本人とアメリカ人が2020年にどれだけの肉を食べたかについて話します。彼らはたいてい牛肉，鶏肉，豚肉の3種類の肉を食べます。これを見てください。日本人は豚肉と同じくらい鶏肉を食べます。アメリカ人はどうでしょうか？　彼らは鶏肉を最も食べます。あなたはアメリカでは牛肉が最も食べられていると思うかもしれませんが，それは事実ではありません。それは興味深いです。

次に，**6**番の問題です。まず，問題の指示を読みなさい。

（約15秒間休止）

それでは放送します。

Welcome to "Starlight Concert"! To enjoy the concert, please remember some rules. You can drink water or tea. You can take pictures and put them on the Internet if you want to. You can enjoy dancing to the music. But you cannot talk on the phone in this hall. We hope you will enjoy the concert and make good memories. Thank you.

（約3秒おいて，繰り返す。）（約10秒間休止）

訳　「スターライト・コンサート」へようこそ！　コンサートを楽しむために，いくつかのルールを覚えておいてください。ア あなたは水やお茶を飲んでもいいです。あなたはもしそうしたければ，イ 写真を撮ってその写真をインターネットにあげてもいいです。ウ あなたは音楽に合わせて踊るのを楽しんでもいいです。しかし，エ あなたはこのホール内では電話で話すことはできません。私たちはあなたがコンサートを楽しんで，良い思い出を作ることを願っています。

※各記号の該当箇所は波線部参照。

次に，**7**番の問題です。まず，問題の指示を読みなさい。

（約15秒間休止）

それでは放送します。

Hello, everyone. Today, I'll talk about one thing I learned. Last week, I watched an interview of my favorite singer on TV. She had a difficult time before she became famous. She was very poor and had to work, so she didn't have time to learn music. How did she become famous? The answer was in the interview. "I've never given up my dream," she said. I learned that I should never give up my dream. I hope that her words will help me a lot in the future.

Question : What did Tomoko learn from her favorite singer?

（約７秒間休止）

では，２回目を放送します。

（最初から質問までを繰り返す。）（約 15 秒間休止）

訳　みなさん，こんにちは。今日，私は私が学んだあることについて話します。先週，私はテレビで私も一番好きな歌手のインタビューを見ました。彼女は有名になる以前，つらい時期を過ごしました。彼女はとても貧しくて働かなくてはいけなかったので，音楽を学ぶ時間がありませんでした。彼女はどのようにして有名になったのでしょうか？　その答えはインタビューの中にありました。「私は私の夢を決してあきらめたことがありません」と彼女は言いました。私は私の夢を決してあきらめるべきではないことを学びました。私は彼女の言葉が将来私をたくさん助けることを願っています。

次に，**８**番の問題です。まず，問題の指示を読みなさい。

（約 15 秒間休止）

それでは放送します。

Naoko : Some students from Australia will visit our class next week.

Paul : Yes, Naoko. I want you to do something to welcome them.

Naoko : I have an idea to make them happy in the classroom.

Paul : Oh, really? What will you do for them?

Naoko : (　　　　　　　　　　　　)

（約３秒おいて，繰り返す。）（約１分間休止）

訳　N：オーストラリアからの何人かの生徒が来週私たちのクラスを訪ねるつもりよ。　P：うん，直子。僕は彼らを歓迎するために君に何かしてほしいよ。　N：私は教室で彼らを喜ばせるための考えがあるわ。　P：おお，本当に？　君は彼らのために何をするの？　N：(正答例の訳) **私たちは彼らのために歌を歌うつもりよ。**

＜チャイムの音四つ＞

これで，聞き取りテストを終わります。次の問題に進みなさい。

2　**＜英文表現＞**

1　K：こんにちは，今あなたと話してもいいですか？　E：もちろんよ。どうしたの，康平？　K：僕は来週の英語の授業でスピーチをしなくてはいけないんです。その授業の前に，あなたに僕の英語のスピーチを確認してほしいんです。②**手伝ってくれませんか？**　E：ええ，もちろんよ。あなたのスピーチでは何について話すつもりなの？　K：僕は僕の家族について話すつもりです。　E：わかったわ。①**あなたはどのくらい長く話すつもりなの？**　K：３分間です。　E：そうなのね。あなたは放課後に時間があるかしら？　K：はい，あります。僕は職員室に来ます。それでいいですか？　E：いいわよ。そのときにね。

2　J：おはよう，お父さん。　O：おはよう，ジョン。おお，君は今夜ここで友達とパーティーをするつもりだよね？　J：うん。僕はとてもうれしいよ。ベンとロンが来るよ。　O：彼らは何時に来るのかい？　J：彼らは午後５時 30 分に駅に①**到着する**よ。だから，たぶん彼らはここに午後５時 45 分か午後５時 50 分に来るよ。　O：わかったよ。　J：僕たちは②**台所**を使ってもいい？　僕たちは一緒にピザを作るつもりなんだ。　O：それはいいね。君はテーブルの上のすべての③**野菜**を使っていいよ。　J：ありがとう。僕たちはジャガイモとタマネギを使うつもりだよ。

①　場所に着くこと

②　調理のために使われる部屋

③　あなたが食べる植物，例えば，ジャガイモ，ニンジン，タマネギ

3　(1)　A：あなたはいつ映画を見ましたか？

B：**私は**昨日**それを見ました。**

(2)　A：今日は雨です。明日はどうですか？

B：私は明日は**晴れになるだろう**と聞いています。

(3)　A：あなたはこの古いカメラを使うことができますか？

B：いいえ，でも私の父はそれの**使い方**を知っています。

4　(正答例の訳)

昨日帰る途中に，**私は泣いている女の子を見つけました。彼女は彼女の父親を見つけることができないと言いました。だから，私は彼女を交番に連れて行きました。そのとき，彼女の父親が来ました。ついに彼女は父親に会いました。私たちはとてもうれしかったです。**

3　**＜英文読解・資料読解＞**

Ⅰ　こんにちは，みなさん！　私が約１年前に横浜からここに来たことを覚えていますか？　今日，私は私の経験について話したいです。

私が 13 歳のとき，私は新聞を読んで，この島で勉強することについて知りました。私はとても興味がありました。私は自然が好きで，特に海とそこの動物が好きでした。私は両親に「鹿児島の島で勉強してもいい？」と言いました。両親と何度も話をした後，彼らはついに私にここに１年間住ませ，勉強させてくれました。私はここに昨年の４月に来ました。

初めは，私はとても①**わくわくして**いたので，すべてを楽しみました。例えば，新しい友達と勉強すること，私のホストファミリーとの生活，そして船の上での釣り。しかし６月，私は自信をなくしました。私は皿洗いをしようとしましたが，たくさん割ってしまいました。私がおにぎりを作ったとき，私は塩を使いすぎました。私はとても多くの失敗をしました。私は何一つうまくできま

せんでした。私が悲しく感じたとき，私はホストファミリーと友達に私の気持ちについて話しました。そうすると，彼らは私のことを理解し，支えてくれました。彼らは私に「君は挑戦すれば何でもできるよ。失敗することを心配しないで。失敗から学ぶことが大切だよ」と言いました。

今，私は幸せで，たくさんのことをしようとしています。私がここに来る前は，夕食の後に皿洗いをしませんでしたが，今はそれを毎日しています。ここに来る前は，他人と話すことを楽しみませんでしたが，今はこの島の友達と話すことを楽しんでいます。私はよく他人に助けを求めましたが，今はそれをしません。②**私はこの島で大きく変わりました**。

私はもうすぐここを去らなくてはいけません。私はここでの経験から多くを学びました。私は今は精神的に自立していると思います。ありがとう，みなさん。私はこの島での生活を決して忘れないでしょう。

1　**ア**　怒って　　**ウ**　病気の　　**エ**　眠い

2　質問：浩二が悲しかったとき，誰が彼を支えましたか？

答え：(正答例の訳) **彼のホストファミリーと友達が支えました。**

3　**ア**　この島に友達がいたらいいのにと思いました。

イ　私はこの島で何も学びませんでした。

Ⅱ　M：アレックス，これを見てちょうだい。私たちは鹿児島音楽ホールでのコンサートを楽しむことができるわ。　A：それはいいね。僕は音楽が好きだよ。何の種類のコンサートを楽しむことができるの？　M：ピアノコンサートと家族コンサートの２種類があるわ。　A：家族コンサートって何？　M：私は以前家族コンサートに行ったことがあるわ。あなたはいくつかの人気の曲を聞いて，音楽家たちと歌うことができるわ。それは楽しいわよ。彼らはいつも①西ホールで家族コンサートをするわ。たくさんの家族がそのコンサートに来るから，最も大きいホールが家族コンサートに使われるの。　A：もう一つのものはどうなの？　M：あなたは有名な音楽家によるすばらしいピアノ演奏を楽しむことができるわ。A：僕はピアノを弾くことが好きだから，ピアノコンサートに行きたいよ。行こうか？　M：ええと，私は３月６日と８日にテストがあるから第２週のコンサートには行けないわ。そして，私は３月12日の夕方に姉(妹)の誕生日会があるわ。②**３月14日**はどう？　A：いいよ！僕は待ちきれないよ！

1　本文訳波線部参照。

Ⅲ「私は私の高校生活が大好きです」と次郎は言った。次郎は鹿児島にある農業高校の生徒だ。彼と彼のクラスメートはとても忙しい。彼らは彼らの牛の世話をするために毎日学校に行く，夏休みと冬休みさえもだ。彼らは牛舎の掃除をして彼らの牛に食べ物を与える。それらの一頭がシズカだ。今，彼らには大きな夢がある。彼らはシズカを日本で一番の牛にしたい。

私たちが牛を育てるときに最も大切なことは何か？「その答えは彼らを健康な状態にしておくことだ」と次郎の先生は言った。「誰も病気の牛はほしくない。だから，私たちは牛を毎日世話している。私たちは彼らを健康な状態にしておくためにコンピューター技術を使うことができる。それはとても便利だ。」

次郎は同じ質問に対して「私は先生に賛成です。彼らを健康な状態にしておくことは簡単ではありません。牛はよく食べてよく眠らなくてはいけません。だから，私たちは彼らに良い食べ物を与えます。私たちはまた彼らを毎日歩かせます。私たちは牛のためのベッドを作ります。多くの人々が良い牛を育てるために愛情が必要だと思っています。それは事実ですが，彼らの健康のためには十分ではありません」と答えた。

今，次郎と彼のクラスメートは彼らの牛を健康な状態にしておくために一生懸命に働いている。「私たちは最善を尽くすつもりです」と次郎と彼のクラスメートは言った。

(対話文の訳)

T：この記事の最も重要な点は何ですか？　M：**良い牛を育てるためには，生徒たちは彼らを健康な状態にしておくために気をつけなければいけません。**　T：いいですね！　その通りです！　それが要点ですね。

(その他の選択肢の訳)

ア　良い牛を育てるために，生徒たちはコンピューター技術を使わなくてよい。

ウ　生徒たちは牛が病気のときはたくさんの愛情を与えなければならない。

エ　生徒たちは健康になりたければたくさんの牛肉を食べなくてはいけない。

4　**＜長文読解＞**

こんにちは，みなさん。あなたは鳥が好きですか？　私は鳥が大好きです。今日，私は鳥と彼らの一番好きな場所である湿地について話したいと思います。

①**今日，私は４つの点について話します**。まず，私は日本にいる鳥について話したいと思います。二番目に，私は鳥の一番好きな場所について説明します。三番目に，私は②**彼らの一番好きな場所についての問題**について話し，それから，なぜ湿地が私たちにも大切なのかを説明します。

日本に何種類の鳥がいるか知っていますか？　日本の愛鳥家たちは鳥について学ぶために毎年一緒に活動しています。2016年から2020年までの間に，379種類の鳥が確認されました。③**このグラフを見てください**。日本でよく見られる３種類の鳥は，ヒヨドリ，ウグイス，スズメです。私たちはヒヨドリを最もよく見かけます。1997年から2002年までの間，私たちはスズメをウグイスより頻繁に見ることができましたが，スズメは2016年から2020年の間には３位になりました。

二番目に，私は鳥の一番好きな場所「湿地」について話します。湿地について今までに聞いたことがありますか？湿地は水に覆われた陸地の地域です。なぜ鳥は湿地が大好きなのでしょうか？

　湿地は多くの種類の生き物にとって最高の環境を与えることができます。湿地には大量の水があります。だから，多くの種類の植物がそこで育ちます。これらの植物は多くの昆虫や魚の家や食べ物になります。鳥はそれらの植物，昆虫，魚を食べます。湿地はたくさんの鳥の④**食べ物**があるため，鳥にとって最高の環境なのです。

　湿地は今小さくなっていっており，それは大きな問題です。あなたは国際連合のウェブサイトで情報を見つけることができます。それは「1970年以降，たった50年のうちに世界の湿地の35%が失われている」と述べています。なぜそれらは小さくなっていっているのでしょうか？　それぞれの湿地がそれについて異なる理由があります。人々は⑤**水**を使いすぎています。例えば，彼らはそれを飲むため，農業，産業に使います。地球温暖化も湿地に害を与えています。これらの理由のために湿地は森林よりも速く失われています。これは鳥にとってとても深刻です。

　私たちはこれを解決しなければならないのでしょうか？はい，そうです。それらの鳥の一番好きな場所は人間にとってもとても大切です。それらは私たちの生活と環境の両方を支えています。私はあなたたちに⑥**湿地が私たちのためにしている二つのこと**を伝えます。一つ目は，湿地は水をきれいにします。雨の後，水は湿地にとどまります。そして，水の中の泥が沈み，きれいな水が川に流れ込みます。私たちはそのきれいな水を私たちの快適な生活の中で使います。二つ目に，湿地は二酸化炭素を保持できます。そこの植物が枯れた後でさえもそれらの体の中に二酸化炭素を蓄えます。実際に，湿地は森林よりも二酸化炭素を保持することに優れています。それらは地球温暖化を止めるためにとても役立ちます。

　鳥と湿地を守るために何か一緒にしませんか？　ご清聴ありがとうございます。

1　ア　湿地についての問題
　　イ　鳥の一番好きな場所
　　ウ　日本にいる鳥
2　本文訳波線部参照。
3　本文訳二重傍線部参照。
5　本文訳破線部参照。
6　A：あなたのプレゼンテーションはよかったわよ。私は次の授業で話すつもりよ。これを見て。私たちのクラスメートの80%が環境について心配しているけれど，彼らの半分より多くが環境を救うために何もしていないの。私はそれはいいとは思わないわ。私たちはこれを変えるために何かすべきよ。　K：僕たちは何ができるかな？　A：（正答例の訳）**私たちは私たちの町を掃除することができるわ。私たちは友達に私たちの町を一緒に掃除するように頼むことができるわ。**　K：それはいい考えだね。

令和５年度　鹿児島県公立高校入試問題　社　会

正答例

1 Ⅰ 1　インド洋　　2　ウ　　3　エ
4　①　イスラム教　　③　仏教（完答）
5　国境でのパスポートの検査がなく，共通通貨のユーロを使用しているため。
6　1963年のブラジルは，コーヒー豆の輸出にたよるモノカルチャー経済の国であったが，近年は大豆や鉄鉱石などの複数の輸出品で世界的な輸出国となっている。
Ⅱ 1　酪農　　2　千島海流／親潮　　3　ア
4　水はけがよい
5　冬でも温暖な気候をいかして生産を行うことで，他の産地からの出荷量が少なくて価格が高い時期に出荷できるから。
Ⅲ 1　ウ
2（記号）イ
（理由）すぐ側に山があり崖崩れの危険性があるため，土砂災害の避難所に適さないから。（完答）

2 Ⅰ 1　①　摂関　　②　御成敗式目／貞永式目
2　渡来人
3　インドや西アジアの文化の影響を受けたものが，遣唐使によって日本に伝えられるなど，国際色豊かであった。
4　ウ→ア→エ→イ
5　イ　　6　貧富の差が大きくなる
Ⅱ 1　①　国際連盟（漢字４字）
②　大正デモクラシー
2　エ　　3　与謝野晶子
4　政党　　5　ア
Ⅲ　シベリア出兵を見こした米の買い占めによって米の価格が急激に上昇したから。

3 Ⅰ 1　幸福（漢字２字）　　2　イ
3　環境アセスメント／環境影響評価　　4　ア
5　投票率の低い若い世代の投票できる機会を増やしたり，選挙への関心を高めたりすることで，投票率を上げること。
Ⅱ 1　間接税
2　クーリング・オフ制度／クーリング・オフ
3　ウ　　4　エ
5　出資した金額以上を負担しなくてもよい
Ⅲ　鹿児島県を訪れる外国人の人数が年々増えており，外国人にも分かるように日本語だけでなく外国語や絵なども用いられている。（58字）

配　点

1　Ⅰ6　Ⅱ5　4点×2　Ⅲ2　3点
他　2点×10　　計31点
2　Ⅰ3，4　Ⅲ　3点×3　　他　2点×11　　計31点

③ Ⅰ5 Ⅲ 4点×2 Ⅱ3，5 3点×2	
他 2点×7	計28点

解 説

① ＜地理総合＞

Ⅰ 1 世界の三大洋は，太平洋，大西洋，インド洋。

2 **略地図2**は，中心からの距離と方位が正しいので，北東の方位にあるのは**ウ**か**エ**。約8000㎞に位置しているのは，10000㎞の内側にある**ウ**。

3 **B**国は南アフリカ共和国。かつて白人の政権によって白人とそれ以外の人々を分離する**アパルトヘイト**（人種隔離政策）が行われていた。また，石炭や鉄鉱石，金，**レアメタル**などの鉱産資源が豊富。**ア**－**C**のニュージーランド，**イ**－**A**のケニア，**ウ**－**D**のアメリカ。北緯37度より南の温暖な地域を**サンベルト**といい，特にサンフランシスコの南に位置する**シリコンバレー**にはICT関連企業が集中している。

4 **W**－サウジアラビア，**X**－インド，**Y**－タイ，**Z**－オーストラリア。**Y**のタイで最も信仰が多い③は仏教，**X**のインドで80％が信仰している②がヒンドゥー教，**W**のサウジアラビアで94％が信仰している①はイスラム教，残る④はキリスト教。

5 ヨーロッパの国々は，アメリカなどの大国に対抗するために，**ヨーロッパ連合**（EU）を発足させ，経済的，政治的な結びつきを強めている。

6 **資料2**から，ブラジルの輸出について，1963年はコーヒー豆が輸出品の半分を占めているが，2020年には輸出品が複数に分散していること，**資料3**から，2020年の輸出品の輸出量が世界の上位を占めていることを読み取る。少ない種類の農産物や鉱産資源を輸出することで成り立つ経済を**モノカルチャー経済**といい，モノカルチャー経済では，天候や世界的な経済の状況によって価格が大きく変動するため，収入が安定しないという課題がある。

Ⅱ 1 北海道は農業が盛んであり，広大な土地をいかした大規模な農業が行われている。北海道は都市圏などの大消費地まで遠いため，生乳の多くを加工用にしている。

2 日本海流は**黒潮**ともいう。日本海側を流れる暖流を**対馬海流**，寒流を**リマン海流**という。また，三陸海岸は，半島や岬と湾が交互に入り組んだ**リアス海岸**となっており，波が小さくおだやかなため，こんぶやわかめ，かきの養殖が盛ん。

3 人口増減率から，マイナスになっている**イ**が**A**の秋田県，**ア**，**ウ**はプラスであるが，第3次産業の割合が最も高い**ア**が**B**の神奈川県。施設園芸農業が盛んで第1次産業の割合が**ア**より高く，また，自動車の製造が盛んで第2次産業の割合が最も高い**ウ**が**C**の愛知県。

4 川が山間部から平野や盆地に流れ出たところにたまってできた扇形の地形を**扇状地**，海や大きな湖に川が流れこむところにできる，川が運んだ細かい土砂でうめ立てられた場所を**三角州**，海や川に沿った低い土地と比べて，高い所に広がる平らな土地を**台地**という。

5 宮崎平野では，冬の温暖な気候をいかし，ビニールハウスも利用して野菜などの出荷時期を早める**促成栽培**が行われている。反対に出荷時期を遅らせる栽培方法を**抑制栽培**という。

Ⅲ 1 A □の範囲にみられる地図記号は右図の通り。

B **地形図**の縮尺は2万5千分の1であるので，3×25000＝75000㎝。よって750 m。

2 **地形図**から，ⓐは大平山のふもとにあることが読み取れるため，土砂災害の危険性が高い。

② ＜歴史総合＞

Ⅰ 1① 藤原氏は娘を天皇のきさきにし，その子を次の天皇に立てることで勢力をのばした。幼い天皇のかわりに政治を行う**摂政**や，成長した天皇を補佐する**関白**という職に就いて実権をにぎった政治を**摂関政治**という。

② **御成敗式目**は，武士の社会で行われていた慣習にもとづいて定められた，武士独自の政治の判断の基準となる法律であった。

2 **渡来人**によって須恵器の他に，漢字や儒学，仏教などが伝えられた。

3 **聖武天皇**の遺品などを納めた**東大寺**の**正倉院**には，西アジアやインドから唐にもたらされ，それを遣唐使が持ち帰ったとみられるものが数多く保管されている。

4 **A**は古墳時代，**B**は鎌倉時代。7世紀初めごろ→8世紀後半→939年→1086年。

5 **応仁の乱**は，室町幕府第8代将軍**足利義政**のあとつぎをめぐる対立をきっかけにおこった。応仁の乱後，家来が主人に打ち勝つ**下剋上**の状況が広がり，各地で戦国大名が登場した。**町衆**は，室町時代から戦国時代にかけての，特に土倉などの京都の裕福な商工業者。**壬申の乱**は，**天智天皇**のあとつぎをめぐる，大海人皇子と大友皇子の争い。大海人皇子が勝利して**天武天皇**として即位した。**惣**は，室町時代に有力な農民を中心につくられた自治組織。

6 文中から，貨幣経済が広がった結果，「地主となる農民」＝裕福な農民と「小作人になる者，都市に出かせぎに行く者」＝貧しい農民が出現し，貧富の差が生まれたことを導き出す。

Ⅱ 1① アメリカのウィルソン大統領の提案をもとに設立され，スイスのジュネーブに本部が置かれたが，アメリカは国内の反対で加入できなかった。

② **大正デモクラシー**の中，政治学者の**吉野作造**は，

政治の目的を一般民衆の幸福や利益に置き，一般民衆の意向に沿って政策を決定する**民本主義**を唱え，また，憲法学者の美濃部達吉は，主権は国家にあり，天皇は国家の最高機関として憲法に従って統治するという天皇機関説を主張した。

2X　**領事裁判権**とは，外国人が事件をおこした場合に，自国の裁判所ではなく，外国の領事が裁判を行う権利。自国に輸出入される商品にかける関税を独自に定める権利である**関税自主権**の完全な回復は，1911年に**小村寿太郎**外相によって実現された。

Y　**三国干渉**は，ロシア，ドイツ，フランスが，日本が**下関条約**で獲得した遼東半島を清に返還するよう求めたもの。日比谷焼き打ち事件は，**日露戦争**の講和条約である**ポーツマス条約**において，賠償金を得られなかったことに対して，国民が激しく政府を攻撃し，その中で，東京でおきた暴動。

3　日露戦争の開戦には，**与謝野晶子**を始め，キリスト教徒の内村鑑三や社会主義者の幸徳秋水なども反対した。

4　**原敬**が，陸軍・海軍・外務の3大臣以外はすべて立憲政友会による党員で組織する本格的な政党内閣を組織した。その後，**五・一五事件**や**二・二六事件**によって軍部の政治的な発言力が強まった。

5　**サンフランシスコ平和条約**が結ばれたのは1951年。**朝鮮戦争**が始まったのは1950年。朝鮮戦争により，日本はアメリカ軍向けに大量の軍需物資を生産したため，経済が好況になり，戦後の復興が早まった（**特需景気**）。イ－1972年，ウ－1964年，エ－1991年。

Ⅲ　**ロシア革命**への干渉戦争をおこしたことによる**シベリア出兵**によって，軍が大量の米を購入すると予想した商人たちが米を買い占めたために，米の値段が急激に上がって米不足が進んだ。

3　**＜公民総合＞**

Ⅰ1　個人の尊重の考え方は，「**法の下の平等**」とも深く関係しており，すべての人々を平等にあつかうことが重要である。

2　**新しい人権**とは，産業や情報化などの科学技術の発展にともなって主張されるようになった，日本国憲法には直接的に規定されていない権利のことで，イの私生活に関する情報を公開されない**プライバシーの権利**の他に，住みやすい環境を求める**環境権**，自分の生き方や生活の仕方について自由に決定する権利である**自己決定権**，国や地方の情報を手に入れる権利である**知る権利**などがある。ア－**自由権**で保障される，**経済活動の自由**の一つである**職業選択の自由**。ウ－**請求権**の一つである**国家賠償請求権**。エ－**社会権**で保障される，**労働基本権**のうちの**団体交渉権**。

3　**環境アセスメント**は義務付けられており，また，現在は，環境保全のための，国や地方の責務を定めた**環境基本法**が制定されている。

4　**衆議院の優越**が認められているのは，衆議院は任期が短く解散もあるため，国民の意見とより強く結びついているからである。**両院協議会**とは，衆議院と参議院の議決が異なったときに意見を調整するために開かれる協議会で，両院10人ずつの議員で構成される。**公聴会**は，法律案や予算を審査する委員会において，多くの人が関心を持つような案件について，委員会が利害関係者や特定の分野で専門知識を有する人などから意見を聴くために開く会のこと。内閣総理大臣の指名においては，参議院が衆議院の議決のあと10日以内に議決する。

5　**資料3**から18～29歳の投票率が最も低いこと，**資料4**から，18～29歳の選挙への関心が低い人の割合が高いことが読み取れ，それを改善するために**資料1**や**資料2**の取り組みが行われていることを解答にする。

Ⅱ1　税金は国に納める**国税**と，地方公共団体に納める**地方税**があり，税金によって，**間接税**と，所得税や法人税などのように，納税者と担税者が同じ税金である**直接税**とに分かれる。

2　消費者を保護する制度としては，**クーリング・オフ**の他に，欠陥商品で消費者が被害を受けたときの企業の責任について定めた**製造物責任法（PL法）**や契約上のトラブルから消費者を保護する**消費者契約法**などの法律があり，2004年には，消費者保護基本法が**消費者基本法**に改正された。消費者基本法は，消費者の権利を明確に規定し，国や地方公共団体の責務として，法律や制度の整備や情報開示の推進によって，消費者が被害にあうことを防ぎ，自立した消費生活を送れるように支援することを定めた。

3　不況のときは，需要が供給を下回り，価格が低くても購入されない状態が続くため，物価が下がり続ける**デフレーション**がおこる。社会全体の需要と供給の動きに応じて，好況と不況を交互にくり返すことを**景気変動**という。

4　エ－一般の銀行の役割。日本銀行は日本の中央銀行であり，アの**政府の銀行**の役割，イの**発券銀行**の役割，ウの**銀行の銀行**の役割がある。

5　**株式**を発行することで得た資金でつくられる企業を**株式会社**といい，企業の**株式**を持っている人を**株主**という。**株主**には，**株主総会**に出席して議決に参加する権利や，**利潤**の一部を配当として受け取る権利が保証されている。

Ⅲ　**資料2**から，鹿児島県を訪れる外国人の人数は増加しており，**資料1**のように，ピクトグラムを用いたり，複数の言語を表記したりすることによって，外国人にも分かるようにしている。

令和５年度　鹿児島県公立高校入試問題　数学

正答例

1 1 (1) 5

(2) $\frac{1}{10}$

(3) y^2

(4) 13(個)

(5) ア

2 $x=3$, $y=-1$

3 4(通り)

4 1

5 0.40

2 1 (1) 540

(2) イ

(3) 72(度)

2 右図

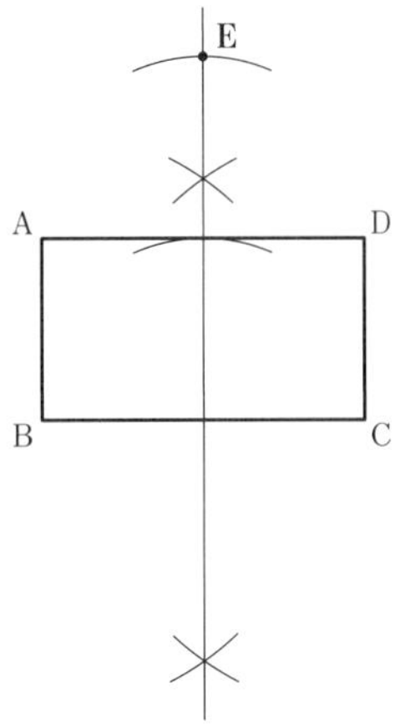

3 (方程式と計算過程)

直方体の表面積が$80cm^2$であるから,

$x^2\times 2+3x\times 4=80$

$2x^2+12x-80=0$

$x^2+6x-40=0$

$(x+10)(x-4)=0$

$x=-10,\ 4$

$x>0$より,　$x=4$

答　4　cm

3 1 エ

2 (1) 13.5(%)

(2) イ

3 ①イ　②ア　③ウ　④ア　⑤ウ

4 1 4　　2 ア，ウ(順不同・完答)

3 (1) (求め方や計算過程)

点Cは$y=\frac{1}{4}x^2$のグラフ上の点でx座標が-2であるから，$y=\frac{1}{4}\times(-2)^2=1$

よって，点C$(-2,\ 1)$となる。

直線ACの式を$y=mx+n$とおくと，

点Aを通るから，$4=4m+n$…①

点Cを通るから，$1=-2m+n$…②

①，②より，$m=\frac{1}{2}$，$n=2$

よって，直線ACの式は，$y=\frac{1}{2}x+2$である。

点Bは直線AC上にあって，x軸上にあるから，$0=\frac{1}{2}x+2$，$x=-4$

答　B$(-4,\ 0)$

(2) $\frac{2}{9}$

5 1 $3\sqrt{5}$ (cm)

2 (証明)

△AECは△ABCを折り返したものだから,

∠BAC＝∠FAC　　…①

AB//DCより，錯角は等しいので,

∠BAC＝∠FCA　　…②

①，②より,

∠FAC＝∠FCA　　…③

よって，△ACFは2つの角が等しいので，

二等辺三角形である。

3 $\frac{9}{4}$(cm)　　4 $\frac{135}{176}$ (cm^2)

配点

1	3点×9				計27点
2 1	3点×3	2，3　4点×2			計17点
3	2点×8				計16点
4 1，2	3点×2	3(1)　5点	3(2)　4点		計15点
5 1	3点	2　5点	3　3点	4　4点	計15点

解説

1 ＜計算問題・小問集合＞

1 (1) ×と÷の計算を，＋と−の計算より先にする。

$63\div 9-2=7-2=5$

(2) かっこの中から先に計算する。

$\left(\frac{1}{2}-\frac{1}{5}\right)\times\frac{1}{3}=\left(\frac{5}{10}-\frac{2}{10}\right)\times\frac{1}{3}$

$=\frac{3}{10}\times\frac{1}{3}=\frac{1}{10}$

(3) 乗法公式$(x+a)^2=x^2+2ax+a^2$

$(x+y)^2-x(x+2y)$

$=x^2+2xy+y^2-x^2-2xy=y^2$

(4) 絶対値…数直線上で，ある数に対応する点と原点との距離。

例えば，＋4の絶対値は4，−3の絶対値は3，0の絶対値は0である。

「7より小さい」に7は含まれないので，絶対値が7より小さい整数は，−6，−5，−4，−3，−2，−1，0，1，2，3，4，5，6の全部で13個。

(5) a，bが正の数のとき，$a\sqrt{b}=\sqrt{a^2\times b}$

$3\sqrt{2}=\sqrt{3^2\times 2}=\sqrt{9\times 2}=\sqrt{18}$

$2\sqrt{3}=\sqrt{2^2\times 3}=\sqrt{4\times 3}=\sqrt{12}$

$4=\sqrt{4^2}=\sqrt{16}$

これより，最も大きい数は$3\sqrt{2}$，最も小さい数は$2\sqrt{3}$である。よって，答えはア

2 $\begin{cases}3x+y=8 & \cdots① \\ x-2y=5 & \cdots②\end{cases}$

$6x+2y=16$　…①×2

+) $x-2y=5$　…②

$7x\quad=21$

$x=3$　…③

③を①に代入し，$3\times 3+y=8$

$9+y=8$

$y=-1$

よって，$x=3$，$y=-1$

3 10円硬貨2枚をA，B，50円硬貨をC，100円硬貨をDとすると，4枚から2枚を選ぶ組み合わせとその合計金額は,

AとB(10+10=20より，20円)

AとC(10+50=60より，60円)

AとD(10+100=110より，110円)

BとC(10+50=60より，60円)

BとD(10+100=110より，110円)

CとD(50+100=150より，150円)

よって，4枚のうち，2枚を組み合わせてできる金額は，20円，60円，110円，150円の4通り。

4 **循環小数…無限小数(小数部分が限りなく続く小数)のうち，小数部分に同じ数の並びがくりかえし現れるもの。**
$\frac{9}{11}=0.8181\cdots$と小数部分が8，1の順でくりかえされるから，$20\div2=10\cdots0$より，小数第20位は1

5 **(ある階級の相対度数)＝$\frac{\text{(その階級の度数)}}{\text{(総度数)}}$**
200cm以上220cm未満の階級の度数は，
A中学校が$20\times0.35=7$(人)
B中学校が$25\times0.44=11$(人)
よって，求める相対度数は，
$\frac{7+11}{45}=\frac{18}{45}=0.40$

2 ＜平面図形・作図・二次方程式の文章題＞

1(1) **n角形の内角の和は，180°×(n－2)**
正五角形の内角の和は，
$180°\times(5-2)=180°\times3=540°$

(2) **定義…用語の意味をはっきり述べたもの。**
定理…正しいことが証明されたことがらのうち，証明の根拠として，特に利用されるもの。
アは長方形の定義，**イ**はひし形の定義，**ウ**は平行四辺形の定義，**エ**はひし形の定理より，答えは**イ**

(3) 右図において，
円の中心をO，
正五角形ABCDE
とすると，
おうぎ形の弧の長さは中心角の大きさに比例するから，

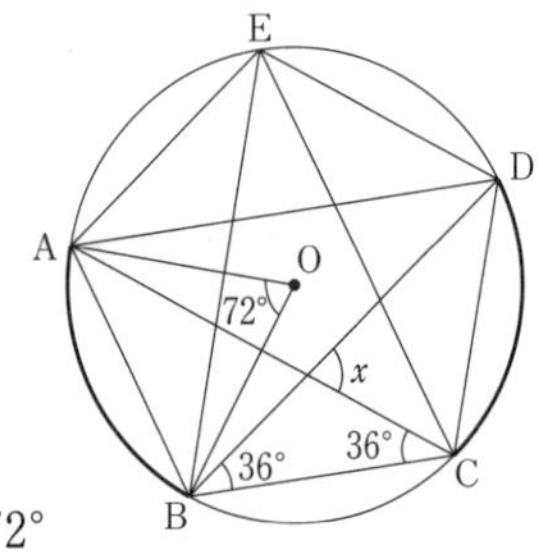

$\angle BOA=360°\div5=72°$
「1つの弧に対する円周角は，その弧に対する中心角の半分である。」「等しい弧に対する円周角は等しい」ことから，
$\angle BCA=\angle DBC=\frac{1}{2}\times72°=36°$
三角形の外角は，これととなり合わない2つの内角の和に等しいから，$\angle x=36°+36°=72°$

2 **【条件】**をもとに作図方法を考える。
線分BEと線分CEの長さは等しいことから，
△BCEは二等辺三角形である。
△BCEと長方形ABCDの面積は等しいことから，
△BCEにおいて，辺BCを底辺としたときの高さは辺ABの2倍になる。
線分AEの長さは，線分BEの長さより短いから，
点Eは辺BCよりも上側にある。
よって，作図方法は以下の通り。
① 辺BCの垂直二等分線を作図する。
② 辺BCの垂直二等分線と辺ADの交点を中心とする半径がABの円をかき，辺BCの垂直二等分線との交点をEとする。

3 **(直方体の表面積)＝(側面積)＋(底面積)×2**
右図より，底面は1辺$x$cmの正方形が2枚，側面は縦が3cm，横が$x$cmの長方形が4枚だから，

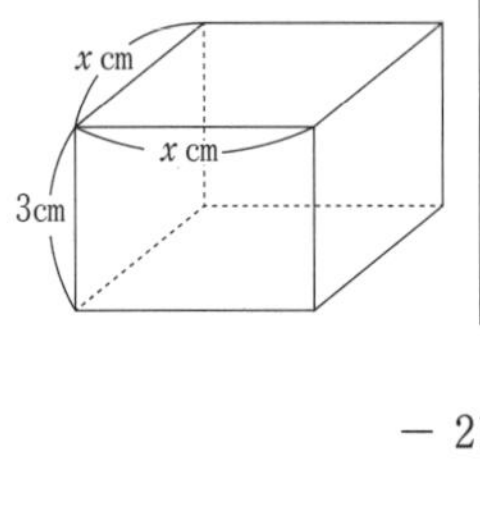

この直方体の表面積をxを用いて表すと，
$x^2\times2+3x\times4=2x^2+12x$ (cm²)である。これが80cm²となることから二次方程式を立式する。

3 ＜データの活用＞

1 表の人口総数の推移を見ながら考える。まず，1950年から1955年にかけて人口は増加しているから，**ア**は不適当。次に，1955年から1965年にかけて人口は減少し続けているから，**イ**は不適当。最後に，1975年から1980年にかけて人口は増加しているから，**ウ**は不適当。よって，答えは**エ**

2(1) **階級値…その階級の中央の値。**
鹿児島県の約13.3%は，**図1**の13%以上14%未満の階級に含まれるから，階級値は，
$\frac{13+14}{2}=13.5$(%)

(2) 箱ひげ図をかくには，最小値，最大値，第1四分位数(データの前半の中央値)，第2四分位数(中央値)，第3四分位数(データの後半の中央値)が必要である。
図1より，最小値は9%以上10%未満の階級，最大値は16%以上17%未満の階級にそれぞれ含まれる。また，データ数は47だから，データの値の小さい方から，第1四分位数は12番目の値，第2四分位数は24番目の値，第3四分位数は36番目の値である。度数の合計をもとに考えると，
第1四分位数は$1+2=3$，$3+20=23$より，11%以上12%未満の階級に含まれる。
第2四分位数は23，$23+16=39$より，12%以上13%未満の階級に含まれる。
第3四分位数は23，$23+16=39$より，12%以上13%未満の階級に含まれる。
よって，下線部より，答えは**イ**

3① **(範囲)＝(最大値)－(最小値)**
図2において，範囲が最も小さいのは2000年だから，正しくない。よって，答えは**イ**

② **図3**において，1980年の第3四分位数は15%から20%の間だから，正しい。よって，答えは**ア**

③ **図2**において，2010年，2020年の第3四分位数はともに15%未満だから，箱ひげ図からはわからない。よって，答えは**ウ**

④ **図3**において，2000年の第1四分位数(データの小さい方から11番目の値)は25%を超えており，少なくとも33以上の市町村が25%を超えているから，正しい。よって，答えは**ア**

⑤ 箱ひげ図から平均値はわからない。よって，答えは**ウ**

4 ＜関数＞

1 関数$y=\frac{1}{4}x^2$に点Aのx座標4を代入し，
$y=\frac{1}{4}\times4^2=4$ よって，点Aのy座標は4

2 次の図のように，x軸上を動く2点B_1，B_2について，点B_1のx座標より点B_2のx座標は小さいとし，2点A，B_1を通る直線を直線①，2点A，B_2を通

る直線を直線②とする。

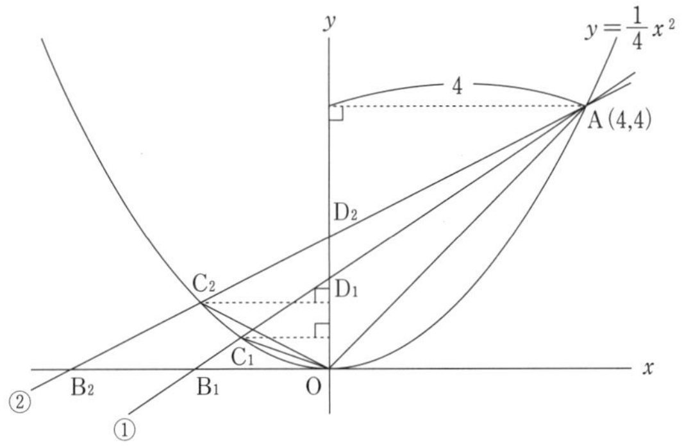

ア　直線①のグラフの傾きより，直線②のグラフの傾きは小さくなる。

イ　直線①，②のグラフの切片をそれぞれD_1，D_2とすると，点D_1のy座標より点D_2のy座標の方が大きくなる。

ウ　直線①，②のグラフと$y=\frac{1}{4}x^2$との交点のうち，点Aと異なる点をそれぞれC_1，C_2とすると，点C_1のx座標より点C_2のx座標の方が小さくなる。

エ　$\triangle OAC_1=\triangle C_1OD_1+\triangle D_1OA$
$\triangle OAC_2=\triangle C_2OD_2+\triangle D_2OA$
$OD_1<OD_2$より，$\triangle D_1OA<\triangle D_2OA$
さらに，点C_1のx座標の絶対値より点C_2のx座標の絶対値の方が大きくなるから，
$\triangle C_1OD_1<\triangle C_2OD_2$
下線部より，$\triangle OAC_1$の面積より$\triangle OAC_2$の面積の方が大きくなる。

よって，答えは**ア**，**ウ**

3(1)　2点A，Cを通る直線のグラフとx軸との交点がBである。よって，2点A，Cを通る直線の式を求め，この直線の式に$y=0$を代入し，点Bのx座標を求めればよい。

(2)　大小2個のさいころの目の出方は全部で$6\times6=36$(通り)
a，bはともに1以上6以下の自然数だから，
$P(a-2,\ b-1)$より，点Pについて，x座標は-1以上4以下の整数，y座標は0以上5以下の整数である。これをもとに，直線OA$(y=x)$，直線AB$\left(y=\frac{1}{2}x+2\right)$，直線OB$(y=0)$上に条件を満たす点Pがいくつあるかを考えればよい。
下図より，△OABの辺上にあるのは，8通り。
よって，求める確率は，$\frac{8}{36}=\frac{2}{9}$

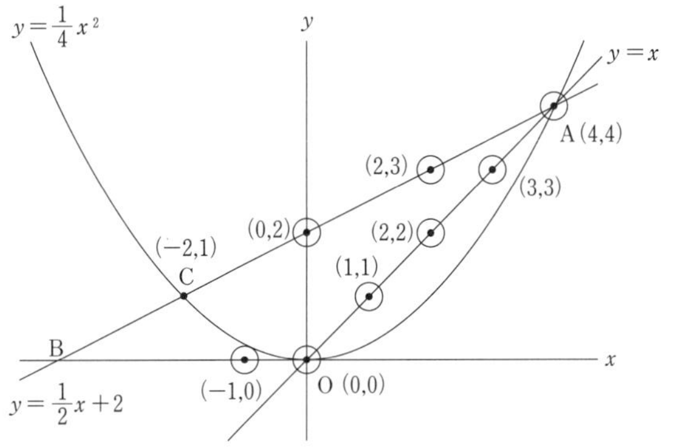

5　＜平面図形＞

1　△ABCは直角三角形だから，**三平方の定理**より，
$AC=\sqrt{AB^2+BC^2}$
$=\sqrt{6^2+3^2}$
$=\sqrt{45}=3\sqrt{5}$ (cm)

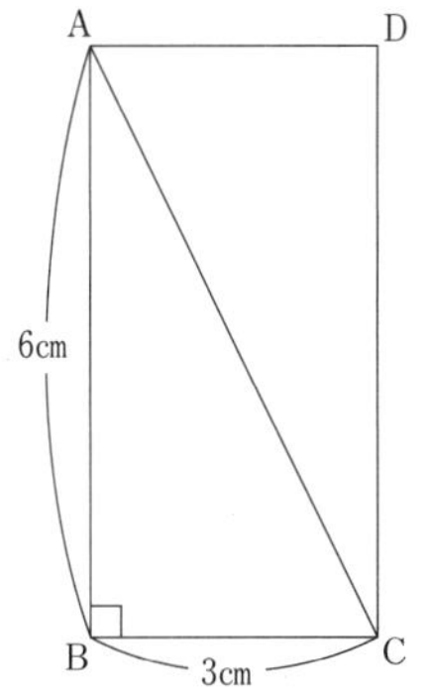

2　△ACFにおいて，2つの角が等しいことを，折り返した図形の角が等しいことや，**平行線の錯角が等しい**ことを利用して証明していく。

3　$DF=x$ (cm)とすると，
$FC=6-x$ (cm)
2より，△ACFはFA＝FCの二等辺三角形だから，
$FA=6-x$ (cm)

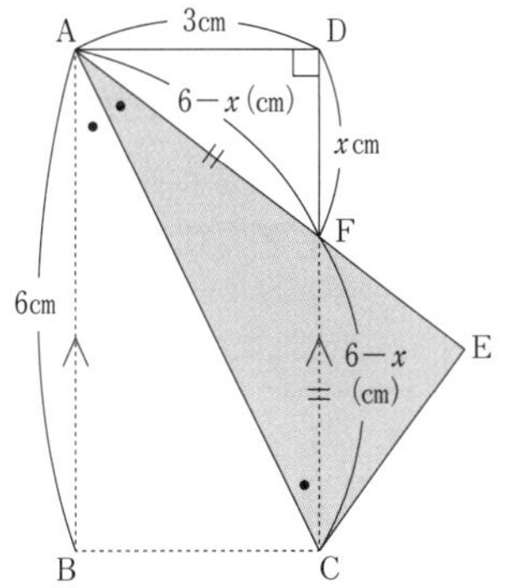

△AFDにおいて，**三平方の定理**より，
$AF^2=AD^2+DF^2$，$(6-x)^2=3^2+x^2$
$36-12x+x^2=9+x^2$，$12x=27$，$x=\frac{9}{4}$
よって，$DF=\frac{9}{4}$ (cm)

4　**図2，3の折り返す方法は同じ**だから，
$AH=DF=\frac{9}{4}$ (cm)
高さが等しい三角形の面積比は，底辺の長さの比に等しい。
右下図において，$\triangle AHJ\equiv\triangle FDJ$より，
$HJ:DJ=1:1$だから，$\triangle AHJ=\frac{1}{2}\triangle AHD$
$\triangle AHI\backsim\triangle CDI$より，相似比は，
$AH:CD=\frac{9}{4}:6=9:24=3:8$
$HI:DI=3:8$より，
$\triangle AHI=\frac{3}{11}\triangle AHD$
$\triangle AIJ$
$=\triangle AHJ-\triangle AHI$
$=\frac{1}{2}\triangle AHD-\frac{3}{11}\triangle AHD$
$=\left(\frac{11}{22}-\frac{6}{22}\right)\triangle AHD$
$=\frac{5}{22}\triangle AHD$
$=\frac{5}{22}\times\frac{1}{2}\times\frac{9}{4}\times3$
$=\frac{135}{176}$ (cm²)

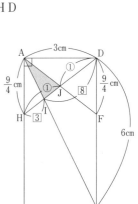

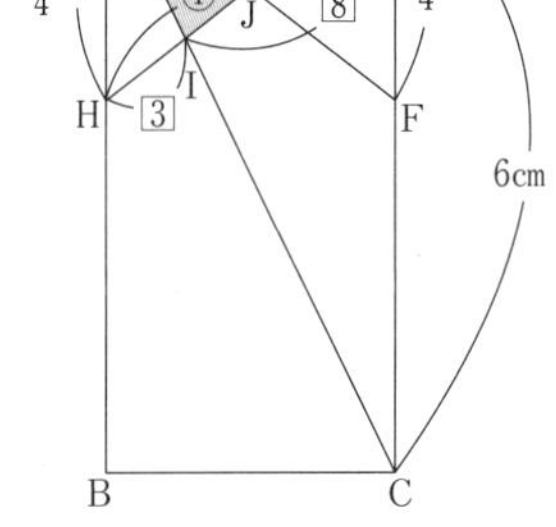

令和四年度　鹿児島県公立高校入試問題　国　語

正答例

[1] 1 (1) **粉薬**　(2) **裁**（く）
(3) **鉱脈**　(4) **かたず**
(5) **しっと**　(6) **ひた**（る）
2 **十四**（画）

[2] 1 **エ**
2 Ⅰ **思い込みや古い常識**
Ⅱ **自分とは異なる他者との対話**
3 **イ，エ**
4 （自分がどう生きるのかを問わなければ，）**学校で学べるさまざまな知識どうしをうまく結びつけることができず，学んだ知識を自分の人生や生き方に役立てることもできないということ。**
5 **ア**

[3] 1 **ようよう**　2 **エ**　3 **ウ**
4 Ⅰ **門口三尺掘れ**
Ⅱ **諸肌を脱いで汗水を流している**
Ⅲ **一文稼ぐことがどれほど大変か**

[4] 1 **エ**　2 **イ**
3 Ⅰ **呼出の新弟子**
Ⅱ **新弟子の方が上手になるかもしれないという不安**
4 **ア**
5 **篤は，ずっと目標としてきた直之さんから，この一年の努力や成長を認められたことで自信が芽生えたから。**

[5] **私は、私が住む奄美大島の伝統工芸品である大島紬を未来に残したい。しかし作り手の高齢化が進み、後継者が育たないと聞くので、将来技術が途絶えてしまう恐れがあると思う。**
この問題を解決するために、大島紬の良さをＳＮＳで発信したいと思う。少しでも若い世代に関心をもってもらい、次世代の担い手を見つけることが大切だと考えるからだ。

配　点

[1] 1　2点×6　2　2点　計14点
[2] 1　2点　2　4点×2　3　4点
4　7点　5　5点　計26点
[3] 1　2点　2　3点　3　3点
4　Ⅰ，Ⅱ　3点×2　Ⅲ　4点　計18点
[4] 1　3点　2　3点　3　Ⅰ　3点　Ⅱ　4点
4　4点　5　6点　計23点
[5] 9点

解　説

[1] ＜漢字・書写＞

1(4) **固唾をのむ**＝事の成り行きを見守って緊張している様子のこと。

2 点画の省略があるが，「閣」という漢字である。

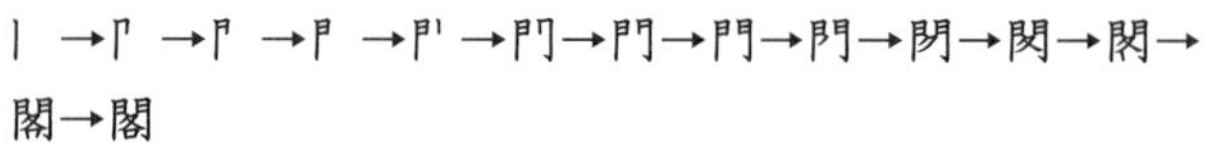

[2] ＜論説文＞

1 a 空欄前後で「自分がこれまでに出会った人」「ニュース番組や書籍を通じて知った人たち」という選択肢を並べて述べているので，**選択の接続詞「または」「あるいは」**に絞られる。また，空欄前後の内容を入れかえても文意が通ることからも選択の接続詞が入ると分かる。
イ すなわち（接続詞）＝言い換え
ウ しかも（接続詞）＝添加（累加）

b 空欄後の「遺伝子治療」は空欄前の「専門的な知識」の具体例なので，**例示の「たとえば」**が適当。
ア 一方（接続詞）＝対比
イ 要するに（副詞）＝言い換え
ウ なお（接続詞）＝補足

2 Ⅰ 二つ目の空欄後に着目し，「一人だけで気がつくことは難しい」と似た表現を探すと，第四段落に「自分の**思い込みや古い常識**に，自分だけで気がつくことはなかなか難しい」とある。

Ⅱ 第五段落に「それに気がつかせてくれるのが，**自分とは異なる他者との対話**」とある。「それ」とは，[Ⅰ]の答えである「**自分の思い込みや古い常識**」であることをおさえる。「**十三字**」もヒント。

3 ――線部②直後に「**哲学は一般の人が，一般的な問題について考えるための学問です**」とあるので**イ**が適当。また，第十一段落に「哲学の**もうひとつ**の重要な仕事は，それぞれの**専門的な知識を，より一般的で全体的な観点から問い直すこと**」とある。「問い直す」は「再検討する」と言い換えられるので**エ**も適当。

4 ――線部③をわかりやすく言い換える問題である。「扇の要」の説明に「外れるとばらばらになってしまう」とあるため，「さまざまな知識は扇の要を失」うとは，「学校で学べるさまざまな知識」がばらばらになり，知識どうしをうまく結びつけることができないということ。また，筆者は「自分の人生や生き方と，教育機関で教えるような知識やスキルを結びあわせること」「生活と知識を結びつけること」が「哲学の役割」だと述べており，「自分がどう生きるのかと問う」ことが哲学だとも述べているので，この問いがなければ，「生活と知識を結びつけること」ができないと考えているのである。つまり，「自分がどう生きるのかと問う」という哲学の問いがなければ，「学校で学べるさまざまな知識」を「生活」，「自分の人生や生き方」と結びつけて役立てることができないということである。これらの内容を指定字数以内でまとめればよい。

5 **横断的**＝異なる分野・種類などを超えたつながりがあるさま。
総合的＝個々の物事を一つにまとめるさま。
プロゴルファーになるために，「栄養学」というゴルフとは異なる分野を学ぶので**ア**が適当。**エ**の「曲想」とは楽曲の構想，テーマのこと。

3 ＜古文＞

（**口語訳**）ある時，夜が更けて樋口屋の門をたたき，酢を買いに来る人がいた。（その音が）戸を隔てて奥へはかすかに聞こえた。下男が目を覚まして，「どれほどですか」と言う。（客は）「ごめんどうでしょうが一文分を」と言う。（下男は）①寝たふりをして，その後は返事もしないので，（客は）しかたなく帰った。

夜が明けると②亭主は，③あの男（下男）を呼び付けて，何の用もないのに「門の出入り口を三尺掘れ」と言う。お言葉に従って久三郎（下男）は，衣の上半身全部を脱いで，鍬を取り，堅い地面に苦労して，身体から汗水を流して，④少しずつ掘った。その深さが三尺ほどになった時，（亭主が）「銭があるはずだ，まだ出ないのか」と言う。（下男は）「小石・貝殻以外ほかに何も見えません」と申し上げる。（亭主は）「それほど骨を折っても銭が一文も手に入らない事を，よく理解して，これからは一文の商売も大事にすべきだ」（と言う。）

1 「**ア段＋う**」は「**オ段＋う**」に直す。

2② 後で「かの男」に対して「門口三尺掘れ」と命じていることから考える。また，㊟にもあるように「樋口屋」には「樋口屋の店主」という意味があることもおさえる。

③ 「かの」は「あの」という意味なので，「かの男」は前に登場した人物を指す。「亭主」から「門口三尺掘れ」と命じられていることからも，「下男」だと分かる。

3 「そら寝」とは寝たふりをすること。――線部①は「酢を買ひにくる人」が一文分の酢を注文したときの「下男」の行動であることからも考える。

4 Ⅰ 「亭主」が「かの男」に命じた内容を「**六字**」で探す。空欄後で**生徒B**が「かの男は鍬を使って，堅い地面に苦労しながら亭主の言いつけに従いました」と発言していることからも考える。

Ⅱ 「かの男」が作業に臨んでいる描写を探すと，「諸肌ぬぎて～身汗水なして，やうやう掘りける」とある。「身汗水なして（身体から汗水を流して）」という表現から「かの男」の大変な様子が読み取れる。

Ⅲ 「亭主」が「かの男」に伝えたかったのは「それ程にしても銭が一文ない事，よく心得て，かさねては一文商も大事にすべし」ということである。「亭主」は，「酢を買ひにくる人」が一文分しか酢を注文しなかったため寝たふりをして売らなかった「かの男」に，一文を手にすることの大変さを，身をもってわからせたのである。それを**生徒C**が「商売をする上での心構え」とまとめていることにも着目する。

4 ＜小説文＞

1 **ア**，**イ**，**ウ**は**受け身**の助動詞「られる」。**エ**は「いることができる」と言い換えられるので，**可能**の助動詞「られる」である。

2 ――線部①直前の「本当だよ。嘘ついてどうすんだよ」という達樹の発言に着目する。「呼出の新弟子」が新しく入るという自分の話を，「だってそれ，本当っすか」と篤に疑われたことに不満を抱き，「眉間に皺を寄せた」のである。

3 Ⅰ 空欄直後の「が入門してくる」と似た表現を探すと，一つ前の段落に「新弟子が入ってくる」とある。この「新弟子」を「**六字**」で表わした言葉を探せばよい。

Ⅱ 空欄直後の「を感じて」に着目する。「新弟子が入ってくる」ことに対して篤がどのように感じているかを探すと，「その新弟子は～自分より上手くこなすかもしれないと**不安**になり」とある。

4 新弟子が入ることで不安になっている篤に対して，直之さんは「一年間，逃げずにやってきただろ。ちゃんと，お前は頑張ってたよ」「お前なら，これからもちゃんとやっていける」と励ましている。その励ましを聞いた篤に「あの……ありがとうございます」と感謝の言葉を言われ，励ますことができたのだと思い「少しだけ笑ってみせた」のである。**イ**，**ウ**は全体的に誤り。「篤の素直な態度に感動している」とまでは言えないので**エ**も不適。

5 篤は，新弟子が入ることに対して「自分より上手くこなすかもしれないと不安」になっていたが，「同い年なのに仕事ができて，しかも頼りがいのある直之さん」に認められ，「**胸がすっと軽く**」なっている。このことから，「こんな俺でも，大丈夫」と自分に自信が持てるようになったので「一年後はまだわからないことだらけ」でも「不安に思わな」くなったと読み取れる。

5 ＜作文＞

Cさんの「過去から現在へと引き継がれてきたすばらしい自然・歴史・文化」を「未来に残していくために，私たちができることを考えていきましょう」という提案を踏まえて書く。

［採点基準の例］

(1) **第一段落**…４点

未来に残したいと思う具体的なものと，それを引き継いでいく際に想定される問題点について明確に書けているかを４点（良い），２点（不明瞭），０点（書けていない）の３段階に評価する。

(2) **第二段落**…５点

第一段落であげた問題を解決するための取り組みを明確に書けているかを５点（優れている），４点（良い），２点（不明瞭），０点（書けていない）の４段階に評価する。

(3) **段落指定を守っていないもの**…減点２点

(4) **行数を満たしていないもの**…減点３点

(5) **表記**…最大減点４点（一か所ごとに減点１点）

① 原稿用紙の使い方の誤り。

② 誤字脱字，符号の用法の誤り。

③ 用語や文の照応の不適切なもの。

④ 文体が統一されていないもの。

令和４年度　鹿児島県公立高校入試問題　理科

正答例

1　1　①　ア　②　イ(完答)　2　ウ
3　エ　4　①　ア　②　イ(完答)
5(1)　**斑状組織**　(2)　**分解者**　(3)　**発熱反応**
(4)　**6**(Ω)

2

> **2** についてはⅡのみ掲載。

Ⅱ　1　**交流**
2　**コイルの内部の磁界が変化すると，その変化にともない電圧が生じてコイルに電流が流れる現象。**
3　**棒磁石をより速く動かす。**
4　ウ

3　Ⅰ　1(1)　**赤血球**
(2)　a　**血しょう**　b　**組織液**(完答)
2(1)　ア　**13**(本)　イ　**26**(本)
ウ　**26**(本)　(完答)
(2)　AA，Aa(順不同・完答)
Ⅱ　1　a　**胸部**　b　**6**(完答)
2　記号　ア　名称　**花弁**(完答)
3(1)　B，C(順不同・完答)
(2)　【試験管(A)と比べることで，】
光が当たってもタンポポの葉がなければ，二酸化炭素は減少しないことを確かめるため。

4　Ⅰ　1　**P波**
2(1)　C
(2)

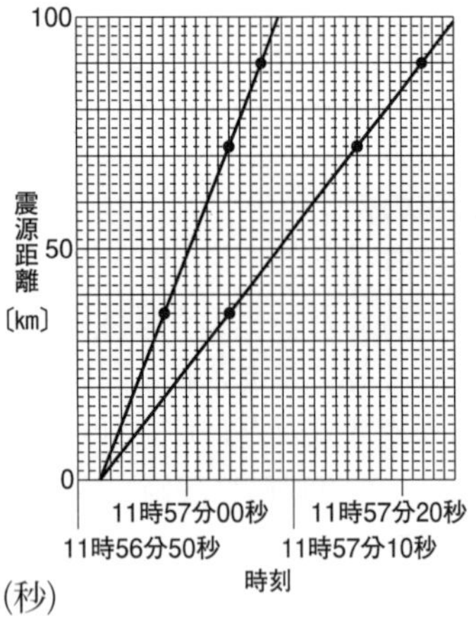

(3)　**21**(秒)
Ⅱ　1　**移動性高気圧**
2　エ　3　イ
4　**冷たく乾燥している。**

5　Ⅰ　1　**電解質**　2　イ
3

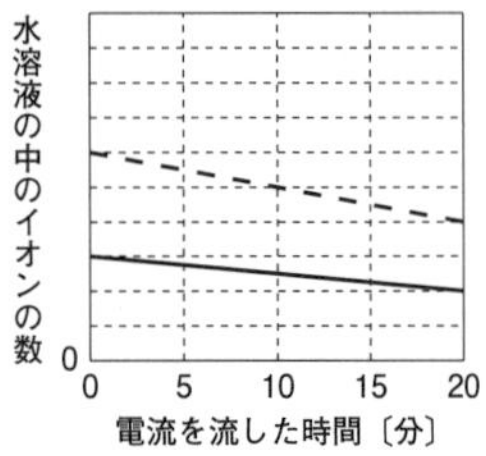

4　$2HCl \rightarrow H_2 + Cl_2$
Ⅱ　1　ウ
2　ア
3　$\frac{W-28}{7}$ (g/cm^3)
4　A，B(順不同・完答)

配点

1	4，5(1)		3点×2	他	2点×6	計18点
2	Ⅰは9点分	Ⅱ4	3点	他	2点×3	計18点
3	Ⅰ2(2)，Ⅱ3(2)		3点×2	他	2点×6	計18点
4	Ⅰ2(3)，Ⅱ4		3点×2	他	2点×6	計18点
5	Ⅱ3，4		3点×2	他	2点×6	計18点

解説

1　＜4分野総合＞

1　凸レンズを通して，物体の反対側にできる像を実像という。虚像は，物体と同じ向きに見えるが，実像は，上下左右が逆になる。

2　フェノールフタレイン溶液は，アルカリ性の水溶液に加えると赤色に変化するので，灰汁はアルカリ性であることがわかる。pHは，酸性やアルカリ性の強さを表すのに用いられ，その値は中性では7，酸性では7より小さい値になり，アルカリ性では7より大きい値になる。

3　**ア**：ハイギョ同様に肺とえらをもった魚類であるユーステノプテロンにみられる特徴。**イ**：ハチュウ類の特徴。**ウ**：鳥類とハチュウ類の両方の特徴をもつ始祖鳥の特徴。

4　地球は，北極点の真上から見ると，反時計回りに約24時間で1回自転しているので，1時間では
360÷24＝15〔°〕回転していると考えられる。

5(1)　安山岩は，火成岩の中の火山岩である。火山岩の斑状組織に見られる石基に囲まれた比較的大きな鉱物を斑晶という。また，火成岩の中の深成岩は，大きな鉱物が集まった等粒状組織というつくりをしている。おもな深成岩と火山岩の名称と色の特徴は下表のようになっている。

マグマのねばりけ	弱い	⟷	強い
色	黒っぽい	⟷	白っぽい
火山岩	玄武岩	安山岩	流紋岩
深成岩	はんれい岩	閃緑岩	花こう岩

(2)　分解者は，生物の死がいや排出物を食べ，有機物を二酸化炭素と水などの無機物にまで分解する。分解者のはたらきによって生じた無機物は生産者によって再び利用される。

(3)　発熱反応とは逆に，周囲から熱をうばう化学変化を吸熱反応という。

(4)　$抵抗〔\Omega〕= \frac{電圧〔V〕}{電流〔A〕}$
乾電池を直列につなぐと，回路全体の電圧の大きさは $1.5+1.5=3.0$〔V〕になる。よって，回路全体の抵抗の大きさは，$\frac{3.0}{0.5}=6$〔Ω〕

2　＜電気の世界＞

Ⅱ1　一定の向きに流れる電流を直流という。交流電流

には，変圧器を用いて電圧を簡単に変えられるという利点がある。

2　電磁誘導が起きたときに流れる電流を誘導電流という。

3　電磁誘導によって流れる誘導電流の大きさは，磁界の変化が大きいほど大きくなる。

4　**実験２**では，コイルの上側に磁石のＮ極が近づくときに誘導電流が生じ，磁石がコイルの中を通過するときは誘導電流が生じないが，磁石のＳ極がコイルの下側から遠ざかるときに誘導電流が生じる。このとき誘導電流の向きは逆になる。

3　＜**生物総合**＞

Ⅰ１　ヒトの血液のおもな成分は下表のようになっている。

成分	形	はたらき
赤血球	中央がくぼんだ円盤形。	酸素を運ぶ。
白血球	球形のものが多い。状況により変形するものがある。	細菌などの異物を分解する。
血小板	赤血球や白血球よりも小さく不規則な形。	出血した血液を固める。
血しょう	液体。	養分や不要な物質などを運ぶ。

(1)　血液の成分のうち，酸素を全身に運ぶはたらきをするものを赤血球という。赤血球にふくまれるヘモグロビンという成分には，酸素の多いところでは酸素と結びつき，酸素の少ないところでは酸素をはなすという性質がある。

(2)　血しょうには，全身の細胞に栄養を運ぶはたらきや，細胞の活動によって発生した二酸化炭素やアンモニアなどの不要な物質を運ぶはたらきがある。

2(1)　有性生殖では，生殖細胞をつくられるときに，染色体の数が親の体細胞の半分になる減数分裂が行われる。親の染色体の数は26本なので，生殖細胞である精子の染色体の数は26÷２＝13〔本〕

生殖細胞が受精してできる受精卵の染色体の数は，減数分裂前の細胞と同じになるので，26本。受精卵は体細胞分裂によって細胞の数をふやすので，**イ**と**ウ**の細胞の染色体の数は26本。

(2)　親(雌)の遺伝子の組み合わせにはＡＡ，Ａａ，ａａの３つが考えられるが，子の遺伝子の組み合わせから，Ａが１つ以上ふくまれていることがわかるので，ＡＡ，Ａａの可能性が考えられる。

Ⅱ１　昆虫は，無セキツイ動物の節足動物に分類され，６本のあしは胸部にある。

2　外側から，**エ**：がく，**ア**：花弁，**ウ**：おしべ，**イ**：めしべである。

3(1)　石灰水は，空気中の二酸化炭素と反応して白くにごる。試験管Ａでは，タンポポの葉が光合成と呼吸を行っているが，光合成の方が盛んに行われているため二酸化炭素が少なくなっていて石灰石は白くにごらない。試験管Ｂでは，タンポポの葉は呼吸のみを行っているので，二酸化炭素が増加し，石灰水が白くにごる。試験管Ｃでは，二酸化炭素の量は変化しないが，**実験**の②で息をふきこんでいるので，石灰水が白くにごるために十分な二酸化炭素があると考えられる。

(2)　ある実験に対して，影響を知りたい条件以外を同じにして行う実験のことを対照実験という。試験管Ｃは，試験管Ａとタンポポの葉の有無だけが異なっているので，結果の違いがタンポポの葉のはたらきによるものであることを明らかにできる。

4　＜**大地の変化・天気とその変化**＞

Ⅰ１　地震のゆれを観測するとき，初めに記録される小さくこきざみなゆれを初期微動，その後に記録される大きなゆれを主要動という。初期微動を伝える波をＰ波，主要動を伝える波をＳ波という。

2(1)　地震のゆれ初めの時刻が同じ地点を結ぶと，震央を中心とした同心円状になる。これは震源で発生したゆれがほぼ一定の速さで大地を伝わるからである。また，ゆれの大きさも震源から離れるほど小さくなり，震度の分布もほぼ同心円状になる。

(3)　初期微動継続時間は，震源距離に比例する。震源距離 126 ㎞の地点における初期微動継続時間を x 秒とおくと，地点Ａの初期微動継続時間は６秒なので，36：６＝126：x　x＝21　よって，21秒

Ⅱ１，**2**　Ａの天気図は，高気圧と低気圧が交互に並んでいて，数日おきに天気が変わることから春や秋の特徴的な天気を表していることがわかる。このとき，移動している高気圧を移動性高気圧といい，ユーラシア大陸の南東部で発生し，偏西風の影響で西から東へ動いていく。また，移動性高気圧と次の移動性高気圧の間は気圧の谷となり，低気圧ができるため，同じ天気が長続きしにくい。

3　日本列島付近に発生する低気圧は，中心で地上から上空に向かって空気が移動する上昇気流が起こり，地表付近では，周辺から中心に向かって反時計回りに空気がふきこんでくる。また，日本列島付近に発生する高気圧は，中心で上空から地表に向かって空気が移動する下降気流が起こり，地表付近では，中心から周辺に向かって時計回りに空気がふき出している。

4　南北方向に等圧線がせまい間隔で並んでいることから，冬の時期に特徴的な西高東低の気圧配置であることが読みとれる。冬になると，ユーラシア大陸上のシベリア高気圧が発達し，シベリア気団からの冷たくて乾燥した季節風が日本列島にふく。この季節風は，日本海の上空を通過するときに，海面からの水蒸気をふくみながら日本列島にわたり，日本海

側に多くの雪を降らせる。

[5]　＜化学変化とイオン・身のまわりの物質＞

Ⅰ 1　塩化銅などの電解質の物質は，水にとけて陽イオンと陰イオンに電離するため，電流が流れる。非電解質の物質は，水にとけても電離しないため電流が流れない。

2　塩素は，黄緑色で，特有の刺激臭をもつ気体で，毒性があり，殺菌作用や漂白作用がある。**ウ**は水素の特徴で**エ**は酸素の特徴である。

3　塩化銅の電離の式より，この実験で，電流を流す前の水溶液中には，銅イオンと塩化物イオンが１：２の割合で存在していると考えられる。この水溶液に電流を流すと，陽極と陰極では次のような反応が起きる。

陽極：$2Cl^- \rightarrow Cl_2 + 2e^-$

陰極：$Cu^{2+} + 2e^- \rightarrow Cu$

陽極と陰極を移動する電子の数が同じであることから，塩化物イオン２個が塩素分子になるとき，銅イオン１個が銅原子になっていると考えられるので，銅イオンのグラフは，電流を流す前の水溶液中のイオンの数が塩化物イオンの$\frac{1}{2}$で，塩化物イオンの数が２目盛り分減る間に，銅イオンは１目盛り分減るグラフになる。

4　塩酸の電気分解では，陽極で塩素が，陰極で水素が発生する。

Ⅱ 1　状態変化では，物質の状態や体積は変化するが，粒子の数そのものは変化しないので，質量は変化しない。また，物質が別の物質に変化したり，無くなったりすることもない。エタノールに熱を加えると，エタノールの分子の運動が激しくなり，分子どうしの間隔が広くなることで体積が大きくなったと考えられる。

2　蒸留の実験では，温度計の球部は，枝の高さにして，出てくる蒸気の温度をはかる。

3　**物質の密度〔g/cm³〕＝$\frac{\text{物質の質量〔g〕}}{\text{物質の体積〔cm}^3\text{〕}}$**

水28.0 cm^3の質量は，$28.0 \times 1 = 28.0$〔g〕なので，エタノールの質量は$W-28$と表せる。よって，エタノールの密度は$\frac{W-28}{7}$〔g/cm^3〕

4　試験管Ａ～Ｅに集めた液体の密度は，

Ａ：$\frac{1.2}{1.5} = 0.8$〔g/cm^3〕

Ｂ：$\frac{2.7}{3.2} = 0.84375$〔g/$cm^3$〕

Ｃ：$\frac{3.3}{3.6} = 0.916\cdots$〔g/$cm^3$〕

Ｄ：$\frac{2.4}{2.4} = 1.0$〔g/cm^3〕

Ｅ：$\frac{2.4}{2.4} = 1.0$〔g/cm^3〕

図３より，エタノールの質量パーセント濃度が60％以上の混合物の密度は0.89 g/cm^3より小さくなることがわかるので，試験管Ａと試験管Ｂが適当。

令和４年度　鹿児島県公立高校入試問題　英語

正答例

[1]　1　ア　　2　ウ　　3　**Saturday**

4　ウ → イ → ア　　5　イ

6　(1)　**The young girl did.**　　(2)　ウ

7　**I want to clean the beach with my friends.**

[2]　1　①　エ　　②　イ

2　①　**breakfast**　　②　**climb**　　③　**March**

3　①　**I like them**　　②　**He has visited**

③　**It was built**

4　(例)　You should buy (Ⓧ・Y) because **it is bigger than Y. You can carry a lot of things in the bag. Also, you don't have to worry about the thing in the bag if it starts to rain.**

[3]　Ⅰ　1　ア　　2　**be careful of Amami rabbits**

Ⅱ　1　イ

2　②　イ　　③　ウ　　④　ア　　(完答)

Ⅲ　エ

[4]　1　イ

2　**They didn't have enough time to talk with each other.**

3　エ

4　**笑顔で話せば相手もうれしく感じ，親切にすれば相手も優しくしてくれるということ。**

5　**Thank you for everything you've done for me. You're the best mother in the world.**

6　イ，ウ　(順不同)

配　点

[1]	7　4点　　他　3点×7	計25点
[2]	4　7点　　他　2点×8	計23点
[3]	Ⅰ，Ⅱ1　3点×3　　他　4点×2	計17点
[4]	2，4　4点×2　　5　5点　　他　3点×4	計25点

解　説

[1]　＜聞き取りテスト台本・訳＞

＜チャイムの音四つ＞

これから，英語の聞き取りテストを行います。問題用紙の２ページを開けなさい。

英語は１番から４番は１回だけ放送します。５番以降は２回ずつ放送します。メモをとってもかまいません。

(約３秒間休止)

では，１番を始めます。まず，問題の指示を読みなさい。

(約13秒間休止)

それでは放送します。

Alice : Hi, Kenji. Did you do anything special last weekend?

Kenji : Yes, I did. I watched a baseball game with my father at the stadium.

Alice : That's good. Was it exciting?

Kenji : Yes! I saw my favorite baseball player there.

(約10秒間休止)

訳　A：こんにちは，健二。先週末は何か特別なことをしたの？　K：うん，したよ。僕はスタジアムで父と野球の試合を見たよ。　A：それはいいわね。それはわくわくした？　K：うん！　僕はそこで僕の好きな野球選手を見たよ。

次に，**2**番の問題です。まず，問題の指示を読みなさい。

（約 13 秒間休止）

それでは放送します。

David : I want to send this letter to America. How much is it ?

Officer : It's one hundred and ninety yen.

David : Here is two hundred yen. Thank you. Have a nice day.

Officer : Hey, wait. You forgot your 10 yen.

David : Oh, thank you.　（約 10 秒間休止）

訳　D：僕はこの手紙をアメリカに送りたいのです。それはいくらですか？　O：それは 190 円です。　D：どうぞ 200 円です。ありがとうございます。良い一日を過ごしてください。　O：あの，待って。あなたは 10 円を忘れていますよ。　D：ああ，ありがとうございます。

次に，**3**番の問題です。まず，問題の指示を読みなさい。

（約 20 秒間休止）

それでは放送します。

Takeru : I'm going to see a movie this Friday. Do you want to come with me ?

Mary : I'd like to, but I have a lot of things to do on Friday. How about the next day ?

Takeru : The next day ? That's OK for me.

（約 15 秒間休止）

訳　T：僕は今週の金曜日に映画を見るつもりなんだ。僕と一緒に来たい？　M：行きたいけれど，私は金曜日はすることがたくさんあるの。その次の日はどう？　T：その次の日？　それは僕には大丈夫だよ。

問題文の訳

H：こんにちは，メアリー。**土曜日**に私と買い物に行ける？

L：まあ，ごめんなさい。私はその日は武と映画を見に行くつもりなの。

次に，**4**番の問題です。まず，問題の指示を読みなさい。

（約 15 秒間休止）

それでは放送します。

Here is the weather for next week. Tomorrow, Monday, will be rainy. You'll need an umbrella the next day too, because it will rain a lot. From Wednesday to Friday, it will be perfect for going out. You can go on a picnic on those days if you like. On the weekend, the wind will be very strong. You have to be careful if you wear a hat. I hope you will have a good week.

（約 10 秒間休止）

訳　来週の天気です。明日，月曜日は雨でしょう。あなたはその翌日も傘が必要です，なぜなら雨がたくさん降るからです。水曜日から金曜日まで，外出には最適でしょう。よろしければそれらの日にはピクニックに行けます。週末，風がとても強いでしょう。もしあなたが帽子をかぶるなら気をつけなければなりません。あなたが良い一週間を過ごすことを願っています。

次に，**5**番の問題です。まず，問題の指示を読みなさい。

（約 18 秒間休止）

それでは放送します。

Welcome to English Camp. We are going to stay here for two days. Please work hard with other members and enjoy this camp. Let's check what you are going to do today. First, you have group work. It will start at 1:20 p.m. In your groups, you'll play games to know each other better. Then, you'll enjoy cooking at three. You will cook curry and rice with teachers. After that, you will have dinner at five and take a bath at seven. You have to go to bed by ten. During the camp, try hard to use English. Don't use Japanese. That's all. Thank you.　（３秒おいて，繰り返す。）（約 10 秒間休止）

訳　イングリッシュキャンプへようこそ。ア私たちはここに２日間滞在します。他のメンバーと一生懸命に活動して，このキャンプを楽しんでください。エあなたたちが今日何をする予定なのかを確認しましょう。最初に，あなたたちはグループ活動があります。それは午後１時 20 分に始まります。グループ内で，あなたたちはおたがいをより良く知るためにゲームをします。それから，あなたたちは３時に料理するのを楽しみます。あなたたちは先生たちとカレーライスを作ります。そのあと，あなたたちは５時に夕食を食べて，７時にお風呂に入ります。あなたたちは 10 時までに就寝しなければいけません。ウキャンプの間中，英語を使うために一生懸命に努力してください。日本語を使ってはいけません。以上です。ありがとうございました。

※各記号の該当箇所は波線部参照。

次に，**6**番の問題です。まず，問題の指示を読みなさい。

（約 20 秒間休止）

それでは放送します。

I want to talk about something that happened last week. On Tuesday, I saw an old woman. She was carrying a big bag. It looked heavy. I was just watching her. Then a young girl ran to the old lady and carried her bag. The girl looked younger than me. She helped the old woman, but I didn't. "Why didn't I help her ?" I thought.

The next day, I found a phone on the road. I thought someone would be worried about it. So I took it to the police station. A man was there. He looked at me and said, "I think that's my phone. Can I see it ?"

Then he said, "Thank you very much." His happy face made me happy too.

This is my story. It is important to be like the young girl.

Question (1) : Who helped the old woman ?

(約７秒間休止)

Question (2) : What is Shohei's message in this speech ?

(約７秒間休止)

では，２回目の放送をします。

(最初から質問(2)までを繰り返す。)（約 15 秒間休止）

訳　私は先週起きたことについて話したいと思います。火曜日に，私は年配の女性を見ました。彼女は大きなかばんを運んでいました。それは重そうに見えました。私はただ彼女を見ているだけでした。そのとき若い女の子がその年配の女性に駆け寄り，彼女のかばんを運びました。彼女は私より若く見えました。彼女はその年配の女性を助けましたが，私は助けませんでした。「なぜ私は彼女を助けなかったのか？」と私は思いました。

翌日，私は道で電話を見つけました。私は誰かがそれについて心配しているだろうと思いました。だから私はそれを交番に持っていきました。一人の男性がそこにいました。彼は私を見て「あれは私の電話だと思います。それを見てもいいですか？」と言いました。それから彼は「どうもありがとうございます」と言いました。彼のうれしそうな顔は私のことも幸せにしました。

これが私の話です。その若い女の子のようになることは大切です。

(1)　誰が年配の女性を助けましたか？

(正答例の訳)　**若い女の子が助けました。**

(2)　このスピーチでの翔平のメッセージは何ですか？

ア　私たちは若い女の子たちに親切にすべきだ。

イ　私たちは他人からの助けを待つべきだ。

ウ　私たちはもしできるなら他人を助けるべきだ。

次に，**７**番の問題です。まず，問題の指示を読みなさい。

(約 15 秒間休止)

それでは放送します。

Kazuya : Hi, Cathy. Have you ever done any volunteer activities in America ?

Cathy : Yes, of course. Do you want to do a volunteer activity in high school ?

Kazuya : Yes, I do.

Cathy : What do you want to do ?

Kazuya : (　　　　　　　　　　　　　　)

(約３秒おいて，繰り返す。)（約１分間休止）

訳　K：やあ，キャシー。君は今までアメリカで何かボランティア活動をしたことがあるかい？　C：ええ，もちろん。あなたは高校でボランティア活動をしたいの？　K：うん，したいよ。　C：何をしたいの？　K：(正答例の訳)　**僕は友達と浜辺をそうじしたいよ。**

<チャイムの音四つ>

これで，聞き取りテストを終わります。次の問題に進みなさい。

2　**<英文表現>**

1　K：サム，君は昨年の夏に東京オリンピックを見た？　S：うん，僕はたくさんの試合を見たよ。それらのいくつかはオリンピックの歴史の中で初めて行われたんだよね？　僕はその試合で本当にわくわくしたよ。　K：君は何のスポーツが好きなの？　S：僕はサーフィンが好きだよ。オーストラリアでは，僕はよくサーフィンに行ったよ。②**君はどう？**　K：僕の好きなスポーツはテニスだよ。　S：おお，君はテニスが一番好きなんだね。僕もオーストラリアでは兄（弟）と一緒にしたよ。ええと，僕は次の日曜日はひまなんだ。①**一緒にプレーしないかい？**　K：いいよ！　僕は次の日曜日が待ちきれないよ！　またそのときにね。　S：またね。

2　Y：こんにちは，トム。元気？　T：元気だけれど，少しお腹がすいたよ。僕は今朝遅く起きたから，①**朝食**を食べることができなかったんだ。　Y：まあ，なんてこと！　次の日曜日の朝は何か食べるのを覚えておいてね。　T：わかってるよ，裕子。僕たちはまた山を②**登る**ために霧島に行く予定だね。君は僕たちが前回いつそこに行ったか覚えている？　Y：ええ。私たちはそこに③**３月**に行ったわ。それは春の初めだったわ。

①　人々が起床したあと朝に食べる食べ物

②　より高い，もしくは最も高い場所に上がること

③　１年の３番目の月

3　S：やあ，ルーシー。君は何の本を読んでいるところなの？　おお，それらは歴史の本かい？　L：そうよ。①**私はそれらが好きなの**。それらはとてもおもしろいわ。S：それなら，たぶん君はこれを気に入るだろうよ。これは出水の古い家の写真だよ。　L：わあ！それはとても美しいわね。あなたがこの写真を撮ったの？　S：いいや，僕の父が撮ったよ。彼は写真をとるためにそこを何度も②**訪れたことがある**よ。僕はそれがそこで最も古い建物だと聞いているよ。　L：その家はどのくらい古いの？　S：それは 250 年以上前に③**建てられた**んだよ。　L：わあ，私はそれをすぐに見たいわ。

4　L：こんにちは！　私はかばんを買いたいの。XとYのどちらを買うべきかしら？　あなたの助言をください！

(正答例の訳)

あなたはXを買うべきよ，なぜなら**それはYよりも大きいからよ。あなたはそのかばんでたくさんのものを運ぶことができるわ。また，もし雨が降り出しても，あなたはかばんの中のものを心配する必要もないわ。**

3　**<英文読解・概容把握>**

Ⅰ　奄美大島と徳之島は昨年世界自然遺産になりました。アマミノクロウサギはこれらの島だけに住んでいて，

それらは今絶滅の危機にいます。最大の理由の一つが自動車事故です。**このグラフ**は，過去20年間で毎月いくつのアマミノクロウサギについての自動車事故が起きたのかを示しています。アマミノクロウサギは秋から冬に最も活発なため，９月は８月の２倍の数の自動車事故があります。12月には多くの人が運転するため，その月に最も事故がおきました。この写真を見てください。そこの人々はそれらを保護し始めました。彼らは島のいくつかの場所にこの標識を置きました。それは「車の運転手はここでは**アマミノクロウサギに気をつけなければ**ならない」ということを意味しています。それらのために何かすることは私たち全員にとってとても大切です。

Ⅱ　E：こんにちは，美香！　私は明日に水族館を訪れることを楽しみにしているわ。私はすべてを確認したいわ。最初に，私は入るためにいくら払うべきなの？　M：私たちのクラスには40人の生徒がいて，私たちは全員14歳か15歳だから，みんな①**600**円払うべきよ。でも私たちの学校がすでに払ったから，あなたはそれを明日払わなくていいわ。　E：わかったわ。ありがとう。次に，私たちの明日の計画を確認しましょう。私たちは午前９時30分に水族館の前で会う予定よ。午前中に，私たちのクラスの全員が「イルカの訓練」と「海の動物についての話」を見る予定よ。午後に，私たちは何をするか選ぶことができるわ。そして，私たちは水族館を午後２時30分に出る予定ね。　M：その通りよ。あなたは午後に何をしたい？　E：私はそこでのすべてのイベントを楽しみたいわ。だから，12時30分に「②**サメのえさやり**」を見ましょう。それのあとに私たちは「③**海の動物に触ろう**」を楽しんで，それから私たちは「④**イルカショー**」を見るわ。　M：それは一番いい計画ね！私たちは帰る前にすべてのイベントを楽しむことができるわ！

1　エレンと美香は14歳か15歳であり，20人以上の団体で水族館を訪れるため，利用案内の「6-15 years old」の「Groups(20 or more)」にあたる金額を払うことがわかる。

Ⅲ　今日，プラスチック汚染は世界で最も大きな問題の一つになり，多くの人々がプラスチック製品を使うことは良くないと考えています。その代わりとして，彼らはより多くの紙製品を発展させ，使い始めています。鹿児島では，あなたたちは私たちの身の回りのもので作られた新しい種類の紙製品を買うことができます。知っていますか？

例は「竹の紙のストロー」です。それらは竹の紙で作られているのでとても特別です。それらはまた紙ストローよりも丈夫です。今，あなたたちはそれらを鹿児島のいくつかの店で買うことができます。

なぜストローを作るために竹が使われるのでしょう？　いくつかの理由があります。鹿児島には多くの竹があり，鹿児島県は日本での竹の最大の生産地です。鹿児島の人々は竹の扱い方をよく知っています。だから，多くの種類の竹製品がそこで作られます。竹の紙はそれらの一つです。

そのストローは私たちがプラスチック汚染をやめるのを助けるでしょうか？　その答えは「はい！」です。もしあなたが竹製品を使い始めたら，あなたはプラスチック汚染の問題について考える機会を得るでしょう。私たちの身の回りにあるものを使うことで，私たちはプラスチック製品を使うのをやめることができます。そして私たちは私たちの社会をより住み良い場所にすることができます。他に何かあなたたちが使える物がありますか？　それについて考えましょう。

対話文の訳

S：このスピーチで最も大切な点は何ですか？　A：**私たちは世界のプラスチック汚染を止めるために私たちの身の回りの物をもっと使うべきです**。　S：いいですね！　その通りです！　それが要点ですね。

4　＜長文読解＞

サラの家の冷蔵庫には小さなホワイトボードがある。初めは，彼女の母親がそれにその日の彼女の予定だけを書くために買ったが，今はサラにとって特別な意味を持っている。

サラが小さな子どもだったとき，彼女は家でできる限り彼女の両親の手伝いをした。彼女の両親は看護師として働いていた。サラは彼女の両親はすることがたくさんあることをわかっていた。

サラが中学１年生になったとき，彼女は女子サッカー部でサッカーを始めた。彼女の生活は大きく変わった。彼女はとても忙しくなった。サラと彼女の母親はよく一緒に買い物に行っていたが，サラが部に加わってからはできなかった。彼女は良い選手になるためにとても一生懸命にサッカーの練習をした。

ある朝，彼女の母親は悲しそうで「私たちはおたがいに話す十分な時間がないわね？」と言った。サラはそれは他の中学生にとっても同じだろうと思ったので大きな問題だとは思わなかった。しかしあとで，①**彼女は母親の悲しそうな顔を何度も思い出した**。

サラは次の月曜日にサッカーの試合がある予定だった。彼女は母親に「私の初めての試合を見に来てくれる？」とたずねた。彼女の母親は彼女の予定を確認して「行けたらいいのだけれど，私は行けないわ。私は仕事に行かなくてはいけないわ」と言った。そしてサラは「お母さんは良い看護師かもしれないけれど，良い母親ではないわ」と言った。彼女はそれは意地が悪いとわかっていたが，自分を止めることができなかった。

試合の日，彼女はホワイトボードに「幸運を。良い試合をしてね！」という母親からのメッセージを見つけた。サラがそれを見たとき，彼女は母親への彼女の言葉を思い出した。「それらは彼女をとても悲しくさせたわ」とサラは思った。②**彼女は彼女自身のことが好きではなかった**。

２週間後，サラは３日間病院で職場体験学習をした。

それは彼女の母親がかつて働いた病院だった。看護師たちは笑顔で患者を手伝ったり，彼らに話しかけたりしていた。彼女は彼らのようになりたかったが，患者とうまくコミュニケーションをとることができなかった。

最後の日，昼食の後に，③**彼女は彼女の問題について看護師のジョンに話した**。彼は彼女の母親の友達だった。「私には患者とうまくコミュニケーションをとることが難しいです」とサラは言った。「それは簡単だよ。もし君が彼らと話すときにほほえめば，彼らは幸せになるよ。もし君が彼らに親切にすれば，彼らは君にやさしくするよ。僕は君のお母さんを思い出すよ。彼女はいつも彼女の周りの人々のことを考えていたよ」とジョンは言った。サラが彼の言葉を聞いたとき，彼女は母親の顔を思い出した。彼女は「お母さんはいつも忙しいけれど，毎日夕食を作って私を学校に送ってくれるわ。彼女は私のためにたくさんのことをしているわ」と思った。

その夜，彼女は台所に行ってペンをとった。彼女はホワイトボードに④**母親への初めてのメッセージ**を書くつもりだった。初め，彼女は何を書くべきかわからなかったが，サラは母親のうれしそうな顔を本当に見たかった。だから彼女はまた書こうと決めた。

翌朝，サラは母親に会うことができなかった。「お母さんは家を早く出なければいけなかったわ。たぶん彼女はまだ私のメッセージを読んでいないわ」と彼女は思った。

その日の夕方，サラは台所のホワイトボードを見た。それに書かれた言葉はサラのものではなかった，代わりに彼女は母親の言葉を見つけた。「あなたのメッセージをありがとう。私はそれを読んで本当にうれしかったわ。また書いてね。」サラはホワイトボードの上に母親の笑顔を見た。

今，サラと彼女の母親はおたがいにもっと頻繁に話すが，彼女たちはホワイトボードにメッセージを書き続けている。それは少し古くなったが，サラと母親の間のかけ橋として働いている。彼らは数年間はそれが必要かもしれない。サラはいつかそれなしで母親に彼女の本当の気持ちを示すことができることを願っている。

4 本文訳波線部参照。

5 （正答例の訳）お母さん，**あなたが私のためにしてくれたことすべてに感謝しているよ。あなたは世界で一番のお母さんだよ。** サラ

6 ア サラと彼女の母親は，初めから彼らの予定を書くためにしばしばホワイトボードを使った。

イ **サラは彼女の部でサッカーをし始める前は，家で彼らの両親が家で何かするのを手伝っていた。**

ウ **病院での職場体験学習の間，サラは彼女の最後の日の昼食後にジョンと話した。**

エ サラはホワイトボードに彼女の母親への初めてのメッセージを書いたが，彼女の母親は彼女に答えなかった。

オ サラは今は彼女の母親と話すことができるから，ホワイトボードにメッセージは書かない。

令和4年度　鹿児島県公立高校入試問題　社　会

正答例

1 Ⅰ 1 アルプス　2 南緯30度
3 ア　4 イ　5 小麦
6(1)（1番目）イギリス　（2番目）ドイツ
(2) 風力発電と太陽光発電の発電量の割合がともに増加している。

Ⅱ 1 2　2 カルデラ
3 ウ　4(1) 栽培　(2) 排他的経済水域
5 太平洋や日本海から吹く湿った風が山地によってさえぎられ，乾いた風が吹くから。

Ⅲ（記号）Y
（理由）航空機で輸送するのに適した，比較的重量が軽い品目がみられるから。

2 Ⅰ 1 参勤交代　2 イ
3 金剛力士像（漢字5字）
4 輸入した品物を他の国や地域へ輸出
5 エ　6 ウ→イ→エ→ア

Ⅱ 1 ① 伊藤博文　② 世界恐慌
2 ウ　3 樋口一葉　4 三国協商
5 ア　6 エ→ア→ウ

Ⅲ 政府が地主のもつ農地を買い上げ，小作人に安く売りわたしたことで，自作の農家の割合が増えた。

3 Ⅰ 1 公共の福祉　2 エ
3 ユニバーサルデザイン
4 国民のさまざまな意見を政治に反映できる
5 ウ　6 イ

Ⅱ 1 18　2 消費者契約法
3X 供給量が需要量を上回っている
Y 下がる
4 ア　5 2万4千

Ⅲ 予約販売にすることによって，事前に販売する商品の数を把握し，廃棄される食品を減らすことができるから。（50字）

配点

1	Ⅲ 4点	Ⅱ5 3点	他 2点×12 計31点
2	Ⅰ6 Ⅱ6 Ⅲ 3点×3		他 2点×11 計31点
3	Ⅲ 4点	Ⅰ6 Ⅱ3 3点×2	他 2点×9 計28点

解説

1 ＜地理総合＞

Ⅰ2 ㋒の緯線は，アフリカ大陸のコートジボワールやガーナが面しているギニア湾，シンガポールのやや南，南アメリカ大陸の北部のアマゾン川河口を通っていることから緯度0度の赤道。問題文から㋐〜㋓の緯線の間隔は30度なので，㋓は赤道から南に30度に位置しているので，南緯30度。

3 Bはオーストラリアであり，多様な人々が共存し，

それぞれの文化を尊重する**多文化社会**を築こうとしている。**イ**－カナダ北部に住む先住民族，**ウ**－ニュージーランドの先住民族，**エ**－メキシコや西インド諸島の国々から仕事と高い賃金を求めてアメリカに移り住んできた，スペイン語を話す移民。

4　Cの地域の一部は，**アンデス山脈**が連なる山岳地帯となっている。**イ－高山気候**であり，標高が高くなると気温が下がるため，同じ緯度でも，標高が低い地域と比べて気温が低くなる。**ア**－温帯の**地中海性気候**であり，地中海沿岸では，冬に雨が多く降り，夏は雨が少なく乾燥する，**ウ**－降水量が多く，温暖な気候の東アジアから南アジアであり，稲作が盛んである，**エ－焼畑農業**は，森林を焼いて農地を作り，焼いてできた灰を肥料にする農業。

5　Dはグレートプレーンズやプレーリーの一部であり，小麦やとうもろこしの栽培が行われている。**資料１**から，ロシア，カナダが上位であることと，とうもろこしがすでに出ていることから小麦。

6(1)　**資料２**の2010年と2018年の再生可能エネルギーの占める割合は，中国が7.4，ドイツが20.5，インドが2.6，イギリスが28.6増加している。

(2)　**資料３**から，２か国とも，再生可能エネルギーの風力発電と太陽光発電の占める割合は増えているが，水力発電の占める割合は，イギリスは増えており，ドイツは減っていることに着目する。

Ⅱ１　近畿地方は，大阪府，京都府，兵庫県，滋賀県，三重県，奈良県，和歌山県の７府県。そのうち，海に面していないのは，奈良県と滋賀県の２県。

3　**ウ**－Dの福岡県であり，明治時代に官営の**八幡製鉄所**がつくられ，**北九州工業地域**として工業を発展させてきた一方で，大気汚染や水質汚濁などの**公害**が発生した。北九州市内の多くの企業は，公害を克服する環境保全に取り組み，先進的なリサイクル技術を開発し，エコタウンとして世界からも注目される地域になった。**ア**－Bの長野県で行われている抑制栽培，**イ**－Aの青森県，**エ**－Cの愛知県であり，**中京工業地帯**の中心地。

4(1)　**資料１**の「魚や貝などを，いけすなどを利用して大きくなるまで育てて出荷する」のは**養殖漁業**。

(2)　排他的経済水域では，沿岸国が鉱産資源や水産資源などを利用することができる。**領海**は，領土に接する12海里以内の海域。

5　**資料２**，**資料３**から，夏は，太平洋側からの湿った南東の季節風が吹き，四国山地より南の高知市では夏の降水量が多いが，四国山地をこえると瀬戸内海側に乾いた風が吹く。冬は，日本海側からの湿った北西の季節風が吹き，中国山地より北の鳥取市では冬に雨や雪が多く降るが，中国山地をこえると瀬戸内海側に乾いた風が吹くので，高松市は年間を通して降水量が少ない。

Ⅲ　電子機器やその部品などのように，軽くて高価な工業製品の輸送には，主に航空機が利用され，重くて体積が大きい石油や鉄鋼などの原材料や，工業製品の輸送には，安く大量に運べる大型船による海上輸送が利用されており，それぞれ重要な役割を担っている。

2　＜歴史総合＞

Ⅰ１　参勤交代は，第３代将軍**徳川家光**のときに**武家諸法度**に加えられて制度化された。江戸幕府は，幕府と藩が全国の土地と民衆を支配するしくみである**幕藩体制**を確立して，全国の大名を統制した。

2　三つの条件のうち，一つ目のたて穴住居は縄文時代に盛んにつくられ，弥生時代にも引き継がれた。二つ目の中国の歴史書は「漢書」地理志であり，「倭は100ほどの国に分かれていた」のは弥生時代のようす。三つ目の銅鐸は弥生時代を中心につくられ，古墳時代初頭も使われていたとされている。

5　**元禄文化**は，上方を中心に栄えた，町人を担い手とする文化であり，**化政文化**は，江戸を中心に栄えた，庶民を担い手とする文化。**葛飾北斎**は化政文化の時期に活躍し，風景画に優れた作品を残した。**尾形光琳**は元禄文化の時期に活躍し，大和絵の伝統を生かした新しい装飾画をえがいた。

6　**ウ**－奈良時代であり，一般の人々に布教して歩き，人々のために橋やため池をつくったのは**行基→イ**－平安時代であり，武士として初めて**太政大臣**になり，日宋貿易のために，航路や港を整備したのは**平清盛→エ**－室町時代であり，初めて世界一周を成し遂げたのは**マゼラン**の船隊**→ア**－江戸時代後期であり，ロシアの使節ラクスマンが，大黒屋光太夫らの漂流民を送り届けた。

Ⅱ１①　伊藤博文は自らヨーロッパへ調査に行き，君主権の強いドイツやオーストリアなどで憲法について学び，帰国後は憲法制定の準備を進め，伊藤が中心になって憲法の草案を作成した。

②　アメリカは，世界恐慌に対応するため，ローズベルト大統領の下，**ニューディール（新規まき直し）政策**を始め，積極的に公共事業をおこして失業者を助けた。イギリスやフランスなどは，本国と植民地との関係を密接にし，それ以外の国からの輸入に対する関税を高くした。このように，関係の深い国や地域を囲い込んで，その中だけで経済を成り立たせる仕組みを**ブロック経済**という。

2　**ウ**－1873年に**徴兵令**が出され，満20歳になった男子は，士族と平民の区別なく兵役の義務を負うことになった。**ア**－1867年に**王政復古の大号令**が出され，天皇を中心とする政府の樹立が宣言された。**イ**－1854年に幕府は**日米和親条約**を結び，下田と函館の２港を開くことなどを認め，長い間続いた鎖国体制がくずれ，日本は開国することになった。**エ**－1889年に天皇が国民に与えるという形で**大日本**

帝国憲法が発布され，憲法では，主権が天皇に存在することを基本原理とし，国家の統治権を一手ににぎる国家元首と規定された。

4　1914年，日本は**日英同盟**を理由にドイツに宣戦布告し，連合国（協商国）側として参戦した。

5X　**吉野作造**は，政治の目的を一般民衆の幸福や利益に置き，一般民衆の意向に沿って政策を決定することを主張した（**民本主義**）。

Y　**野口英世**は，細菌学者でノーベル賞の候補にも挙がったが，現在のガーナで黄熱病の研究中に自らも感染し，命を落とした。

6　**エ－高度経済成長期**である1964年に開催され，このときに東海道新幹線も開通した→**ア**－1973年に第四次中東戦争がおこったことで**石油危機**が発生し，これによって高度経済成長が終わった→**ウ**－1979年に国際連合の総会で「女子差別撤廃条約」が採択され，日本でも1985年に男女雇用機会均等法が施行され，女性の社会進出を後押しする風潮が次第に高まった。**イ**－1946年に行われ，有権者の割合も大幅に増えた。

Ⅲ　農地改革はGHQによる民主化政策の一つであり，他に以下のような政策が行われた。

- 日本の経済を支配してきた財閥が解体された（**財閥解体**）。
- 選挙権が満20歳以上の男女に与えられた。
- **日本国憲法**が制定され，**国民主権**・**基本的人権の尊重**・**平和主義**の三つを基本原理とした。
- 民主主義の教育の基本を示す**教育基本法**が作られ，**教育勅語**は失効した。

3　＜公民総合＞

Ⅰ1　人権には，他人の人権を侵害しない範囲で保障されるという限界がある。また，人権は，多くの人々が同じ社会で生活するために制限されることがある。こうした人権の限界や制限を，日本国憲法では，社会全体の利益を意味する「**公共の福祉**」という言葉で表現している。

2　自由権には，**精神の自由**，**身体の自由**，**経済活動の自由**がある。**ア**－経済活動の自由，**イ－請求権**，**ウ－個人情報保護法**に関する内容。

3　生活に不便な障壁をなくすことを**バリアフリー**，どんな人にも使いやすい製品のデザインのことを**ユニバーサルデザイン**といい，いずれも障がいの有無にかかわらず，社会の中で普通の生活を送る**ノーマライゼーション**を実現するための考え方である。

4　衆議院の任期は4年で解散があり，参議院の任期は6年で3年ごとに半数を改選している。このように衆議院は参議院に比べて任期が短く解散もあり，国民の意見と強く結びついているため，国会でのいくつかの議決では，衆議院が参議院より優先される**衆議院の優越**が認められている。

5X　法律の**違憲審査**は，国会が制定した法律や，内閣が作る命令，規則，処分が憲法に違反していないかどうかを裁判所が判断すること。

Y　**国民審査**は，最高裁判所長官が適任であるかどうかを国民が判断すること。

6　**資料**の中に検察官と被告人がいることから，**資料**は刑事裁判のようすを表している。**イ**－裁判員が参加するのは地方裁判所で行われる刑事裁判の第一審のみである。**ア**，**ウ**－民事裁判の内容，**エ**－被害者参加人は，裁判所から許可を受ければ，被告人質問を行うことができる。

Ⅱ2　消費者の保護について，欠陥商品で消費者が被害を受けたときの企業の責任についてまとめた**製造物責任法**（**PL法**）や，契約上のトラブルから消費者を保護する**消費者契約法**などの法律も制定された。

3　**資料1**の横軸（数量）に着目すると，**P**円のときの需要曲線の数量（消費者が買いたい量）が，供給曲線の数量（生産者が売りたい量）よりも少ないことがわかる。商品の量に対して「買いたい」と思う人が少ない場合には価格が下がる。一方，商品の量に対して「買いたい」と思う人がたくさんいる場合，つまり需要量が供給量を上回っている場合には，価格が上がる。需要量と供給量が一致すると価格の変化は収まり，市場は需要と供給の均衡が取れた状態になる。需要量と供給量が一致し，市場の均衡が取れた価格を**均衡価格**という。

4　国と国との間で，関税といった，自由な輸出入をさまたげる仕組みをできるだけ減らし，貿易を活性化することを，**貿易の自由化**という。よって，問題文のまとめの「国内農業を守るために，関税の税率を引き上げる。」という内容は，**資料2**中の「自由貿易を制限」に当てはまる。また，**資料2**中の「小さな政府」は，政府の役割を安全保障や治安の維持などの最小限にとどめること，「大きな政府」は，政府が社会保障や教育，雇用の確保など，さまざまな役割を担うことを表しており，問題文のまとめの「社会保障を充実させるために，消費税の税率を引き上げる。」という内容は，**資料2**中の「大きな政府」に当てはまる。

5　問題では，為替相場が1ドル＝120円から100円に変動して**円高**となっている。このとき，1台240万円の自動車のアメリカでの販売価格は240万円÷100円＝2万4千ドルとなり，1ドル＝120円のときの販売価格である2万ドルよりも高くなり，円高になると輸出が中心の企業には不利になる。**円安**のときは逆になる。

Ⅲ　**SDGs**は，地球規模の課題を17の領域に分け，課題の解決に向けて，2030年までに達成することを目指した目標。**資料2**から，必要な分の季節商品を作ることで無駄が減り，食品ロスをなくすことができる。

令和４年度　鹿児島県公立高校入試問題　数学

正答例

1 1(1)　27　　(2)　$\frac{5}{6}$　　(3)　4

(4)　30(個)　　(5)　8(倍)

2　$(b=)\frac{3a+5}{2}$　　3　$\frac{1}{4}$

4　25(度)　　5　ウ

2 1　$25a \leqq y \leqq 0$　　2　イ，エ(順不同)

3

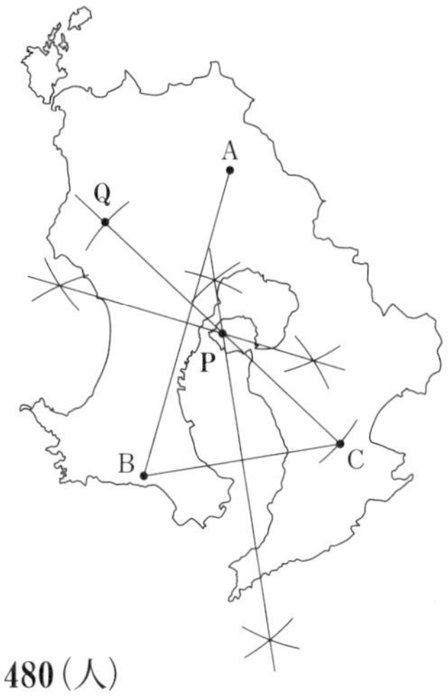

4(1)　(約)480(人)

(2)　(方程式と計算過程)

$$\begin{cases} x+y=100-(8+27+13) & \cdots ① \\ 10\times 8+30\times x+50\times y+70\times 27+90\times 13 \\ =54\times 100 & \cdots ② \end{cases}$$

①から　$x+y=52$　……③

②から　$3x+5y=226$　……④

③×3　$3x+3y=156$

④　$-)\ 3x+5y=226$

$-2y=-70$

$y=35$　……⑤

⑤を③に代入して，

$x+35=52$

$x=17$

答　$(x=)17$，$(y=)35$

3 1　24

2(1)　$3 \leqq a \leqq 6$

(2)　$Q(a-1,\ a+1)$

(3)　(求め方や計算過程)

点Pの x 座標を a を用いて表す。

点Pの y 座標は4であるから①に代入して

$4=-x+2a$

$x=2a-4$

△APQの面積は

$(2a-4-2)(a+1-4)\times\frac{1}{2}=(a-3)^2$

よって，△APQの面積が△ABCの面積の $\frac{1}{8}$ であるとき

$(a-3)^2=24\times\frac{1}{8}$

$a-3=\pm\sqrt{3}$

$a=3\pm\sqrt{3}$

$3 \leqq a \leqq 6$ であるから，$a=3+\sqrt{3}$

答　$(a=)3+\sqrt{3}$

4 1　60(度)　　2　(EG：GD＝)2：1

3　(証明)

△BDFと△EDCにおいて，

△EBDと△FDCは正三角形だから，

BD＝ED　…①

DF＝DC　…②

∠BDE＝60°，∠FDC＝60°であるから，

∠BDF＝120°，∠EDC＝120°

したがって，∠BDF＝∠EDC　…③

①，②，③より，

2組の辺とその間《はさむ》の角がそれぞれ等しいから，

△BDF≡△EDC

4　$6\sqrt{7}$(cm)　　5　$\frac{7}{4}$(倍)

5 1　白(色)，31(cm)

2(1)ア　n　　イ　$\frac{n}{2}$　　ウ　$\frac{n}{2}$　　エ　$5n$

(2)　(求め方や計算過程)

長方形 $2n$ の右端の色紙は赤色であるから，

赤色の色紙は青色の色紙よりも1枚多い。

白の色紙を n 枚，赤の色紙を $\frac{n+1}{2}$ 枚，

青の色紙を $\left(\frac{n+1}{2}-1\right)$ 枚使うから，

長方形 $2n$ の横の長さは，

$n\times 1+\frac{n+1}{2}\times 3+\left(\frac{n+1}{2}-1\right)\times 5$

$=5n-1$

答　$5n-1$(cm)

配点

1	3点×9	計27点
2	1，2，4(1)　3点×3　　3，4(2)　4点×2	計17点
3	1，2(1)，(2)　3点×3　　2(3)　4点	計13点
4	1，2，4　3点×3　　3，5　4点×2	計17点
5	1，2(2)　4点×2　　2(1)　8点	計16点

解説

1 ＜計算問題・小問集合＞

1(1)　×と÷の計算を，＋と－の計算より先にする。

$4\times 8-5=32-5=27$

(2)　×と÷の計算を，＋と－の計算より先にする。

$\frac{1}{2}+\frac{7}{9}\div\frac{7}{3}=\frac{1}{2}+\frac{7}{9}\times\frac{3}{7}$

$=\frac{1}{2}+\frac{1}{3}=\frac{3}{6}+\frac{2}{6}=\frac{5}{6}$

(3)　乗法公式 $(x+a)(x-a)=x^2-a^2$ より，

$(\sqrt{6}+\sqrt{2})(\sqrt{6}-\sqrt{2})$

$=(\sqrt{6})^2-(\sqrt{2})^2$

$=6-2=4$

(4)　2けたの自然数のうち最も大きい数は99

99÷3＝33より，99までの自然数のうち，3の倍数は33個あり，そのうち，3，6，9と，1けたの自然数である3の倍数が3個含まれるので，全部で，33－3＝30(個)ある。

(5)　**中点連結定理**より，三角すいABCDと三角すいAEFGは相似な立体であり，**相似な立体の体積比は相似比の3乗に等しい**。相似比は2：1だから，体積比は $2^3:1^3=8:1$ より，8倍。

2　$3a-2b+5=0$
$3a$，$+5$ を移項し，$-2b=-3a-5$
両辺を -2 で割ると，$b=\dfrac{3a+5}{2}$

3　全ての組み合わせは
$\sqrt{2\times6}=\sqrt{12}=2\sqrt{3}$，$\sqrt{2\times7}=\sqrt{14}$
$\sqrt{2\times8}=\sqrt{16}=\underline{4}$，$\sqrt{2\times9}=\sqrt{18}=3\sqrt{2}$
$\sqrt{4\times6}=\sqrt{24}=2\sqrt{6}$，$\sqrt{4\times7}=\sqrt{28}=2\sqrt{7}$
$\sqrt{4\times8}=\sqrt{32}=4\sqrt{2}$，$\sqrt{4\times9}=\sqrt{36}=\underline{6}$
$\sqrt{6\times6}=\sqrt{36}=\underline{6}$，$\sqrt{6\times7}=\sqrt{42}$
$\sqrt{6\times8}=\sqrt{48}=4\sqrt{3}$，$\sqrt{6\times9}=\sqrt{54}=3\sqrt{6}$
の12通りあり，$\sqrt{ab}$ が自然数となる組み合わせは下線をひいた3通り。よって，その確率は $\dfrac{3}{12}=\dfrac{1}{4}$

4　右図のように点Oと点Cを結ぶと，OB＝OCより，**△OBCは二等辺三角形**となる。

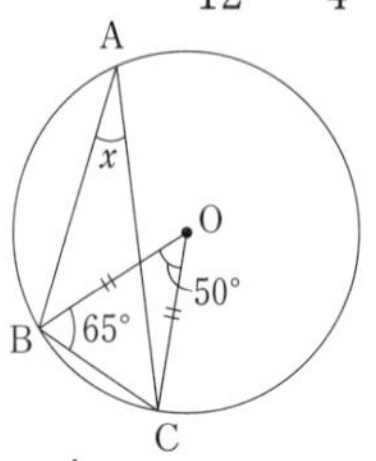

$\angle COB$
$=180^\circ-65^\circ\times2=50^\circ$
円周角は同じ弧に対する中心角の $\dfrac{1}{2}$ の大きさだから，
$\angle x=\dfrac{1}{2}\angle COB=\dfrac{1}{2}\times50^\circ=25^\circ$

5　選手数と女性の選手数の割合から，各年の女性の人数を求めると，
1964年は，$5151\times0.13=669.63$ より，約670人
2021年は，$11092\times0.49=5435.08$ より，約5440人
$5440\div670=8.11\cdots$ より，約8倍となるから答えは**ウ**

[2] ＜関数・図形・作図・資料の整理＞

1　$a<0$ より，右図のような下に開いたグラフとなる。

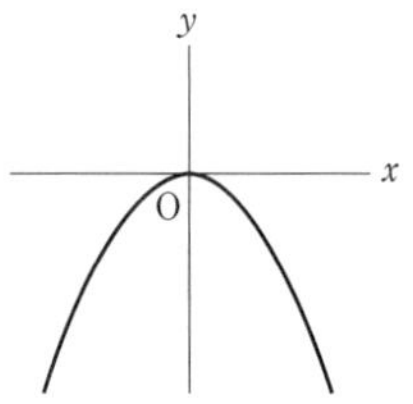

x の変域に0を含むので，
最大値は $x=0$ のとき $y=0$
最小値は $x=-5$ のとき，
$y=a\times(-5)^2=25a$
よって y の変域は，$25a\leqq y\leqq0$

2　実際に平行四辺形をかいて考えてみるとよい。

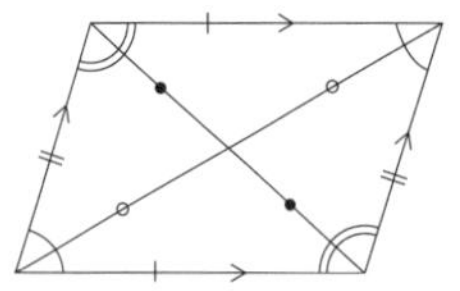

次の①～⑤のいずれかを満たすとき，四角形は平行四辺形になる。
①2組の対辺がそれぞれ平行である。
②2組の対辺がそれぞれ等しい。
③2組の対角がそれぞれ等しい。
④2つの対角線がそれぞれの中点で交わる。
⑤1組の対辺が平行で等しい。

3　3点から等距離にある点は，3点を通る円の中心である。よって，線分AB，BC，ACのいずれか2本の線分の垂直二等分線をひき，その交点をPとすればよい。また，点対称移動したとき，対応する点は，対称の中心を通る直線上にあり，対称の中心までの距離が等しい。よって，点Pを中心とし，点Cを通る円と，直線CPの交点をQとすればよい。

4(1)　**表**から，抽出された100人のうち，学習時間が60分以上の生徒の人数は，$27+13=40$（人）
A市の中学生1200人において，学習時間が60分以上の生徒の人数を約 a 人と推定すると，
$a:1200=40:100$，$100a=48000$，$a=480$
よって，A市の中学生1200人における学習時間が60分以上の生徒の人数は約480人と推定できる。

(2)　階級値を利用して平均値を求める。
$\dfrac{\textbf{(階級値)×(度数)の和}}{\textbf{(総度数)}}$**＝平均値**であることと，各階級の度数の和＝総度数から，2つの式が立式できるので，その2式から連立方程式をつくる。

[3] ＜関数＞

1　2点A，Bの y 座標がいずれも4であることから，辺ABを底辺と考えると，高さは，点Cの y 座標と点A，Bの y 座標との差となる。

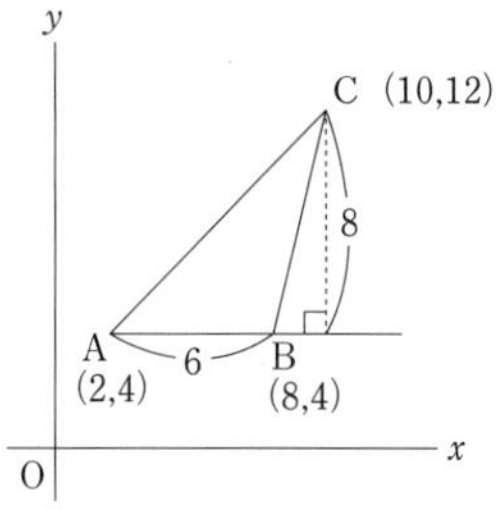

底辺は，$8-2=6$
高さは，$12-4=8$
$\triangle ABC=\dfrac{1}{2}\times6\times8=24$

2(1)　直線①が線分ABの両端である点A，Bを通るとき，a の値は最小，最大となる。

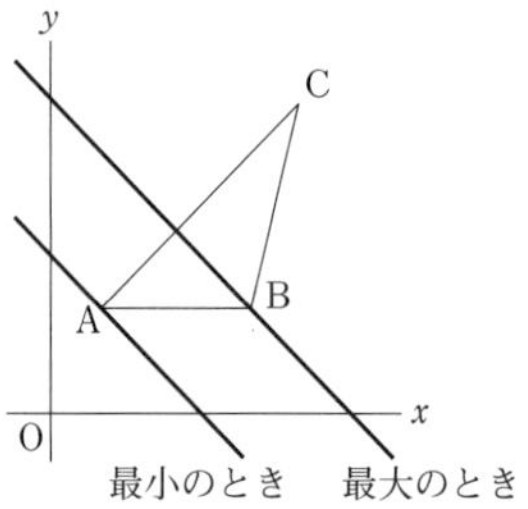

・点Aを通るとき，直線①の式に点Aの座標を代入し，$4=-2+2a$，
$2a=6$，$a=3$
・点Bを通るとき，直線①の式に点Bの座標を代入し，$4=-8+2a$，$2a=12$，$a=6$
よって，a の範囲は，$3\leqq a\leqq6$

(2)　点Qは直線①と直線ACとの交点である。
直線ACの式を $y=mx+n$ とおき，点A，Cの座標をそれぞれ代入すると，
$4=2m+n\cdots$①，$12=10m+n\cdots$②
②－①より，$8=8m$，$m=1$
$m=1$ を①に代入し，$4=2\times1+n$，$n=2$
よって直線ACの式は，$y=x+2$
これと直線①の交点より，$-x+2a=x+2$
$2x=2a-2$，$x=a-1$
直線ACの式に $x=a-1$ を代入し，
$y=a-1+2=a+1$　Q$(a-1,\ a+1)$

(3)　**1と同様に**考えて，△APQの辺APを底辺とすると，高さは，点Qの y 座標と点A，Bの y 座標との差となる。また，(2)と同様に考えて，点Pは直線①と直線ABの交点であることから求めるとよい。

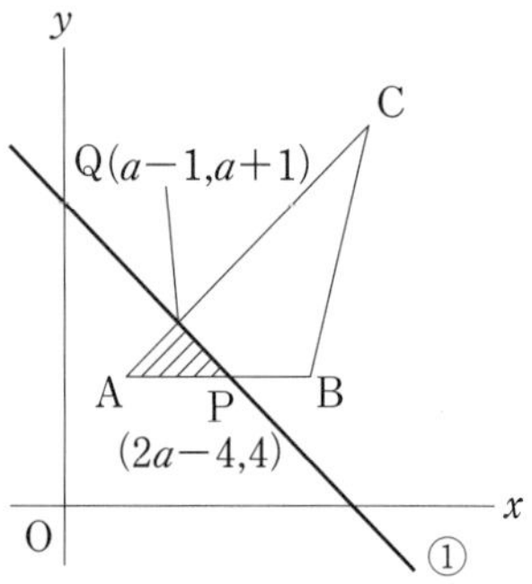

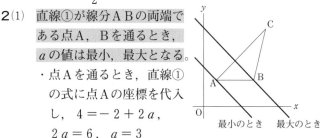

4 ＜平面図形＞

1　△ＥＢＤ，△ＦＤＣがともに正三角形であることから，∠ＥＤＢ＝∠ＦＤＣ＝60°
∠ＥＤＦ＝180°－60°－60°＝60°

2　△ＧＥＢと△ＧＤＦにおいて，
∠ＥＢＤ＝∠ＦＤＣだから，
同位角が等しいことより，
ＥＢ//ＦＤ
平行線の錯角は等しいから，
∠ＥＢＧ＝∠ＤＦＧ…①
∠ＧＥＢ＝∠ＧＤＦ…②

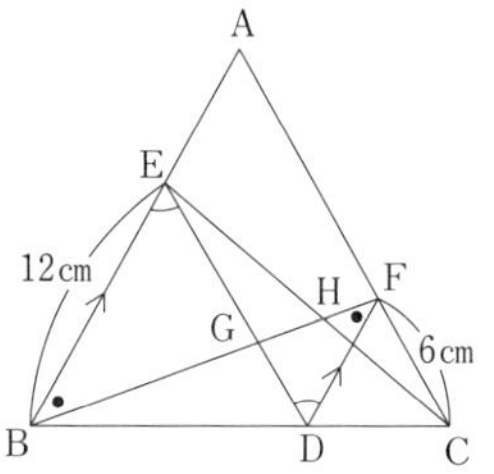

①，②より，２組の角がそれぞれ等しいから，
△ＧＥＢ∽△ＧＤＦ
相似比は，ＥＢ＝12㎝，ＤＦ＝６㎝より，２：１
よって，ＥＧ：ＧＤ＝２：１

3　(大きさの等しい角)＋(共通の角)に着目するとよい。
ここでは，△ＥＢＤ，△ＦＤＣが正三角形であり，
∠ＢＤＥ＝∠ＦＤＣ＝60°，∠ＥＤＦは共通だから，
∠ＢＤＦ＝∠ＥＤＣである。

4　点Ｆから辺ＢＣに垂線をひき，その交点をＩとすると，△ＦＤＩは**30°，60°，90°の三角形**となり，
ＤＩ＝３㎝，ＦＩ＝$3\sqrt{3}$ ㎝となる。
また，ＢＩ＝ＢＤ＋ＤＩ＝12＋３＝15(㎝)
三平方の定理より，
$BF=\sqrt{BI^2+FI^2}$
$=\sqrt{15^2+(3\sqrt{3})^2}$
$=\sqrt{252}=6\sqrt{7}$ (㎝)

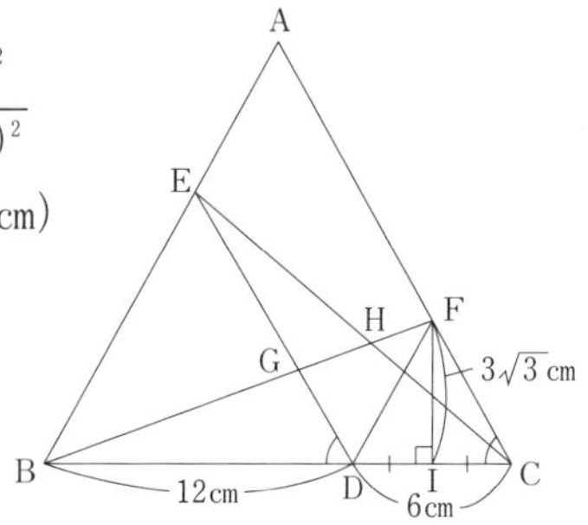

5　△ＢＤＧと△ＥＨＧにおいて，
△ＢＤＦ≡△ＥＤＣより，
∠ＧＢＤ＝∠ＧＥＨ　……①
対頂角は等しいから，
∠ＢＧＤ＝∠ＥＧＨ　……②
①，②より，２組の角がそれぞれ等しいから，
△ＢＤＧ∽△ＥＨＧ
２より，
ＥＧ：ＥＤ＝ＥＧ：(ＥＧ＋ＧＤ)＝２：３
$EG=\frac{2}{3}ED=\frac{2}{3}\times12=8$ (㎝)
また，ＢＧ：ＢＦ＝ＢＤ：ＢＣ＝２：３より，
$BG=\frac{2}{3}BF=\frac{2}{3}\times6\sqrt{7}=4\sqrt{7}$ (㎝)
よって，△ＢＤＧと△ＥＨＧの相似比は，
$BG:EG=4\sqrt{7}:8=\sqrt{7}:2$
ここで，**相似な図形の面積比は相似比の２乗**となるから，△ＢＤＧと△ＥＨＧの相似比は，
$(\sqrt{7})^2:2^2=7:4$　よって，△ＢＤＧの面積は，
△ＥＨＧの面積の$\frac{7}{4}$倍。

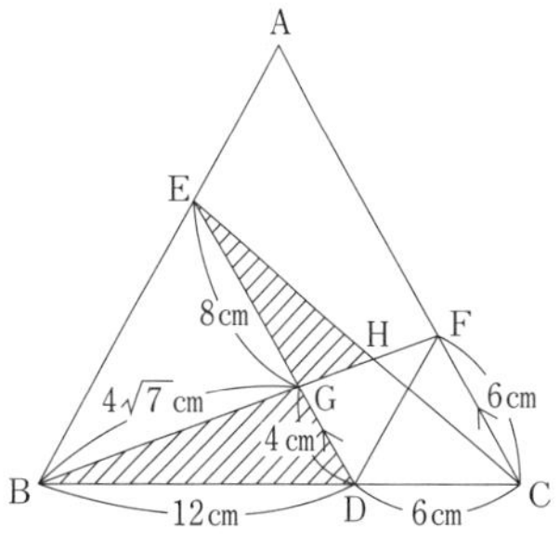

5 ＜文字式＞

1　長方形４をつくったあとの並べ方は，再び長方形１からの並べ方を繰り返していくことに着目する。
長方形13は，13÷４＝３あまり１より，長方形４までの長方形を３つ分並べたあとに，長方形１を並べたものと同じだから，右端の色紙は白色である。また，長方形４の横の長さは，１＋３＋１＋５＝10(㎝)であることから，長方形13の横の長さは，
10×３＋１＝31(㎝)
長方形12

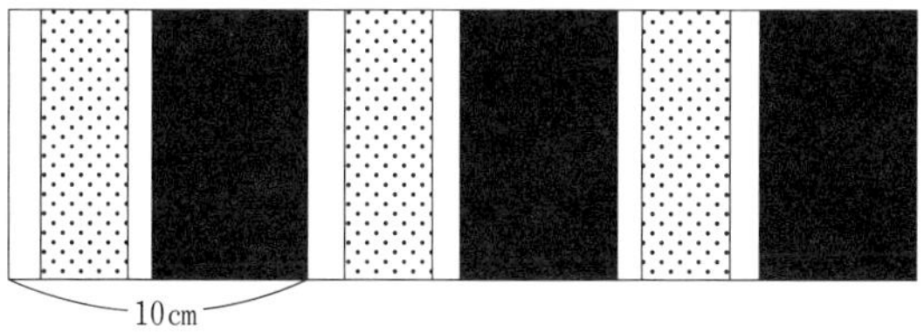

2(1)　長方形２nとあることから，偶数番目の図形について着目していくと，長方形２（n＝１のとき）では白の色紙が１枚，長方形４（n＝２のとき）では２枚…となることから，長方形２nの白の色紙はn枚(＝ ア)となる。
nが偶数の場合について同様に考えると，２nはつねに４の倍数となることから，長方形２nは，長方形４の図形を繰り返しつなげてできる図形となる。長方形４の図形の中には赤色，青色の紙は１枚ずつあるから，n＝２のとき，それぞれ１枚，n＝４のとき，それぞれ２枚…となるから，nが偶数のとき，それぞれ$\frac{n}{2}$枚（＝ イ ， ウ ）使うことになる。
色紙の枚数と各色紙の横の長さから，長方形２nの横の長さは，$1\times n+3\times\frac{n}{2}+5\times\frac{n}{2}=5n$ (㎝)

(2)　会話文の偶数を奇数に置きかえて考えるとよい。
n＝１のとき長方形２，n＝３のとき長方形６，n＝５のとき長方形10…となる。
n＝１のとき，赤色は１枚，青色は０枚，n＝３のとき，赤色は２枚，青色は１枚，n＝５のとき赤色は３枚，青色は２枚と，つねに青色は赤色より１枚少ない。赤色の枚数だけに着目すると，
n＝１のとき１，n＝３のとき２，n＝５のとき３…より，$\frac{n+1}{2}$(枚)と表せる。青色はこれより１枚少ないから，$\frac{n+1}{2}-1$(枚)となる。
それぞれの色紙の枚数をnを用いて表すことができるので，あとは横の長さを求めればよい。

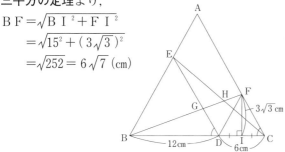

令和三年度　鹿児島県公立高校入試問題　国　語

正答例

1　1　(1) 貯蔵　(2) 耕（す）
(3) 額　(4) えんがわ
(5) しょうち　(6) と（ぐ）
2　十（画）

2　1　ウ　2　イ
3　Ⅰ　勝てない場所
Ⅱ　できるだけ競争しなくても生きられる
4　すぐに苦手だと決めてチャレンジをやめてしまうと，得意なことや本当の面白さに気づかず，自分の可能性を広げられなくなってしまうから。
5　エ

3　1　こう　2　イ　3　ウ
4　Ⅰ　賢人
Ⅱ　自分のものにしよう
Ⅲ　利益に執着している

4　1　エ
2　Ⅰ　きつい言葉
Ⅱ　対等な立場で先生を説得する
3　ア　4　ウ
5　自分たちの意見を精一杯伝えたが，先生からなかなか返事が返ってこないため，説得がうまくいったかわからず不安な気持ち。

5　（選択した特徴）　X

私はXのように主観的な感想があると、辞書を編集した人の考え方がわかるので、ただ調べ物をするだけではなく、読み物としてのおもしろさがある点がよいと思った。

しかし、感想は個性が出るので、だれもが共感できない内容が含まれる点が問題だ。言葉の説明とは別の箇所に、辞書を編集した人の感想として掲載したほうがよいと思う。

配　点

1　1　2点×6　2　2点　計14点
2　1　2点　2　3点　3Ⅰ　4点　Ⅱ　5点
4　7点　5　5点　計26点
3　1　2点　2　3点　3　3点
4　Ⅰ,Ⅲ　3点×2　Ⅱ　4点　計18点
4　1　3点　2　Ⅰ　3点　Ⅱ　4点
3　3点　4　3点　5　7点　計23点
5　9点

解　説

1　＜漢字＞

2　点画の省略，筆順の変化があるが，「被」という漢字である。「しめすへん」と「ころもへん」の行書は同じ形である。

2　＜論説文＞

1　――線部①と**ウ**は連体修飾語であることを示す助詞の「の」である。**ア**は主語であることを示す助詞の「の」である。**「が」に置き換えることができる**。**イは連体詞**「この」の一部，**エ**は**「～のもの」**と置き換えられる助詞の「の」である。

2　魚類の間での「戦いに敗れた敗者たち」が「他の魚たちのいない川」に逃げ延びたという事実に対して，［a］の後で「塩分濃度の低い川は棲めるような環境ではなかった」と他の魚たちがいなかった理由について当然の内容を挙げていることから，［a］は「もちろん」が適当。［b］は，直前で，両生類の進化について「未知のフロンティアを目指す闘志にみなぎっています」としているが，直後で両生類は「勇気あるヒーローではありません」と**否定**していることから，**打ち消しの意味を伴って使われる「けっして」**が適当。

3Ⅰ　空欄前後に着目する。「各々の生物たちが戦って」「見つけ」たものが何かを探すと，「たくさんのチャレンジをしていけば，たくさんの**勝てない場所**が見つか」るとある。

Ⅱ　戦いの結果「ナンバー1になれるオンリー1のポジション」を見つけて，「『できるだけ戦わない』という境地と地位にたどりついた」とあるので，この部分を指定字数内でまとめる。

4　第四段落で，学校で習う科目について，「得意な科目の中に苦手な単元があるかもしれませんし，苦手科目だからと言ってすべてが苦手なわけではなく，**中には得意な単元が見つかる**かもしれません」とし，第七段落では算数・数学について「計算問題が面倒くさいというだけで，『苦手』と決めつけてしまうと，数学の**本当の面白さに出会うことはない**かもしれません」として，「得意なことを探すためには，すぐに苦手と決めて捨ててしまわないことが大切」だと述べている。

5　筆者は「敗者が進化を遂げた」という考えについて，海水魚から淡水魚への進化，淡水魚から両生類への進化，そして赤ちゃんを産んで育児する哺乳類への進化，二足歩行をする人類への進化などの具体例を挙げている。**エ**は，生物が多く行き交うことで負けていた植物Dが，「踏まれても耐えられる葉や茎をもつ」という進化を遂げた点で筆者の考えに最も近いと言える。**ア**は進化における生物間の戦いの内容ではないので不適。**イ**は，本文中では生まれつきの性質については述べられていないので不適。**ウ**は持っていた性質が退化したという本文とは反対の内容なので不適。

3　＜古文＞

（**口語訳**）中国の育王山の僧が二人，仏や僧に施す金銭や品物をめぐり争って騒いでいたので，ア その寺の長老である，大覚連和尚が，この僧二人を戒めて言うには，「イ ある俗人（出家していない人）が，他人の銀を百両預かって置いたところ，ウ この銀の持ち主が死んだ後，エ その（持ち主の）子にこれを与えた。子は，これを受け取らなかった。『親は，既に（私に）与えないで，① あなたに託したのだ。（銀は）あなたの物だ』と言った。その俗人は，『私はただ預かっただけだ。譲り得たわけではない。親の物は子の物になるべきだ』と言って，また（銀を）返した。② お互いに言い争って（銀を）取ることはなく，しまいには公の役所で判断をお願いすると，『共に賢人である』とした。『（どちらの）言うことも筋が通っている。するべき

こととして（銀は）寺に寄付して，亡くなった者の菩提を助けよ』と判断した。この話は，私が直接見聞きしたことである。僧にならず俗世間で生活する人が，何といっても利益に執着しない。欲望や執着を断ち切って僧になり，仏道修行をする人が，世俗の財産を争っている」として，寺の決まりに従って（二人を）追放した。

1　語頭以外の**ハ行**は**ワ行**に直す。

2　――線部①は，「かの主（親）」が銀を与えた人を指す。「子」が「親，既に与へずして」と自分に与えたわけではないという発言をしていることから判断する。

3　「かの主」が「ある俗」に預けた銀について，「子」は「親，既に与へずして，そこに寄せたり。それの物なるべし」とし，「ある俗」は「譲り得たるにはあらず。親の物は子の物とこそなるべけれ」として，お互いに相手の物だと考えている。**ア**は，「親の銀を少し譲ろう」が不適。**イ**は本文とは反対の内容なので不適。**エ**は「相手と平等に分け合いたかった」が不適。

4 Ⅰ　「ある俗」と「子」に対する評価は，「官の庁」が下している。その場面に着目すると『共に賢人なり』とある。

Ⅱ　「ある俗」と「子」が銀を自分のものではないと互いに主張した様子と，僧二人が「布施を争」う様子が対比されていることから，僧二人は互いに自分のものだと主張していたといえる。

Ⅲ　「ある俗」と「子」が「利養を貪ら」ないのに対し，欲望を断ち切るべき人が布施を争っていることから，僧二人が利益に執着しているといえる。

4　**＜小説文＞**

1　**「食い下がる」**とは，**強い相手に粘り強く立ち向かう**という意味。冒頭にあるように，私や加奈たちは，文化祭の廃止の撤回を求めている。――線部①の前で加奈はだまりこんだが，「でも，私たち考えたんです」の後に，自分たちが考えたことを伝えていることから，廃止の撤回の交渉をしようとしている様子が読み取れる。**ア**は「取りつくろおう」とはしていないので不適。**イ**は「真意を質問しよう」，**ウ**は「反抗してさらに文句を言おう」がそれぞれ不適。

2 Ⅰ　直後の「現状」とは，文化祭には予算があり，今の文化祭には見合う価値がないというものである。これについて，笹村先生は「あなたたちの文化祭の価値はゼロ円」ときつい言葉を投げかけている。

Ⅱ　直後の「きっかけ」と同じ意味の言葉を探すと，本文中に「とっかかり」とある。笹村先生は現状に気づかせた上で，「私たちが対等に話すとっかかり」を作ってくれたのである。

3　加奈は，「本当のことを言ってくれて，ありがとうございます」という私の言葉を聞いた後，「はっとしたように，先生を見上げ」て，「ご指摘，本当にありがとうございます。～私たちの向上心と，自主性」と言い，「声がいつもの調子に戻り」，先生の言葉にも返答していることから，落ち着いて対応している様子が読み取れる。**イ**は「杏に助けられたことが恥ずかしく」，**ウ**は「安心して得意げ」，**エ**は「不安を感じて周りが見えなくなっている」がそれぞれ不適。

4　――線部④の後に，生徒たちの不満そうな様子が描かれている。「『自分たちの文化祭なのにどうして』って気持ち」や「『やりたくない，めんどうくさい』と思いつつ『取り上げられるのはヘンだ』と思っていた」という様子から，面倒だが自分たちの文化祭を先生が取り上げるのはおかしいと思っていることが読み取れる。**ア**は「文化祭の廃止は賛成」，**エ**は「予算がないから中止にするのはおかしい」がそれぞれ不適。**イ**は「勉強しなくていい時間を奪うな」と思っている人もいるので不適。

5　私や加奈たちは，文化祭の廃止の撤回を求めて，先生方が廃止を決めた理由について自分たちなりに考えたことを話したり，文化祭を『やりたくないのに，やりたい』というほかの生徒たちの気持ちを踏まえてできることを伝えたりして，自分たちの思いをぶつけている。それを伝えた後，「**先生は長いことだまった。何を考えているのかは分からなかった**」とあることから，自分たちの思いが伝わったのか，先生は納得しているのかがわからず不安になっていると読み取れる。

5　**＜作文＞**

～～線部**X**・**Y**の一つを選択し，特徴の良い点と問題点を書く問題である。太郎さんと母親の会話の内容や，これまで辞書を引いた時の体験や言葉の使い方に関して見聞きしたことを踏まえて考えると，まとめやすくなる。

［採点基準の例］

⑴　**第一段落**…４点
　選択した特徴の良いと思われる点を明確に書けているかを３段階に評価する。

⑵　**第二段落**…５点
　選択した特徴によって生じる問題点を明確に書けているかを３段階に評価する。

⑶　**段落指定を守っていないもの**…減点２点

⑷　**行数を満たしていないもの**…減点３点

⑸　**表記**…最大減点４点（一か所ごとに減点１点）
　①　原稿用紙の使い方の誤り。
　②　誤字脱字，符号の用法の誤り。
　③　用語や文の照応の不適切なもの。
　④　文体が常体または敬体で統一されていないもの。

［別解］

（選択した特徴）Y

私は、時代の移り変わりに伴う言葉の変化が反映されている点がよいと思った。現代的な意味や用例が載っていることで、若者にも親しみやすい辞書になるだろう。

しかし、本来の言葉の意味が薄れたり、現代的な意味や用例を知らない年代の人が混乱したりする点が問題だ。どの年代の人も理解できるよう使用場面を紹介するといいと思う。

令和３年度　鹿児島県公立高校入試問題　理科

正答例

1　1　**地層**　　2　**イ，ウ**(順不同・完答)
　3　a　**電子**　　b　**陽子**　　c　**中性子**(完答)
　4　**全反射**　　5　**火成岩**　　6　**C**
　7　①　**イ**　　②　**ア**(完答)
　8　力の大きさ　**150**〔N〕　　距離　**80**〔cm〕(完答)

2　Ⅰ　1　**二酸化炭素**
　　2
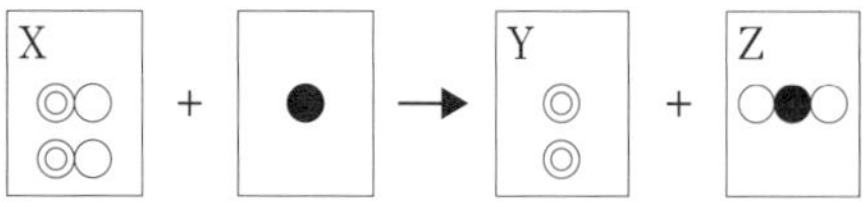

　　3　**試験管Aに空気が入り，銅が酸化されるのを防ぐため。**
　　4　質量　**5.10**〔g〕　　物質　**炭素，銅**(完答)
　Ⅱ　1　**エ**　　2　$H^{+}+OH^{-}\rightarrow H_2O$
　　3　**NaCl**
　　4　a　**変わらない**　　b　**ふえる**(完答)

3　Ⅰ　1　**胞子**
　　2　**子房がなく，胚珠がむきだしになっている。**
　　3　①　**ア**　　②　**イ**(完答)　　4　**ア**
　Ⅱ　1　**養分からエネルギーがとり出されている**
　　2(1)　**ウ，エ**(順不同・完答)
　　　(2)　a　**肝臓**　　b　**尿素**
　　　　c　**じん臓**(完答)
　　3　**表面積が大きくなっているから。**

4　Ⅰ　1　**衛星**　　2　**エ**　　3　**d**　　4　**イ**
　Ⅱ　1　**温度計に日光が直接あたらないようにするため。**
　　2　右図
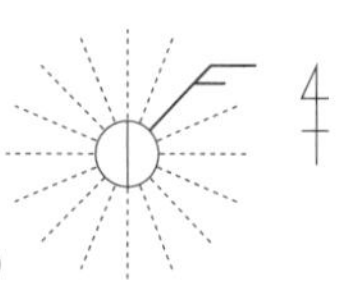
　　3　a　**膨張**　　b　**下**(完答)
　　4　**強い雨が，短時間に降る。**

5　Ⅰ　1　**1.2**〔g/cm^3〕　　2　**2.0**〔N〕
　　3
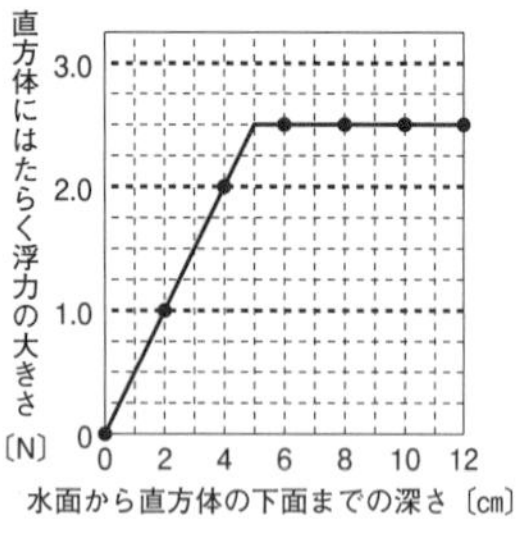

　　4　記号　**ウ**
　　　理由　**直方体にはたらく重力が浮力より大きいため。**(完答)
　Ⅱ　1　**エ**　　2　**オームの法則**
　　3　電圧　**3.0**〔V〕　　電力　**0.75**〔W〕(完答)
　　4　**大きな電流が流れ，発熱量が大きくなる**

配点

1	3，8	3点×2	他　2点×6	計18点
2	Ⅰ4，Ⅱ4	3点×2	他　2点×6	計18点
3	Ⅰ4，Ⅱ2(2)	3点×2	他　2点×6	計18点
4	Ⅰ4，Ⅱ2	3点×2	他　2点×6	計18点
5	Ⅰ3，Ⅱ3	3点×2	他　2点×6	計18点

解説

1　＜４分野総合＞

2　アの葉緑体，エの細胞壁は，植物の細胞のみに見られるつくりである。

3　陽子を⊕，電子を⊖，中性子を●で表すものとすると，ヘリウム原子の構造は右の図のようになる。
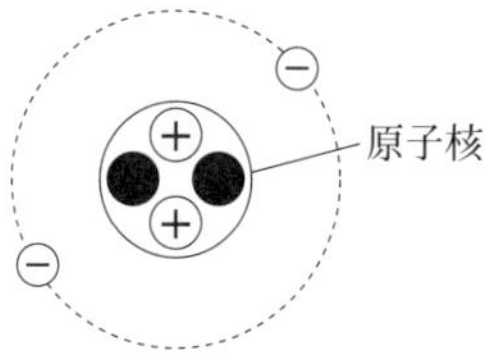

5　安山岩などの火山岩と花こう岩などの深成岩をまとめて火成岩という。

6　質量パーセント濃度〔%〕＝$\frac{\text{溶質の質量〔g〕}}{\text{溶液の質量〔g〕}}\times 100$
　A　$\frac{2.0}{102}\times 100=1.96\cdots$〔%〕
　B　$\frac{2.0}{100}\times 100=2$〔%〕
　C　$\frac{3.0}{203}\times 100=1.47\cdots$〔%〕
　よって，Cの質量パーセント濃度が最も低い。

7　からだをつくる細胞が分裂する細胞分裂を，特に体細胞分裂という。有性生殖で生殖細胞がつくられるときに行われる特別な細胞分裂を減数分裂という。

8　仕事〔J〕＝力の大きさ〔N〕×力の向きに動いた距離〔m〕
　20〔cm〕＝0.2〔m〕，40〔cm〕＝0.4〔m〕
　仕事の原理より，てこを使った仕事で，物体がされた仕事と人がした仕事は等しい。物体がされた仕事は，300×0.2＝60〔J〕　棒の右はしに下向きに加えた力の大きさをx Nとおくと，$x\times 0.4=60$　$x=150$
　よって，150 N　棒の右はしに下向きに力を加えている間，てこはつり合っているので，左のうでと右のうでの「力の大きさ×支点からの距離」は等しくなる。支点から棒の右はしまでの距離をy cmとおくと，
　$300\times 40=150\times y$　$y=80$　よって，80cm

2　＜化学変化と原子・分子・化学変化とイオン＞

Ⅰ2　試験管Aの中で起こった化学変化の化学反応式は以下の通りである。
　$2CuO+C\rightarrow 2Cu+CO_2$

　4　図2より，酸化銅4.00 gと炭素粉末0.30 gが過不足なく反応し，3.20 gの銅が生成され，1.10 gの二酸化炭素が発生することがわかる。酸化銅6.00 gと過不足なく反応する炭素粉末の質量をx gとおくと，4.00：0.30＝6.00：x　$x=0.45$　よって，0.45 g
　また，酸化銅6.00 gから生成される銅の質量をy gとおくと，4.00：3.20＝6.00：y　$y=4.80$　よって，4.80 g　つまり，酸化銅6.00 gと炭素粉末0.45 gが過不足なく反応し，4.80 gの銅が生成されることがわかる。反応せず，試験管Aの中に残る炭素粉末の質量は，0.75－0.45＝0.30〔g〕　したがって，試験管Aの中にある加熱した後の固体の物質とは，銅と炭素であり，その質量は，
　4.80＋0.30＝5.10〔g〕

Ⅱ1　塩酸は酸性の水溶液であり，酸性の水溶液にマグネシウムを入れると，水素が発生するのでエが適当。塩酸の溶質である塩化水素は，水にとかしたとき

に電流が流れる電解質なので**ア**は不適。無色のフェノールフタレイン溶液を赤色に変える，赤色リトマス紙を青色に変えるのはアルカリ性の性質なので**イ**，**ウ**は不適。

3　塩酸と水酸化ナトリウム水溶液とを混ぜ合わせて中性にした水溶液は塩化ナトリウム水溶液となる。このときに起こる化学変化の化学反応式は以下の通りである。$HCl+NaOH \rightarrow NaCl+H_2O$

4　塩化水素と水酸化ナトリウムの電離の化学反応式はそれぞれ以下の通りである。

$HCl \rightarrow H^{+}+Cl^{-}$　　$NaOH \rightarrow Na^{+}+OH^{-}$

塩酸に水酸化ナトリウム水溶液を加えていったときのイオンのモデルは下の図の通りである。

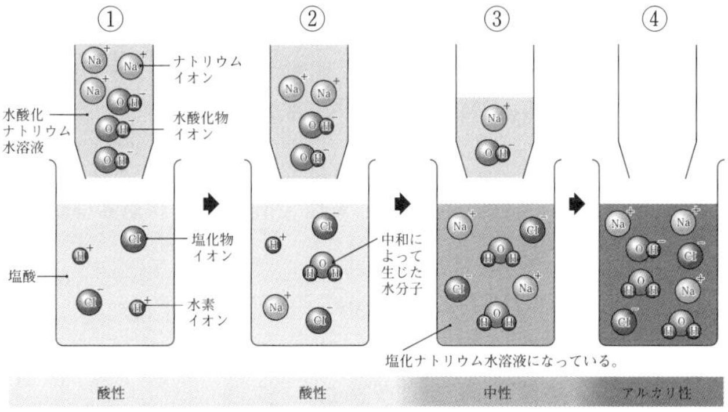

塩酸に水酸化ナトリウム水溶液を加えていくと，ビーカー内に存在している水素イオンは，水酸化物イオンと結びついて水分子になるため，水素イオンは減っていく。しかし，ナトリウムイオンがふえていくので，水溶液が中性になる(①～③)までビーカー内の溶液に存在している陽イオンの数は，はじめ(①)のビーカー内の溶液に存在している陽イオンの数から変化しない。中性になった後，さらに水酸化ナトリウム水溶液を加えていく(④)と，ナトリウムイオンの数がふえていくので，ビーカー内の溶液に存在している陽イオンの数は，はじめ(①)のビーカー内の溶液に存在している陽イオンの数よりふえる。

表より，加えたうすい水酸化ナトリウム水溶液の体積の合計が12.0 cm^3 のとき，水溶液は中性になることがわかるので，12.0 cm^3 までが上の図の①～③にあたり，12.0 cm^3 より多いと④にあたる。

3 ＜生物総合・動物の生活と生物の変遷＞

Ⅰ　ゼニゴケはコケ植物，スギナはシダ植物，マツは裸子植物，ツユクサは被子植物の単子葉類，エンドウは被子植物の双子葉類の離弁花類に分類される。

2　被子植物は，胚珠が子房につつまれている。

3　単子葉類は子葉が1枚で，葉脈は平行に通り，茎の横断面を見ると，維管束はばらばらになっている。根は，たくさんの細いひげ根からなる。双子葉類は子葉が2枚で，葉脈は網目状に通り，茎の維管束は，輪の形に並んでいる。根は，太い1本の主根と，そこからのびる側根からなる。

4　Ａａの遺伝子をもつ種子が，自家受粉をしたときの遺伝子の組み合わせは右の表の通りである。

	Ａ	ａ
Ａ	ＡＡ	Ａａ
ａ	Ａａ	ａａ

よって，ａａの種子は，$800\times\frac{1}{4}=200$〔個〕

Ⅱ **1**　酸素を使って養分からエネルギーをとり出すとき，二酸化炭素と水ができる。

2(1)　**ア**のアミラーゼは，だ液にふくまれデンプンを分解する。**イ**のリパーゼは，すい液にふくまれ脂肪を分解する。**ウ**，**エ**はそれぞれすい液，胃液にふくまれる消化酵素である。

4 ＜地球と宇宙・天気とその変化＞

Ⅰ **2**　新月から月の形は以下のようになる。①が新月，③が上弦の月，⑤が満月，⑦が下弦の月である。月は地球のまわりを約1か月かけて反時計まわりに公転しているので，**図1**の月は，3日後新月となる。

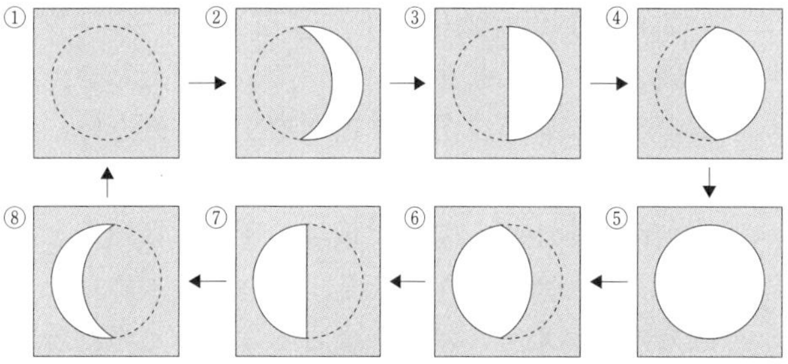

3　北の空の星は，北極星を中心に反時計回りに回転して見え，東の空の星は右ななめ上の方向に，西の空の星は右ななめ下の方向に移動して見える。

4　**図3**は，天体望遠鏡で観察した金星の像なので，実際は金星の左半分が光っている。また，金星が半分光っている形に見えるときは，地球と金星を結ぶ直線と太陽と金星を結ぶ直線がほぼ垂直に交わることから，金星は左下の図の位置にあると考えられる。

金星の公転周期は0.62年なので，0.62年で360°反時計回りに回転移動する。2か月($\frac{1}{6}$年)で移動する角度をx°とおくと，$0.62:360=\frac{1}{6}:x$　$x=96.7$…　2か月で金星は，およそ96.7°反時計回りに移動する。また，地球は2か月で$360\times\frac{1}{6}=60$°反時計回りに移動する。よって，2か月後の金星と地球は右下の図の位置にあると考えられる。2か月後，光って見える部分が大きくなり，地球と金星の距離は遠くなるため小さく見える。したがって，**イ**が適当。

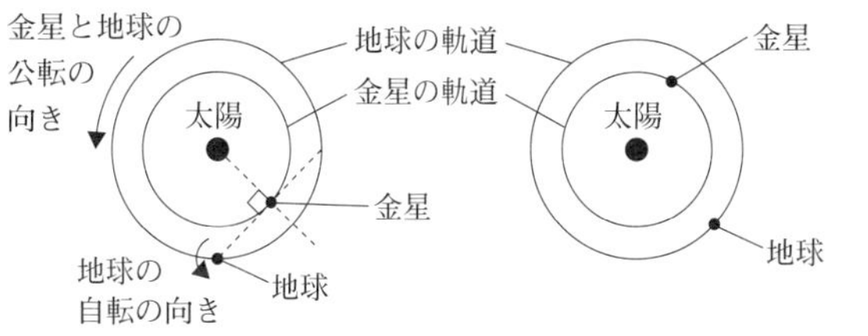

Ⅱ **2**　風向は風のふいてくる方向のことをさす。ひもが南西の方位にたなびいていることから，風は北東の方位からふいてきていると考えられる。天気・風力を表す記号は，右上の表の通りである。

天気	快晴	晴れ	くもり	雨	雪
記号	○	⦶	◎	●	⊗
雲量	0~1	2~8	9~10		

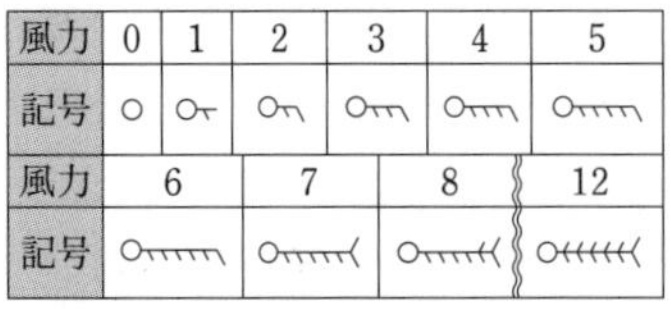

4　前線Xは温暖前線，前線Yは寒冷前線である。温暖前線の通過にともなって降る雨は，寒冷前線の通過にともなって降る雨に比べて，弱い雨が長時間降り続くことが多い。

5 **＜運動とエネルギー・電気の世界＞**

Ⅰ 1　**物質の密度〔g/cm³〕＝$\frac{\text{物質の質量〔g〕}}{\text{物質の体積〔cm}^3\text{〕}}$**

直方体の体積＝5×5×10＝250〔cm^3〕

よって，$\frac{300}{250}$＝1.2〔g/cm^3〕

2　質量300 gの物体にはたらく重力の大きさは3.0 Nである。**表**より，水面から直方体の下面までの深さが8㎝のときのばねばかりの値は1.0 Nなので，直方体にはたらく浮力の大きさは，

3.0－1.0＝2.0〔N〕

3　**表**より，面Xに糸をつないでしずめたとき，直方体の水中にある部分の体積が増すと，直方体にはたらく浮力の大きさは一定の割合で大きくなり，直方体全部が水中にしずんだ後は，変わらないことがわかる。よって，面Yに糸をつないでしずめたときの直方体にはたらく浮力の大きさは，一定の割合で大きくなり，水面から直方体の下面までの深さが5㎝のところで，直方体全部が水中にしずむので，直方体にはたらく浮力の大きさは変わらなくなる。

4　**図3**のとき，直方体は静止しているので，糸が直方体を引く力と直方体にはたらく浮力の2つの合力と直方体にはたらく重力がつりあっている。糸を切るので，糸が直方体を引く力がなくなり，直方体にはたらく重力が浮力より大きいため直方体はしずむと考えられる。

Ⅱ 1　**図1**のXは，抵抗に並列につないであるので電圧計であり，Pは電源の－極側なので－端子である。

3　**電圧〔V〕＝抵抗〔Ω〕×電流〔A〕**

電力〔W〕＝電圧〔V〕×電流〔A〕

図2より，抵抗器Aと抵抗器Bの抵抗の大きさは，

抵抗器A　$\frac{2.0}{0.1}$＝20〔Ω〕

抵抗器B　$\frac{3.0}{0.1}$＝30〔Ω〕

図4より，抵抗器Aに流れる電流の大きさは0.15 A。抵抗器Aに加わる電圧の大きさは，

20×0.15＝3.0〔V〕　**図3**は並列回路であり，並列回路では，各抵抗器にそれぞれ加わる電圧の大きさと回路全体に加わる電圧の大きさは等しいので，抵抗器Bに加わる電圧の大きさも3.0 V。抵抗器Bに流れる電流の大きさは，$\frac{3.0}{30}$＝0.10〔A〕　並列回路の回路全体に流れる電流の大きさは，各抵抗器を流れる電流の大きさの和になるので，

0.15＋0.10＝0.25〔A〕　よって，回路全体の電力は，3.0×0.25＝0.75〔W〕

令和3年度　鹿児島県公立高校入試問題　英語

正答例

1　1　ウ　　2　エ　　3　Tuesday

4　ウ→イ→ア　(完答)

5　イ

6　(1)　イ　　(2)　help each other

7　(例)　I started cooking for my family.

2　1　①　エ　②　ア

2　①　history

②　walk

③　choose

④　we have to arrive

3　How many English classes

4　(例)　November 15 is not good for our class because we have the school festival on that day. How about November 22 ?

3　Ⅰ　1　ア　　2　エ

Ⅱ　1(1)　Because he was going to leave Japan soon.

(2)　He felt nervous.

2　talking with people in English

Ⅲ　1番目　ウ　　2番目　エ

4　1　ウ→ア→イ　(完答)

2　ア

3　**・野鳥にえさを与えると，食べ物を探さなくなるから。**

・人間が食べる物の中には，野鳥にはよくないものもあるから。

4　エ

5　grow plants they like

6　イ，エ　(順不同)

7　(例)　We can recycle newspapers. If we stop cutting trees, we can protect the homes of wild animals.

配　点

1	7　4点　　他　3点×7	計25点
2	2④，3　3点×2　　4　7点　　他　2点×5	計23点
3	Ⅱ2，Ⅲ　3点×3　　他　2点×4	計17点
4	2，4　2点×2　　3　4点　　7　5点 他　3点×4	計25点

解　説

1　**＜聞き取りテスト台本・訳＞**

＜チャイムの音四つ＞

これから，英語の聞き取りテストを行います。問題用紙の2ページを開けなさい。

英語は1番から4番は1回だけ放送します。5番以降は2回ずつ放送します。メモをとってもかまいません。

(約3秒間休止)

では，1番を始めます。まず，問題の指示を読みなさい。

(約13秒間休止)

それでは放送します。

Justin : Keiko, what do you want to be in the future ?

Keiko : I want to be a doctor in the future.

Justin : That's a nice dream !

Keiko : Thank you. I want to work at a hospital to help sick people.

(約 10 秒間休止)

訳　J：恵子，君は将来は何になりたいの？　K：私は将来医者になりたいわ。　J：それはすてきな夢だね！　K：ありがとう。私は病気の人々を助けるために病院で働きたいわ。

次に，**2**番の問題です。まず，問題の指示を読みなさい。 (約 13 秒間休止)

それでは放送します。

Yumi : Alex, hurry up ! Our bus will leave soon.

Alex : What time will the bus leave the station ?

Yumi : It will leave at 9:40.

Alex : OK. Let's go !

(約 10 秒間休止)

訳　Y：アレックス，急いで！　私たちのバスはすぐに出発するわ。　A：何時にそのバスは駅を出発するの？　Y：それは９時 40 分に出発するわ。　A：わかった。行こう！

次に，**3**番の問題です。まず，問題の指示を読みなさい。 (約 20 秒間休止)

それでは放送します。

Saki : John, we will study at the library with Lucy on Monday.

John : I'm sorry, Saki. I'll be busy on that day. I want to go on Tuesday.

Saki : OK. You want to go on Tuesday, right ? I will ask Lucy about it later.

John : Thank you, Saki.

(約 15 秒間休止)

訳　S：ジョン，私たちは月曜日にルーシーと図書館で勉強するつもりよ。　J：ごめん，早紀。僕はその日は忙しいんだ。僕は火曜日に行きたいよ。　S：わかったわ。あなたは火曜日に行きたいのね？　私はそれについて後でルーシーにたずねるわ。　J：ありがとう，早紀。

問題文の訳

S：こんにちは，ルーシー。ジョンは**火曜日**に図書館に行きたいの。あなたはその日に来られる？

L：いいわよ！

次に，**4**番の問題です。まず，問題の指示を読みなさい。 (約 15 秒間休止)

それでは放送します。

Hello, everyone. Please look at this picture. These are rice balls my grandfather and grandmother made. They are rice farmers. This summer, I went to their house. A small machine was flying over the rice field. Then, I remembered a lesson at school. The teacher said, "There are fewer farmers, so more machines will help farmers in the future." I think a lot of machines will work around us. We have to learn how to live with machines. (約 10 秒間休止)

訳　こんにちは，みなさん。この写真を見てください。これらは私の祖父母が作ったおにぎりです。彼らは米農家です。今年の夏，私は彼らの家に行きました。小さな機械が田んぼを飛び回っていました。そのとき，私は学校での授業を思い出しました。先生は「農家の人数が少ないので，将来はより多くの機械が農家を助けるでしょう」と言いました。私はたくさんの機械が私たちの周りで働くだろうと思います。私たちは機械とどのように暮らすかを学ばなくてはなりません。

次に，**5**番の問題です。まず，問題の指示を読みなさい。 (約 13 秒間休止)

それでは放送します。

You learned about problems of the Earth this week. Now I want you to make a speech. First, give your speech next Friday. Second, make a speech about something you can do for the Earth. Third, please use some pictures with your speech. Do you have any questions ? (３秒おいて，繰り返す。) (約 10 秒間休止)

訳　あなたたちは今週地球の問題について学びました。さて，私はあなたたちにスピーチをしてもらいたいと思います。初めに，来週の金曜日にスピーチをしてください。二つ目に，あなたたちが何か地球のためにできることについてスピーチしてください。三つ目に，あなたたちのスピーチで何枚かの写真を使ってください。何か質問はありますか？

次に，**6**番の問題です。まず，問題の指示を読みなさい。 (約 20 秒間休止)

それでは放送します。

I want to talk about my father. He works at a space center. He started working there eight years ago. He works with a lot of people. Some people can speak English very well. Other people know a lot about science. Everyone helps each other when there is a problem.

One day, a woman at the space center had a problem with her computer. My father was able to help her because he knew a lot about computers. She was very glad.

From my father's story, I have learned it is important to help each other. Thank you.

Question (1)：How long has Kazuki's father worked at the space center ? (約７秒間休止)

Question (2)：Kazuki has learned an important thing. What has he learned ?

（約７秒間休止）

では，２回目の放送をします。

（最初から質問(2)までを繰り返す。）（約15秒間休止）

訳　私は私の父について話したいと思います。彼は宇宙センターで働いています。彼は８年前にそこで働き始めました。彼は多くの人々と働いています。とても上手に英語を話す人々もいます。科学について多くのことを知っている人々もいます。問題があるときは，みんながおたがいに助け合います。

ある日，宇宙センターの女性が彼女のコンピューターに問題を抱えました。私の父はコンピューターについて多くのことを知っていたので，彼女を助けることができました。彼女はとても喜びました。

私の父の話から，私はおたがいに助け合うことが大切だと学びました。ありがとうございました。

(1)　和樹の父親は宇宙センターでどのくらい働いているか？

ア　５年間。　　イ　**８年間**。

ウ　10年間。　　エ　11年間。

(2)　和樹は大切なことを学んだ。彼は何を学んだか？

（正答例の訳）　彼は**おたがいに助け合う**ことは大切だと学んだ。

次に，７番の問題です。まず，問題の指示を読みなさい。　（約15秒間休止）

それでは放送します。

Olivia : During the winter vacation, I started reading English books.

Akira : Oh, really ? I also started doing something new.

Olivia : What did you do, Akira ?

Akira : (　　　　　　　　　　　)

（約３秒おいて，繰り返す。）（約１分間休止）

訳　O：冬休みの間，私は英語の本を読み始めたわ。　A：おお，本当に？　僕も何か新しいことをし始めたよ。　O：何をしたの，明？　A：（正答例の訳）**僕は家族のために料理をし始めたよ。**

<チャイムの音四つ>

これで，聞き取りテストを終わります。次の問題に進みなさい。

2　<英文表現>

1　A：ケビン，私たちは来週の日曜日に博の誕生日パーティーをするつもりよ。②**私たちに参加する？**　K：うん，喜んで。　A：よかった。私たちは明日学校で彼のために誕生日カードを作るつもりよ。私たちはカードに私たちの写真を貼るわ。　K：いいね。僕の写真を持ってくるべきかな？　A：ええ，お願いするわ。　K：わかった。①**他に何かある？**　A：いいえ，結構よ。彼にメッセージを書きましょう。またそのときにね。　K：またね。

2　R：エミリー，次の土曜日はあなたが私たちの町である，みどり町に来てから最初の休日ね。　E：ええ。私はこの町の多くの場所に行きたいわ。　R：これを見てちょうだい。私たちは一緒にこの町のいくつかの場所を訪れることができるわ。　E：まあ，それはいいわ。梨花，このツアーについて私にもっと教えて。　R：いいわよ。初めに，私たちはひばり城に行くわ。私たちはその①**歴史**を学ぶことができるわ。私たちはたくさんの桜を見ることもできるわ！　そして，私たちはかみや商店街に行くわ。私たちは②**歩き**回って，買い物と昼食を楽しむことができるのよ。　E：おもしろそうね。そのあとに私たちは何をするつもりなの？　R：私たちはながはまビーチに行くつもりよ。私たちは魚釣り，バレーボール，サイクリングから一つの活動を③**選ぶ**わ。　E：わあ，私は待ちきれないわ。ああ，そのツアーは何時に始まるの？　R：９時よ。でも④**私たちは**８時40分までにみなみ駅に**着かないといけないわ**。　E：わかった。私はあなたと行くつもりよ。それは楽しいでしょうね。

3　E：雄二，あなたはとても上手に英語を話すわ。あなたは一週間に**いくつの英語の授業**があるの？

Y：僕たちは４つの英語の授業があります。僕は学校で英語を勉強することを楽しんでいます！

※ Yuji が英語の授業数を答えていることから，数を聞く表現が入ることがわかる。

4　親愛なるサイモン，

メールを送ってくれてありがとうございます，しかしビデオ通話の日を変更することはできますか？　**11月15日に私たちは文化祭があるので，その日は私たちのクラスにとって都合がよくないのです。11月22日はどうですか？**　すぐにお返事をください。

あなたの友人，陸

3　<英文読解・概容把握>

I 〈テレビ番組表〉

11：30　Green Park
赤ちゃんゾウが母親と歩くことを学ぶ。

12：30　Visiting Towns
有名なテニス選手が小さな町を訪れる。

14：00　Music！ Music！ Music！
人気歌手たちがたくさんの歌を歌う。

15：00　Try It！
リッキーが新しいサッカーチームを作ることを決める。

16：30　Find Answers
どちらのチームがゲームに勝つのか？

18：00　News London
ロンドンからのニュース，スポーツ，天気。

1　太郎は動物について学びたい。彼はどの番組を見るか？

ア　**Green Park**　　イ　Visiting Towns

ウ　Try It！　　エ　Find Answers

2　太郎はサッカーの試合のニュースについての番組

を見たい。何時にその番組は始まるか？

ア　11：30　　イ　12：30

ウ　14：00　　**エ　18：00**

※18：00からの「News London」では，スポーツについてのニュースが放送されるため，サッカーの試合についてのニュースを見るためには，その番組を見ればよいことがわかる。「News London」は18：00に始まるため，答えは**エ**になる。

Ⅱ　私の母は高校の英語の先生だ。彼女の友人のジョーンズさんがもうすぐ日本を発つ予定だった。だから彼女は来月私たちの家で彼のためのパーティーを計画した。彼女は私に「あなたはパーティーに参加する？」と言った。

私はうまく英語を話せないとわかっていたので，すぐにはいと言うことができなかった。私は人々と英語で話すことは私にとって難しいと思った。だから私は家で母と練習した。彼女は「あなたは質問が理解できないときは『Pardon？（何ですか？）』や『Would you say that again, please？（もう一度言ってくださいますか？）』と言わなくてはいけないわ。あなたが理解できないときに何かを言うことは大切よ」と言った。私はときどき母の質問が理解できなかったときに「Pardon？」と言った。彼女は質問の仕方も見せてくれた。

ついに，その日が来た！　パーティーの朝，私は自分の英語が上達していると思わなかったので，緊張した。ジョーンズさんが来て，午後2時にパーティーが始まった。

彼は私にたくさんの質問をした。私は彼の質問が理解できなかったとき，「Pardon？」と言った。彼は私にもう一度とてもゆっくりと質問をしたので，ついに私は理解した。そして，私は彼にいくつかの質問をした。彼は答えた！　私は彼と話をしてうれしかった。私の母もうれしそうだった。私は**人々と英語で話すこと**は難しくないと感じた。今，私は英語が大好きだ。

1(1)　なぜ武志の母はジョーンズさんのためのパーティーを計画したのか？

（正答例の訳）**彼がもうすぐ日本を出発する予定だったから。**

(2)　パーティーの朝，武志はどのように感じたか？

（正答例の訳）**彼は緊張した。**

Ⅲ　みなさん，おはようございます。あなたは電車とバスは好きですか？　私はそれらが大好きです。さて，私は2009年から2014年までにそれらを利用した人々の数について話します。このグラフを見てください。多くの人が鹿児島中央駅でＪＲを利用しました。私たちは2010年から2011年までに最も大きな変化を見つけることができます。2011年には，約1500万人が電車を利用しました。その年に鹿児島中央駅から博多駅まで九州新幹線が走り始めた。だから私は多くの人々が新幹線を利用し始めたのだと思います。さて，私はバスについて話します。次のグラフを見てください。多くの人々がバスを利用しましたが，バスの利用者の数はほぼ毎年減りました。私は多くの人々が車を使ったのだと思います。ご清聴ありがとうございました。

※小春が最初に示したグラフは，2010年と2011年との差が最も大きく，2011年に約1500万人になっているものである。2つ目に示したグラフは，ほぼ毎年数が減っていると述べていることから，右肩下がりになっているグラフを選ぶ。

4　＜長文読解＞

エイミーはオーストラリアの小さな町に住む中学生だった。彼女の父親がオーストラリアで働き始めたので，彼女は先月アメリカからやって来た。彼女は新しい学校に友達がいなかったのでうれしくなかったが，すぐに①**彼女は庭の木にそれを見つけた**。それは野生の鳥のゴシキセイガイインコだった。彼は体に，青，黄色，緑，オレンジの美しい色があった。彼はしばしばバルコニーに来た。ある週末，彼女は彼のために何切れかのパンをバルコニーに置いた。彼はそれらを食べに来た。エイミーはうれしかった。

次の月曜日に学校で，エイミーは木に何羽かの同じ種類の鳥を見つけた。彼女が彼らを見ていたとき，彼女のクラスメートの一人が彼女に話しかけに来た。「あれらの鳥は美しいね。君は鳥に興味があるの？　やあ，僕の名前はケンだよ。はじめまして。」「こんにちは，私はエイミーよ。私は私の庭でも一羽見つけたわ。私は彼をリトル・ピーターと名付けたの。私は彼が大好きよ」とエイミーは言った。「おお，そうなの？　君はその鳥を年中このあたりで見ることができるよ。彼らは花のミツと花粉を食べるんだ。僕は彼らが何の植物が好きかを知っているから，それらを僕の庭で育てているんだよ。ゴシキセイガイインコはとても友好的なんだ。」「そうなのね」とエイミーは言った。彼女はその鳥についてたくさん学んでわくわくした。

エイミーとケンはしばしば学校で動物について話した。彼らは仲の良い友達になった。エイミーはケンに，彼女とリトル・ピーターも仲の良い友達であることを知ってほしかった。だから，ある午後，彼女はケンに「リトル・ピーターは私のことが大好きなのよ。彼は私の手に乗るわ」と言った。「おお，彼は君を怖がらないの？」「ええ，怖がらないわ。リトル・ピーターはかわいくて，私は彼に毎日パンをあげるの。」ケンは驚いて「パンだって？野生の鳥にパンをあげるのはよくないよ」と言った。エイミーはなぜケンがそう言うのか理解できなかった。彼女は「でもリトル・ピーターは私が彼にあげるパンが大好きなのよ」と言った。彼は「聞いて。君は野生の鳥に食べ物をあげるべきではないよ」と言った。「どういう意味？」と彼女は言った。ケンは「ええと，二つの理由があるよ。一つ目は，もし人々が野生の鳥に食べ物をあげたら彼らは食べ物を探すことをやめてしまうだろう。二つ目は，僕たちが食べるいくらかの食べ物は彼らにとって良くないんだ」と続けた。エイミーは「でもリトル・ピーターは私の友達よ。彼は私の手からパンを食べるの」と言った。「もし君が野生の鳥の本当の友達になりたいなら，君は彼らが好きな植物を育てるべきだよ。それが唯一の方法なんだ！」ケンは怒って教室を去った。エイミーはショックを受けた。

その夜，エイミーはバルコニーに行った。彼女は「ケンは怒っていたわ。もし私がリトル・ピーターにパンをあげ続けたら彼は病気になってしまうかもしれない。私はケンとリトル・ピーターの両方の友達を失うかもしれないわ」と思った。彼女は②**不安に**なった。

翌朝学校で，エイミーはケンに会った。彼女は「ケンは野生の動物についてたくさん知っているわ。彼が正しいに違いない」と思った。彼女はケンのところに行き，勇気をふりしぼって「ごめんなさい，ケン。私が間違っていたわ。私は二度とリトル・ピーターに食べ物をあげないわ」と言った。ケンはほほえんで「いいんだ。君はただ知らなかっただけだよ」と言った。エイミーは「ゴシキセイガイインコは私たちのペットではないわ。今私は，③**私たちは彼らの好きな植物を育てること**だけをすべきだとわかるわ。そうしたら私たちは彼らと良い友達になれるわね」と言った。「その通りだよ。はいどうぞ。」ケンは彼女に野生動物についての本をあげた。「僕はこの本を毎日読むんだけれど，今はもうそれは君のものだよ。もし君がこの本を読んだら，君は野生動物と友達になる方法を学ぶことができるよ。」「ありがとう，ケン」とエイミーはほほえんだ。

3　本文訳波線部参照。

6　ア　エイミーは野生動物が大好きだったのでオーストラリアに来た。

イ　エイミーはケンに，リトル・ピーターは彼女の友達であることを知ってほしかった。

ウ　ゴシキセイガイインコはときどき彼らの食べ物を見つけるために外国を旅する。

エ　ケンは，人々は野生動物と友達になることができると考えていた。

オ　リトル・ピーターはエイミーの庭から去って，エイミーは彼女の友達であるケンを失った。

7　A：私はあなたがくれた本を読んだわ。ありがとう。K：どういたしまして。それはおもしろかった？　A：ええ。私たちの生活の中で私たちが野生動物のためにできることたくさんのことがあるわ。　K：おお，君は新しい考えを得たんだね。僕に例をくれる？　A：**私たちは新聞をリサイクルできるわ。もし私たちが木を切ることをやめたら，私たちは野生動物の家を守ることができるわ。**　K：それはいい考えだよ，エイミー！僕たちは世界を野生動物にとってより良い場所にすべきだね。高校では，僕は動物保護について多くのことを勉強したいんだ。　A：私もよ！

令和３年度　鹿児島県公立高校入試問題　社　会

正答例

1 Ⅰ 1　**大西洋**（漢字指定）　　2　**イ**

3　**フィヨルド**

4　**季節風（モンスーン）の影響を受けて，降水量が多くなるから。**

5　**エ**

6 Y　**サトウキビ**

Z　**原料になる植物が大気中の二酸化炭素を吸収しているため，大気中の二酸化炭素は増えない**

Ⅱ 1　**明石（市）**（漢字指定）

2　**対馬海流**（漢字指定）

3（果実）**みかん**　　（県）**A**　　4　**ア**

5　**64歳以下の世代の人たちを中心として，千里ニュータウンの人口が減っている**

Ⅲ

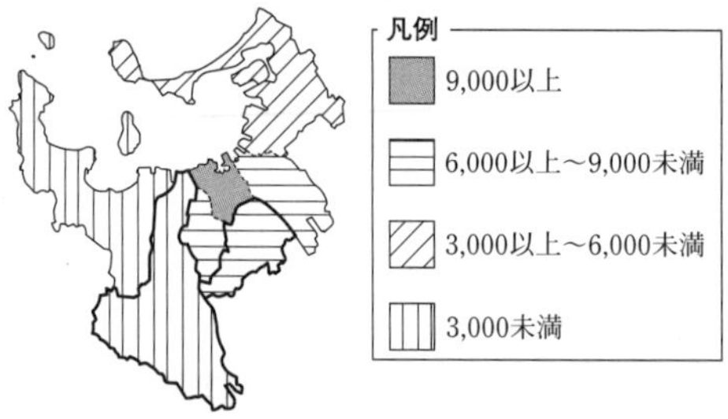

2 Ⅰ 1　**院政**（漢字指定）　　2　**前方後円墳**

3　**エ→イ→ア→ウ**　　4　**ウ**

5　**千利休**　　6　**ア**

7　**一揆の中心人物がわからないようにする**

Ⅱ 1　①　**八幡製鉄所**　　②　**サンフランシスコ**

2　**日米和親条約**（漢字指定）

3　**アヘンを生産して，清に輸出した**

4　**イ→ア→ウ**　　5　**ア**　　6　**イ**

Ⅲ　**第一次世界大戦の反省から，国際協調が重視され，ワシントン会議などで世界的に軍備の縮小を進める動きが強まったため。**

3 Ⅰ 1　**最高法規**　　2　**ウ→ア→イ**

3（核兵器を）**持たず，つくらず，持ちこませず**

4（内閣総理大臣は）**国会議員のなかから国会によって指名されるのに対して，知事は住民から直接選挙によって選出される。**

5　**イ**

Ⅱ 1　**預金**　　2　**製造物責任法（ＰＬ法）**

3　**エ**　　4　**ア**

5（失業した労働者に対して）**技能を身につけ，再就職ができるように職業訓練の機会を提供する。/社会保険や公的扶助などの社会保障制度を整備して生活を保障する。**

Ⅲ　**空いているレジがないため無駄がなく効率がよく，また，並んだ順番に会計が済むため公正である。**（45字）

配点

1 Ⅱ5　Ⅲ　4点×2	他　2点×12	計32点
2 Ⅱ4　Ⅲ　3点×2	他　2点×13	計32点
3 Ⅰ4，5　Ⅱ5　Ⅲ　3点×4	他　2点×7	計26点

解説

1　＜地理総合＞

Ⅰ　A－ナイジェリア，B－インド，C－中国，D－オーストラリア。

1　世界の三大洋は，**太平洋**，**大西洋**，**インド洋**。

2　略地図は，緯線と経線が直角に交わるようにかかれた**メルカトル図法**であるので，赤道から離れるほど，実際の面積よりも大きく示され，長さも長く示される。略地図中のイは，エクアドルを通ることから，赤道の一部とわかるので，答えは**イ**。

3　ⓧは**スカンディナビア半島**。もともと山地の谷であった部分に，海水が入りこんでできた**リアス海岸**と間違えないようにおさえておこう。

4　カンボジアは熱帯モンスーン気候に属し，**資料2**のように，大きく乾季と雨季のふたつの季節に分けられるため，**資料1**のように湖の面積が異なる。

5　**エ**－経済特区などの沿岸部の都市が成長する一方で，内陸部との格差が社会問題となっている。**ア**－Dのオーストラリアは鉱産資源が豊富であり，鉄鉱石や石炭の輸出が多い。**イ**－Bのインドには，アメリカなどの情報通信技術関係の企業が進出している。その理由として，英語が準公用語となっていることや，アメリカが夜のときインドは昼であるので，アメリカの企業が24時間対応可能なことが挙げられる。**ウ**－Aのナイジェリアなどアフリカの多くの国々では，少ない種類の商品作物や鉱産資源を輸出して経済が成り立っている**モノカルチャー経済**である。モノカルチャー経済では，天候や景気によって商品の価格が大きく変動するため，輸出品の種類が少ないと，毎年安定した収入を得ることができないという課題がある。

6　バイオエタノールは，原料としてブラジルではさとうきび，アメリカではとうもろこしから主に作られている。植物は生長過程で二酸化炭素を吸収しており，燃やしても大気中の二酸化炭素の総量は増えないと考えられるため，地球温暖化対策になる燃料と考えられている。

Ⅱ1　それぞれの国が定めている標準時子午線の経度が15度異なるごとに1時間の時差が生じる。

2　日本海側を流れる寒流は**リマン海流**，太平洋側を流れる暖流は**黒潮（日本海流）**，寒流は**親潮（千島海流）**。

3　和歌山県やAの愛媛県でみかんの生産が盛ん。B－高知県，C－香川県，D－徳島県。

4　Zの愛知県は，中京工業地帯があり，自動車などの輸送用機械の生産が盛んであることから，製造業の割合が最も高い**ア**がZの愛知県。Yの京都府は，観光業が盛んであることから，宿泊・飲食サービス業の割合が高い**イ**が京都府，農林水産業の割合が高い**ウ**がXの島根県。

5　**資料3**から，千里ニュータウンの人口が減少していること，**資料4**から，0～14歳，15～64歳の人口の占める割合が減っていることが読み取れ，減少した人口の多くを0～64歳の人々が占めることがわかる。

Ⅲ　人口密度は，人口÷面積で求められる。南区の人口密度は，255,797÷31.0＝8251.5…。早良区の人口密度は，217,877÷95.9＝2271.9…。これをもとに凡例にしたがって地図を完成させる。

2　＜歴史総合＞

Ⅰ1　白河上皇の院政は1086年に始まった。

2　**大和政権（ヤマト王権）**とは，3世紀後半に，奈良盆地を中心とする地域に，王を中心に，近畿地方の有力な豪族で構成された勢力のこと。古墳が盛んにつくられた時代を古墳時代といい，古墳の表面にはさまざまな形の**埴輪**がおかれた。

3　Aが始まったのは645年，Bは1392年。Aの後，中大兄皇子は**天智天皇**として即位した。天智天皇の没後，あと継ぎをめぐる大海人皇子と大友皇子の争い（**壬申の乱**）がおき，勝った大海人皇子が**天武天皇**として即位した（エ－飛鳥時代）→都の東大寺には，金銅の大仏が造られた（イ－奈良時代）→797年に坂上田村麻呂は征夷大将軍に任命された（ア－平安時代）→「平家物語」は源平の争乱での武士の活躍をえがいたもの（ウ－鎌倉時代）。

4　**ア**－江戸幕府の仕組み。**イ**－鎌倉幕府で行われた執権政治。**エ**－奈良時代における律令制の仕組み。

5　千利休は，禅宗の影響を受け，名誉や富よりも内面の精神性を重視し，質素なわび茶の作法を完成させた。

6　Bは1392年。Cは1590年。BとCの間には，鉄砲やキリスト教など，ヨーロッパの文化が伝来していることをおさえる。ルターが宗教改革を始めたのは1517年。彼らはカトリック教会ではなく聖書に信仰のよりどころを置き，**プロテスタント**と呼ばれた。カトリック教会もプロテスタントに対抗して改革を始め，その中心になった**イエズス会**は，**ザビエル**などの宣教師を派遣してアジアへの布教を行った。**イ**－1775年，**ウ**－610年ごろ，**エ**－936年。

7　18世紀になると，農村では，不正をはたらく役人の解任や年貢の引き下げのほか，商品作物の自由な売買などを，**百姓一揆**をおこして訴えた。特にききんのときには一揆が増えた。また，江戸や大阪では都市の貧しい人々が，米の売りおしみをする商人などをおそう**打ちこわし**を行った。

Ⅱ1①　八幡製鉄所は，日清戦争で得た賠償金を基に建設され，1901年に操業を開始し，国内での鉄鋼生産の大部分を占め，後の重化学工業発展の基礎となった。

② **吉田茂**内閣によって結ばれた。サンフランシスコ平和条約と同時に，吉田内閣はアメリカと**日米安全保障条約**を結び，これによって，日本の安全と東アジアの平和を守るという理由から，占領終結後もアメリカ軍基地が日本に残された。

2　日米和親条約で下田と函館の２港が開港したことにより，鎖国政策はくずれ，開国した。1858年には，大老の**井伊直弼**によって**日米修好通商条約**が結ばれ，函館，神奈川（横浜），長崎，新潟，兵庫（神戸）の５港を開港した。この条約は，アメリカに**領事裁判権**を認め，日本の**関税自主権**がないなど，日本にとって不利な内容をふくむ不平等条約であった。領事裁判権は後に，陸奥宗光によって撤廃され，日本で罪を犯した外国人を日本の法律で裁くことができるようになった。関税自主権は1911年に**小村寿太郎**によって完全回復し，輸出入品に対して自由に関税を決めることができるようになった。

3　**資料**は1840年におきた**アヘン戦争**のようす。イギリスは，綿織物をインドに輸出し，インドでアヘン（麻薬）を栽培させて清に持ちこんで売り，茶などを買う**三角貿易**を行っていた。

4　明治時代は1868年～1912年。1873年→1890年→1905年。**エ**は大正時代。第一次世界大戦（1914年～1918年）で欧米列強のアジアへの影響が弱まると，1915年に日本は中国に対して二十一か条の要求を示し，大部分を強引に認めさせた。

5　日ソ共同宣言により，ソ連と国交が回復し，同年，日本はソ連の支持を受けて，国際連合に加盟し，国際社会に復帰した。北方領土は，北海道の東にある，歯舞群島，色丹島，国後島，択捉島のことで，ロシアによって不法に占拠されている。1972年に田中角栄内閣が日中共同声明によって中国と国交を正常化した。小笠原諸島は1968年に日本に復帰した。

6　日本の高度経済成長は1955年から1973年までの間。中国，ソ連の支援を受ける北ベトナムや南ベトナム解放民族戦線と，アメリカが，1965年から戦ったベトナム戦争では，世界各地で反戦運動が高まり，アメリカが中国との関係を改善し，1973年にベトナムから撤退した。**ア**－1945年10月，二度の世界大戦への反省から，国際連合が設立された。**ウ**－1989年にドイツで冷戦の象徴であったベルリンの壁が取り壊され，翌年，東西ドイツが統一し，1991年にはソ連が解体された。**エ**－湾岸戦争は，1991年に，石油資源をねらうイラクが，クウェートに侵攻したのをきっかけにおこった戦争。

Ⅲ　1914年から1918年にかけておきた第一次世界大戦の反省から軍備の縮小を目指す動きが強まり，1921年～1922年，アメリカの提案でワシントン会議が開かれた。日本は，海軍の主力艦の保有を制限する条約をはじめ，太平洋地域の現状維持や，中国の主権尊重・領土保全などを取り決めた条約に調印した。

3　＜公民総合＞

Ⅰ 1　政治権力から人権を守り，保障していくために，憲法によって政治権力を制限するという考えを**立憲主義**という。

2　1789年。自由権や平等権が確立された。(ウ) →20世紀に入ると，人々の人間らしい生活を保障しようとする**社会権**が認められるようになり，1919年のドイツの**ワイマール憲法**は，社会権を取り入れた最初の憲法である。(ア) →第二次世界大戦後，人権は1948年の国際連合の世界人権宣言などによって国際的に保障されてきている。(イ)

3　日本は，1945年，広島と長崎に原子爆弾を投下された唯一の被爆国である。

4　地方公共団体の首長は，住民から直接選挙によって選ばれ，住民が首長と地方議員の２種類の代表を選ぶ**二元代表制**となっている。

5　Ⅰ区の有権者数が最も多い1000人，Ⅲ区の有権者数が最も少ない500人であることから，一票の格差の最大は２倍であることがわかる。**ア**－一つの選挙区で一人の代表を選ぶ**小選挙区制**であるので，○○党が３人当選することから，過半数の議席を獲得する。**ウ**－□□党は議席を獲得できない。**エ**－すべての選挙区をあわせた投票率は2400（得票数の合計）÷ 4000（有権者数）＝0.6となるので60％。

Ⅱ 1　クレジットカード代金の支払いや企業からの給料の支払いなどは，多くの場合，銀行の預金で行われる。預金で支払いを行うことができるのは，預金そのものが貨幣（通貨）であるからで，現代の社会では銀行預金などの**預金通貨**も，紙幣や硬貨などの**現金通貨**と同様に，貨幣としての役割を果たしている。

3　逆に好景気のときには，公共投資を減らして民間企業の仕事を減らしたり，増税をして消費を減少させたりすることで，景気をおさえようとする。

4　現代では，企業は教育や文化，環境保全などで積極的に社会貢献を行う，企業の社会的責任（ＣＳＲ）を果たすべきだと考えられている。

5　日本の労働者の多くは非正規労働者であり，非正規労働者は正規労働者と同じ仕事をしても賃金は低く，経済が悪化すると雇用調整の対象になりやすいため，非正規労働者が正規労働者になれるように専門技能の習得を促すとともに，失業しても困らないように，社会全体で，生活保護や職業訓練などのセーフティーネットを整備していくことが必要である。

Ⅲ　無駄なく効率的に利用できているかという「効率」の考え方と，一部の人の不利益になることがないかという「公正」の考え方で解答をつくればよい。

令和3年度　鹿児島県公立高校入試問題　数学

正答例

1 1(1) 27　(2) $\frac{8}{15}$　(3) $\sqrt{3}$

(4) (時速)12(km)　(5) 6(本)

2 $(a=)\,3$　3 42(cm³)

4 $(n=)\,7$　5 ウ

2 1 64(度)　2 $\frac{11}{12}$

3 $(x-3)(x+7)$

4 (証明)

△AGLと△BIHにおいて,

△ABCは正三角形だから,

∠LAG＝∠HBI＝60°　…①

∠ALG＋∠AGL＝120°　…②

△DEFは正三角形だから，∠GDH＝60°

∠DGH＋∠DHG＝120°　…③

対頂角は等しいから,

∠AGL＝∠DGH　…④

②，③，④より,

∠ALG＝∠DHG　…⑤

また，対頂角は等しいから,

∠DHG＝∠BHI　…⑥

⑤，⑥より,

∠ALG＝∠BHI　…⑦

①，⑦より，2組の角がそれぞれ等しいから,

△AGL∽△BIH

5 (式と計算)

$$\begin{cases} 5x+8y=70 & \cdots① \\ 3x+5y=43 & \cdots② \end{cases}$$

$$\begin{array}{lr} ①\times 3 & 15x+24y=210 \\ ②\times 5 & -)\ 15x+25y=215 \\ \hline & -y=-5 \\ & y=5 \end{array}$$

$y=5$ を①に代入して,

$$5x+40=70$$
$$5x=30$$
$$x=6$$

答 (Mサイズのレジ袋)　6(枚)
　 (Lサイズのレジ袋)　5(枚)

3 1 a 6　b 9(完答)

2 35.5(冊)

3(1) 0.35　(2) ア，ウ(順不同・完答)

4 1 18

2イ (1，2)　ウ $\left(\frac{3}{2},\ \frac{9}{2}\right)$

3(1) $2(t+2)^2$

(2) (求め方や計算)

$A(t,\ 2t^2)$，$B(t+1,\ 2(t+1)^2)$,

$C(t+2,\ 2(t+2)^2)$である。

$L(t,\ 0)$，$M(t+1,\ 0)$，$N(t+2,\ 0)$

とおくと,

台形ALNCの面積は,

$\frac{1}{2}\times\{2t^2+2(t+2)^2\}\times 2$　…①

台形ALMBの面積は,

$\frac{1}{2}\times\{2t^2+2(t+1)^2\}\times 1$　…②

台形BMNCの面積は,

$\frac{1}{2}\times\{2(t+1)^2+2(t+2)^2\}\times 1$　…③

△ABCの面積は，①－(②＋③) より,

$\frac{1}{2}\times\{2t^2+2(t+2)^2\}\times 2$

$-\frac{1}{2}\times\{2t^2+2(t+1)^2+2(t+1)^2+$

$2(t+2)^2\}\times 1$

$=t^2+(t+2)^2-2(t+1)^2$

$=2$

答 2

(同じ面積になる)・ 同じ面積にならない

5 1 ⑤

2

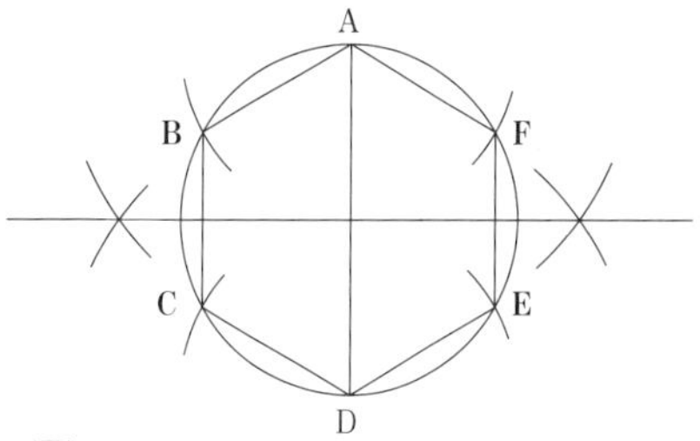

3(1) $\sqrt{3}$(cm)

(2) $10\sqrt{3}$(cm²)

(3) (式と計算)

AP＝t(cm)である。

点Mが辺CD上にあるから，$6\leqq t\leqq 8$

△MDPにおいて,

DP＝$8-t$(cm)，DP：MP＝1：$\sqrt{3}$より,

MN＝2MP＝$2\sqrt{3}(8-t)$(cm)

△AMNの面積が$8\sqrt{3}$cm²であるから,

$\frac{1}{2}\times 2\sqrt{3}(8-t)\times t=8\sqrt{3}$

$$t^2-8t+8=0$$

解の公式より，$t=\frac{8\pm 4\sqrt{2}}{2}$

$$t=4\pm 2\sqrt{2}$$

$6\leqq t\leqq 8$ より，$t=4+2\sqrt{2}$

答 $4+2\sqrt{2}$(秒後)

配　点

1	3点×9	計27点
2	1，2，3　3点×3　4，5　4点×2	計17点
3	3点×4	計12点
4	1，2イ，2ウ，3(1)　3点×4　3(2)　5点	計17点
5	1，3(1)，3(2)　3点×3　2，3(3)　4点×2	計17点

解　説

1 ＜計算問題・小問集合＞

1(1) ×と÷の計算を，＋と－の計算より先にする。

$5\times 4+7=20+7=27$

(2) ×と÷の計算を，＋と－の計算より先にする。

$\frac{2}{3}-\frac{3}{5}\div\frac{9}{2}=\frac{2}{3}-\frac{3}{5}\times\frac{2}{9}$

$=\frac{2}{3}-\frac{2}{15}=\frac{10}{15}-\frac{2}{15}=\frac{8}{15}$

(3) 根号の中を最も簡単な数にしていく。また，分母に根号がある場合は分母を有理化する。

$\sqrt{6}\times\sqrt{8}-\frac{9}{\sqrt{3}}$

$=\sqrt{48}-\frac{9\times\sqrt{3}}{\sqrt{3}\times\sqrt{3}}$
$=\sqrt{4^2\times3}-\frac{9\sqrt{3}}{3}$
$=4\sqrt{3}-3\sqrt{3}=\sqrt{3}$

(4)　20分は$20\div60=\frac{1}{3}$より，$\frac{1}{3}$時間
(速さ)＝(道のり)÷(時間)より，
$4\div\frac{1}{3}=4\times3=12$より，時速12km

(5)　正四面体は右図より，すべての面は正三角形で面の数は4つ，頂点の数は4つ，辺の数は6本である。

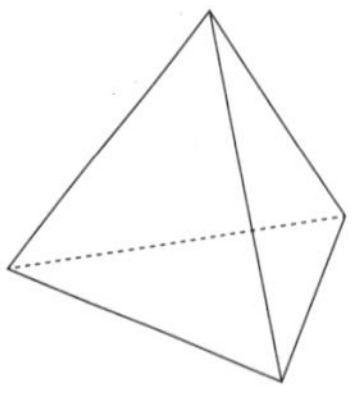

2　$7x-3a=4x+2a$に$x=5$を代入し，
$7\times5-3a=4\times5+2a$
$35-3a=20+2a$，$5a=15$，$a=3$

3　図の立体は三角柱である。この三角柱を三角柱ＡＢＣ－ＤＥＦとすると，△ＡＢＣにおいて，**三平方の定理**より，

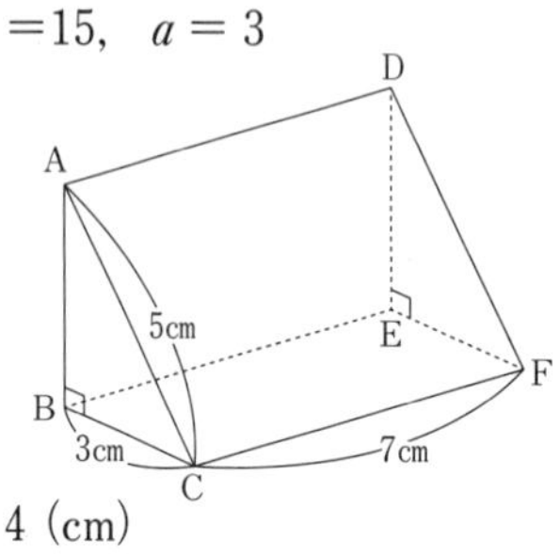

$AB=\sqrt{5^2-3^2}=\sqrt{16}=4$ (cm)
(角柱の体積)＝(底面積)×(高さ)より，
$\frac{1}{2}\times3\times4\times7=42$ (cm^3)

4　ある自然数の2乗になる数は，素因数分解したとき，2乗の積で表すことができる。
28を素因数分解すると，$28=2^2\times7$
よって，できるだけ小さい自然数は，$n=7$

5　□にあてはまる年の桜島降灰量をx g/m^{2}とすると，$x\times1.47=1193$が成り立つ。
$x=1193\div1.47=811\cdots$より，答えは**ウ**

2 ＜円・確率・因数分解・証明・連立方程式＞

1　**半円の弧に対する円周角は90°**だから，
∠ＣＤＡ＝90°
∠ＡＣＤ
＝180°－90°－26°
＝64°
1つの弧に対する円周角はすべて等しいから，
$\angle x$＝∠ＡＣＤ＝64°

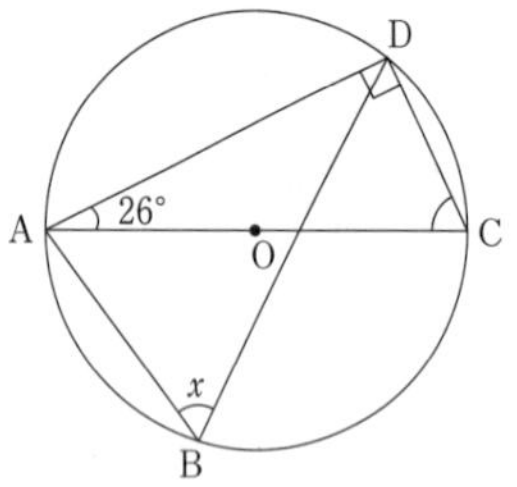

2　右図より，大小2つのさいころを投げるとき，すべての場合は全部で36通りあり，出た目の数の和が10以下となるのは○をつけた33通りあるから，
求める確率は，$\frac{33}{36}=\frac{11}{12}$

小＼大	1	2	3	4	5	6
1	②	③	④	⑤	⑥	⑦
2	③	④	⑤	⑥	⑦	⑧
3	④	⑤	⑥	⑦	⑧	⑨
4	⑤	⑥	⑦	⑧	⑨	⑩
5	⑥	⑦	⑧	⑨	⑩	11
6	⑦	⑧	⑨	⑩	11	12

※あることがらＡの起こる確率がpであるとき，Ａの起こらない確率は$1-p$である。
出た目の数の和が10より大きくなる確率は，
$\frac{3}{36}=\frac{1}{12}$より，求める確率は，$1-\frac{1}{12}=\frac{11}{12}$

3　$x+3$を1つの文字におきかえて考える。
$x+3$＝Ｍとおくと，
$(x+3)^2-2(x+3)-24$
$=M^2-2M-24$
$=(M-6)(M+4)$
$=(x+3-6)(x+3+4)$
$=(x-3)(x+7)$

4　正三角形の1つの角は60°であることや対頂角は等しいことを用いて，2組の角がそれぞれ等しいことを証明する。

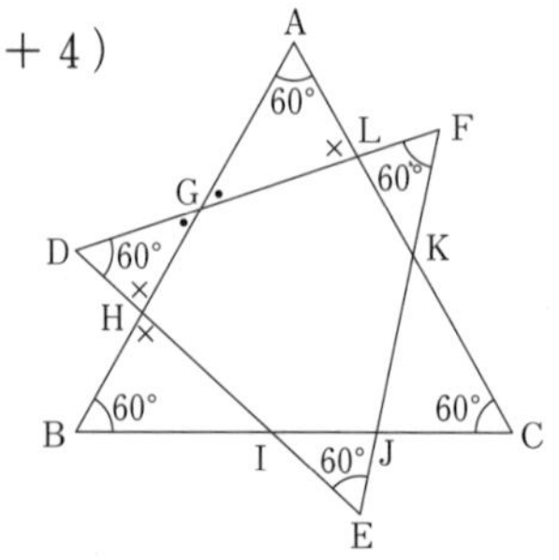

5　本数の合計が70本の場合と代金の合計が43円の場合の2通りの式をつくり，連立方程式を解く。

3 ＜資料の整理＞

1　借りた本の冊数が20冊以上40冊未満の人数は16人，**表**より，借りた本の冊数が30冊以上40冊未満の人数は10人だから，20冊以上30冊未満の人数は，16－10＝6(人)より，$\boxed{\text{a}}=6$
また，**表**の総度数から，40－(3＋5＋6＋10＋7)＝40－31＝9より，$\boxed{\text{b}}=9$

2　**中央値**…調べようとする資料の値を大きさの順に並べたときの中央の値で，資料の総数が偶数のときは，中央に並ぶ2つの値の合計を2でわった値を中央値とする。
総度数は40人(偶数)，**表**から20冊未満の人数が8人おり，これと20冊以上40冊未満の16人の本の冊数より，小さい方から20番目の冊数は35冊，21番目の冊数は36冊だから，中央値は，$\frac{35+36}{2}=35.5$(冊)

3(1)　**(ある階級の相対度数)＝$\frac{\text{(その階級の度数)}}{\text{(総度数)}}$**
図より，Ａグループ20人について，40冊以上50冊未満の度数は7人だから，相対度数は，$\frac{7}{20}=0.35$

(2)　**表**や**図**をもとにＡグループとＢグループについて，各階級における度数と度数の差を表にまとめると右図の通り。

階級(冊)	度数(人) 合計	A	B	AとBの差
以上　未満				
0 ～ 10	3	1	2	1
10 ～ 20	5	2	3	1
20 ～ 30	6	2	4	2
30 ～ 40	10	6	4	2
40 ～ 50	9	7	2	5
50 ～ 60	7	2	5	3
計	40	20	20	

ア…0冊以上30冊未満の人数は，Ａグループは1＋2＋2＝5(人)，Ｂグループは2＋3＋4＝9(人)より，正しい。
イ…どちらのグループも総度数は20人(偶数)だから，小さい方から10番目，11番目の冊数が含まれる階級を考える。Ａグループは1＋2＋2＝5，5＋6＝11より，中央値が含まれるのは30冊以上40冊未満の階級，Ｂグループは

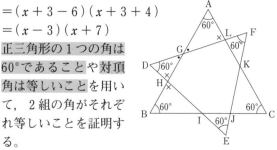

2＋3＋4＝9，9＋4＝13より，中央値が含まれるのは30冊以上40冊未満の階級だから，必ずしもいえない。

ウ…**最頻値**…資料の中で最も多く出てくる値で，度数分布表では，度数の最も多い階級の階級値を最頻値とする。最頻値はそれぞれ，Aグループが $\frac{40+50}{2}=45$（冊），
Bグループが $\frac{50+60}{2}=55$（冊）より，正しい。

エ…度数の差が最も大きい階級は，40冊以上50冊未満の階級だから，正しくない。

4 ＜関数＞

1 $y=2x^2$ に $x=3$ を代入し，$y=2\times3^2=18$

2 3点A，B，Cの座標の関係をもとに考える。

イ…点Aの x 座標が -1 のとき，点Bの x 座標は $-1+1=0$，点Cの x 座標は $0+1=1$ だから，$y=2x^2$ に $x=1$ を代入し，
$y=2\times1^2=2$ より，C（1，2）

ウ…直線ABが x 軸と平行となるとき，2点A，Bの y 座標は等しく，y 軸について対称な点どうしである。右図より，点Bの x 座標は $1\div2=\frac{1}{2}$ だから，点Cの x 座標は
$\frac{1}{2}+1=\frac{3}{2}$
$y=2x^2$ に $x=\frac{3}{2}$ を代入し，
$y=2\times\left(\frac{3}{2}\right)^2=\frac{9}{2}$ より，
C$\left(\frac{3}{2},\ \frac{9}{2}\right)$

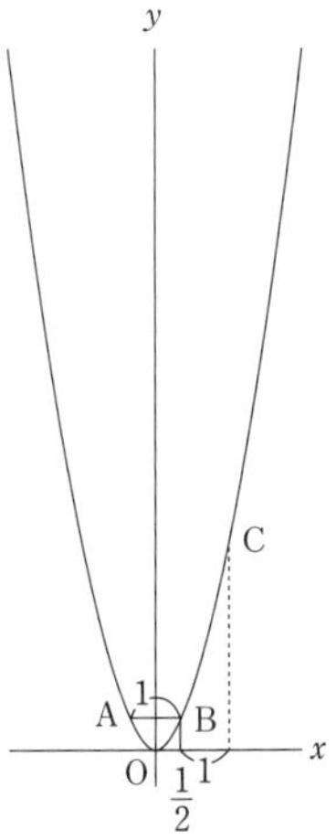

3(1) 点Aの x 座標が t のとき，点Bの x 座標は $t+1$，点Cの x 座標は $t+2$ である。
$y=2x^2$ に $x=t+2$ を代入し，
$y=2\times(t+2)^2=2(t+2)^2$
よって，点Cの y 座標は $2(t+2)^2$

(2) 下図のように3点A，B，Cからそれぞれ x 軸に下ろした垂線と x 軸との交点をL，M，Nとする。

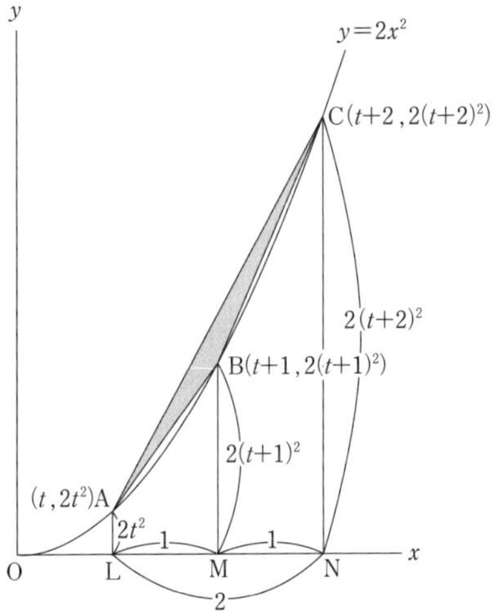

△ABCの面積は台形ALNCの面積から台形ALMBの面積と台形BMNCの面積との和をひけばよい。あとは，台形ALNC，台形ALMB，台形BMNCの面積をそれぞれ t を用いて表し，△ABCの面積を求めればよい。このとき，求めた面積は2で，t の値に関係なく，変わらないことがわかる。

5 ＜平面図形＞

1 **回転移動**…図形を，1つの点を中心として一定の角度だけ回転させる移動。

対称移動…図形を，1つの直線を折り目として折り返す移動。

図形①を，点Oを回転の中心として180°だけ回転移動させると，図形④に重なり，図形④の位置から直線CFを対称の軸（折り目となる直線）として対称移動させると図形⑤に重なる。

2 **図1**において，点Oを中心とし，半径がOAの円をかくと6点A，B，C，D，E，Fは円Oの円周上の点であり，正六角形ABCDEFの1辺の長さは円Oの半径と等しい。よって，**図2**において，

① 線分ADの垂直二等分線をひき，線分ADと垂直二等分線の交点（点O）を中心とし，半径がOAの円をかく。

② 点Aを中心とし，半径がOAの円をかき，円Oとの交点をB，F，点Dを中心とし，半径がODの円をかき，円Oとの交点をC，Eとする。

③ 6点A～Fを順に線分で結び，六角形ABCDEFをかく。

3(1) 右図より，△OABは正三角形だから，
∠OAB＝60°
△AMPは30°，60°，90°の三角形より，
PM＝$\sqrt{3}$AP＝$\sqrt{3}$（cm）

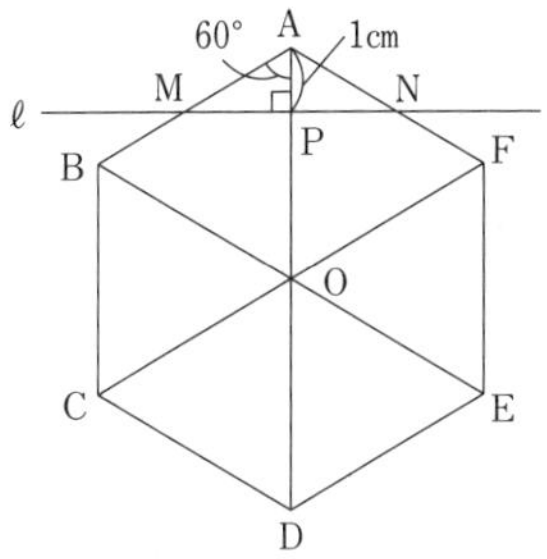

(2) 右図より，△AMNは二等辺三角形で，
PM＝PN
PMの長さは，正三角形OABの高さと等しいから，
PM＝$\frac{\sqrt{3}}{2}$AB
$=\frac{\sqrt{3}}{2}\times4=2\sqrt{3}$（cm）
MN＝2PM＝$4\sqrt{3}$（cm）
よって，△AMN＝$\frac{1}{2}\times4\sqrt{3}\times5=10\sqrt{3}$（cm²）

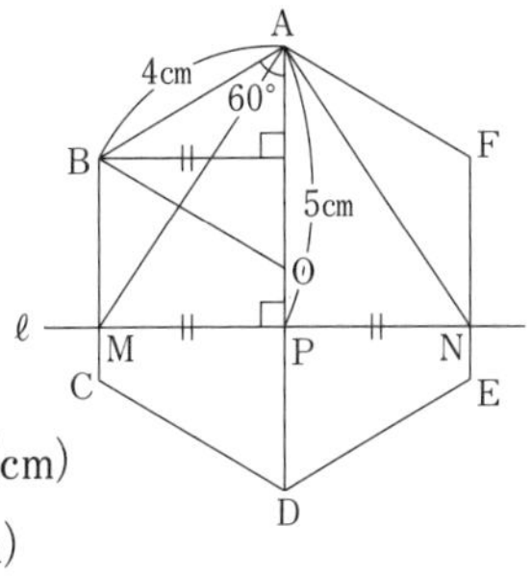

(3) 右図より，点Cから対角線ADに下ろした垂線と対角線ADとの交点をC′とすると，
△CDC′は30°，60°，90°の三角形だから，
C′D＝$\frac{1}{2}$CD
＝2（cm）
AC′＝8－2＝6（cm）より，$6\leqq t\leqq8$
あとは，△AMNの面積を t を用いて表し，方程式を立式して解けばよい。

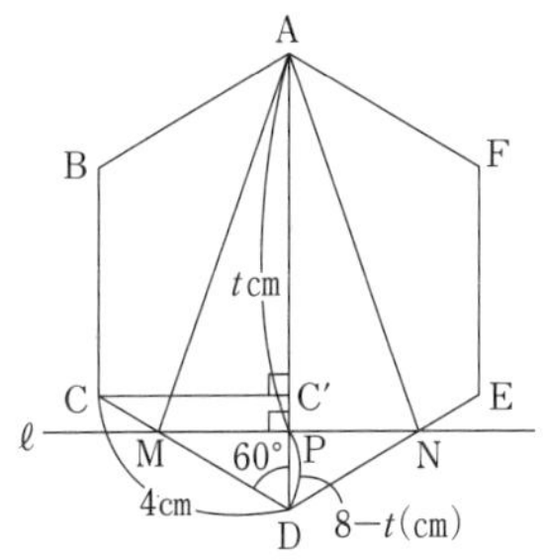

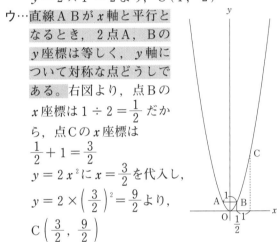

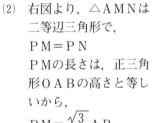

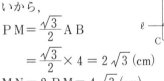

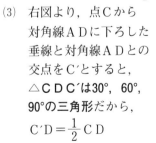

令和六年度　公立高校入試実戦問題第一回　国語

正答例

[1]
1 (1) 有頂天　(2) 厚　(3) 協賛
(4) いあつ　(5) おこた　(6) せんせい
2 ウ

[2]
1 イ
2 ウ
3 Ⅰ 人生の目標
Ⅱ 大きな生きがい
4 ア
5 人は生きていく意味を問いかけながら問いそのものを深めることで，その意味を深く感じとることができる

[3]
1 ㆓為　士　㆒師
2 父母之邦
3 Ⅰ 三度も免職された
Ⅱ 自分の信念を曲げて君主に仕える
4 イ

[4]
1 やさしくて度胸のある人
2 ウ
3 Ⅰ 素敵
Ⅱ すごくかわいいと思えた
4 エ
5 省吾なら絶対に飛べる，飛べたら力をもらえる気がすると，麻緒が本気で思っていることが分かり，恐怖がなくなり落ち着いた

[5]
資料１からは、手書きでは書かない漢字でも、情報機器では漢字で書く人が多いことが読み取れる。資料２からは、二十年間でどの世代も、漢字を正確に書く力が衰えると思う人がかなり増えていることがわかる。私は、パソコンを使うようになって専門を専間と間違っていたことに気づいた。思い込みを訂正するという面では情報機器も役に立つと思う。

配　点

[1]	2点×7								計14点
[2]	1	3点	2	3点	3Ⅰ	4点	Ⅱ	4点	
	4	5点	5	7点					計26点
[3]	1	3点	2	3点	3Ⅰ	3点	Ⅱ	5点	
	4	4点							計18点
[4]	1	4点	2	3点	3Ⅰ	2点	Ⅱ	4点	
	4	3点	5	7点					計23点
[5]	9点								

解　説

[1] ＜漢字・書写＞

2　共通する偏は「しめすへん」である。**ア**は行書では同じだが，「被」なので「ころもへん」である。**イ**は「授」で「てへん」，**エ**は「机」で「きへん」である。

[2] ＜論説文＞

1　「楽しいことばかり」の「ばかり」は，「だけ」という限定の意味で用いられている。同じ意味で「ばかり」が用いられているのは**イ**。**ア**は程度を表す。**ウ**は「それだけが原因で」の意味。**エ**は「～するとすぐ」(完了して間もない）の意味。

2　空欄前では，「優れた作品を生み出すためには～問いかけ続けていく」ことで「何かを掴んだ」とある。一方空欄後では，「掴んだ」ものがはじめは「漠然としてい」て「関係のないこともくっついているかも知れ」ないとある。よって，前の事柄から類推される結果とは逆の結果が後に続く**逆接の接続詞「しかし」**が適当。

3 Ⅰ　「を発見」が手がかり。[3]段落に「人生の目標をより深く発見し続けていく」とある。

Ⅱ　「を与えられて」が手がかり。[3]段落に「大きな生きがいを与えられて」とある。

4　[5]段落では，「正しく問いかけ続けていくことで，その問いかけそのものが次第に深まっていくという事態」を，「画家」を具体例として挙げながら説明している。[6]段落では，その具体例の内容をより深めている。したがって，**ア**が最も適当である。**イ**は「内容を離れ」が誤り。**ウ**は「新たな条件を加える」が誤り。**エ**は「対照的な具体例」が誤り。

5　[6]段落の最後の一文「問いかける内容自体も～作品のレベルが上がっていくのです」が，「画家」の例についてのまとめ。これを「人生」全般に広げたのが，[7]段落の最後の一文「『生きていくとはどういうことか』と**問いかけ**ながら～**生きていく意味を深く感じとることができる**のです」である。この内容をまとめる。

[3] ＜古文＞

（口語訳）柳下恵は，裁判官となったが，三度免職された。ある人が，「あなたはまだこの国を去ろうとしないのか。」と尋ねた。(すると，柳下恵は，)「正しい道理に従って君主に仕えるならば，(今の世の中では，）どこの国に行っても度々免職されるだろう。もし（自分の）信念を曲げて君主に仕えるとするならば，(どこの国に行っても官職につくことができるのだから，）どうしてわざわざ祖国を去る必要があろうか，いやない。」と答えた。

1　二字以上離れた上の字に返る場合は，「**一・二点**」。

2　あとに「何ぞ必ずしも父母の邦を去らん（何必去父母之邦)」とあるので，――線部②の「去る」とは，「父母之邦」から「去る」ことを言っているのだとわかる。

3 Ⅰ　――線部③の前の一文に「柳下恵，士師と為りて，三たび黜けらる」とあるが，「ある人」は「柳下恵」が「三たび黜けら」れたにもかかわらずそのままとどまっていることを疑問に思ったのである。

Ⅱ　生徒の発言は――線部④の現代語訳であることがヒント。空欄には「道を枉げて人に事ふれば」の部分が当てはまる。「何ぞ～去らん」は，断定を強調するために言いたいことと反対の内容を疑問の形で述べる反語表現。

4　柳下恵の発言の内容に合うものを選ぶ。**ア**「恥を忍んで人に仕えよう」，**ウ**「思いを曲げて官職につく」，**エ**「官職につくことを無駄だ」がそれぞれ不適。

4 ＜小説文＞

1 「教室で省吾が」ではじまる麻緒の言葉に着目する。コオロギを逃がした省吾を,「やさし」くて,「度胸がある」人だと感じていたことが分かる。

2 空欄以降の言葉から,麻緒は省吾には川に飛び込むことができる度胸があると考えていることが分かる。また,空欄の後に「表情が本当に～笑いだった」とあることから,省吾は麻緒が真剣な気持ちからそのように言っていると思ったことが分かる。よって,**ウ**が適当。

3 ――線部②は,その前の「くすぐったい気分になって何だかソワソワしてしまった」と同じ感情。そう思った理由は「麻緒は本当にうれしそうに～かわいいって思えた」という部分にある。

4 ――線部③の前の「私がちょこっと～思えるから」という麻緒の言葉に対して,省吾は「小学六年生の同級生がそんなことをいうとは思ってもみなかった」と感じている。自分が頑張ればみんなが生きていけるという麻緒の考えに感動したのである。

5 省吾が飛ぶことを決意するまでの気持ちの変化を読み取る。――線部④の前の「でも省吾なら」ではじまる麻緒の言葉から,――線部④の直前までの文章に着目する。麻緒は,省吾が飛べば自分も力をもらうことができると本気で思っていることが分かる。また,「深呼吸と一緒に～気分だった」から,今まで感じていた恐怖がなくなり落ち着いた気分になったことが分かる。

5 ＜作文＞

両方の資料から読み取れることを書かなければならないので,簡潔にまとめる力が必要となる。体験の例としては,「書きたい漢字が出てこない」「情報機器の変換機能に頼ってしまう」などが挙げられる。

[採点基準の例]

(1) **資料1**…2点

資料1を正しく読み取れており,かつ明確に書けているかを,2点(良い),1点(不明瞭),0点(書けていない)の3段階に評価する。

(2) **資料2**…2点

資料2を正しく読み取れており,かつ明確に書けているかを,2点(良い),1点(不明瞭),0点(書けていない)の3段階に評価する。

(3) **考え**…5点

「手書きで漢字を書くことと,情報機器で漢字を使うこと」についての考えを,体験に触れながら明確に書けているかを,5点(優れている),4点(良い),2点(不明瞭),0点(書けていない)の4段階に評価する。

(4) **行数を満たしていないもの**…減点3点

(5) **表記**…最大減点4点(一か所ごとに減点1点)

① 原稿用紙の使い方の誤り。
② 誤字脱字,符号の用法の誤り。
③ 用語や文の照応の不適切なもの。
④ 文体が統一されていないもの。

令和6年度 公立高校入試実戦問題第1回 理科

正答例

1 1 **放電** 2 **マグマ** 3 **ウ**
4 **$2H_2O \rightarrow 2H_2 + O_2$**
5 ① **イ** ② **イ**(完答) 6 **⦶**
7 **節足動物** 8 **ウ,エ**(順不同・完答)

2 Ⅰ 1 **イ**
2 **かんの表面に水滴がつきはじめたから。**
3 **71**(%)
4 **大気中の水蒸気量が多く,水が蒸発しにくいから。**
Ⅱ 1 **示相化石** 2 **15**(m) 3 **斑晶**

3 Ⅰ 1 **イ**
2(1) ① **ア** ② **イ**(完答) (2) **エ**
3 **15**(Ω)
Ⅱ 1 **エ** 2 **330**(回)
3 **大きくて高い音**

4 Ⅰ 1 **イ** 2 a **肝臓** b **脂肪**(完答)
3 **決まった物質のみを分解する性質。**
4 **ア,エ**(順不同・完答)
Ⅱ 1 **蒸散** 2 **AとD**(順不同・完答)
3 **3.0**(cm^3) 4 **イ**

5 Ⅰ 1 **NaCl**
2 **溶液が混ざらないようにするため。**
3 **炭素**
4 記号 **A**
名称 **水酸化ナトリウム水溶液**(完答)
Ⅱ 1 **青**(色から) **桃**(色)
2 **エ**
3 右図
4 **0.5**(g)

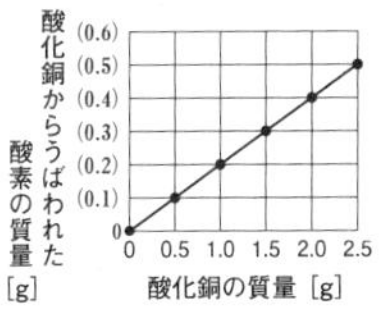

配 点

1 6,8 3点×2	他 2点×6	計18点
2 Ⅰ1,Ⅱ1,3 2点×3	他 3点×4	計18点
3 Ⅰ1,2(1),Ⅱ1 2点×3	他 3点×4	計18点
4 Ⅰ3,Ⅱ3 3点×2	他 2点×6	計18点
5 Ⅰ2,Ⅱ4 3点×2	他 2点×6	計18点

解 説

1 ＜4分野総合＞

3 ゼニゴケはコケ植物に分類され,胚珠や子房をもたないので**ア**と**エ**は不適。コケ植物の中には,エゾスナゴケのように乾燥に強く日当たりのよい場所に生える種類もあるが,ゼニゴケは乾燥に弱く日かげを好むものが多いので**イ**は不適。

5 凸レンズを用いてできる物体の実像は,物体とスクリーンが焦点距離の2倍の位置にあるとき,物体と同じ大きさになる。物体の位置が焦点距離の2倍の位置から焦点に近づくと実像は大きくなっていき,像ができるスクリーンの位置は凸レンズから離れていく。

6 まず,雨や雪が降っていないかを確認する。その後,見通しのよい場所で,空を見わたし,雲量(空全体を

10としたとき，雲がおおっている割合）を観測して天気を判断する。雲量と天気，天気図記号については右の表の通りである。

天気	快晴	晴れ	くもり	雨	雪
記号	○	⦶	◎	●	⊗
雲量	0~1	2~8	9~10		

8　50℃のとき，Aは固体，B，Cは固体か液体，Dは液体なので**ア**は不適。融点とは，固体がとけて，液体に変化するときの温度のことであり，**表**より，最も融点が高いのはAなので**イ**は不適。

[2] ＜天気とその変化・大地の変化＞

Ⅰ2　空気にふくまれる水蒸気が凝結しはじめる温度を露点という。露点のときの湿度は100％である。

3　湿度〔%〕＝$\dfrac{1\,\text{m}^3\text{の空気にふくまれる水蒸気の質量〔g/m}^3\text{〕}}{\text{その空気と同じ気温での飽和水蒸気量〔g/m}^3\text{〕}}$×100

表より，気温が26℃の飽和水蒸気量は24.4 g/m^3であり，露点が20℃なので空気1 m^3中にふくまれる水蒸気量は17.3 gである。

$\dfrac{17.3}{24.4}$× 100 ＝70.9…　よって，71％

4　空気中の水蒸気量が多いと，洗たく物がふくむ水が空気中に出ていきにくい。

Ⅱ1　示相化石は，限られた環境にしかすめない生物の化石である。

2　**図1**，**図2**より，地点A，Bの凝灰岩の層は，100 －10＝90〔m〕，地点Cの凝灰岩の層は，100 － 5 ＝95〔m〕なので，この地域の地層は東から西に低くなっていることがわかる。よって，地点Dの凝灰岩の層は，地点Cの凝灰岩の層がある標高と同じだと考えられるので，100 －95＝15〔m〕の深さの地点にある。

3　形がわからないほど小さな鉱物の集まりやガラス質の部分を石基という。

[3] ＜電気の世界・身のまわりの現象＞

Ⅰ2(2)　電流による磁界のでき方は，下のようになる。

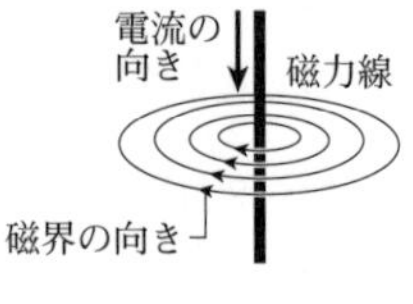

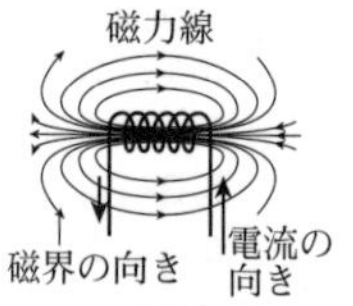

3　**実験**の②の回路は並列回路なので，電熱線にはそれぞれ6.0 Vの電圧が加わる。**実験**の①で，電熱線Pに6.0 Vの電圧が加わると0.50 Aの電流が流れたので，**実験**の②で，電熱線Qに流れる電流の大きさは0.90 － 0.50 ＝ 0.40〔A〕　よって，オームの法則より，電熱線Qの抵抗の大きさは$\dfrac{6.0}{0.40}$＝15〔Ω〕

Ⅱ2　**図2**より，おんさAは8目盛りで4回振動しており，おんさBは8目盛りで3回振動しているので，振動数は440 ×$\dfrac{3}{4}$＝ 330〔回〕

3　振動数が多いほど音が高くなり，振幅が大きいほど大きな音になる。

[4] ＜生物のからだのつくりとはたらき＞

Ⅰ1　**ア**：デンプンを分解するだ液中の消化酵素，**ウ**・**エ**：それぞれ，タンパク質，脂肪を分解するすい液中の消化酵素である。

2　肝臓には，胆汁をつくるはたらき以外に，「養分をたくわえる」「からだに有害な物質であるアンモニアを無害な物質である尿素に変える」などのはたらきがある。

4　脂肪酸とモノグリセリドは，柔毛に吸収されたのち，再び脂肪に戻ってリンパ管に入る。

Ⅱ2　対照実験では，調べたい事柄以外の条件をそろえる必要がある。

3　AとC，またはBとFを比べることで，葉の裏側から出ていった水の量がわかる。よって，
3.4 － 0.4 ＝ 3.0〔cm^3〕または，
4.0 － 1.0 ＝ 3.0〔cm^3〕

4　酸素は光合成，二酸化炭素は呼吸によって，それぞれ出されている。光が当たらないときは光合成ができず，呼吸のみが行われる。

[5] ＜身のまわりの物質・化学変化と原子・分子＞

Ⅰ2　リトマス紙は，酸性の水溶液をつけると青色が赤色に，アルカリ性の水溶液をつけると赤色が青色に変化する。中性の場合は，どちらのリトマス紙も変化しない。ガラス棒を洗わない場合，わずかに残った別の溶液の反応が出てくることが考えられる。

4　**実験1**より，白くにごったことから水溶液**D**が石灰水とわかる。**実験2**より，水溶液**A**，**D**がアルカリ性とわかるので，水溶液**A**は水酸化ナトリウムとわかる。**実験3**より，白色の固体となって残ったことから，水溶液**B**が食塩水，水が蒸発したあと，黒くこげた固体が残ったことから水溶液**C**は有機物である砂糖水とわかる。

Ⅱ2　鉄が酸素と結びつくことによって熱が発生する。

3　**図2**より，酸化銅の質量が0.5 gのとき，酸化銅からうばわれた酸素の質量は，
0.5 － 0.4 ＝ 0.1〔g〕　酸化銅の質量が1.0 gのとき，酸化銅からうばわれた酸素の質量は，
1.0 － 0.8 ＝ 0.2〔g〕　酸化銅の質量が1.5 gのとき，酸化銅からうばわれた酸素の質量は，
1.5 － 1.2 ＝ 0.3〔g〕　酸化銅の質量が2.0 gのとき，酸化銅からうばわれた酸素の質量は，
2.0 － 1.6 ＝ 0.4〔g〕　酸化銅の質量が2.5 gのとき，酸化銅からうばわれた酸素の質量は，
2.5 － 2.0 ＝ 0.5〔g〕

4　**3**より，酸化銅と酸化銅からうばわれた酸素の質量の比は，1.0 ：0.2 ＝ 5 ：1である。反応後に試験管内に残った物体の質量が2.9 gだから，酸化銅からうばわれた酸素の質量は，
3.5 － 2.9 ＝ 0.6〔g〕　反応した酸化銅の質量をx〔g〕とおくと，5 ：1 ＝ x ：0.6　x ＝ 3.0
よって，反応せずに残っている酸化銅の質量は，
3.5 － 3.0 ＝ 0.5〔g〕

令和６年度　公立高校入試実戦問題第１回　英語

正答例

1
1 イ　2 ウ
3 old　4 ウ　5 ア
6 She teaches Japanese
7 (例) I'm going to play tennis with my friend.

2
1 ① イ　② ウ
2 ① イ　② ア　③ エ
3 ① are you doing
② Can you help
③ take me there
4 ① He wanted to go to a flower shop.
② I was glad that he looked so happy.

3
Ⅰ 1 Because *yukatas* are for summer.
2 イ
Ⅱ 1 ① ウ　③ イ　④ ア (完答)
2 エ
Ⅲ イ

4
1 (A) イ　(B) ア　(C) ウ (完答)
2 エ
3 Using English is very important for you
4 ウ
5 あおば駅で助けてくれた少年が写真に写っていたから。
6 (例) When we see old people with heavy bags, we can help them carry the bags.

配点

1	7　4点	他　3点×6	計 22 点
2	1，2　2点×5　4　4点×2	他　3点×3	計 27 点
3	Ⅰ，Ⅱ2　3点×3	他　4点×2	計 17 点
4	3　4点　5　5点　6　6点	他　3点×3	計 24 点

解説

1 ＜聞き取りテスト台本・訳＞

＜チャイムの音四つ＞

これから，英語の聞き取りテストを行います。問題用紙の２ページを開けなさい。

英語は１番から４番は１回だけ放送します。５番以降は２回ずつ放送します。メモをとってもかまいません。

(約３秒間休止)

では，１番の問題を始めます。まず，問題の指示を読みなさい。

(約 10 秒間休止)

それでは放送します。

Jack : Hi, Emi. What sport do you like the best?
Emi : Hi, Jack. I like basketball the best. How about you?
Jack : Well, I like tennis.
Emi : I have never played it. Let's play it tomorrow.

(約 10 秒間休止)

Ｊ：やあ，絵美。君はどのスポーツが一番好きなんだい？　Ｅ：こんにちは，ジャック。私はバスケットボールが一番好きよ。あなたはどう？　Ｊ：ええと，僕はテニスが好きだよ。　Ｅ：私はそれをしたことがないわ。明日それをやりましょう。

次に，２番の問題です。まず，問題の指示を読みなさい。

(約 10 秒間休止)

それでは放送します。

Keita : Hello, Maria. My father and I are going to go to a zoo in our town tomorrow. Can you come with us?
Maria : Wow, that's nice, Keita! Where can I meet you? At your house?
Keita : Well, I have to go to the library in the morning. So, let's meet there at eleven. We can go to the zoo with my father by car.
Maria : OK. Thank you very much.

(約 10 秒間休止)

Ｋ：やあ，マリア。僕のお父さんと僕は明日町の動物園に行くつもりなんだ。僕らと一緒に来ない？　Ｍ：まあ，いいわね，啓太。どこであなたたちと会えばいい？　あなたの家？　Ｋ：僕は午前中に図書館に行かないといけないんだ。だから，11 時にそこで会おう。僕たちは僕のお父さんと車で動物園に行けるよ。　Ｍ：わかったわ。ありがとう。

次に，３番の問題です。まず，問題の指示を読みなさい。

(約 15 秒間休止)

それでは放送します。

Mary : Dad, please buy a new camera for me.
Father : Why? You already have a camera.
Mary : Yes, but it's very old, and I want to take better pictures.
Father : I have a good camera. You can use it if you want to.
Mary : That's good.
Question：What camera does Mary have?

(約 15 秒間休止)

Ｍ：お父さん，私に新しいカメラを買ってよ。　Ｆ：どうしてだい？　もうカメラを持っているじゃないか。　Ｍ：ええ，でもそれはとても古いし，私はもっといい写真を撮りたいのよ。　Ｆ：私がいいカメラを持っているよ。よければ，君はそれを使っていいよ。　Ｍ：それはいいわね。

質問：メアリーはどんなカメラを持っていますか？

次に，４番の問題です。まず，問題の指示を読みなさい。

(約 15 秒間休止)

それでは放送します。

Hi, everyone. How was your winter vacation? I want to tell you about mine. I was going to go back to Australia for Christmas, but I stayed here because my mother wanted to come to Japan. She stayed at my home for a week. One day I took her to the lake. We enjoyed watching birds. It was very cold, but the lake was beautiful. Now, everyone, please tell me about your winter vacation in English. (約 15 秒間休止)

こんにちは，皆さん。あなたたちの冬休みはいかがでしたか？　私はあなたたちに自分の冬休みについて話したいと思います。私はクリスマスにオーストラリアに戻るつもりでしたが，私の母親が日本に来たいと思っていたのでここにとどまりました。彼女は私の家に１週間滞在しました。ある日私は彼女を湖に連れて行きました。私たちは鳥を見るのを楽しみました。とても寒かったですが，その湖は美しかったです。さて，皆さん，皆さんの冬休みについて私に英語で教えてください。

次に，５番の問題です。まず，問題の指示を読みなさい。

（約 20 秒間休止）

それでは放送します。

I'm going to talk about my favorite thing. I like walking in my town. I walk for thirty minutes in the early morning. But when I have a vacation, I walk for one hour in the evening. I like walking because I can enjoy different views every season when I walk. In spring, I can see many beautiful flowers, so I like this season the best. In summer, I walk by a big river. When I walk there, I feel good. In fall, many trees on the streets and in the parks change their colors and become red and yellow. In winter, it is very cold in the morning. But I feel excited when I see mountains with snow. I like taking pictures of them because in my country we don't have snow. In the next class you are going to talk about your favorite things. I hope you will enjoy your speech.

（約３秒おいて，繰り返す）（約 10 秒間休止）

私は私の好きなことについて話そうと思います。私は私の町を歩くのが好きです。私は早朝に 30 分歩きます。しかし，休みの時は夕方に１時間歩きます。私は歩くときにすべての季節で異なった景色を楽しめるので歩くことが好きです。春にはたくさんの美しい花を見ることができるので，私はこの季節が一番好きです。夏には私は大きな川のそばを歩きます。そこを歩くとき，私はいい気分です。秋には通りや公園の多くの木が色を変え，赤と黄色になります。冬は朝がとても寒いです。しかし雪をかぶっている山を見るときはわくわくします。私の国では雪が降らないので，私はそれらの写真を撮るのが好きです。次の授業ではあなたたちはあなたたちの好きなことについて話します。私はあなたたちがスピーチを楽しむことを願っています。

次に，６番の問題です。まず，問題の指示を読みなさい。

（約 15 秒間休止）

それでは放送します。

I'm a junior high school student. My father has a sister. Her name is Misa, and she has lived in Canada for three years. She works at a school in Canada and teaches Japanese. When I went to Canada to meet her during the winter vacation, she was very kind and helped me very much. I visited many interesting places with her. And I had many kinds of food at restaurants. I had a really good time in Canada. After coming back to Japan, I wrote some letters to Misa. Now I want to see Misa again very much.

Question：What does Misa do in Canada?　（約７秒間休止）

では，２回目を放送します。

（最初から質問までを繰り返す）（約 15 秒間休止）

僕は中学生です。僕の父には妹がいます。彼女の名前は美沙で，彼女は３年間カナダに住んでいます。彼女はカナダの学校で働き，日本語を教えています。僕が冬休みに彼女に会いにカナダに行ったとき，彼女はとても優しく僕を助けてくれました。僕は彼女と多くのおもしろい場所を訪れました。そして，僕はレストランでいろいろな食べ物を食べました。僕はカナダで最高の時間を過ごしました。日本に帰った後，僕は美沙にいくつか手紙を書きました。僕はまた美沙にとても会いたいです。

質問：美沙はカナダで何をしていますか？

（正答例の訳）**彼女は**学校で**日本語を教えています**。

次に，７番の問題です。まず，問題の指示を読みなさい。

それでは，放送します。

Saori：Hi, Peter.

Peter：Hi, Saori. Where are you going?

Saori：I'm going to Midori Park.

Peter：What are you going to do at the park?

Saori：(　　　　　　　　　　　　　　　　　　　　)

（約３秒おいて，繰り返す）（約１分間休止）

Ｓ：こんにちは，ピーター。　Ｐ：やあ，早織。どこに行くの？　Ｓ：私はみどり公園に行くのよ。　Ｐ：君は公園で何をするつもりなんだい？　Ｓ：（正答例の訳）**私は友達とテニスをするつもりよ**。

＜チャイムの音四つ＞

これで，聞き取りテストを終わります。次の問題に進みなさい。

2　＜英文表現＞

1　Ｈ：ああ，何てことだ！　僕たちはバスに乗りそこねてしまった。　Ｊ：次のバスはいつ来るの，浩樹？　Ｈ：９時 30 分だよ。僕たちはそれを 30 分間待たないといけない。　Ｊ：それはすごく長いね。①**そこに歩いて行くのはどう？**　Ｈ：それはおよそ１時間かかるよ。②**それは疲れるよ**。　Ｊ：タクシーに乗らない？　Ｈ：いいや，僕たちは十分なお金を持っていないよ。30 分間待とう。　Ｊ：わかったわ。

2［説明］　①　木曜日と土曜日の間の曜日

②　家や学校のようなものを作ること

③　多くの場所で多くの人に知られている

3　Ｊ：こんにちは，ニック。ここで何①**をしているの**？　Ｎ：やあ，順子。僕は市立図書館を探しているんだよ。②**助けてくれない**？　Ｊ：ええ，もちろんよ。市立図書館はここからそんなに遠くないわ。　Ｎ：おお，本当に？　もし君が③**僕をそこに連れて行ってくれたら**とてもうれしいんだけど。　Ｊ：本当にごめんなさい。できないの。私は今とても忙しいの。ええと，私はあなたに地図を描いてあげるわ。　Ｎ：わあ，どうもありがとう。

4（正答例の訳）

①　**彼は花屋に行きたがっていました**。

②　**彼がとても喜んでいるようで，私はうれしかった**。

3　＜英文・資料読解＞

Ⅰ　先週，私は妹の誕生日プレゼントのゆかたを買いに行くために買い物に行きました。私はいくつかの着物店に行きましたが，一つのゆかたも見つけることができませんでした。最後の店で，私はそのことについて店員にたずねました。「申し訳ございませんが，今は 10 月なので私どもはゆかたを置いておりません。ゆかたは夏のためのものです。」それは私にとって新しい発見でした。そこで，彼女は私にその店の中のたくさんの違うものを見せてくれました。しかし私は妹へのいいプレゼントを見つけることができませんでした。だから，私は彼女に「日本でのあなたの友人への人気のある誕生日プレゼントについて私にアイディアをください」と言いました。彼女は私にいくつかのアイディアをくれました。

私がその店を出て行こうとしていたとき，店員が私を呼びました。私が彼女を見ると，彼女は手に何かを持っていました。彼女は「私は以前このゆかたを私の母のために買いましたが，私はこれをあなたの妹さんのためにあなたに差し上げたいのです」と言いました。私はとても驚いて「ありがとうございます。しかしそれは身にあまることです」と言いました。店員は「私が中学生だったとき，オーストラリアに滞在しました。そこの人々は私にとても親切でした。だから，**今は私があなたを助けたいのです**。私はあなたがお返しに誰かを助けてくださることを願っています」と言いました。「すばらしいプレゼントと親切をどうもありがとうございます」と私はその店を去りました。私はその店員からとても大切なことを学びました。

1　質問：10月の着物店にゆかたがないのはなぜですか？

Ⅱ　A：お父さん，手伝ってくれない？　F：もちろんだ。どうしたんだい？　A：私は新しい英和辞典を買いたいの。私の先生はこれらの３つの辞典が学生にはいいと言うの。どれが私にとって一番いいかしら？　F：僕は①**辞書C**が好きだな。それにはたくさんの単語が載っているよ。僕は君が英語を勉強するときにはこれがいいだろうと思うよ。　A：でもそれは大きすぎるわ。私は３つの中で②**一番小さい**から辞書Aが好きだわ。そしてそれは高くないわ。　F：うーん，これはあんまり言葉が載っていないな。　A：わかったわ。③**辞書B**はどう？　これはそんなに大きくなくて④**辞書A**より多くの単語が載っているわ。　F：カラー印刷とたくさんの絵も便利だね。　A：わかったわ。私はこれを買うわ。

1①　対話文訳波線部参照。

③，④　対話文訳二重傍線部参照。

2　Aが３つの中で一番なのは，「安さ」「小ささ」「単語の少なさ」だが，単語の少なさはメリットとは言えず，安さについては直後で触れているので，一番小さいことについて話していることがわかる。

Ⅲ　僕は普段放課後に学校の図書館で勉強しているが，昨日は妹のための本を探すために市立図書館に行った。小さな子ども向けの本がたくさんあるので，僕は子ども向けの部屋にいた。そのときおばあさんが小さな男の子と一緒に入ってきた。おばあさんは彼に本を読み始めた。彼は彼女が彼のために本を読んでいるときにはそばに座っていた。彼はとてもうれしそうだった。彼女が読み終わると，彼は彼女に「もう一度その本を読んで」と言った。彼女は彼のために約１時間読んだ。僕はそれを見たとき，うれしくなった。その時僕は「なぜ僕は今うれしく感じているんだろう？」と思った。僕はそれについて考えたがそのときは答えが出てこなかった。

その夜自分の部屋で，僕はそれについて再び考えていた。もちろん僕は本を読むのが好きで図書館は僕のお気に入りの場所だが，今日は何かが違った。僕はそのおばあさんと小さい男の子を見たときに何か温かいものを感じたのだ。彼女は彼のことが大好きで，彼も彼女のことが大好きだった。それは僕にとって心温まる場面だったのだ。

4　＜長文読解＞

健二はあおば市のみどり駅の近くに住んでいる。彼は今中学生だ。彼は英語が好きで，英語クラブの一員だ。そのクラブには７人のメンバーがいる。彼らは彼らのALTのブラウン先生と英語で話すことを楽しんでいる。彼女は英語の授業やクラブでよく「英語を使うことはあなたたちにとってとても大切です」と言う。

ある日曜日，健二はあおば駅の近くの市立図書館に行った。何冊かの本を読んだ後，彼はあおば駅に戻った。彼がみどり駅行きの電車を待っていたとき，一人の女性を見た。彼女は辺りを見回していた。彼は「彼女は正しい電車がわからないんだ。僕は彼女を助けたい。彼女は他の国から来ているのだろうか？彼女は英語を話すのだろうか？」と心の中で思った。そのとき健二は①**ブラウン先生の言葉**を思い出した。彼はその女性に「すみません，あなたは英語を話しますか？」と言った。彼女は「はい，話します」と言った。彼は「お手伝いしましょうか？」と言った。「はい，お願いします。私はみどり駅に行きたいのです」と彼女は言った。彼は「みどり駅？　僕もそこに行きます。一緒に行きましょう」と言った。彼らは同じ電車に乗った。

健二は彼女に「僕は健二です」と言った。彼女は「私はナンシーです」と言った。彼は「②**あなたはどこの出身ですか？**」と言った。彼女は「私はオーストラリア出身です。私は友達に会いに日本に来ました」と言った。彼はいくつかの易しい英単語を使った。彼は彼女と話をすることを楽しんだ。

15分後，彼らはみどり駅に着いた。ナンシーはほほえんで「私の友達はこの駅の近くに住んでいます。彼女はここに来ます。ありがとうございました」と言った。健二はとてもうれしかった。彼は彼女に「さようなら」と言って家に帰った。

翌日，健二は英語の授業があった。彼の英語の先生の吉田先生がブラウン先生と一緒にクラスに来た。授業でブラウン先生は生徒に「昨日，私の友達がオーストラリアからこの市に来ました。彼女があおば駅にいたとき，一人の親切な少年が彼女に英語で話しかけて，彼女を助けてくれました。彼はあなたたちと同い年でした」と言った。健二は「ブラウン先生は僕のことを言っている！」と心の中で思った。

その日の放課後，ブラウン先生は健二の教室に行って，彼に「昨日私の友達を助けてくれてありがとう，健二」と言った。健二は「どうしてそれを知っているのですか？」と言った。ブラウン先生はほほえんで「私は昨日ナンシーに何枚かの写真を見せたの。それらは日本で撮られたのよ。彼女が英語クラブのメンバーの写真を見たとき，③**彼女はとても驚いたわ**。彼女はその写真の中の生徒の一人を知っていたの。彼女はあおば駅で彼に会ったわ。その少年はあなただったのよ，健二」と言った。

1　イ　本文5行目　→　ア　本文13～14行目　→　ウ　本文23～24行目

2　本文訳波線部参照。

4　Nancyの返答が「I'm from Australia.」なので，出身を聞く質問が最も適している。

6　M：こんにちは，健二。ブラウン先生があなたが彼女の友達のナンシーを助けたことを教えてくれたわ。　K：僕はただ彼女を助けたかったんだ。僕たちは困っている人を見かけたとき，行動するべきだ。　M：ええと，それについて話し合いましょう。私たちは彼らのために何かできるわ。私たちが彼らを見かけたとき，何ができるかしら？　私に例を挙げてくれない？　K：もちろんだよ。**私たちは重いかばんを持ったお年寄りを見かけたとき，彼らがかばんを運ぶのを手伝うことができるよ**。　M：そうね。私はそれをするわ。

令和６年度　公立高校入試実戦問題第１回　社会

正答例

[1]　Ⅰ　1　ア・ウ（完答）　2　7時間
3　ア　4　い　5　ウ
6　穀物自給率が100％を下回っており，輸入量が輸出量を上回っている

Ⅱ　1　リアス海岸　2　ウ
3（中部）2　（東北）1　（完答）
4（千葉県）ウ　（埼玉県）イ
5　歴史的な景観。

Ⅲ　日本海を通過するときに水分を含み，山脈にぶつかる

[2]　Ⅰ　1　寺子屋　2　イ
3　ア　4　徳政令（漢字３字）
5　ア→ウ→エ→イ　6　エ
7　キリスト教の信者を見つけ出すために行われた絵踏

Ⅱ　1　東京
2（記号）イ　（正しい語）徴兵令　（完答）
3⑴　エ　⑵　ア　4　ウ
5　多くの労働者が戦地に召集されたために，工場での労働力が不足したから。(34字)

Ⅲ　アフリカ州では，植民地の支配から解放され，独立した国が多かったから。

[3]　Ⅰ　1　ウ・オ（順不同・完答）
2　加工（漢字２字）　3　イ
4　伊藤博文
5　中央集権を確立すること。　6　ウ

Ⅱ　1⑴　ＥＵ（アルファベット指定）　⑵　ウ
2　戊辰
3　街道が整備されることで人々が行き来し，江戸で栄えた文化が地方へ広まった。

Ⅲ　1885年には綿糸を輸入していたが，1899年では，原料の綿花を輸入して，綿糸を輸出するようになっている。

配　点

[1]　Ⅰ2，6　Ⅱ3，5　Ⅲ　3点×5
他　2点×8　計31点

[2]　Ⅰ7　Ⅱ5　Ⅲ　3点×3　他　2点×11　計31点

[3]　Ⅲ　4点　Ⅰ1，5　Ⅱ1⑵，3　3点×4
他　2点×6　計28点

解　説

[1]　＜地理総合＞

Ⅰ　アーガーナ，イーペルー，ウーカナダ，エーフィリピン。ａーインド，ｂー中国，ｃーバングラデシュ，ｄーベトナム，ｅーインドネシア。Ｐーナイジェリア，Ｑーブラジル，Ｒーアメリカ，Ｓー韓国。

1　イ・エー太平洋に面している。

2　アの国を通る経線が本初子午線なので，・で示した都市（カイロ）を通る経線は東経30度にあたる。日本と・で示した都市の経度差は135－30＝105度，時差は105÷15＝7時間となる。

3　カナダは国土の大部分が冷帯に属しているので，冷帯の気候を説明しているア。イー温帯，ウー乾燥帯，エー熱帯。

4　Ｃの北アメリカ州に属するアメリカは世界有数の産油国であるが，世界最大の原油消費国でもあることから，原油消費量が原油産出量を大幅に上回るい。あーアジア州，うーアフリカ州，えー南アメリカ州。

5　中国南部や東南アジアの国々は，季節風の影響を受けて降水量が多いため，大きな川の流域などで稲作が盛ん。

Ⅱ1　リアス海岸は，多くの入り江と湾が形成され，天然の漁港として利用されることが多い。

2　アー新潟県に関することであり，兵庫県に属しているのは淡路島，イー瀬戸大橋は岡山県と香川県をつなぐ，エー大阪府に関すること。

3　接している県のうち，中部地方の県は北側の新潟県と西側の長野県，東北地方の県は北東側の福島県。関東地方の県は東側の栃木県と南側の埼玉県。

4　東京都に次いで人口が多いアが神奈川県。ウは農業産出額から県内のほとんどが平野や台地で農業がさかんな千葉県。そしてアに続く工業製造品出荷額，海に面していないため海面漁業生産量がないことなどからイは埼玉県。エー群馬県。

5　資料から，整備前にはあった電線・電信柱・広告看板などが整備後にはなくなっていることをもとに，キーワード「景観」を引き出す。

Ⅲ　その後，この季節風は日本アルプスを越え，関東平野に乾燥した風をもたらす。そのため関東地方の冬は少雨となる。

[2]　＜歴史総合＞

Ⅰ2　アー古墳時代，イー弥生時代，ウ・エー飛鳥時代。

3　イー奈良時代の天平文化，ウー鎌倉文化，エー室町文化の作品。

4　幕府を支えていた御家人たちは元軍との戦いのあとに恩賞をもらえず，さらに領地の分割相続によって生活が苦しくなっていたため，借金をしたり土地を手放したりする者が増加した。

5　鎌倉時代→室町時代→安土桃山時代→江戸時代。

6　太閤検地を命じた人物は豊臣秀吉。アー織田信長，イー徳川家光，ウー奥州の藤原氏が行ったこと。

7　幕府はスペインやポルトガルの軍事力と国内のキリスト教徒が結びつくことをおそれ，キリスト教徒を迫害した。長崎ではキリストや聖母マリアの像を踏ませてキリスト教徒ではないことを証明させる絵踏が毎年行われた。

Ⅱ1　18世紀後半になると，イギリスで，大量生産を行うための技術の改良や機械の発明が次々と生まれ，世界で最初に産業革命がおこったイギリスは，19世紀の中ごろには「世界の工場」とよばれた。

2　学制は満６歳になった男女を全て小学校に通わせることが義務づけられた制度。

3(1)　**ア**ーベルサイユ条約と結びつく，**イ**ー民族自決の考えを受け，朝鮮各地でおきた，**ウ**ー日朝修好条規と結びつく。

(2)　**ア**ー遼東半島であり，ロシアがドイツ，フランスとともに清に返還するように要求した（三国干渉）。**イ**ー山東半島，**ウ**ー台湾。

4　**ウ**ー1912年のできごとであり，孫文が臨時大総統に就任した。孫文は袁世凱と手を組み，清の皇帝を退位させ，清の支配を終わらせた。これを辛亥革命という。**ア**ー1921年〜1922年，**イ**ー1914年〜1918年，**エ**ー1919年。

5　**資料**から，多くの成人男子が陸軍兵士として戦地に送られたと読み取り，工場での労働力さえ不足していた第二次世界大戦中の過酷な状況へ結びつける。

Ⅲ　**表**中の主な新加盟国の多くがアフリカの国であることを読み取り，これらの国が独立したという内容を入れる。1960年はアフリカの多くの植民地が独立を果たしたため「アフリカの年」といわれる。

3　＜地歴総合＞

Ⅰ3　サンベルトは，北緯37度付近から南の温暖な地域であり，特にサンフランシスコ南部のシリコンバレーには，ＩＴ関係の会社が多く集まっている。

4　伊藤博文は，1885年に内閣制度ができると，初代内閣総理大臣に就任した。大日本帝国憲法は，1889年に発布された。

5　政府は，各県に県令（県知事）を，東京・大阪・京都に府知事を派遣し，中央の方針によって地方を治めさせた。これにより幕藩体制は解体され，政府が全国を支配する中央集権国家へと変わっていった。

6　フランス革命は1789年におこった。**ア**ー戦国時代の1543年，**イ**ー幕末の1867年，**ウ**ー田沼意次の政治は1767〜86年，**エ**ー関ヶ原の戦いは1600年。

Ⅱ1　**A**ーイギリス，**B**ーオランダ，**C**ードイツ，**D**ーギリシャ。

(1)　ヨーロッパ連合。

(2)　**ア**ー人口密度が最も高いのは**B**国のオランダで**D**国は最も低い，**イ**ー急速な経済成長については**表**からは読み取れない，**エ**ー輸出相手国にはアメリカも含まれ，**略地図**の地域だけではない。

2　王政復古の大号令は将軍を廃止して天皇中心の政治を行うことを宣言したもの。戊辰戦争は旧幕府軍と新政府軍との戦い。

3　まず，文化の担い手が元禄期の上方から文化文政期は江戸に移っていったことを押さえる。そして「東海道を描いた浮世絵が流行」「『東海道中膝栗毛』が評判」などから，このころより庶民も旅行に親しんでいたことを引き出し，重ね合わせて解答を述べる。

Ⅲ　日本では19世紀末に産業革命がおこって繊維工業が発達した。

令和６年度　公立高校入試実戦問題第１回　数学

正答例

1 1(1) **4**　(2) $\frac{1}{3}$　(3) $3\sqrt{6}$

(4) $3a-4<0$　(5) $(x-3)^2$

2 $x=2,\ y=1$　3 イ，エ（順不同・完答）

4 50（度）　5 16π（cm²）

2 1 $\frac{4}{3}a$（g）　2 $\frac{1}{4}$

3 （面）D，E（順不同・完答）

4 △EBDにおいて，

仮定より，

∠EBD＝∠CBD　………①

ED // BCより，平行線の錯角は等しいから，

∠EDB＝∠CBD　………②

①，②より，

∠EBD＝∠EDB　………③

③より，２つの角が等しいから，

△EBDは二等辺三角形である。

5 小さいほうの数を n とすると，大きいほうの数は，$n+1$ と表すことができる。

$(n+1)^2-n^2$

$=n^2+2n+1-n^2$

$=2n+1$

ここで n は整数だから，$2n+1$ は奇数である。

よって，大きいほうの数の２乗から小さいほうの数の２乗をひいた差は，つねに奇数になる。

3 1 31.5（℃）　2 16.8（℃）　3 0.45

4 ① ア　② ウ　③ ア　④ イ　⑤ ア

4 1 C（3，6）　2 $y=-2x+6$

3(1) $a=\frac{2}{3}$

(2) 傾き a は，直線 ℓ が点Bと交わるとき最小，点Cと交わるとき最大となるから，直線 ℓ の式にそれぞれ点B，Cを代入すると，

$0=3a+2,\ 3a=-2,\ a=-\frac{2}{3}$

$6=3a+2,\ 3a=4,\ a=\frac{4}{3}$

よって，a のとる値の範囲は，$-\frac{2}{3}\leqq a\leqq\frac{4}{3}$

答　$-\frac{2}{3}\leqq a\leqq\frac{4}{3}$

5 1

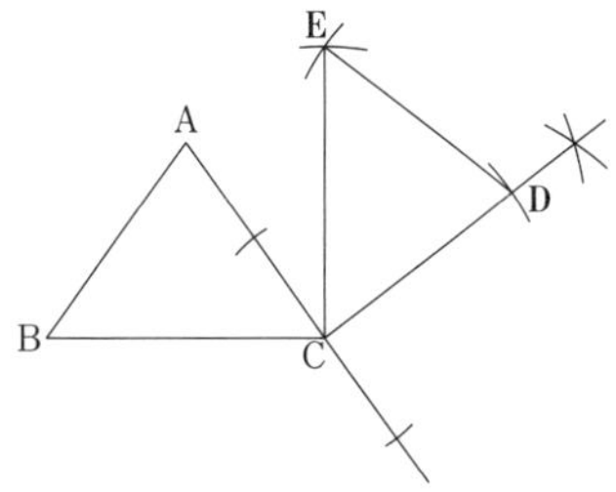

2(1) 30（度）　(2) 18（cm²）　3 $\frac{25}{4}\pi+3$（cm²）

配点

1　３点×９		計27点
2 1〜3　３点×３	4，5　４点×２	計17点
3　２点×８		計16点
4 1　３点	他　４点×３	計15点
5 1　３点	他　４点×３	計15点

1 ＜計算問題・小問集合＞

1(1) かっこの中から先に計算する。
$(18-6)\div 3=12\div 3=4$

(2) かけ算から先にする。約分を忘れない。
$\frac{5}{12}\times\frac{8}{15}+\frac{1}{9}=\frac{2}{9}+\frac{1}{9}=\frac{3}{9}=\frac{1}{3}$

(3) 分母に根号を含まない形になおすと，
$\frac{10\sqrt{3}\times\sqrt{2}}{\sqrt{2}\times\sqrt{2}}-\sqrt{2^2\times 6}$
$=\frac{10\sqrt{6}}{2}-2\sqrt{6}=5\sqrt{6}-2\sqrt{6}=3\sqrt{6}$

(4) ある自然数 a を3倍→ $3a$
$3a$ から4をひいた数→ $3a-4$
これが0より小さいから，$3a-4<0$

(5) 和が−6，積が9となる2数は，−3と−3
よって，$x^2-6x+9=(x-3)^2$

2 $6x-7y=5$ …①，$3x-2y=4$ …②
①−②×2より，$-3y=-3$，$y=1$ …③
③を①に代入し，
$6x-7\times 1=5$，$6x=12$，$x=2$

3 **ア**は，$3x=8-2$，$3x=6$，$x=2$
イは，$-x=2$，$x=-2$
ウは，$6x-4=5$，$6x=9$，$x=\frac{3}{2}$
エは，$0.3x=-0.6$，$x=-2$
よって，解が−2となるのは**イ**と**エ**
※それぞれの式に $x=-2$ を代入し，右辺と左辺が等しくなるかを検証してもよい。

4 **平行線の錯角は等しい**から，
$\angle ABC$
$=180^\circ-115^\circ$
$=65^\circ$
$AB=AE$ より，
$\angle ABE=\angle AEB=65^\circ$
$\angle x=180^\circ-65^\circ\times 2=50^\circ$

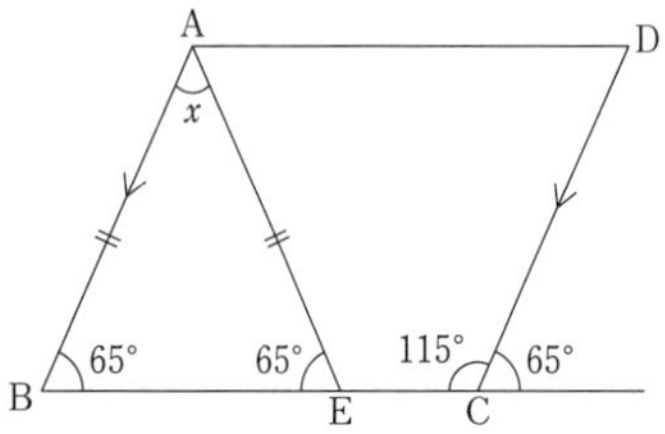

5 回転させてできるのは，半径が2cmの球。
半径を r cmとするときの球の表面積は $4\pi r^2$ cm²
よって，$4\pi\times 2^2=16\pi$ (cm²)

2 ＜文字式・確率・空間図形・証明・式の説明＞

1 おもりB1個の重さを b gとすると，AとBの重さの比は，比例式を用いて，$a:b=3:4$ と表せる。
これより，$3b=4a$，$b=\frac{4}{3}a$
よって，おもりB1個の重さは，$\frac{4}{3}a$ (g)

2 右の表のように，すべての場合の数は36通り。
そのうち出た目の数の和が8の約数になるのは9通り。
よって確率は，$\frac{9}{36}=\frac{1}{4}$

大＼小	1	2	3	4	5	6
1	②	3	④	5	6	7
2	3	④	5	6	7	⑧
3	④	5	6	7	⑧	9
4	5	6	7	⑧	9	10
5	6	7	⑧	9	10	11
6	7	⑧	9	10	11	12

3 辺XYは面A，Bに含まれるので，面Aと平行な面，面Bと平行な面は，辺XYと平行である。展開図を組み立てると面Aと面E，面Bと面Dが平行となる。

4 二等辺三角形であることを証明するためには，2つの角が等しいことがいえればよい。

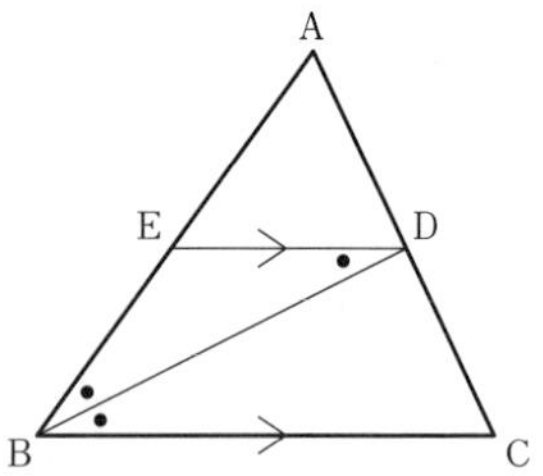

5 偶数を $2n$ とすると，奇数は $2n+1$ と表すことができる。

3 ＜データの活用＞

1 度数が最も大きい階級の階級値が最頻値となる。
度数が最も大きいのは31℃以上32℃未満の階級で，
階級値は，$\frac{31+32}{2}=31.5$ より，最頻値は31.5℃

2 **(範囲)＝(最大値)−(最小値)**
$=37.1-20.3=16.8$(℃)

3 28℃以上32℃未満は15日。28℃以上32℃未満の累積度数は $4+9+15=28$(日)より，
累積相対度数は，$28\div 62=0.451\cdots$ より，0.45

4 ① 両端のひげの部分を確認する。
② 箱ひげ図から平均値を読み取ることはできない。
③ 11月の第3四分位数は値が小さい方から23番目の値となる。いずれも第3四分位数が25℃よりも右側にある。
④ 中央値(第2四分位数)が15℃を超えているので，50%を上回ることはない。
⑤ 箱ひげ図の箱の部分が最も長い。

4 ＜関数＞

1 長方形だから，$\angle BCA=90^\circ$ より，点Cの x 座標は点Bと同じで3，y 座標はAと同じで6
C(3，6)

2 点Aは直線ABと y 軸との交点だから，直線ABの式は $y=mx+6$ と表すことができる。これが点Bを通るから，点Bの座標(3，0)を代入し，
$0=3m+6$，$3m=-6$，$m=-2$
よって，直線ABの式は，$y=-2x+6$

3(1) 長方形AOBC＝3×6＝18
直線 ℓ と線分AO，BCとの交点をそれぞれP，Qとすると，
四角形POBQ
$=\frac{1}{2}\times(PO+QB)\times OB$
$=\frac{1}{2}\times(2+QB)\times 3$
$=3+\frac{3}{2}QB$

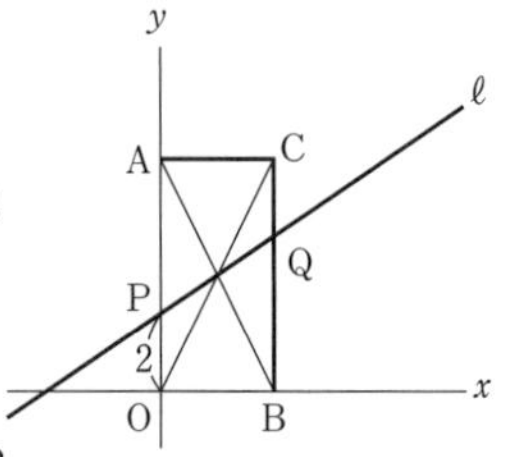

これより，$18\times\frac{1}{2}=3+\frac{3}{2}QB$ が成り立つから，
$9=3+\frac{3}{2}QB$，$\frac{3}{2}QB=6$，$QB=4$
よって，点Qの座標は，(3，4)
直線 ℓ は点Qを通るから，$y=ax+2$ に点Qの座標を代入し，$4=3a+2$，$3a=2$，$a=\frac{2}{3}$
(別解)
対角線の交点を通るとき，四角形APQC≡四角形BQPOとなり，面積は二等分される。
対角線の交点の座標は，$\left(\frac{3+0}{2}，\frac{6+0}{2}\right)$
より，$\left(\frac{3}{2}，3\right)$
直線 ℓ の式に交点の座標を代入し，

$3=\frac{3}{2}a+2$, $\frac{3}{2}a=1$, $a=\frac{2}{3}$

(2) aは直線ℓの傾き(変化の割合)を表しているから，グラフの傾きが最も小さくなる場合と最も大きくなる場合を考えればよい。

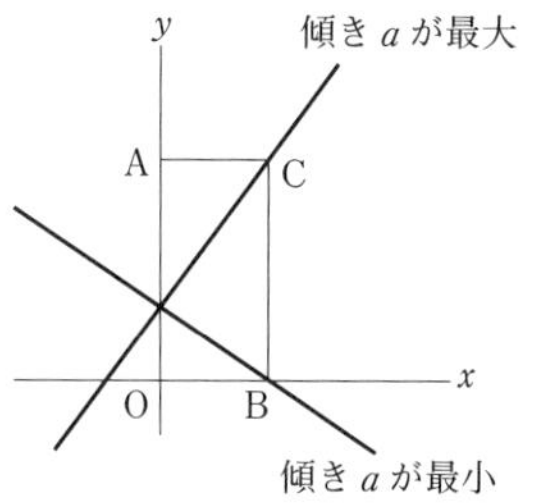

点B，Cのx座標は同じだから，傾きは点Bを通るときが最も小さく，点Cを通るときが最も大きくなる。

5 ＜平面図形＞

1 90°の角をどのようにして作図するかに着目する。

① 辺ACをCの方に延長し，点Cを通る，直線ACに対する垂線をひく。

② 点Cを中心とする半径がACの円と垂線との交点をDとする。

③ 点Cを中心とする半径がBCの円をかく。また，点Dを中心とする半径がABと同じ長さの円をかき，2つの円の交点をEとする。

④ 点Eと2点C，Dをそれぞれ結ぶ。

※点Eは辺BCをCの方に延長し，点Dを作図したのと同様の方法でとることもできる。

2(1) △DECは△ABCを回転移動させた図形だから，△ABCと同様に**正三角形**。

∠ACE＝∠BCE－∠BCA

＝90°－60°＝30°

(2) 90°回転させているから，∠ACD＝90°

AB＝BC＝AC＝6 (cm)より，

AC＝DC＝6 (cm)

だから，△ACDは，直角をはさむ2辺の長さが6 cmの**直角二等辺三角形**。

△ACD＝$\frac{1}{2}\times 6\times 6=18$ (cm^2)

3 おうぎ形CDA＋△ABC－△BCD

おうぎ形CDA＝$5^2\pi\times\frac{90°}{360°}=\frac{25}{4}\pi$ (cm^2)

△ABCはAB＝ACの二等辺三角形であり，二等辺三角形の頂角の二等分線は，底辺を垂直に二等分するから，線分AHは，△ABCの辺BCを底辺とするときの高さとなる。

よって，△ABC＝$\frac{1}{2}\times 6\times 4=12$ (cm^2)

また，△DECにおいて点Hの移る点をIとすると，∠DIC＝∠ICB＝90°より，

錯角が等しいから，DI//BC

平行線と面積の関係より，△BCD＝△BCI

CI＝CH＝$\frac{1}{2}$BC＝$\frac{1}{2}\times 6=3$ (cm)

△BCD

$=\frac{1}{2}\times 6\times 3=9$ (cm^2)

よって，

求める面積は，

$\frac{25}{4}\pi+12-9$

$=\frac{25}{4}\pi+3$ (cm^2)

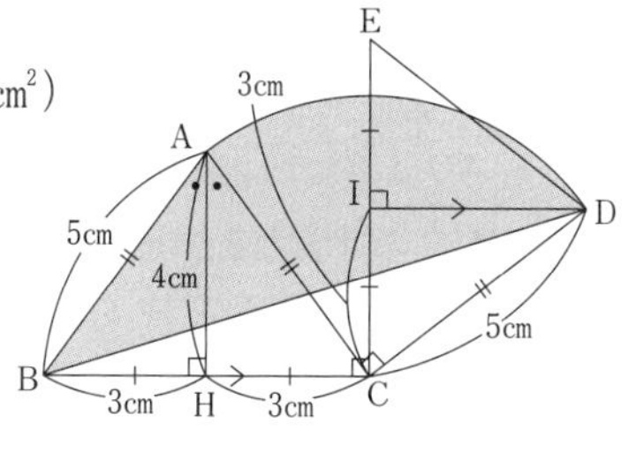

令和六年度　公立高校入試実戦問題第二回　国語

正答例

1　1(1)　**講演**　(2)　**散**　(3)　**逆境**
(4)　**せんりつ**　(5)　**いつわ**　(6)　**しもん**
2　**ア**

2　1　**ウ**
2　**動詞は名詞**
3　**ウ**
4　**オノマトペを使い分けることで，うがいの仕方がわかる**
5　**イ・エ**（順不同・完答）
6　**子どもにとって動詞を使う練習になり，さらに，動詞とはどのような仕組みを持つことばなのかを理解する手助けになる**

3　1　**うれうらんと**　2　**ア・ウ**（順不同・完答）
3Ⅰ　**私が受けとるべきではない**
Ⅱ　**自分が新たに三両を出して六両とし，それを三人で二両ずつ分けた**
4　**ア**

4　1　**エ**
2　**マシニングセンタを使用して，自動的に同じ形に大量生産することよりも，人の技術を追求することに意味があると考えている。**
3Ⅰ　**心はぴくりと眉を寄せた**
Ⅱ　**心細さや胸の高鳴りや充足感**
Ⅲ　**イ**
Ⅳ　**ウ**

5　**私は、名産品を中心に紹介するのがよいと思います。Ａ中学校では知りたい人は少ないですが、さつまいもが名産品で、有名なお菓子があるとアピールしたいからです。**
紹介する方法は、名産品についての説明を、写真やイラストを使い見やすくまとめるとよいと思います。また、生産者へのインタビュー映像を編集し、Ｃ市の魅力を伝えたいです。

配　点

1	2点×7								計14点
2	1	3点	2	4点	3	4点	4	5点	
	5	5点	6	6点					計27点
3	1	2点	2	2点	3Ⅰ	4点	Ⅱ	4点	
	4	3点							計15点
4	1	2点	2	7点	3Ⅰ	3点	Ⅱ	4点	
	Ⅲ	4点	Ⅳ	5点					計25点
5	9点								

解　説

2　**＜論説文＞**

1　空欄前に「子どもは自分でオノマトペを創」るとある。空欄後には，創った「オノマトペ」を利用して「動詞を創」るという内容が書いてある。よって，前の事柄に後の事柄を付け加える**累加の接続詞「さらに」**が適当。

2　話し始めた小さい子どもが使うのはほとんどが名詞で動詞ではないという。それは，「動詞は名詞に比べて意味が抽象的で捉えにく」いためである。そのために，子どもは自分が知っている「名詞，間投詞，オノマトペなどを動詞にする」のである。

3　子どもにとって動詞は，覚えたとしても新しい状況で使うのは難しいものである。しかし，動詞がないと文は作れないので，そのような時に，子どもは知っている名詞，間投詞，オノマトペなどを動詞にする。この作業が，子どもにとって「言語を獲得していく上でとても意味がある，大事なこと」だと述べられている。

4　保育士が「グジュグジュペッじゃなくてガラガラペッよ」と言うのを聞いて，うがいの仕方をうがいの音，つまりオノマトペで具体的にわかりやすく表現していると，筆者は感心したのである。

5　筆者が述べていることの説得力を高めるには，「オノマトペで創った動詞を教えたとき」と「そうでないとき」で結果が異なる二つを選べばよいので，**イ**と**エ**が適当。**ア**は対照となる実験がないため不適。**ウ**と**オ**は対照的な実験だが，「オノマトペを好んで使っているか」と「そうでないか」で比較しているため不適。

6　筆者によれば，子どもが動詞の代わりにオノマトペを使う理由は二つある。一つは，オノマトペを使うことが「動詞を使う練習」になるため，もう一つは「動詞とはどういう仕組みを持つことばなのかという理解を手助けすることにつながる」ためである。

3　**＜古文＞**

（口語訳） 板倉伊賀守殿が，京都を警護なさっていたころ，三条橋の端の辺りで金三両を拾った人がいた。（拾った人は）落とした人はどんなに悲しんでいるだろうと，いろいろと探したけれども名乗り出てきた人はいなかった。どうしようもなく役所に訴えたところ，（板倉殿は）この内容を書き付けて所々にお貼りなさったので，落とした人が出て来て，「私が落としたのも，あの方が拾ったのもすべて運命である。私が受けとるべきではない。」と辞退した。拾った人は訴え出たほどのことなのでもちろん受けとらなかった。互いに譲り合ったので，(板倉殿は)「今の世の中にもこのようなすばらしい訴えを聞くことのうれしさは，堯・舜の民衆とも言ってよいくらいだ。」と大いに感じ入りなさって，私もその中に加わろうと思って，また新たに金三両を出し，六両として，両人へ二両ずつ与え，残る二両を自分が納めなさり，「この後おまえたちは仲良くせよ，何ごとでも思うことがあったならば申してこい。」と，心を込めておっしゃったということだ。上に立つ者に情けや思いやりがあると，民衆も正しい行いを好むとはこのことであるよ。

1　語頭以外の**ハ行**は**ワ行**に直す。

2　**ア**と**ウ**の主語は，「金三両を拾へる人」。**イ**は「落としたる人」，**エ**は板倉伊賀守である。

3Ⅰ　本文の「我とるべきにあらず」の部分を現代語訳する。
Ⅱ　「あらたに金三片を～残る二片を自ら納め給ひ」が板倉伊賀守が用いた解決策である。板倉伊賀守自身が新たに三両を出して六両とし，それを三人で二両ずつ平等になるように分配したということを書く。

4　文章全体の内容から言える教訓を選ぶ。板倉伊賀守がとった，新たに金三両を出し，三人で二両ずつ分けた行動から考える。

4　＜小説文＞

1　エは，形容動詞「簡単だ」の連用形の一部。他は助詞の「に」である。

2　――線部の「原口」の発言は，「じゃあきっと」から始まる「心」の言葉を受けたものである。「そんなこと」とは，「マシニングセンタ」を使って，「自動的に同じ形に」し，「大量生産」することである。「原口」は，そのようにするのではなく，「人の技術を追求する」ことに意味があると考えている。

3 Ⅰ　作品を手に取る「小松さん」の言葉と目つきによって，「心」の気持ちが変わり始めたので，「小松さん」の描写の直後の部分から一文で抜き出す。

Ⅱ　作品を初めてつくった時に感じた「心」の気持ちが当てはまる。

Ⅲ　「心」は「精密な工業製品」に差があってはいけないと考えていたが，「小松さん」とのやりとりを通して，「半信半疑で顔を～製品なのに」「確かに自分が～できあがった時の充足感が」と考え方を変化させている。よって，**イ**が適当。

Ⅳ　「口が勝手に答え」たことで，「自分がつくったもの」をほしいと思っていた自分に気付き，「心」はうろたえている。また，「そっとなでてみた」という行為から，自分の作品に対する愛着を読み取れる。

5　＜作文＞

「あなたも話し合いに参加して」とあることから，自分がC市に住むB中学校の生徒という立場で文章を書くという点に注意する。第一段落は，**資料1**の項目からあなたが紹介したいこととして選んだものとその理由を書く。第二段落は，紹介される側の立場に立ち，どのように紹介されたら魅力を感じるか考えて書くとよい。

［採点基準の例］

(1)　**紹介する内容とその理由**…4点
紹介する内容とその理由が明確に書けているかを，4点（良い），2点（不明瞭），0点（書けていない）の3段階に評価する。

(2)　**紹介の方法**…5点
紹介の方法が具体的かつ明確に書けているかを，5点（優れている），4点（良い），2点（不明瞭），0点（書けていない）の4段階に評価する。

(3)　**段落指定を守っていないもの**…減点2点

(4)　**行数を満たしていないもの**…減点3点

(5)　**表記**…最大減点4点（一か所ごとに減点1点）
① 原稿用紙の使い方の誤り。
② 誤字脱字，符号の用法の誤り。
③ 用語や文の照応の不適切なもの。
④ 文体が統一されていないもの。

令和6年度　公立高校入試実戦問題第2回　理科

正答例

1　1　**電子**　2　記号　a　名称　**道管**(完答)
3　ア　4　ウ
5　①　**組織液**　②　イ(完答)
6　$2Mg + O_2 \rightarrow 2MgO$　7　エ　8　イ

2　Ⅰ　1　2(秒)　2　イ　3　ア
4　a　**変わらない**　b　**大きくなる**(完答)
Ⅱ　1　右図　2　1(N)
3　ウ
4　**磁石Bに磁石Cからの反発する磁力が下向きにはたらいたから。**

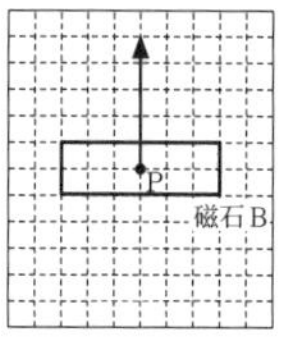

3　Ⅰ　1　**双子葉類**　2　**分離の法則**
3　ア　4　**600**(個)
Ⅱ　1　名称　**肺胞**
理由　**肺の表面積が大きくなり，酸素と二酸化炭素の交換を効率よく行えるから。**
2　①　イ　②　イ(完答)
3　a　7　b　8(完答)

4　Ⅰ　1　①　イ　②　ア(完答)
2　エ　3　オ
4　右図
Ⅱ　1　**初期微動**
2　(1)　**地震の規模の大きさ**
(2)　C
3　**震源から遠いほど，地震が起こってから主要動が到着するまでの時間が長くなるから。**

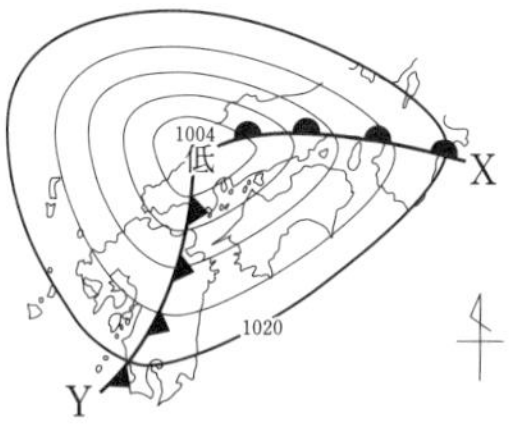

5　Ⅰ　1　右図　2　A
3　**蒸留**
Ⅱ　1　**二酸化炭素が水にとけたから。**
2　ア
3　Na^+とOH^-(順不同・完答)
4　**二酸化炭素のとけた水溶液が水酸化ナトリウム水溶液とすべて中和したから。**

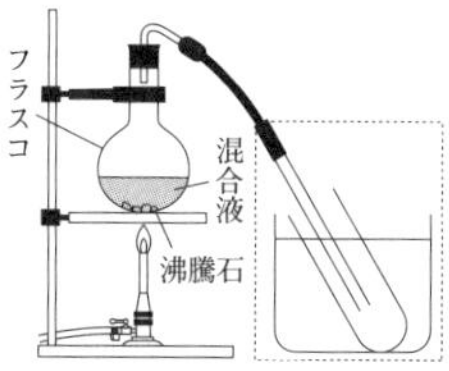

配　点

1	2，6　3点×2	他　2点×6	計18点
2	Ⅱ1，4　3点×2	他　2点×6	計18点
3	Ⅰ4，Ⅱ1理由　3点×2	他　2点×6	計18点
4	Ⅰ4，Ⅱ3　3点×2	他　2点×6	計18点
5	Ⅰ2，3，Ⅱ2　2点×3	他　3点×4	計18点

解　説

1　＜4分野総合＞

3　原子は，原子の種類によって，質量や大きさが決まっているので**イ**は不適。原子は，化学変化によって，原子がほかの種類の原子に変わったり，なくなったり，新しくできたりすることはないので**ウ**は不適。分子は，いくつかの原子が結びついた粒子であり，物質の性質を示す最小単位なので**エ**は不適。

4　太陽系は，太陽とその周辺を回っている8つの惑星や，その他の小天体の集まりの総称である。銀河系の中には，同じような恒星や惑星の集まりが数多く存在している。

5　赤血球の成分であるヘモグロビンには，酸素が多いところでは酸素と結びつき，酸素の少ないところでは酸素をはなす性質を持っている。

7　右図の，ａがユーラシアプレート，ｂが北アメリカプレート，ｃが太平洋プレートである。日本列島付近では，海洋プレートが大陸プレートの下に，しずみこんでいる。

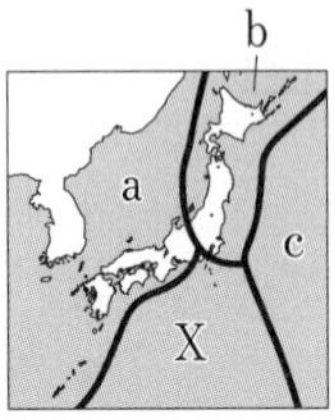

8　**図5**は，直列回路であり，直列回路に流れる電流の大きさはどこも等しい。よって，**イ**が適当。

2　**＜運動とエネルギー・身のまわりの現象＞**

Ⅰ１　**図１**より，おもりがＡからＣまで移動するのにかかった時間は$\frac{1}{6}\times 6=1$〔秒〕，同様に，ＣからＡまで移動するにも１秒かかるので，$1+1=2$〔秒〕

2　おもりの位置が基準面に対してだんだん低くなっているので，位置エネルギーが小さくなっていると考えられる。位置エネルギーと運動エネルギーの総量である力学的エネルギーは一定に保たれることから，位置エネルギーが小さくなるにつれて，運動エネルギーは大きくなっていると考えられる。おもりの平均の速さは運動エネルギーが大きくなるにつれて速くなるため，**イ**が適当。

3　Ｐからおもりをはなす場合，**図３**のＰの運動エネルギーは０であり，そこから**図３**の運動エネルギーのようなふえ方をすると考えられるので，**ア**が適当。

4　ふりこの速さはおもりの高さによって決まり，運動エネルギーは質量が大きいほど大きくなる。

Ⅱ１，**2**　磁石Ｂは，磁石Ｂに下向きにはたらく重力と磁石Ａから上向きにはたらく磁力がつり合っているため，浮いている。同様に，磁石Ａには磁石Ｂからの下向きの磁力がはたらいているため，ガラスの台には，磁石Ａにはたらく重力（0.5 N）と磁石Ｂからの下向きの磁力（0.5 N）の合力（1.0 N）がはたらいている。

4　磁石Ｂにはたらく力は**図１**の状態でつり合っていたので，磁石Ｃから下向きの磁力がはたらくと合力は下向きになる。そのため，力がつり合う位置まで磁石Ｂは下に動いた。

3　**＜生命の連続性・生物のからだのつくりとはたらき＞**

Ⅰ１　被子植物の双子葉類と単子葉類は，下のような特徴で分類される。

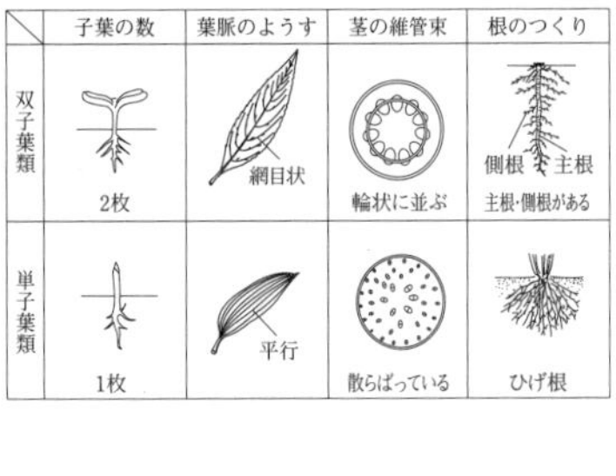

3　①～③のかけ合わせでできる種子の，花の色を決める遺伝子の組み合わせは，①：ＡＡ，②：Ａａ，③：ａａである。よって，①のかけ合わせで得た子がつくる生殖細胞の遺伝子はＡである。

4　②：Ａａ，③：ａａのかけ合わせなので，その子の遺伝子の組み合わせは右の表の通りで，Ａａ：ａａ＝１：１となる。ＡＡとＡａは赤花，ａａは白花なので，種子の個数の比は赤花：白花＝１：１より，白花がさく種子も600個である。

	ａ	ａ
Ａ	Ａａ	Ａａ
ａ	ａａ	ａａ

Ⅱ２　動脈血は，酸素を多くふくむ血液，静脈血は，二酸化炭素を多くふくむ血液のことである。

3　安静時の呼吸において，吸う息にふくまれる酸素の体積の割合が21％，はいた息にふくまれる酸素の体積の割合が18％なので，安静時の１回の呼吸において，血液にとりこまれる酸素の体積は，吸う息にふくまれる酸素の体積の$\frac{21-18}{21}=\frac{3}{21}=\frac{1}{7}$〔倍〕。運動時の30秒間の呼吸において血液にとりこまれる酸素の体積の合計は，

$1000\times 10\times(0.21-0.15)=600$〔$cm^3$〕　安静時の30秒間の呼吸において血液にとりこまれる酸素の体積の合計は，$500\times 5\times(0.21-0.18)=75$〔$cm^3$〕　よって，$600\div 75=8$〔倍〕

4　**＜天気とその変化・大地の変化＞**

Ⅰ２　この実験と同じように，大気中でも，気温や湿度など性質の異なる空気のかたまりが接してもすぐには混じり合わず，境の面ができる。これを前線面といい，前線面と地表面が交わるところを前線という。

Ⅱ２⑵　**地震Ａ**と**地震Ｃ**では，地点Ｐ，Ｑに近いのは**地震Ａ**であるので，マグニチュードは**地震Ｃ**が大きいとわかる。同様に，**地震Ｂ**と**地震Ｃ**では，地点Ｒ，Ｓに近いのは**地震Ｂ**であるので，マグニチュードは**地震Ｃ**が大きいとわかる。よって，**地震Ｃ**のマグニチュードが最も大きい。

5　**＜身のまわりの物質・化学変化とイオン＞**

Ⅰ１　気体になったエタノールや水を液体にもどすため，試験管をビーカーに入れた水の中に置く。

2　エタノールは燃えやすい性質をもつ。よって，**表**より，**Ａ**に多くのエタノールがふくまれているとわかる。

Ⅱ１　二酸化炭素は水に少しとけるので，その分ペットボトル内の圧力が下がり，外の大気圧の方が大きくなるため，ペットボトルはつぶれる。

3　水酸化ナトリウム（$NaOH$）は電解質であり，水にとけると$NaOH \rightarrow Na^{+}+OH^{-}$のようにナトリウムイオンと水酸化物イオンを生じる。水酸化ナトリウムのように，電離して水酸化物イオンを生じる物質をアルカリという。

令和６年度　公立高校入試実戦問題第２回　英語

正答例

1　1　ア　　2　ウ　　3　ウ
　4　mother　　5　イ　　6　エ
　7　many people all over the world
　8　(例)　I will go shopping with my family.

2　1　①　ウ　　②　ア
　2　①　library　　②　homework　　③　tired
　3　(1)　want to go fishing
　　(2)　How many students
　　(3)　what I should do / what to do
　4　(例)　I played soccer in the park with my friends. It started to rain when we were playing. So, we took a train to go to a movie. The movie was fun.

3　Ⅰ　1　ア　　2　No, she hasn't.　　3　エ
　Ⅱ　1　ア　　2　ウ
　Ⅲ　ウ

4　1　エ
　2　(A)　ウ　　(B)　ア　　(C)　イ　　(完答)
　3　the work on the farm
　4　あらゆる種類の食べ物を食べるよう心がけ，自分の町で作られた食べ物に関心を持つこと。
　5　Because he wanted to learn more about food.
　6　(例)　He said that the food made in our town is not expensive because we don't have to carry it from other places.

配　点

1	8　4点	他　3点×7		計25点
2	4　7点	他　2点×8		計23点
3	Ⅰ1，3　2点×2	Ⅲ　4点	他　3点×3	計17点
4	2　3点	4，6　5点×2	他　4点×3	計25点

解　説

1　<聞き取りテスト台本・訳>

<チャイムの音四つ>

これから，英語の聞き取りテストを行います。問題用紙の２ページを開けなさい。

英語は１番から５番は１回だけ放送します。６番以降は２回ずつ放送します。メモをとってもかまいません。

(約３秒間休止)

では，１番の問題を始めます。まず，問題の指示を読みなさい。　(約10秒間休止)

それでは放送します。

Tim : I'd like to buy something for my sister. She likes cats.

Yumi : How about this? It has a picture of a cat.

Tim : Oh, she can use it to drink coffee. I'll buy it.

(約10秒間休止)

T：僕は妹(姉)に何か買いたいんだ。彼女は猫が好きだよ。　Y：これはどう？　それには猫の絵が載っているわ。　T：わあ，彼女はそれを使ってコーヒーを飲めるね。僕はそれを買うよ。

次に，２番の問題です。まず，問題の指示を読みなさい。

(約10秒間休止)

それでは放送します。

Emily : Hi, Ken. You look so happy. What happened?

Ken : Hi. I got a call from my friend in Australia yesterday. He said he would come to Japan this November.

Emily : Oh, that's great. What do you want to do with him?

Ken : Well... I want to visit Kyoto with him.

(約10秒間休止)

E：こんにちは，健。あなたはすごくうれしそうね。何があったの？　K：やあ。僕はオーストラリアにいる友人から昨日電話をもらったんだ。彼は今年の11月に日本に来るみたいなんだ。　E：まあ，それはいいわね。あなたは彼と何をしたいの？　K：んー，僕は彼と京都を訪れたいな。

次に，３番の問題です。まず，問題の指示を読みなさい。

(約15秒間休止)

それでは放送します。

Clerk : May I help you?

Ben : Yes, thank you. How much is this green cup and that red cup?

Clerk : Both are five hundred yen. But if you buy both, you can get each cup for three hundred yen.

Ben : I see. OK, I'll take both.

Clerk : Thank you. Have a nice day.　(約15秒間休止)

C：お手伝いしましょうか？　B：はい，ありがとうございます。この緑のカップとあの赤のカップはいくらですか？　C：どちらも500円です。ですが，どちらも買ってくだされば，あなたはそれぞれのカップを300円で手に入れることができます。　B：なるほど。わかりました，どちらも買います。　C：ありがとうございます。良い一日を。

次に，４番の問題です。まず，問題の指示を読みなさい。

(約15秒間休止)

それでは放送します。

Satoshi : Do you like this cake, Linda?

Linda : Yes, it's very good! Did you make it?

Satoshi : Yes, I made it with my sister. My mother taught me how to make it last year.

Linda : Wow, can you teach me?

Satoshi : Sure!

Question：How did Satoshi become able to make a cake?

(約15秒間休止)

B：君はこのケーキが好きかい，リンダ？　L：ええ，とてもおいしいわ！　あなたがそれを作ったの？　B：うん，僕が妹(姉)と作ったよ。僕のお母さんが去年それの作り方を教えてくれたんだ。　L：まあ，私にも教えてくれない？　B：もちろん！

質問：智はどうやってケーキを作れるようになりましたか？

次に，５番の問題です。まず，問題の指示を読みなさい。

(約20秒間休止)

それでは放送します。

Last week, I asked you about your favorite subject. Now I'll talk about your answers. History is the most popular. I think Japanese history is interesting. And ten students like Japanese the best. But there are only three students who like English the best. I want you to study English. And I hope many of you start to like English.

（約 10 秒間休止）

先週，私はあなたたちに一番好きな教科を尋ねました。では，あなたたちの回答について話します。歴史が一番人気でした。私は日本の歴史はおもしろいと思います。そして，国語が一番好きな生徒は 10 人でした。しかし，英語が一番好きな生徒は３人しかいませんでした。私はあなたたちに英語を勉強してほしいです。そして，あなたたちの多くが英語を好きになることを願っています。

次に，**６**番の問題です。まず，問題の指示を読みなさい。

（約 15 秒間休止）

それでは放送します。

Today I'll tell you some important things to make a good speech. In your speech, you should talk about your idea first. You don't have to use difficult words. During your speech, you can use your hands and body, but not too much. When you practice your speech, you should do that again and again in front of other people. You should also practice in a large room. If you need my help, come and see me after school from Monday to Wednesday or during lunch time on Friday.

（約３秒間おいて繰り返す）（約 10 秒間休止）

今日はあなたたちに良いスピーチをするためのいくつか大切なことを伝えます。スピーチの中で，あなたたちはまず自分の考えについて話すべきです。あなたたちは難しい言葉を使う必要はありません。スピーチ中，あなたたちは身ぶり手ぶりをしてもいいですが，やりすぎはいけません。スピーチの練習をするとき，あなたたちは他の人の前で何度もそれをするべきです。あなたたちは広い部屋でも練習すべきです。もし私の助けが必要であれば，月曜日から水曜日の放課後か金曜日の昼食時間に私に会いに来てください。

次に，**７**番の問題です。まず，問題の指示を読みなさい。

（約 15 秒間休止）

それでは放送します。

Good morning, everyone. My name is John Smith. I'll tell you about my family. I have a father, mother and sister. My father is a doctor. My mother is a math teacher. My sister teaches English in China. They have never visited Japan, so they want to visit me in Japan next year.

Now I'm very happy because I can teach you English. You're studying English. English is a very useful language because it's spoken in many countries. If you can speak English, you can talk with many people all over the world. In my class, I'm going to show you a lot of pictures that I took in America. I want you to learn a lot about my country in my class. Let's enjoy studying English together.

Question：What can we do if we can speak English?

（約７秒間休止）

では，２回目の放送をします。

（最初から質問までを繰り返す）（約 15 秒間休止）

おはようございます，みなさん。私の名前はジョン・スミスです。あなたたちに私の家族について話します。私には父と母，姉がいます。父は医者です。母は数学の先生です。姉は中国で英語を教えています。彼らは日本を訪れたことがないので，来年日本にいる私を訪ねたいと思っています。

今私はあなたたちに英語を教えることができてとてもうれしいです。あなたたちは英語を勉強しています。英語は多くの国で話されているので，とても便利な言語です。あなたたちが英語を話すことができれば，世界中のたくさんの人と話すことができます。私の授業では，あなたたちに私がアメリカで撮ったたくさんの写真を見せます。私は授業の中であなたたちに私の国についてたくさんのことを学んでほしいのです。英語の勉強を一緒に楽しみましょう。

次に，**８**番の問題です。まず，問題の指示を読みなさい。
それでは，放送します。

Ms. Hill : Hi, Kenji. How was today's English test?
Kenji : Not bad. I studied hard for it. Now I can't wait for this weekend. I have a lot of free time.
Ms. Hill : What will you do this weekend?
Kenji : (　　　　　　　　　　　　　　　　　)

（約３秒おいて，繰り返す）（約１分間休止）

H：こんにちは，健二。今日の英語のテストはどうだった？　K：悪くはなかったです。僕はそれに向けて一生懸命勉強しました。今は今度の週末が待ちきれません。僕は自由時間がたくさんあります。　H：あなたは今度の週末に何をするつもりなの？　K：（正答例の訳）**僕は家族と買い物に行くつもりです**。

＜チャイムの音四つ＞

これで，聞き取りテストを終わります。次の問題に進みなさい。

2　**＜英文表現＞**

1　S：やあ，恵子。君は次の日曜日の午後はひまかい？　K：ええ，ひまよ。②**どうして聞くの？**　S：ええと，僕はサッカーの試合を見に市民スタジアムに行きたいんだ。僕と一緒に来ない？　K：それはいいわね。①**私たちはどこで会いましょうか？**　S：駅に来てね。　K：わかったわ。私は何時にそこに行くべき？　S：ええと，試合は３時に始まるんだ。だから２時にそこに来て。　K：わかったわ。私は次の日曜日まで待ちきれないわ。

2　J：やあ，秋子。週末はどうだった？　A：こんにちは，ジェームズ。私はそれを楽しんだわ。私は日曜日にたくさんのことをしたのよ。　J：何をしたの？　A：ええと，私は朝７時に起きたわ。朝食の後，私は自分の部屋を掃除したの。そして，私はアメリカに住んでいる兄にメールを送ったわ。　J：おお，君にはお兄さんがいるんだね。知らなかったよ。　A：ええ。彼は英語をとても上手に話すのよ。彼のアメリカでの生活について聞くのは楽しいわ。　J：それはいいね。午後はどうだったの？　A：午後，私は①**図書館**へ行ったわ。私はそこで美佳と②**宿題**をしたわ。私たちはそれが終わってうれしかったわ！　夕食の前，私は母と家の花の手入れをしたの。とても暑かったからすごく③**疲れた**わ。　J：そうなんだね。その夜はテレビでサッカーの試合を見た？　A：ええ，見たわ。それはとてもわくわくしたわ！

［説明］　①　たくさんの本がある部屋や建物
②　学生が家でやるよう言われた作業
③　眠りたかったり，休憩したかったりする感覚

3(1)　A：私は次の週末あなたと**釣りに行きたい**わ。　B：いいよ。魚がたくさん釣れるといいな。

(2)　A：あなたの学校には**何人の生徒**がいるの？　B：700 人くらいだよ。

(3)　A：私は英語をもっと上手に話したいです。私が**何をすべきか**教えてくれませんか？　B：あなたはあなたの英語の先生に英語で話しかけるべきです。

4 （正答例の訳） **僕は友人と公園でサッカーをしました。プレーしていると，雨が降り始めました。だから，僕たちは電車に乗り，映画を見に行きました。その映画はおもしろかったです。**

3 ＜英文・資料読解＞

Ⅰ 私たちの町の人々は町をきれいに美しく保つためにいくつかの活動をしています。その活動の一つが通り沿いの区域に花を植えることです。私の両親と私は先週の日曜日にその活動に参加しました。

その日曜日の朝，私たちは公園に行き，たくさんの隣人と会いました。私の家族と公園にいた隣人たちは，通り沿いの区域に移動しました。私たちはそこでいくらかのごみを見つけました。だから私たちはそのごみを拾いました。

そのあと，私たちは花を植え始めました。私が花を植えていたとき，両親と一緒にいる小さな女の子に会いました。その小さな女の子は私に「こんにちは。お花を植えるのはこれが初めてなの」と私に話しかけてきました。「こんにちは，一緒にしましょう」と私は言いました。その女の子と私はたくさんの花を植え，それらに水をやりました。

私たちが植え終ったとき，「今日はとても楽しかった」と彼女が言いました。「私もあなたといい時間を過ごしたわ」と私は言いました。女の子と私はほほえみました。「①**彼女を手伝って**くれてどうもありがとう」と彼女の両親が言いました。私はそれを聞いてとてもうれしかったです。

通り沿いの区域は，活動の後にきれいで美しくなりました。私は「私たちの町がいつもきれいで美しいことを願うわ」と思いました。

私はこの活動で２つの事を学びました。１つ目は，私たちは②**私たちの町をきれいで美しくするために**努力することが必要だということです。２つ目は，隣人たちと何かを一緒にすることは楽しいということです。私はこのような活動にまた参加します。

2 本文訳波線部参照。

Ⅱ L：こんにちは，綾。私たちは来週の日曜日にマリン・ライフ・パークに行くわね。この予定表を見て。私たちはそこでいくつかのおもしろいショーを見ることができるわ。 A：それはすてきね！ でも，私は16時までに家に帰るために，14時30分に出なきゃいけないの。 L：わかったわ。見て，いくつかおもしろい活動もあるわ。あなたはそれらをやってみたい？ A：ええと…，それらは高いの？ L：いいえ。私たちは学生だから，入場料と活動料金は割引してもらえるわ。 A：すばらしいわ！ すべてのショーを見て，すべての活動に参加しましょう。 L：いいわよ。まず，9時45分にアシカを見て，アシカの活動に参加しましょう。 A：海の生き物へのえさやりは12時30分に始まるわ。だから私たちは10時30分のシャチだけ見ることができて，そのあとにシャチの活動に参加するわ。そして私たちは11時20分のイルカを見て，イルカの活動に参加すべきだわ。 L：そのあと私たちは①**30**分間の自由時間があるから，海の生き物へのえさやりの前にハンバーガーショップで昼食を食べましょう。 A：ええ。そして私たちは②**13時**にしかペンギンを見て，ペンギンの活動に参加することができないのよね？ L：そうよ。そして14時に映画を見られるわ。 A：それはいい計画ね！

1 本文訳波線部参照。

※ イルカショーは11時20分に始まり，そのまま11時40分から20分間イルカの活動に参加するため，12時から次の活動の12時30分までの30分間が自由時間となる。

2 案内より，ペンギンショーは１日４回あるが，えさやりの後に参加できるのは，13時か16時15分。綾は14時30分には水族館を出発しなければならないため，13時のショーに参加することがわかる。

Ⅲ 裕子は高校生だ。３年前，彼女は修学旅行で奈良と京都に行った。彼女は多くの有名な場所を訪れて，日本の古い音楽を聞いた。彼女はいくつかの太鼓チームを見て，そのとき古い日本の音楽に興味を持った。彼女は太鼓についてもっと知りたかったので，インターネットを使った。彼女はインターネットで彼女の町の太鼓チームを見つけた。

数日後，裕子は放課後にその太鼓チームを見に行った。そのチームには約20人のメンバーがいた。そのチームで一番年上の山本さんは70歳だった。彼はこの町に長く住んでいた。メンバーが太鼓を演奏しているときは，彼らは幸せそうに見えた。彼女は山本さんに「どのくらい長く太鼓を演奏しているのですか？」とたずねた。彼は「私はそれを約60年演奏しているよ」と答えた。「なぜあなたはそれをそんなに長い間演奏しているのですか？」と彼女はたずねた。彼は「それは私が９歳の時以来，私の一番好きなことだからだよ。私たちはこの町で太鼓を何年も演奏しているんだ。太鼓を演奏することは私たちの文化には大切なことなんだよ。私は私たちはこの町の人々のためにこの伝統を続けるべきだと思うんだ」と答えた。彼の言葉を聞いた後，彼女はほほえんで「私はあなたに同感です。私もこの町の人々のために，チームと一緒に太鼓を演奏したいです」と言った。

（対話） B：いい話でしたね。あなたはこの話のタイトルは何だと思いますか？ C：私は「**裕子の町で太鼓を演奏し続けること**」だと思います。 B：おお，私もそう思います。

ア 裕子のすばらしい修学旅行

イ 山本さんの町での彼の生活

エ お年寄りと太鼓を演奏すること

4 ＜長文読解＞

こんにちは，みなさん。僕は夏休みのわくわくするような体験について話したいと思います。みなさんはよくスーパーに行きますか？ 僕たちはそこでたくさんの種類の食べ物を見ることができます。でもそれらを注意深く見てみてください。魚はすでに小さく切られていて，野菜は土が一切付いていません。今日では僕たちのほとんどは毎日食べる食べ物について十分に知りません。僕は食べ物についてもっと知りたくて，僕たちの町に住んでいるおじに「おじさんの農場に１週間滞在していい？」と頼みました。「いいよ」と彼は答えました。僕はこの考えについて友達の幸雄と話しました。彼は「それはおもしろそうだね。僕も君と一緒に行ってもいい？」と言いました。「いいよ！ 僕はおじさんに君について伝えておくよ」と僕は答えました。

僕のおじは僕たちを歓迎してくれました。彼は僕たちに「もし君たちが滞在をよりおもしろくしたいのなら，農場での僕たちの仕事を注意深く見てわからないことがあったら僕に①**質問**をするべきだよ」と言いました。

最初の朝，僕たちは５時に起きました。僕たちは野菜を手に入れるためには畑に行きました。僕は野菜が畑ではいいにおいがすることを知って驚きました。そして僕のおじは僕たちにどうやって牛から牛乳を搾るのかを教えてくれました。幸雄は「わあ，これはとても難しいね。僕はもっと簡単なものだと思っていたよ」と叫びました。朝食で，僕たちは僕たち自身の手で採った食べ物を食べました。そのことで僕たちはとても幸せな気分になりました。僕たちはテーブルの上のすべての食べ物を食べるの②を楽しみました。

朝食の後，僕のおじは僕たちにどうやって動物の小屋を掃除するのかを教えてくれました。僕たちはそれを一緒にしました。僕たちの知らないことがたくさんあったので，昼食の間におじにそれらについてたずねました。朝の仕事はとても大変だったので，午後に少し眠りました。そして僕たちは農場を見てどうやって働くのかを理解するために農場を歩き回りました。１週間は③このように過ぎました。

最後の夜に，夕食の後僕たちはおじと農場での仕事について話しました。僕はおじに「農場での仕事は好き？」とたずねました。「ああ，もちろんだよ」と彼は答えました。「でもそれは本当に大変だと思うよ。どうしてあなたは④それを楽しんでいるの？」と僕はたずねました。すると彼は「僕は動物や野菜が生まれたときから世話をしているんだ。僕にとっては彼らは僕の子どものようなんだ。だから僕は大変な仕事も楽しめるんだよ。ところで，僕は⑤君たちにしてほしいことが２つあるんだ」と言いました。「それは何ですか？」と幸雄はたずねました。「まず，すべての種類の食べ物を食べるようにしてね。僕はだれかが野菜を食べるのが好きではないと聞くと，とても悲しく感じるんだよ」と彼は言いました。「２つ目は何？」僕はたずねました。「僕たちの町で作られる食べ物に興味を持ってね。今日では，多くの食べ物が遠くから来ているんだ。でも僕たちは，僕たちの町の人が僕たちが彼らのために作った良い食べ物を食べてくれることを願っているんだ。僕たちは彼らのためのいくらかの野菜を農薬なしで作ろうとしているんだ」と彼は言いました。

夜に，幸雄と僕はおじの言葉について話しました。「君はおじさんの言葉についてどう思う？」と幸雄がたずねました。僕は「僕はそれらにとても感動したよ。僕たちの町で作られた食べ物を食べることには，いくつかの良い理由があるよ。それは美味しくて，どこでどのように作られたのか知りやすいよ。そして…」と言いました。「そしてそれは他の場所から運んでくる必要がないから高くはないね」と幸雄が言いました。「その通り」と僕は言いました。⑥それはとても短い滞在でしたが，僕はそこからたくさんのことを学びました。

2　本文訳波線部参照。

5　質問：拓哉はなぜ１週間彼のおじの農場に滞在しましたか？

　答え：彼は食べ物についてもっと学びたかったから。

6　F：拓哉，農場での滞在はどうだった？　T：とても良かったよ！　僕は僕たちが自分たちの町で作られた食べ物を食べるべきだということを学んだよ。僕はそのことについて幸雄と話したよ。　F：おお，それはいいね。彼はそれについてなんと言っていた？　T：（正答例の訳）彼は自分の町で作られた食べ物は高くないと言っていたよ，なぜなら僕たちはそれを他の場所から輸送する必要がないから。　F：私もそう思うよ。

令和６年度　公立高校入試実戦問題第２回　社会

正答例

1　Ⅰ　1　ヨーロッパ州　　2　ア

3 (1)　イ　　(2)　ドイツ

4　メキシコ（西インド諸島）などから出稼ぎ労働者として移住してきた人々。

5　ア

6　日本国内の雇用や生産が減ったこと。

Ⅱ　1　ア　　2　竹島　　3　ウ

4（記号）P

（理由）PはQに比べて，冬の月平均気温が低く，冬の月降水量が多いから。（完答）

5　イ

Ⅲ　1　栽培漁業

2　栄養分を供給し，漁場を豊かにする

2　Ⅰ　1　時宗（漢字指定）　　2　エ

3　イ　　4　ア

5　仏教勢力に対抗するため。

6　将軍の代がわりごとに，朝鮮通信使を送っていた。

7　ウ→イ→ア→エ

Ⅱ　1 ①　ペリー　　②　アメリカ　　2　ウ

3 X　徳川慶喜

Y　政権を朝廷に返した（完答）

4　エ

Ⅲ　1　民本主義

2　桂太郎内閣では，軍人や官僚が内閣をしめていた。一方，原敬内閣は，多くの大臣が政党に所属しており，本格的な政党内閣といえる。

3　Ⅰ　1 (1)　イ　　(2)　生存権

2（記号）エ　（③）国民投票（漢字４字・完答）

3　循環型社会（漢字５字）

4　拒否権を持っている常任理事国が反対したから。

5　イ

Ⅱ　1　イ　　2　製造物責任法／ＰＬ法

3　ア　　4　ウ

5（記号）X

（理由）銀行は，預金に対する利子率よりも，貸しつけるときの利子率を高くすることで，利益を得ることになるから。（完答）

Ⅲ　夫の育児時間が増えること。

配　点

1	Ⅰ6　Ⅱ4　Ⅲ2　3点×3		他　2点×11	計31点
2	Ⅲ　4点	Ⅰ6　3点	他　2点×12	計31点
3	Ⅱ5　4点	Ⅰ4　Ⅲ　3点×2	他　2点×9	計28点

解　説

1　＜地理総合＞

Ⅰ１　世界の六つの州は，アジア州，ヨーロッパ州，アフリカ州，北アメリカ州，南アメリカ州，オセアニア州。

２　Ｐはスウェーデンのストックホルム。日本の領土の北端がおよそ北緯45 度だが，Ｐはそれよりも北に位置し，またイギリスのロンドンの本初子午線が０度の経線だが，Ｐはそれよりも東に位置することから考える。

３⑵　人口密度は，人口÷面積で求められる。

４　メキシコなどから移住する，スペイン語を話す人々のこと。

５　オーストラリアは，輸出で原材料の石炭・鉄鉱石が多く，一人あたりの国民総所得が最も多い**ア**。輸出総額，輸入総額いずれも最も多い**ウ**がアメリカ，一人あたりの国民総所得が最も少なく，大豆の輸出額が多い**エ**がブラジル，航空機の輸出額が多い**イ**がフランス。

６　現在，多くの日本企業が，多国籍企業として世界各地で生産を行っている。

Ⅱ　アー神奈川県，イー大阪府，ウー岡山県，エー徳島県，Ａー新潟県，Ｂー長野県，Ｃー愛媛県，Ｄー佐賀県。

１　アー神奈川県（横浜市）。

３　Ｃの愛媛県はみかんの生産が盛んであることから，樹園地が最も広い**ウ**。森林面積が最も広い**ア**がＢの長野県，稲作付面積が最も広い**イ**がＡの新潟県，残る**エ**がＤの佐賀県。

４　①ー富山市，②ー静岡市。①は日本海側に位置し，大陸からふく季節風の影響で冬の降水量が多くなるためＰ。②は太平洋側に位置し，海洋からふく季節風の影響で夏の降水量が多いＱ。

５　名古屋港がある愛知県は自動車などの生産が盛んなことから**イ**。輸送品目に，集積回路など軽くて小さいものが多く，輸出総額が高い**ア**がⓐの成田国際空港，**エ**がⓒの関西国際空港，残る**ウ**がⓓの博多港。

Ⅲ１　魚，貝，海藻などを，あみを張った海や人工的な池で，大きくなるまで育てる漁業を養殖漁業という。

2　＜歴史総合＞

Ⅰ１　鎌倉時代の仏教は，分かりやすく，実行しやすかったため，多くの人々に広まった。

２　紫式部が活躍したのは平安時代。アー室町時代，イー鎌倉時代，ウー飛鳥時代。

３　**資料２**は，運慶の「金剛力士像」。ｂの内容と**資料１**の俵屋宗達の「風神雷神図屏風」は江戸時代の元禄文化。

４　Ｚー江戸幕府に関する内容。

５　信長は，自分に従わない仏教勢力には，厳しい態度でのぞみ，延暦寺を焼きうちにし，各地の一向一揆を徹底的に弾圧するなどした。

６　徳川家康の時代に朝鮮と講和が結ばれ，対馬藩の宋氏を通じて外交と貿易を行っていた。

７　672 年→ 1167 年→ 1333 年→ 1600 年。

Ⅱ１①　ペリーは1854 年に再び来航し，日米和親条約を結んだ。

②　1989 年にドイツのベルリンの壁が取り壊され，アメリカ，ソ連の首脳が冷戦の終結を宣言，1990 年に東西ドイツが統一，1991 年にソ連が解体した。

２　人民主権を唱えたルソーの「社会契約論」は中江兆民によって翻訳された。ルターは宗教改革を始めた，福沢諭吉は「学問のすゝめ」を書いた人物。

３　大政奉還が行われたことに対して朝廷は，幕府を廃止して天皇を中心とする新政府の成立を宣言した（王政復古の大号令）。

４　ポツダム宣言受諾（1945 年）→日本国憲法の公布（1946 年）→日米安全保障条約を結ぶ（1951 年）→日ソ共同宣言に調印（1956 年）。

Ⅲ１　吉野作造は，政治の目的を一般民衆の幸福や利益に置き，一般民衆の意向に沿って政策を決定することを主張した。この考えを民本主義という。

２　原敬内閣は，陸軍，海軍，外務の３大臣以外は立憲政友会の党員で組織する本格的な政党内閣だった。

3　＜公民総合＞

Ⅰ１⑴　イー社会権の中の労働基本権。日本国憲法が定める社会権は，生存権，教育を受ける権利，勤労の権利，労働基本権を保障している。アー国家賠償請求権，ウー請願権，エー選挙権。

２　憲法改正において国民投票が採られているのは，国民主権の原理を強く反映させるべきと考えられているため。

４　国際連合における常任理事国には拒否権が与えられている。常任理事国はアメリカ，中国，イギリス，フランス，ロシア。

５　ア，ウー有権者の３分の１以上の署名をもって，選挙管理委員会に請求する，エー有権者の50 分の１以上の署名をもって，監査委員に請求する。

Ⅱ１　電気料金などは公共料金と呼ばれ，国民生活に与える影響が大きいため，価格は国会や政府が決定や認可をする。

２　消費者を保護する制度として，他に，クーリング・オフ制度や消費者契約法などがある。

３　アの酒税は，納税者と担税者が一致しない間接税であり，他に消費税などがある。

４　財政政策は，政府が収入と支出の活動を通し，景気を調節する目的で行う。また，金融政策とは，日本銀行が流通している資金の供給を調節することで，景気の安定を図ろうとするもの。

Ⅲ　**資料１**の，特に４に着目し，行われている取り組みは男性社員の育児休暇取得を促すことが目的と推察する。この点をふまえ，**資料２**のように妻に比べ少ない夫の育児時間が増えると考える。

令和６年度　公立高校入試実戦問題第２回　数学

正答例

[1] 1(1)　**6**　　(2)　**2**　　(3)　$\mathbf{4+2\sqrt{3}}$

(4)　$b=\dfrac{a-3}{7}$　　(5)　**2**

2　**3.464**　　3　$\dfrac{5}{2}$，$-\dfrac{5}{2}$

4　**18.4**(%)　　5　$\dfrac{3}{5}$

[2] 1(1)　**31.5**(回)

(2)　**この大会では平均値よりも中央値の方が大きい。また，62回という記録は平均値よりは多かったが，中央値よりは少なかったため，クラスの上位20位以内には入っていない。**

2(1)　**球**

(2)　$x=\dfrac{64}{9}$

3　右図

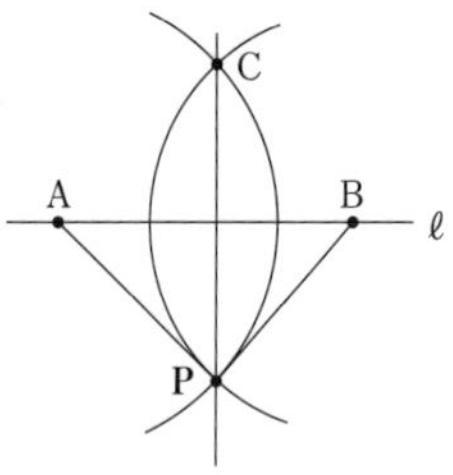

[3] 1　$a=\dfrac{1}{4}$

2(1)　$C\left(2t,\ \dfrac{1}{4}t^2\right)$

(2)　**イ**

(3)　**96**(cm²)

[4] 1(1)　例　ア　**14**　　イ　**42**(完答)

(2)　$(6m+2)(6n+3)$

$=36mn+18m+12n+6$

$=6(6mn+3m+2n+1)$

m，n **は０以上の整数だから，**

$6mn+3m+2n+1$ **は整数で，**

$6(6mn+3m+2n+1)$ **は６の倍数。**

2(1)　ウ　**8**　　エ　**12**(完答)

(2)　**11，13，17，19**(順不同・完答)

[5] 1　**105**(度)

2　**△ＡＤＥと△ＥＢＦにおいて，**

△ＡＢＤは正三角形だから，

∠ＡＤＥ＝∠ＥＢＦ＝60°　……①

$\overset{\frown}{CD}$ **に対する円周角は等しいから，**

∠ＤＡＥ＝∠ＣＢＥ　……②

ＢＣ//ＦＥより，平行線の錯角は等しいから，

∠ＢＥＦ＝∠ＣＢＥ　……③

②，③より，

∠ＤＡＥ＝∠ＢＥＦ　……④

①，④より，２組の角がそれぞれ等しいから，

△ＡＤＥ∽△ＥＢＦ

3(1)　**5**(cm)　　(2)　**49：64**

配　点

[1]	3点×9	計27点
[2]	1(1)，2　3点×3　　他　4点×2	計17点
[3]	1　3点　　他　4点×3	計15点
[4]	1(1)　3点　　他　4点×3	計15点
[5]	4点×4	計16点

解　説

[1]　＜計算問題・小問集合＞

1(1)　(　)の中から先に計算する。

$(48+6)\div 9=54\div 9=6$

(2)　かけ算から先にする。約分を忘れない。

$\dfrac{4}{3}-\dfrac{4}{5}\times\left(-\dfrac{5}{6}\right)=\dfrac{4}{3}+\dfrac{2}{3}=\dfrac{6}{3}=2$

(3)　$(\sqrt{3}+1)^2=(\sqrt{3})^2+2\times\sqrt{3}\times 1+1^2$

$=3+2\sqrt{3}+1=4+2\sqrt{3}$

(4)　$a=7b+3$，$7b=a-3$，$b=\dfrac{a-3}{7}$

(5)　多項式では，各項の次数のうちで最も大きいものを，その多項式の次数とする。

$4x^2$ の次数は２，$-5xy$ の次数は２より，

多項式 $4x^2-5xy+3$ の次数は２

2　$\sqrt{12}=2\sqrt{3}=2\times 1.732=3.464$

3　絶対値は，その数から＋，－の符号を取り去った数である。右図のように，２つの数を a，$-a$ とすると，

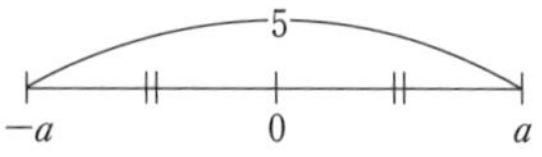

$a-(-a)=5$，$2a=5$

$a=\dfrac{5}{2}$ より，２つの数は，$\dfrac{5}{2}$ と $-\dfrac{5}{2}$

4　**百分率(%)＝$\dfrac{\text{くらべる量}}{\text{もとにする量}}$×100**

$\dfrac{129}{700}\times 100=18.42\cdots$

小数第２位を四捨五入して18.4%

5　男子３人をＡ，Ｂ，Ｃ，女子３人をＤ，Ｅ，Ｆとおくと，起こりうる場合は全部で，

(Ａ，Ｂ)，(Ａ，Ｃ)，(Ａ，Ｄ)，(Ａ，Ｅ)，(Ａ，Ｆ)

(Ｂ，Ｃ)，(Ｂ，Ｄ)，(Ｂ，Ｅ)，(Ｂ，Ｆ)，(Ｃ，Ｄ)

(Ｃ，Ｅ)，(Ｃ，Ｆ)，(Ｄ，Ｅ)，(Ｄ，Ｆ)，(Ｅ，Ｆ)

の15通り。男子と女子が１人ずつ選ばれるのは，下線をひいた９通りだから，確率は $\dfrac{9}{15}=\dfrac{3}{5}$

[2]　＜データの活用・空間図形・作図＞

1(1)　**(四分位範囲)＝(第３四分位数)－(第１四分位数)**

第３四分位数は，$\dfrac{77+76}{2}=76.5$(回)

第１四分位数は，$\dfrac{46+44}{2}=45$(回)

よって，四分位範囲は，76.5－45＝31.5(回)

(2)　上位20位以内であることを判断するための代表値は平均値ではなく，中央値(第２四分位数)である。

2(1)　Ｂは円錐を表している。

(2)　Ａ(球)の体積は，$\dfrac{4}{3}\pi\times 4^3=\dfrac{256}{3}\pi$ (cm³)

Ｂ(円錐)の体積は，

$\dfrac{1}{3}\times 6^2\pi\times x=12\pi x$ (cm³)

Ａ，Ｂは体積が等しいことから，

$\dfrac{256}{3}\pi=12\pi x$，$x=\dfrac{64}{9}$

3　点Ａを中心とし，半径がＡＣの円と，点Ｂを中心とし，半径がＢＣの円との交点のうち，Ｃでない点をＰとすると，点Ｃ，Ｐは直線 ℓ について対応する点だから，∠ＣＡＢ＝∠ＰＡＢとなる。

[3]　＜関数＞

1　**変化の割合＝$\dfrac{\text{yの増加量}}{\text{xの増加量}}$**

関数②において，x が２から６まで増加したときの変化の割合は２だから，$\dfrac{a\times 6^2-a\times 2^2}{6-2}=2$，

$\dfrac{32a}{4}=2$，$8a=2$，$a=\dfrac{1}{4}$

2(1) 点Aのx座標をtとすると，y座標は$y=t^2$
点Bは点Aとx座標が等しく，関数②を通る点だから，y座標は$\frac{1}{4}t^2$
また，点Cは点Bとy座標が等しく，関数③を通る点だから，x座標は$\frac{1}{4}t^2=\frac{1}{16}x^2$，$x^2=4t^2$，$x>0$より，$x=2t$　よって，$\mathrm{C}\left(2t,\ \frac{1}{4}t^2\right)$

(2) △ＡＢＤと△ＢＣＤは高さが等しい三角形だから面積の比はＡＤ：ＢＣである。
点Dは点Aとy座標が等しく，関数③を通る点だから，
x座標は
$t^2=\frac{1}{16}x^2$，
$x^2=16t^2$，
$x>0$より
$x=4t$

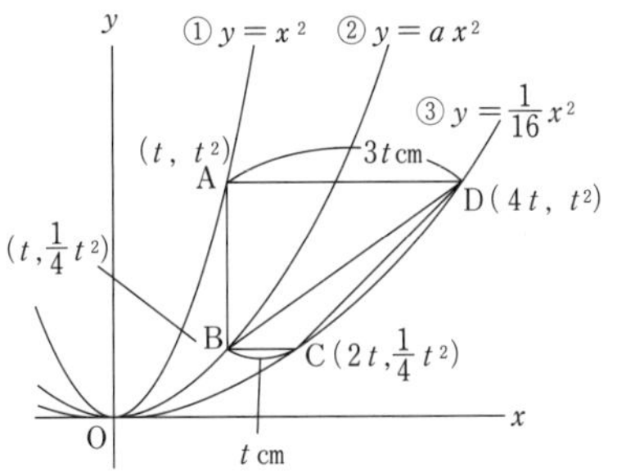

$\mathrm{AD}=4t-t=3t$ (cm)
$\mathrm{BC}=2t-t=t$ (cm)
$\mathrm{AD}:\mathrm{BC}=3t:t=3:1$
よって，△ＡＢＤ：△ＢＣＤ＝３：１

(3) △ＡＢＤが直角二等辺三角形になることから，ＡＢ＝ＡＤであることを利用する。
$\mathrm{A}(t,\ t^2)$，$\mathrm{B}\left(t,\ \frac{1}{4}t^2\right)$，
$\mathrm{C}\left(2t,\ \frac{1}{4}t^2\right)$，$\mathrm{D}(4t,\ t^2)$だから，
$\mathrm{AB}=t^2-\frac{1}{4}t^2=\frac{3}{4}t^2$ (cm)
$\mathrm{AD}=4t-t=3t$ (cm)
ＡＢ＝ＡＤより　$\frac{3}{4}t^2=3t$
$t^2=4t$
$t^2-4t=0$
$t(t-4)=0$
$t>0$より　$t=4$
台形ＡＢＣＤの面積は
$\frac{1}{2}\times(\mathrm{BC}+\mathrm{AD})\times\mathrm{AB}$
$=\frac{1}{2}\times(4+12)\times12=96$ (cm^2)

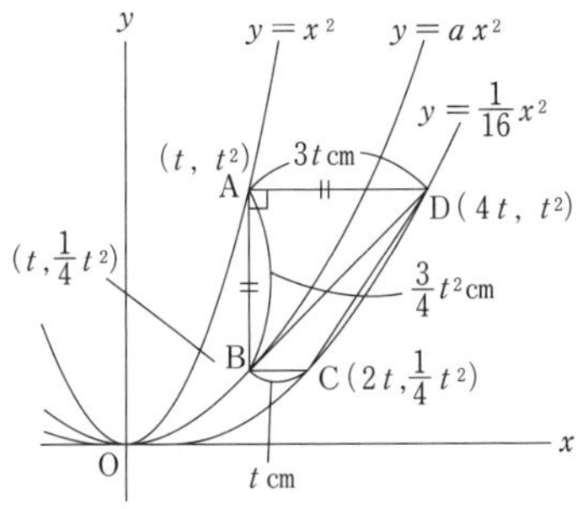

4 ＜数と式＞

1(1) ア には，6でわったとき2余る整数で8より大きい数を入れ，イ には，ア ×3を計算した数を入れる。

(2) 6の倍数→式を6×(整数)の形に変形する。

2 aでわったときb余る正の整数を$am+b$（mは整数，$0\leqq b<a$），aでわったときc余る正の整数を$an+c$（nは整数，$0\leqq c<a$）と表すと，この2数の積は，
$(am+b)(an+c)$
$=a^2mn+acm+abn+bc$
$=a(amn+cm+bn)+bc$
aがbcの約数で，$0\leqq b<a$，$0\leqq c<a$を満たすとき2数の積はaでわりきれる。

(1) $b=4$，$c=6$のとき，aは$bc=24$の約数で，$4<a$，$6<a$を満たせばよいから，
$a=8$，12，24　よって，他の2数は8，12

(2) 上の下線部が成り立たないのは，bcが素数のときだから，求めるaは，11，13，17，19

5 ＜平面図形＞

1 ∠ＤＡＣ＝15°，△ＡＢＤは正三角形だから，
∠ＢＡＤ＝∠ＡＤＢ＝∠ＤＢＡ＝60°
∠ＢＡＣ＝∠ＢＡＤ－∠ＤＡＣ＝60°－15°＝45°
$\overset{\frown}{\mathrm{BC}}$に対する円周角は等しいから，
∠ＢＡＣ＝∠ＢＤＣ＝45°
∠ＣＤＡ＝∠ＡＤＢ＋∠ＢＤＣ＝60°＋45°＝105°

3(1) 頂点Ａから辺ＢＤに下ろした垂線と辺ＢＤとの交点をＨとすると，△ＡＢＤは１辺の長さが8cmの正三角形だから，

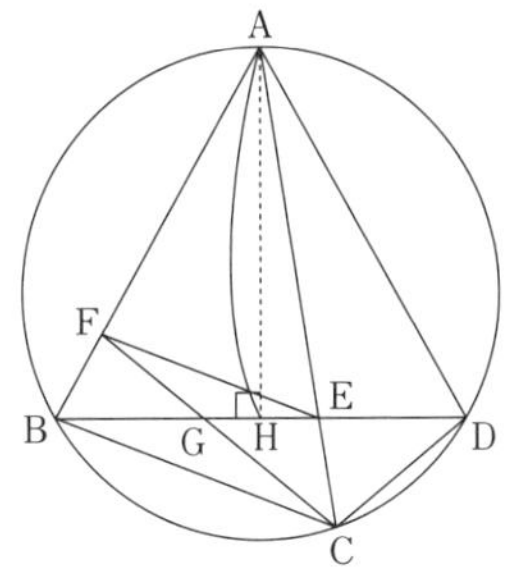

$\mathrm{BH}=\mathrm{DH}=\frac{1}{2}\mathrm{BD}$
$=4$ (cm)
$\mathrm{AH}=\sqrt{3}\,\mathrm{BH}=4\sqrt{3}$ (cm)である。
△ＡＨＥにおいて，**三平方の定理**より，
$\mathrm{HE}=\sqrt{\mathrm{AE}^2-\mathrm{AH}^2}=\sqrt{7^2-(4\sqrt{3})^2}$
$=1$ (cm)
これより，$\mathrm{BE}=\mathrm{BH}+\mathrm{HE}=5$ (cm)

(2) (1)より，$\mathrm{DE}=\mathrm{BD}-\mathrm{BE}=8-5=3$ (cm)
2より，△ＡＤＥ∽△ＥＢＦだから，
ＡＤ：ＥＢ＝ＤＥ：ＢＦ，8：5＝3：ＢＦ
$\mathrm{BF}=\frac{15}{8}$ (cm)
ＢＣ∥ＦＥより，△ＦＧＥ∽△ＣＧＢ
△ＡＦＥ∽△ＡＢＣ
だから，

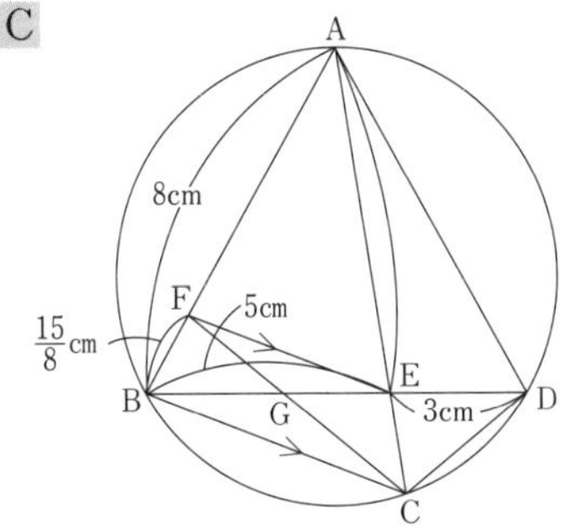

ＥＧ：ＢＧ
＝ＦＥ：ＢＣ
＝ＡＦ：ＡＢ
$=\left(8-\frac{15}{8}\right):8$
$=\frac{49}{8}:8$
$=49:64$

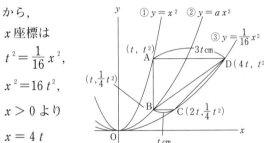

統一模試 県内最大規模の公開模試

高校受験の道標!!

のべ約※37,000人の中学生が挑戦

※令和4年度

統一模試は，県下350の会場で300を超える学習塾が参加する県内最大規模の公開模試です。鹿児島県の公立高校入試問題にもっとも近い内容と形式で出題していますので，本番の入試実践練習にピッタリの模試です。また，カラーの個人成績票やデジタル採点による個人学力分析表などの情報と，長年の蓄積された豊富なデータで志望校選択に必ずお役に立ちます。

令和5年度年間計画

学年	回	テスト名	統一実施日
中学3年	1	中学3年　第1回	7月1日
	2	中学3年　第2回	8月19日
	3	中学3年　第3回	9月30日
	4	中学3年　第4回	11月4日
	5	中学3年　第5回	12月2日
	6	中学3年　第6回	1月6日
	7	入試プレテスト	2月3日
中学2年	1	中学2年夏期テスト	8月19日
	2	中学2年冬期テスト	12月15日～16日
	3	新中学3年春期テスト	3月15日～16日
中学1年	1	中学1年夏期テスト	8月19日
	2	中学1年冬期テスト	12月15日～16日
	3	新中学2年春期テスト	3月15日～16日
新中1		新中学1年春期テスト	3月15日～16日

〈個人成績票〉

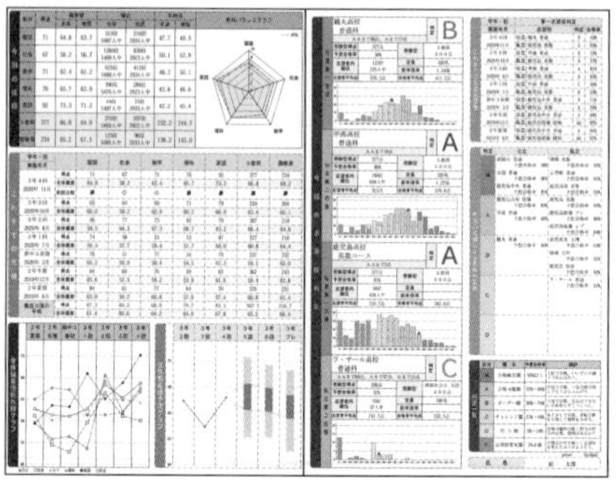

〈個人学力分析表〉

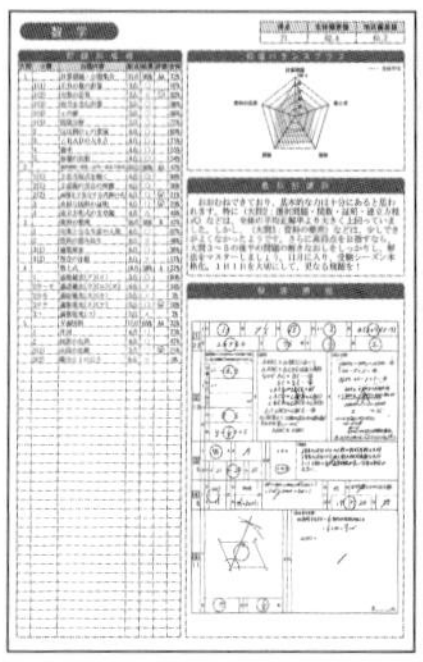

★県内最大規模の受験者数
★公立高校入試に最も近い内容と形式
★豊富なデータに基づく信頼性の高い合格可能性判定

統一模試申し込み方法

①学習塾での受験
最寄りの統一模試ポスターのある学習塾へ受験料を添えて申し込んでください。

②当社指定の受験会場
電話かインターネットで申し込んでください。
◎3年生の各回で私立高校や公共施設など様々な特設会場で会場テストを行います。
※受験会場は，回によって異なります。詳しくはホームページをご覧ください。

③自宅受験（受験料は4,300円（税込）です）
お近くに会場がない場合に自宅受験ができます。当社まで電話かインターネットで申し込んでください。

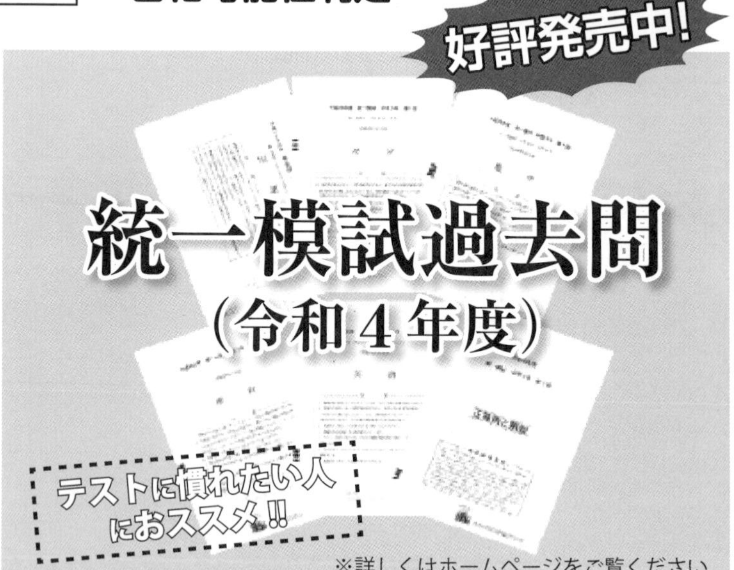

※詳しくはホームページをご覧ください。

統一模試過去問の特徴

●形式・出題数・出題傾向とも，鹿児島県の高校入試に沿って編集。
●出題範囲は段階的になっているため，学校の進度に合わせてご利用いただけます。
●各教科の平均点・正答率の一覧や過去の追跡調査などをもとに出した精度の高い合格判定も掲載。（公立高校A判定のみ）

小学生模試は「小学生学力コンクール」！

小学5・6年生向けに実施されるテストです。
小学6年生は第1回～第5回（4月・7月・8月・12月・1月），小学5年生は第1回～第3回（4月・8月・1月）の日程で実施されます。なお，小学6年生の第2・4回は，「発展編」として，中学受験を予定する児童向けで，他の回より少しレベルの高い模試となります。また，小学6年生の第1・3・5回と小学5年生の「通常回」は英語を含めた5教科となります。（小学5年第1回を除く）。
【受験料／「通常回」（小学5年第1回を除く）は3,300円（税込），「発展編」および小学5年第1回は3,100円（税込）】

主催／㈱鹿児島県教育振興会
後援／南日本新聞社
会場／特設会場および各学習塾の指定会場
受験料／ 3,600円（税込）

■内容を詳しく知りたい方は…
鹿児島県統一模試　検索　クリック

ホームページ
www.kakyoushin.co.jp
Facebookも要チェック!